HISTORIA DEL ARTE

VICTOR NIETO ALCAIDE
SAGRARIO AZNAR ALMAZAN
VICTORIA SOTO CABA

HISTORIA DEL ARTE

NEREA

Cubierta: Diego Velázquez, *Las Meninas,* detalle, Madrid, Prado.

1ª edición diciembre de 1994
1ª reimpresión octubre de 1995

Santa María Magdalena 13, 28016 Madrid
Tfno. 3 59 45 09 Fax 3 59 29 98

ISBN: 84-86763-93-2
Depósito legal: M. 33.151-1995
Fotocomposición: EFCA, S. A.
Impreso en Closas-Orcoyen, Polígono Igarsa,
Paracuellos de Jarama (Madrid)
Impreso en España

INDICE

ADVERTENCIA PRELIMINAR

Esta *Historia del Arte* no es una Historia del Arte. Su título debe ser entendido con importantes matizaciones dado que no responde a la intención de dar un enunciado general sino de cumplir determinadas exigencias académicas. De haberse tratado de una obra dedicada al análisis de la Historia del Arte en su conjunto es evidente que habría tenido que desarrollar un argumento y unos contenidos completamente distintos, aunque hubiera sido escrito con la misma extensión. Por ello, además de la extensión fijada, el tipo de alumnos a los que va dirigido ha marcado unas limitaciones y exigencias determinadas. De ahí que, como su título pudiera hacer suponer, este libro no sea una obra de consulta sino un manual orientado a cumplir unas concretas necesidades docentes.

Este libro constituye una síntesis orientada a proporcionar los conocimientos básicos de Historia del Arte de los alumnos del curso de acceso directo de mayores de 25 años a la Universidad. Por ello es un libro completamente distinto de otros que con una extensión similar, como los de Historia del Arte de COU, cubren el contenido de una asignatura diferente. El presente libro sucede al manual anterior, cuyo uso a lo largo de los últimos años ha puesto de manifiesto la necesidad de sustituirlo por otro más sintético y ajustado a las necesidades de los alumnos del curso de acceso. En el libro cada unidad didáctica consta de dos partes; en la primera se realiza el análisis del desarrollo artístico de cada período; la segunda, situada al final del libro, está dedicada al comentario de cinco obras de la unidad didáctica correspondiente. A través de estos comentarios el alumno podrá encontrar unas referencias y modelos para el análisis de las obras de arte de cada período y, también una información complementaria de lo tratado en la correspondiente unidad. De ahí que en la selección de los ejemplos comentados se haya acudido a obras paradigmáticas del arte de un período, una tendencia o la personalidad de un artista.

Lo que acabamos de exponer nos sirve para hacer una última observación sobre el contenido del libro. Al redactarlo se ha cuidado, sobre todo, de que el alumno pueda adquirir una base general del desarrollo de la Historia del Arte, de sus períodos, sus tendencias y de los principales artistas. Con la intención de lograrlo hemos suprimido la referencia de numerosas obras y artistas e, incluso, de ciertos aspectos de la Historia del Arte que, aun siendo importantes, habrían dispersado el objetivo principal: el entendimiento del proceso histórico que experimenta el arte como una suma de desarrollos complejos capaces de ser entendidos como una unidad basada en la función, valores y significados del objeto artístico y de los artistas en la historia.

Unidad 1

Los origenes del arte

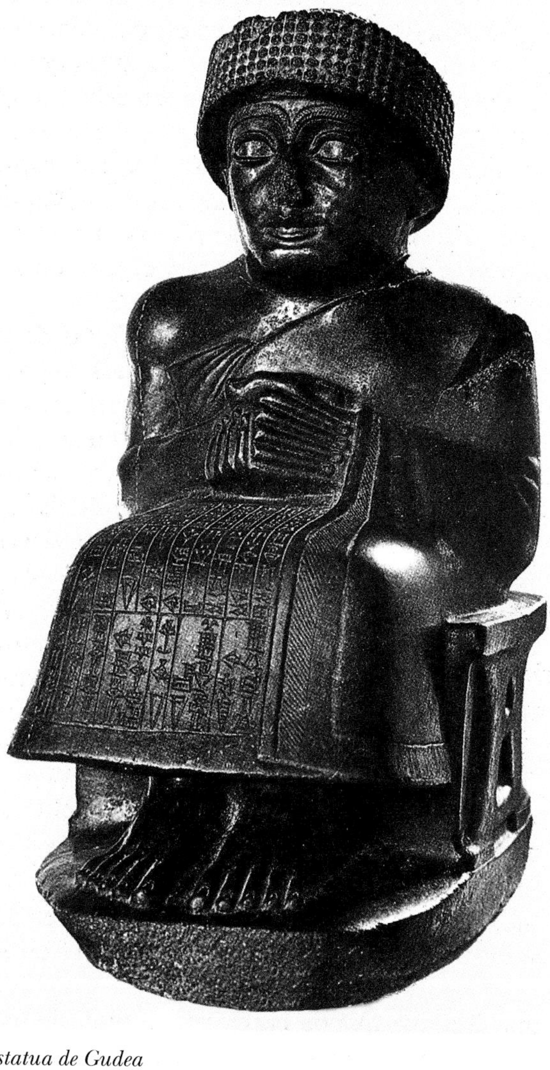

Estatua de Gudea

Cuando aparecen las primeras manifestaciones artísticas conocidas en los últimos tiempos del período Cuaternario, en el Paleolítico, el hombre aún es nómada, vive exclusivamente de la caza y de la pesca, y desconoce la arquitectura. Cuando cerremos este capítulo, aproximadamente en el siglo VII a. C., en el primer milenio, el hombre habrá sido ya capaz de organizarse de un modo sedentario, y en consecuencia, su arte será más elaborado y sus monumentos arquitectónicos aún hoy son capaces de impresionarnos. Pero el camino había sido largo. Desde las primeras Venus prehistóricas y las pinturas de Altamira hasta las pirámides egipcias y los palacios persas, el hombre ha tenido que aprender algo más que a convivir y a organizarse en sociedades más o menos estables.

Nuestros primeros antepasados comenzaron a caminar erguidos sobre la faz de la tierra hace unos cuatro millones de años, pero incluso hoy desconocemos todavía algo tan fundamental como la manera en que utilizaban las manos. De hecho, los primeros vestigios del hombre artesano datan de dos millones de años más tarde y las primeras obras de arte de que tenemos conocimiento vienen nada menos que del último período Paleolítico, hace «sólo» 35.000 años. En aquel momento, terminaba en Europa el último período de glaciación y los hombres, nómadas cazadores todavía, vivían en cavernas o simplemente bajo la protección de las rocas. Por eso, lo que llevó a término el Paleolítico y dio un avance considerable a la condición humana sobre el planeta se conoce con el nombre de «revolución neolítica», una revolución que se inició en el Próximo Oriente hacia el año 8000 a. C., en el momento en que los hombres efectuaron con éxito los primeros ensayos encaminados a la domesticación de animales y a la producción de granos alimenticios. En otras palabras, la vida del hombre empieza a estar presidida por una disciplina nueva y un nuevo orden. Nacen el tejido y la cerámica y con ellos se crea el primer gran repertorio de la decoración geométrica; al mismo tiempo, se concede una mayor importancia a las viviendas lo que, unido a una serie de ideas religiosas nuevas sobre la conservación de los muertos, da lugar a las primeras manifestaciones arquitectónicas de carácter permanente: los sepulcros, para los cuales la fe en una vida ultraterrena hizo mover enormes piedras.

Pero será en Egipto donde la fe en una vida más allá de la muerte impulse la mayor parte de las producciones artísticas y, lo que es más importante, la escritura, el descubrimiento que diferenciará definitivamente a los hombres de Egipto, y también de Mesopotamia, de sus antepasados de la Prehistoria, desde aproximadamente el año 5000 a. C. Egipto es, geográficamente, una estrecha faja de terreno a ambos lados del río Nilo, en realidad, el oasis de este río de cuyas regulares inundaciones vive y que inspira una buena parte de su religión y su arte. El pueblo que se establece en ese valle en fecha remotísima (un pueblo culto que desde muy pronto conoció, además de la escritura, instrumentos y cálculos de medida), impulsó prácticamente desde el principio un arte teocrático, como su sistema político (en cuya cumbre estaba el todopoderoso faraón seguido por diferentes clases sociales como podían ser los nobles, los sacerdotes, los escribas, el pueblo llano y los esclavos), dominado por la preocupación de la vida de ultratumba y por la necesidad de culto a unos dioses cuyo último descendiente era precisamente el faraón reinante. Por eso sus principales creaciones artísticas están basadas en el deseo de labrar obras eternas, y por eso también, las pirámides, los templos y las esculturas son de unas proporciones tan alejadas de la escala humana, tan increíblemente grandes que nos hablan de un país perfectamente organizado con reyes muy poderosos.

El caso de Mesopotamia es completamente diferente aunque sigue siendo un hecho extraordinario y curioso que el hombre emergiera a la luz de la historia en dos lugares distintos casi al mismo tiempo. Es decir, entre el 2500 y el 3000 a. C., cuando Egipto ya se había unificado bajo la soberanía faraónica, otra gran civilización nació en Mesopotamia, la «tierra entre ríos», entre el Tigris y el Eúfrates. Y, por espacio de casi tres milenios, los dos centros rivales mantuvieron sus distintas características, pese a la circunstancia de que desde los comienzos tuvieron contactos mutuos y de que sus destinos se vieron entrelazados de muchas maneras y en muchas ocasiones.

Pero Mesopotamia no es como Egipto. De entrada, se trata de un valle con escasas defensas naturales, surcado por dos ríos y fácilmente franqueable desde todas las direcciones. Por tanto, los hechos geográficos no contribuyeron en nada a fomentar la idea de unir bajo una sola corona la totalidad del territorio. Aproximadamente un milenio después de iniciarse la civilización mesopotámica, algunos soberanos lo intentaron e incluso lograron llevar a cabo su propósito durante breves períodos de tiempo y a costa de guerras casi ininterrumpidas, pero la historia de Mesopotamia es más bien la interminable historia de rivalidades locales, incursiones extranjeras y la implantación repentina de algún determinado poder militar. A pesar de todo, sobre un fondo tan caótico, la civilización mesopotámica consiguió una notable continuidad de sus tradiciones culturales y artísticas.

En cualquier caso, por muy extraños que puedan parecernos ahora su religión, su organización política y su arte, Egipto y Mesopotamia tienen una importancia extraordinaria para nosotros. Por mucho que queramos, la historia del arte como esfuerzo continuado no comienza en Altamira, porque no existe una ilación entre esos extraños comienzos y nuestros días. Sin embargo, sí hay una tradición directa, pasando de maestro a discípulo, que relaciona el arte de nuestro tiempo con el Egipto y la Mesopotamia de hace unos cinco mil años, pues veremos, por ejemplo, que muchos artistas griegos realizaron su aprendizaje con los egipcios y todos nosotros somos, al fin y al cabo, alumnos de los griegos.

La Prehistoria

Las primeras manifestaciones abundantes de la actividad humana durante el Paleolítico son las armas y los utensilios de piedra, generalmente puntas de flecha, raspadores, cuchillos, hachas y martillos que desde un punto de vista puramente artístico son de escaso interés. Sin embargo, entre las obras más escultóricas es indispensable citar una serie de estatuillas de marfil, piedra o hueso en las que el escultor nos muestra figuras femeninas, llamadas Venus prehistóricas o esteatopigias. Las mejores han aparecido en Francia, Italia y Alemania, y como ejemplos más representativos podríamos citar la de Lespugne o la de Willendorf, con los rasgos característicos de todas las demás: una clara exageración de los rasgos sexuales y una falta de interés en el resto del cuerpo (por ejemplo, la cabeza), propias de los exvotos de fertilidad.

A pesar de todo, el gran arte de la Edad Paleolítica es la pintura, con manifestaciones importantes que llegan hasta el Neolítico y en la que cronológica y estilísticamente podemos distinguir dos escuelas fundamentales: la franco-cantábrica y la levantina. En la escuela franco-cantábrica, cuyos mejores ejemplos pueden ser las cuevas de Altamira en Santillana (Santander) o las de Lascaux en Francia, el artista paleolítico graba o pinta figuras de animales en las partes más profundas de sus cuevas con un carácter fundamentalmente mágico. Es decir, con un sentido de magia simpática o de atracción porque el

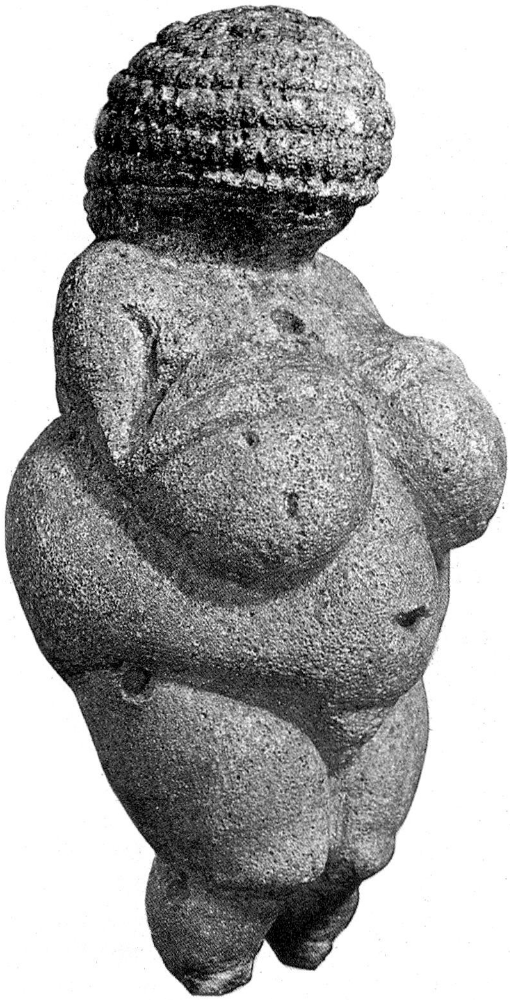

Venus de Willendorf

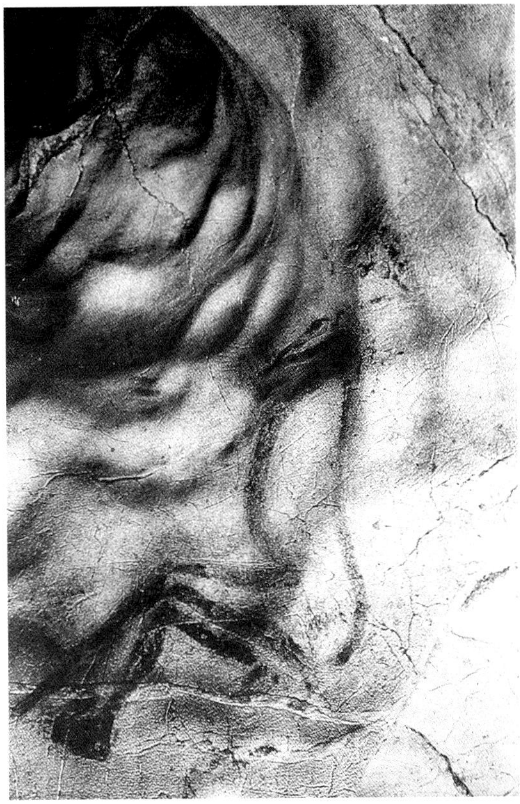

«El hechicero», cueva de Tris Freres

hombre prehistórico, básicamente cazador, de alguna manera piensa que la representación de un objeto origina la posesión de ese mismo objeto. Por eso, muchas veces se dibujan flechas sobre el animal pintado y por eso también cuanto más parecido guarde la obra con el original, más eficaz se creía que sería el rito. La pintura de la escuela franco-cantábrica es, pues, básicamente naturalista y polícroma. Predomina en ella el color tierra, en una gama muy amplia, combinándose con el negro, procedente de la combustión de la madera. Como disolvente suelen emplear la grasa animal, a veces mezclada con sangre.

La pintura de la escuela levantina, ya en el período cuaternario, ofrece una serie de novedades importantes. En primer lugar ya no aparece oculta en cuevas sino en abrigos a plena luz, pero, además, la escala empleada es menor y la figura humana (que en el estilo anterior apenas se representa) aparece perfectamente definida y desempeña un papel importante dando lugar a escenas de caza, guerra o danzas rituales. El colorido es plano y el estilo mucho más esquemático. Durante el período Neolítico se acentúa esta tendencia esquemática y las formas naturales terminan convirtiéndose en signos tan alejados de la realidad que sólo conociendo las diferentes etapas de su evolución es posible saber lo que representan. Por ejemplo, la figura humana será una simple circunferencia atravesada por un rasgo vertical y la cornamenta de un ciervo se convertirá en una serie de trazos alargados en forma de peine. En este sentido, los temas decorativos de carácter geométrico adquieren cada vez mayor desarrollo llegando a aparecer, de forma abundante, en la cerámica, con vasijas de muy variadas formas.

En el Neolítico, con el hombre ya sedentario, aparecen las primeras manifestaciones arquitectónicas, de la arquitectura llamada megalítica a causa de las enormes piedras por las que está formada. El hombre construye, desde luego, viviendas, normalmente de madera, pero las manifestaciones más importantes serán las tumbas. El tipo más sencillo en este grupo de monumentos megalíticos será el menhir, o simple piedra clavada en la tierra que también puede aparecer en alineaciones o formando círculos (cromlech), aunque los ejemplos más interesantes son sin duda los dólmenes («mesa de piedra»), sepulcros, como el de la cueva de Menga en Antequera, formados por varias piedras verticales con otra u otras horizontales. Bien al aire libre, o cubierto por un túmulo de tierra, se reduce unas veces a la cámara misma y otras tiene un corredor de ingreso más o menos largo.

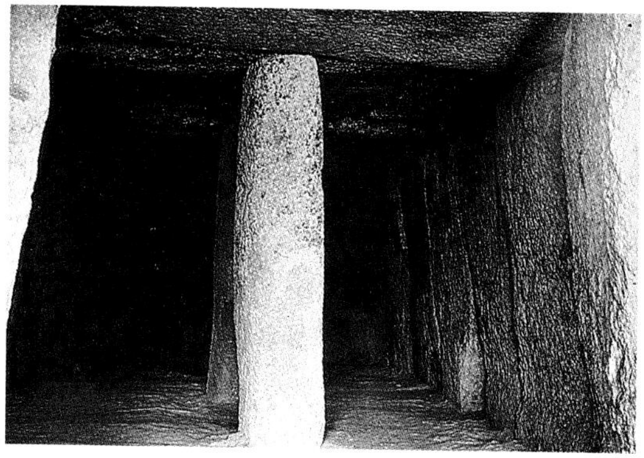

Dolmen de la cueva de Menga, Antequera

Egipto

Las manifestaciones artísticas de Egipto se dividen cronológicamente en los tres períodos que fragmentan toda la historia del país del Nilo: el Imperio Antiguo (2800-2052 a. C.), el Imperio Medio (2052-1570 a. C.) y el Imperio Nuevo (1570-715 a. C.). Es decir, casi tres milenios de historia en los que, por razones políticas y religiosas, el arte va a mantener una estabilidad que caracterizará de un modo muy particular todas sus manifestaciones.

La creación más impresionante del arte egipcio será, sin duda, la arquitectura, casi siempre en piedra, con muros muy gruesos formados por grandes sillares, adintelada y de enormes proporciones. Uno de sus elementos constructivos más importantes, la columna, es también de macizas proporciones, con superficie lisa o fasciculada, basa en forma de disco y capiteles inspirados a menudo en la fauna y flora que habita el valle del Nilo, es decir, con forma de loto (lotiforme) y de papiro (papiroforme) bien cerrados o bien abiertos (campaniformes). La decoración que cubre muros y columnas puede ser de tres tipos: vegetal (de nuevo el loto, el papiro o la palmeta egipcia), animal o de símbolos sagrados (el globo alado del sol, el escarabajo...) o de inscripciones jeroglíficas.

Dado el profundo carácter religioso de toda la cultura egipcia, los templos y las tumbas serán sus manifestaciones más importantes. Los templos están formados por una serie de partes que podemos resumir de la siguiente manera: en primer lugar una avenida de esfinges que llega hasta la fachada del templo formada por dos muros o pilonos en talud y una puerta adintelada, delante de los cuales están los obeliscos; en el interior aparece primero la sala hípetra o patio abierto con columnas, y, a continuación, la sala hipóstila o sala de columnas cubierta (normalmente con la nave central más elevada que las laterales y con claraboyas en el desnivel); al fondo, por fin, el *sancta-sanctorum,* una sala rectangular en la que se venera a la divinidad y a la que sólo tienen acceso los sacerdotes y el faraón. Todo ello ayudado por una progresiva oscuridad (fomentada por la cada vez mayor ausencia de vanos y la disminución de la altura del techo) que da un carácter misterioso a todo el conjunto. Normalmente las generaciones posteriores a la construcción del templo amplían y enriquecen el conjunto añadiendo salas nuevas e incluso adosando templos secundarios. Gracias a esto nacen conjuntos tan impresionantes como el de Karnak o el de Luxor en Tebas, finalizados en el Imperio Nuevo.

Durante esta última época algunos templos, los llamados *speos,* se excavan en la roca. Los mejores ejemplos son sin duda el Gran y el Pequeño Speos de Abu Simbel construidos por Ramsés II y su esposa, Nefertari, con gigantescas fachadas. Un tipo intermedio, por ejemplo, sería el hemispeos, como el de Hatsepshut en Deir-el-Bahari, excavado en la roca pero precedido por cuatro patios labrados al exterior en otras tantas terrazas.

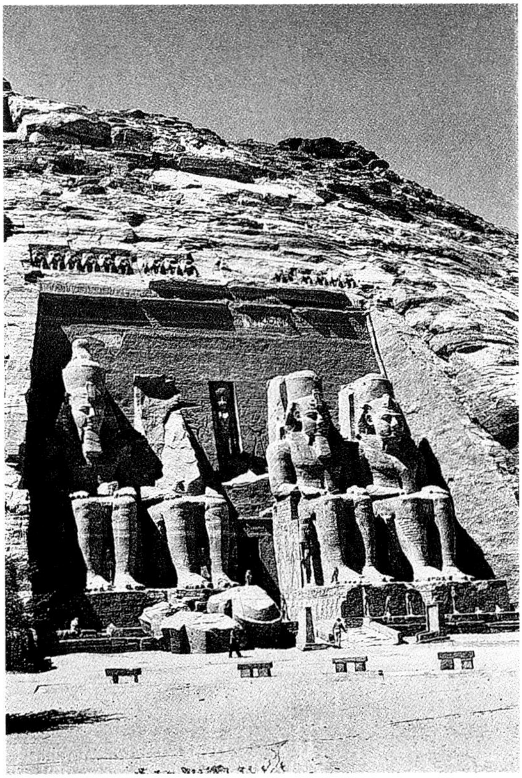

Gran Speos, Abu Simbel

Pero para el egipcio, firmemente convencido de que hay una vida de ultratumba y de que su vida eterna depende de la conservación de su cuerpo, el sepulcro será tan importante como el templo. Hay que tener en cuenta que para salvar el cuerpo de la destrucción los egipcios buscaron siempre las mayores garantías posibles. Por eso se le embalsamaba, se le envolvía en fajas de lienzo sembradas de amuletos y se le depositaba en un macizo sarcófago. Conservado así en la cámara funeraria, con su doble o Ka (normalmente una escultura hecha con el fin de albergar el alma del difunto si al cuerpo le pasaba algo), el difunto tiene necesidades materiales y por eso siempre se construirá una sala en la que se depositen alimentos y sirvientes, o al menos se los represente.

El primer tipo de sepulcro que existió durante el Imperio Antiguo fue la mastaba. En ella, por debajo del nivel de la tierra, en el fondo de un pozo, se encuentra la cámara funeraria con el sarcófago. A nivel de tierra y con la puerta al exterior, está la capilla, decorada en todas sus paredes con relieves o pinturas de tema funerario y relacionados con la vida del difunto.

Sin embargo, la tumba más impresionante y característica de la civilización egipcia será la pirámide, cuyos mejores ejemplos, como las de Keops, Kefrem y Micerinos, pertenecen también al Imperio Antiguo. En ellas, la cámara funeraria se encuentra lo más disimulada posible, perdida entre un sinnúmero de corredores y estancias. Concebida bajo un artificio numérico que sólo los arquitectos egipcios conocían, la pirámide tiene además un evidente valor simbólico: es Ra, el dios Sol, en el momento de su esplendor diurno cobijando con sus rayos la tumba del faraón. Como variante, en el Imperio Nuevo, aparecen los sepulcros excavados en la roca o hipogeos, formados por interminables corredores con salas y una cámara funeraria.

En lo que se refiere a la escultura, ésta buscará tener también casi siempre un carácter permanente, eterno, ajeno en gran medida a la vida diaria, quizás en parte porque normalmente representaba a dioses (con sus diferentes atributos: Osiris con látigo y cayado, Horus con cabeza de halcón...), faraones y príncipes (con la corona troncocónica del Bajo Egipto, con la tiara del Alto Egipto o con ambos a la vez), aunque también son frecuentes las representaciones de animales debido a su carácter divino. Se trata de figuras rígidas, en piedra, con la mirada alta y fija, los brazos pegados al cuerpo (cuando los levantan, sólo destacan el antebrazo) y dominadas por la ley de la frontalidad (aparecen representados siempre de frente, sin torsión de ninguna especie en su cuerpo). Uno de los mejores ejemplos es la escultura sedente de Kefrem, en el Imperio Antiguo, maciza y rígida, contrastando, por ejemplo, con las estatuas de los llamados escribas, en piedra ca-

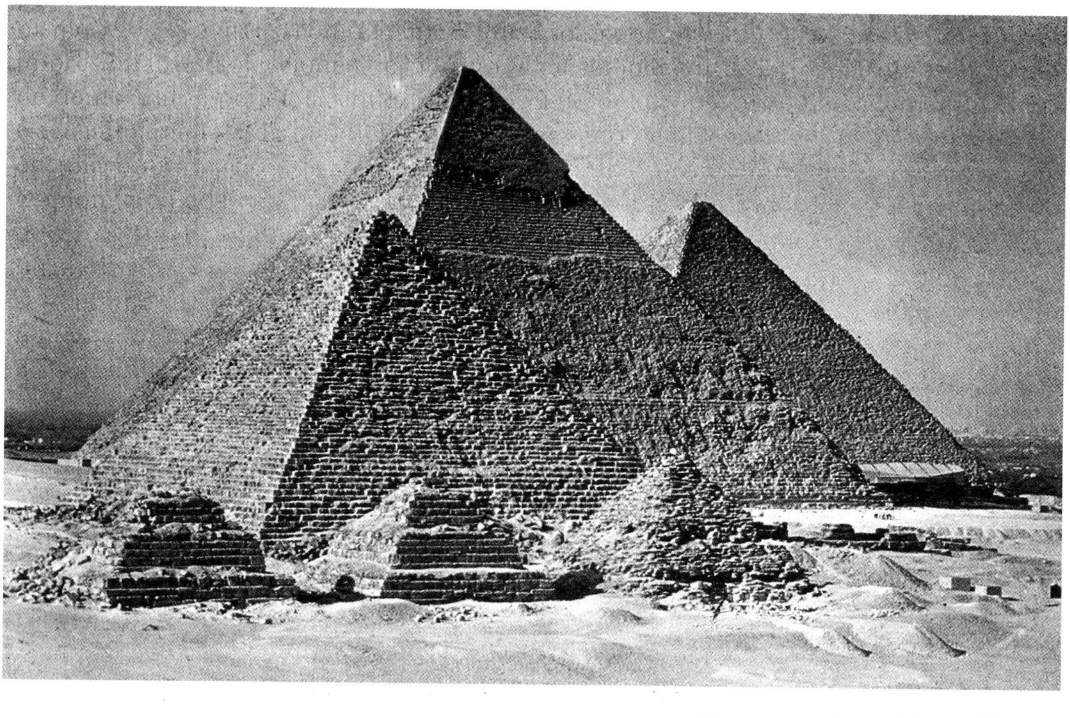

Pirámides de Keops, Kefrem y Micerinos

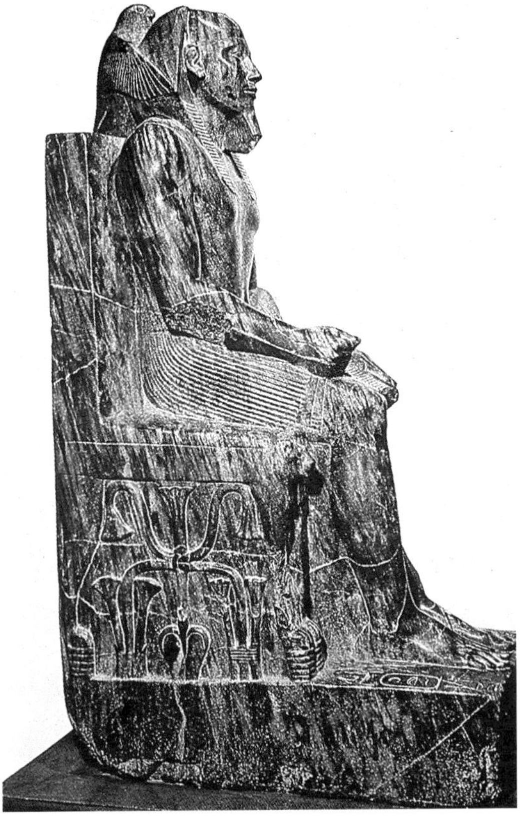

Escultura sedente de Kefrem

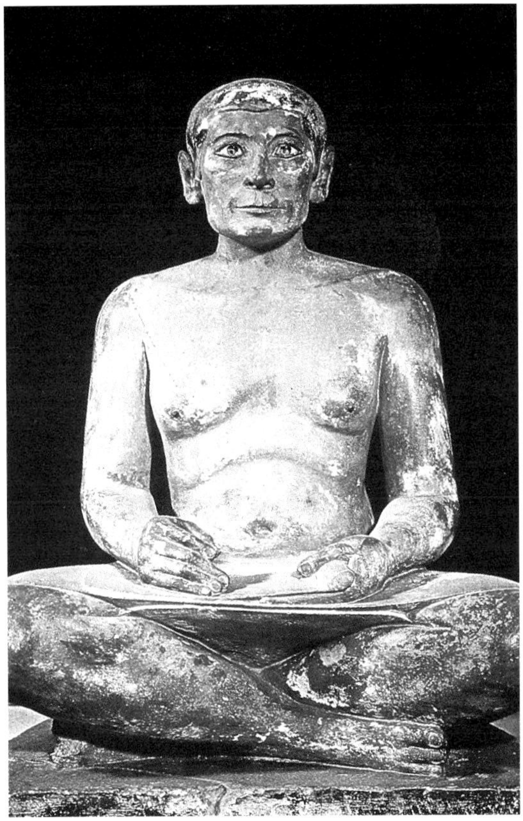

Escriba sentado

liza policromada, sentados en el suelo con las piernas cruzadas y escribiendo en un tablero con un estilo bastante más naturalista.

El relieve, habitualmente bajo o mediorrelieve, que decora la paredes y columnas de tumbas o templos presenta también unas características muy definidas. En primer lugar, los temas son historias de carácter religioso (la vida ultraterrena) o de campañas del faraón y de las ocupaciones más habituales del difunto, por lo que podemos encontrar escenas de casi todos los aspectos de la vida egipcia. Y, en segundo lugar, estilísticamente, se presentan sin perspectiva y con una serie de convencionalismos entre los que cabe destacar, por ejemplo, la jerarquía de tamaños (el faraón es siempre más grande que el resto de los mortales) o la ley de la frontalidad que nos hace ver la figura de frente desde la cintura para arriba (aunque con el rostro de perfil y el ojo de frente) pero con las piernas de perfil.

Son las mismas características que encontramos en la pintura, siempre de colores planos, sin gradación, empleados fundamentalmente con un criterio decorativo y que es capaz de desarrollarse también en rollos de papiro, de carácter funerario, cuyo mejor ejemplar será sin duda el llamado *Libro de los Muertos* del Museo de Turín.

Mesopotamia

En la civilización mesopotámica, que florece en Asia anterior, entre los ríos Tigris y Eúfrates, pueden distinguirse dos etapas de fecundidad artística: la caldea, en la parte más baja del valle, y la asiria, en las primeras estribaciones montañosas de la parte oriental. Más

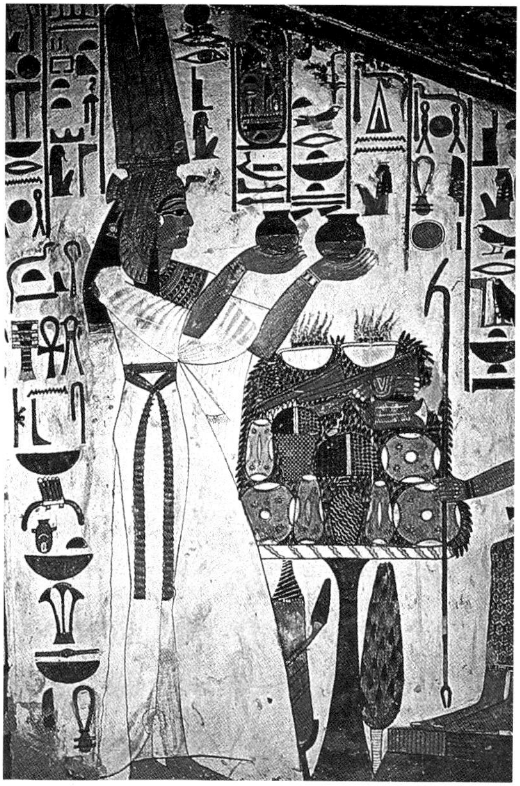

Pintura egipcia: la reina Nefertari

tarde, el arte mesopotámico, fecundado ya por el genio griego, penetra en las regiones montañosas y da origen al arte persa. Al parecer, los creadores del estilo mesopotámico son los sumerios, pero hay que decir que no adquiere un pleno desarrollo hasta los períodos asirio (siglo XI-612 a. C.) y neobabilónico (625-539 a. C.). A ellos se referirán las características que vamos a describir como propias de todo el arte mesopotámico.

En primer lugar, para la arquitectura, el material es el adobe o barro cocido al sol (la piedra es muy escasa) y, en consecuencia, se sustituye con facilidad el dintel por el arco (siempre de medio punto) y la techumbre adintelada por la bóveda, siendo de muy escasa importancia la columna. Este material tan pobre se suele revestir con cerámica (barro cocido y vidriado por uno de sus frentes), un arte en el que la civilización mesopotámica alcanzó un gran desarrollo.

El monumento principal es, desde luego, el palacio porque el monarca, más que hijo de dioses, es dominador de pueblos y caudillo de expediciones guerreras. El palacio mesopotámico, que con frecuencia engloba al templo en su interior, con sus numerosas dependencias, sus patios y sus grandes salones de recepción, será el modelo, no sólo de los palacios romanos al orientalizarse el imperio, sino también de los medievales, en particular de los bizantinos y árabes. El mejor conocido es el de Jorsabad, del siglo VIII a. C., edificado sobre una enorme meseta con rampas de acceso, dentro de un recinto amurallado reforzado por torres y con varias puertas monumentales flanqueadas por torreones y gigantescas estatuas de toros alados. En su interior está el zigurat o gran to-

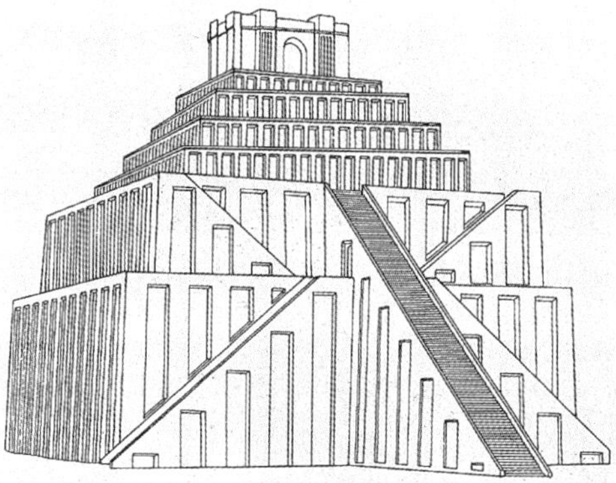

Zigurat

rre escalonada, de carácter religioso. La decoración está hecha a base de cerámica vidriada, con representaciones de animales y plantas de gran tamaño y completada con relieves con escenas de la vida del monarca, sobre todo sus guerras y sus cacerías.

Sin embargo, la escultura mesopotámica no es tan uniforme como su arquitectura y las diferencias entre, por ejemplo, la escultura caldea y la asiria son importantes. Las esculturas de bulto redondo del período sumerio o neosumerio (las más características son las de Gudea), de muy tosca ejecución, se reducen a estatuas de personajes con faldas de gruesos flecos, pecho descubierto, cabeza rapada, rostro imberbe y manos unidas, al parecer en actitud de oración. Aunque del período neobabilónico conservamos piezas como el gran monolito conocido como el Código de Hammurabi, no será hasta el período asirio cuando la escultura mesopotámica alcance todo su esplendor. Su meticuloso espíritu de observación les lleva a representar tanto hombres y dioses con largas túnicas y barbas muy cuidadas, como espléndidos animales entre los que no podemos dejar de mencionar a la leona herida que se conserva en el Museo Británico y que antes estaba en el palacio de Nínive.

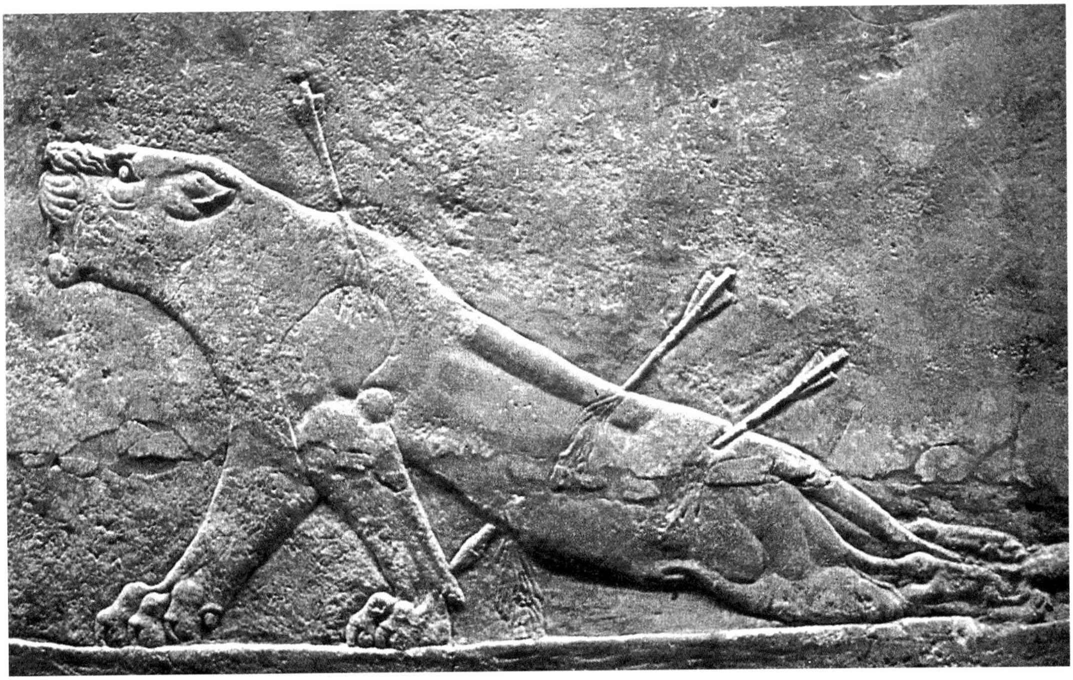

La leona herida

Persia

Claro heredero de la tradición mesopotámica, pero en un país de naturaleza montañosa en el que no faltan ni la piedra ni la madera, y con un florecimiento tardío (cuando ya Grecia empezaba a dejar sentir su influencia), el arte persa presenta novedades importantes. Los principales cambios son los que se efectúan, sin duda, en el palacio, que sigue siendo desde luego el monumento principal, pero que por su estructura adintelada, el escaso empleo del muro y el predominio de los pórticos de columnas, responde a una concepción completamente distinta y que ya encontramos, por ejemplo, en el de Persépolis, lugar de residencia de Darío. La columna retoma ahora un papel absolutamente primordial y se utiliza con verdadera profusión, aunque sea espigada y esbelta, con el fuste cubierto de estrías verticales, con una elevada basa campaniforme y con capiteles que pueden ser vegetales o bien estar formados por la mitad anterior de dos animales, casi siempre toros, unidos por su tronco y que simulan sostener en sus lomos las vigas de la cubierta.

Las tumbas son bastante sencillas y, aunque la supuesta de Ciro en Pasagarda es un simple edículo rectangular sobre unas gra-

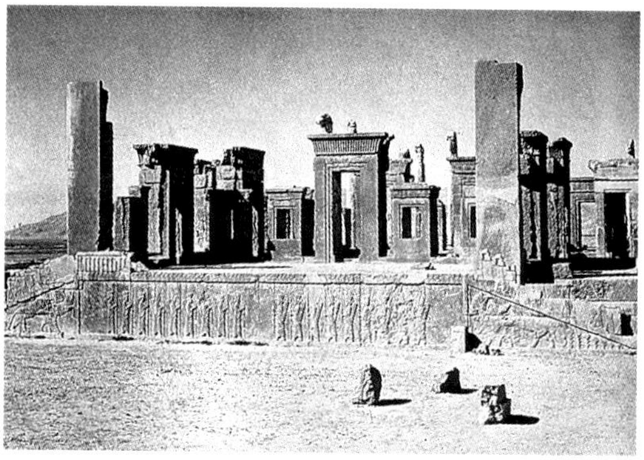

Persépolis

das, lo normal es que estén excavadas en la roca, en un rehundimiento cruciforme en el acantilado que presenta en la parte central un pórtico ciego de columnas y, sobre él, un dintel de varias molduras completándolo todo las figuras alegóricas de las provincias y el soberano ante el altar de fuego en la parte alta.

En lo que se refiere a la escultura hay que decir que, aunque ya se beneficie de la influencia griega, agrega muy poco a la que hemos conocido de los asirios. Se esculpen temas que van desde las luchas de animales o cuadrúpedos monstruosos desfilando parsimoniosamente (los del palacio de Susa en el Louvre) hasta largas comitivas de personajes que ofrecen sus tributos al soberano o un desfile del séquito y guardia del rey. Con la conquista del territorio por las tropas griegas

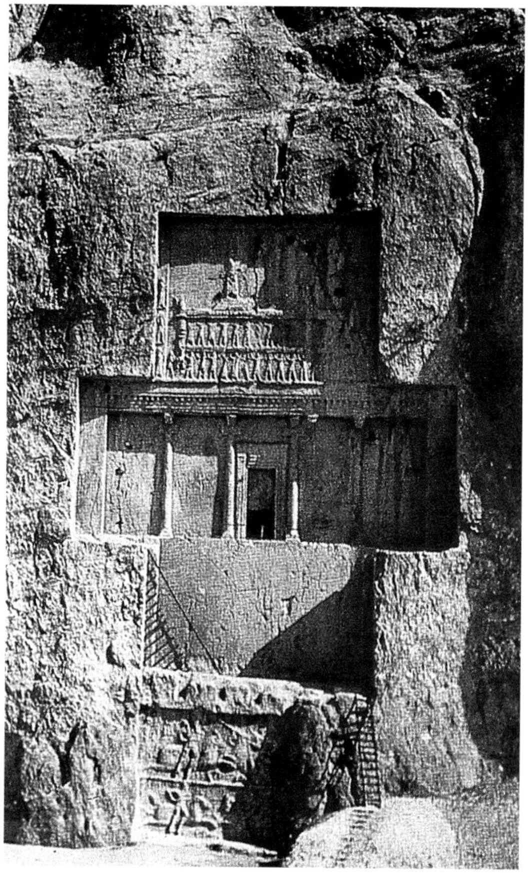

Tumba de Darío

puede decirse que termina el arte propiamente persa, aunque todavía tenga algún momento de esplendor antes de la conquista musulmana.

Véanse en las páginas 187-191 los comentarios a cinco obras de este período.

Unidad 2

Grecia y el clasicismo

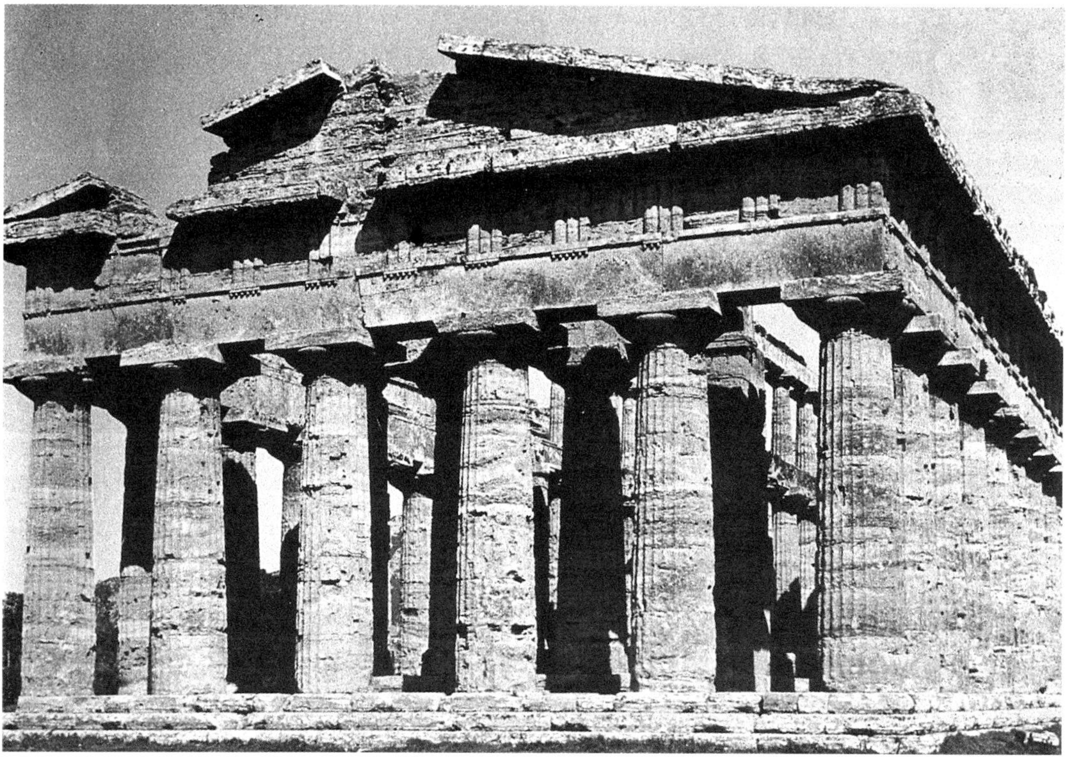

Templo de Paestum

Alrededor de un milenio antes de nuestra era, una serie de tribus procedentes de Europa penetraron en la península griega para combatir y derrotar a sus primitivos habitantes, entre ellos los de la isla de Creta y los de Micenas, dos de las civilizaciones más florecientes inmediatamente anteriores a la propia griega. Los recién llegados eran las tribus griegas que hoy conocemos por la historia, y únicamente en los cantos que hablan de esas batallas, los poemas de Homero, sobrevive algo del esplendor y belleza del arte que fue destruido por aquel prolongado combatir. Las primeras fechas precisas que nos han llegado datan concretamente del 776 a. C., año de la institución de los Juegos Olímpicos y punto de arranque de toda la cronología helénica.

Con una religión basada en la creencia en unos dioses que, habitantes del Olimpo, acostumbraban a tener una conducta muy humana, no podía pesar sobre los griegos una ley divina que esclavizara a todo un pueblo, como en el mundo egipcio. Por eso, sus tribus, muy diferentes entre sí, se asentaron en varias pequeñas ciudades-estado que a menudo tuvieron rivalidades y fricciones, a pesar del intenso sentimiento de afinidad que las unía por medio de la lengua y de la comunidad de creencias. El modelo político puede ser interpretado como un eco de antiquísimas fidelidades tribales o, simplemente, como una respuesta a la propia geografía de Grecia, cuyas cordilleras, estrechos valles y dentada línea de costa habrían dificultado cualquier intento de unificación política.

De estas ciudades-estado, Atenas, en el Atica, llegó a ser la más famosa dando lugar a uno de los períodos más extraordinarios de la historia del hombre. En una época en que algunos de los griegos empiezan a inquirir sin prejuicios la naturaleza de las cosas, la ciencia, tal como la entendemos hoy, y la filosofía surgen entre los hombres, mientras el teatro empieza a desarrollarse de una forma autónoma después de haber nacido de las ceremonias celebradas en honor del dios Dionisos. A pesar de todo no debemos suponer que en aquellos días los artistas se contaran entre las clases influyentes e intelectuales de la ciudad. Los griegos acomodados, que regían los negocios de la «polis» y que ocupaban su tiempo en argumentar interminablemente en el «ágora», y quizás también los poetas y los filósofos, consideraban en su mayoría a los pintores y escultores como gente inferior porque tenían que trabajar con sus manos para vivir. Sin embargo, el sistema político de las ciudades griegas, en particular Atenas, una forma bastante perfeccionada de la democracia, iba a hacer que la participación de estos humildes obreros en la vida de la ciudad fuera infinitamente mayor que la de un artesano egipcio o asirio, del mismo modo que les iba a permitir, aunque sólo hasta cierto punto, participar en los asuntos de gobierno. De hecho, en la época en que la democracia ateniense alcanzó su más alto nivel, en el siglo V a. C., fue cuando el arte griego llegó a su máximo desarrollo. Tras rechazar Atenas la invasión de los persas, después de las llamadas Guerras Médicas, se empezaron, bajo la dirección de Pericles, a erigir de nuevo los edificios destruidos por aquéllos. En el año 480 a. C., los templos sobre la roca sagrada de Atenas, la Acrópolis, que habían sido incendiados y saqueados, se empezaron de nuevo a construir en mármol. El hombre a quien Pericles confió los planos fue el arquitecto Ictinos, y el escultor que labró las estatuas de los dioses y supervisó la decoración de los templos fue Fidias. Con ellos, el arte griego que hoy todavía consideramos clásico alcanzó su mayor grado de perfección.

Es decir, el gran despertar del arte griego tuvo lugar en los cien años que van del 520 al 420 a. C. Hacia finales del siglo V los artistas habían adquirido ya plena conciencia de su poder y maestría. Pronto el público se hizo eco de ello y un número creciente de personas comenzó a interesarse por las obras en sí mismas, y no por sus funciones religiosas o políticas, discutiendo los métodos de las variadas «escuelas artísticas», es decir, de los diversos modos, estilos y tradiciones que distinguían a los diferentes maestros.

Más tarde, la fundación de un imperio por parte de Alejandro Magno, a finales del siglo IV a. C., fue otro acontecimiento de enorme importancia para el arte griego, pues hizo que se desarrollara en extensión, pasando de ser algo privativo de unas cuantas ciudades pequeñas a formar parte del lenguaje plástico de casi medio mundo. Este cambio afectó a todo el carácter del último período artístico griego, al que generalmente nos referimos con el nombre de arte helenístico, de acuerdo con la denominación que se da a los imperios fundados por los sucesores de Alejandro en territorio oriental. Sus ricas capitales (Alejandría en Egipto, Antioquía en Siria y Pérgamo en Asia Menor), empezaron a encargar a los artistas obras muy diferentes a las que ellos estaban acostumbrados a realizar en Grecia porque los estilos e invenciones de su arte tuvieron que adaptarse a la escala y a las tradiciones de los imperios orientales. De todos modos, fue en esta época cuando las personas acaudaladas comenzaron a coleccionar obras de arte y a tener copias famosas si no podían conseguir los originales, y también cuando los escritores comenzaron a interesarse por las cuestiones artísticas, a escribir acerca de la vida de los artistas y a componer guías turísticas. Un glorioso final para un arte que con el tiempo iba a convertirse prácticamente en el lenguaje universal de todo el mundo occidental.

Las civilizaciones prehelénicas

Hasta hace poco menos de un siglo, las civilizaciones que se desarrollaron en torno al Mar Egeo, inmediatamente antes de los griegos, es decir, la de Creta y la de Micenas, eran conocidas casi exclusivamente por el relato homérico de la Guerra de Troya (la *Ilíada*), y por algunas leyendas, como la de Teseo y el Minotauro, que tenían su centro en Creta. En realidad, las primeras excavaciones que se emprendieron en la zona tenían la finalidad de ver lo que había de verdad en dichas narraciones. Desde entonces, se han exhumado una gran cantidad de materiales pero, incluso hoy en día, nuestro conocimiento se halla muy limitado debido a una evidente falta de documentos.

La civilización de la isla de Creta (también llamada minoica debido a su mítico rey Minos) es, con mucho, la más rica, así como la más exótica de todo el Egeo. Sus habitantes crearon, además de un sistema de escritura propio, una verdadera civilización urbana y cortesana centrada en torno a varios espaciosos palacios que no fueron nunca sólo residencia real, sino que se convirtieron en los grandes centros administrativos y comerciales propios de una vida económica en la que la navegación y el comercio eran fundamentales. Entre todos ellos parece que el más importante fue el de Cnossos, también llamado Palacio de Minos, e integrado por tantos aposentos, pasillos y pasadizos, que llegó a pasar a la leyenda griega como el Laberinto

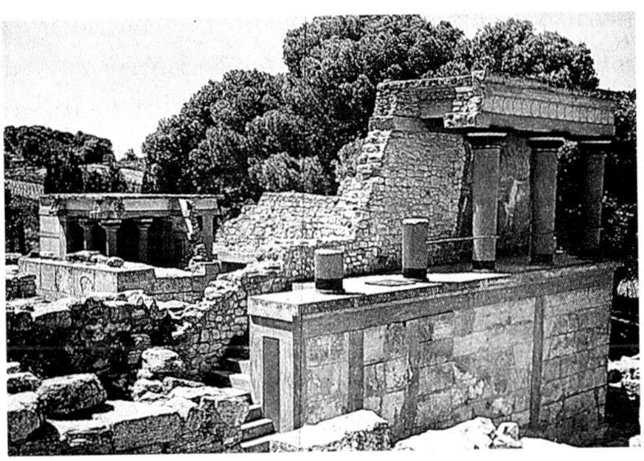

Palacio de Cnossos

del Minotauro. Formado por una simple yuxtaposición de pequeñas unidades con techos bajos, no busca al exterior ningún efecto de unidad o monumentalidad, pero en el interior está rica y elegantemente decorado. Sus columnas son siempre policromadas, tienen un esbelto fuste adelgazado en la parte inferior y rematado en la parte superior por un ancho capitel en forma de almohada.

En cualquier caso, la mayor riqueza en el interior de estos palacios eran las vistosas pinturas murales que cubrían sus paredes, la mayoría datadas entre el 1600 y el 1450 a. C., y de las que sólo quedan pequeños fragmentos. Con sus formas planas sobre un fondo de color intenso y su aguda observación de la naturaleza, las plantas y los animales de su entorno, recuerdan bastante al arte egipcio aunque tienen una mentalidad y un sentido de la belleza muy diferentes, con su pasión por el movimiento, rítmico y ondeante. Entre sus mejores ejemplos está el famoso «Príncipe de los Lirios» y el llamado «Fresco del torero», la mayor y más dinámica de todas las pinturas murales descubiertas hasta ahora. Con bastante naturalidad en el movimiento, muestra un sencillo ejercicio ritual en el que los practicantes tenían que saltar por encima del dorso del toro.

El arte micénico, sin embargo, se desarrolla en el continente aproximadamente entre el 1600 y el 1100 a. C. Estos descendientes de tribus helénicas más primitivas también se agrupaban en torno a palacios, el más importante de los cuales fue el de Micenas, pero su arquitectura es muy diferente de la cretense. Al margen de sus impresionantes sepulturas, cámaras en piedra cónicas de las que la más importante es la llamada el Tesoro de Atreo, sus palacios eran auténticas fortalezas erigidas en la cima de un cerro y rodeadas de impresionantes murallas defensivas hechas con enormes bloques de piedra. Sin duda, la Puerta de los Leones es el resto más imponente con su gran relieve en piedra en la parte superior. En el interior del palacio el núcleo era la sala de audiencias, llamada «mégaron»: un espacio rectangular, con un hogar redondo en el centro y

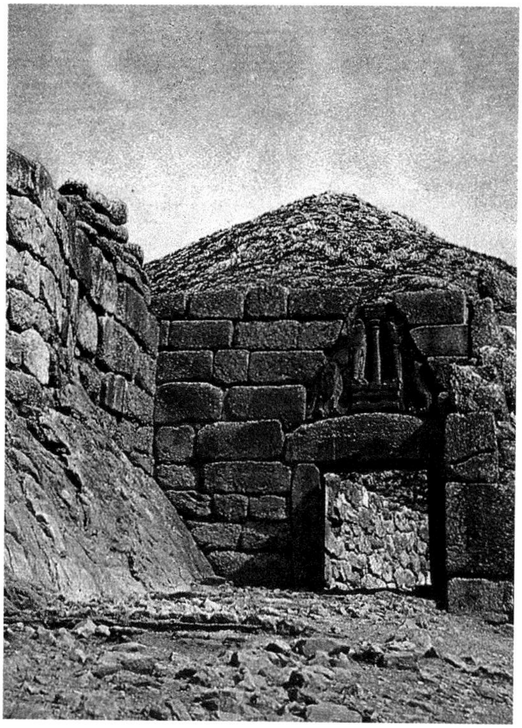
Puerta de los Leones, Micenas

cuatro columnas sosteniendo las vigas del techo. A él se entraba por un pórtico con dos columnas y un vestíbulo en una constitución que será un claro antecedente del templo griego.

Ordenes y plantas

Algo de este deseo de sencillez y claridad pudo haber pasado al estilo arquitectónico de los griegos. No existe nada en estos edificios cuya finalidad no podamos entender. Probablemente los más antiguos fueron construidos en madera y sólo hacia el año 600 a. C. los griegos comenzaron a imitar en piedra esas sencillas estructuras. Lo sorprendente en estos templos primitivos era su simplicidad y armonía, su sensación de que fueron construidos por y para seres humanos, porque, en lugar de utilizar simples pilares cuadrados, con los que el edificio hubiera parecido pesado y tosco, los griegos inventaron los órdenes.

De hecho, la mayor conquista griega en el terreno arquitectónico se ha venido identificando con la creación de los tres órdenes clásicos: el dórico, el jónico y el corintio. De ellos, el dórico puede muy bien aspirar a ser

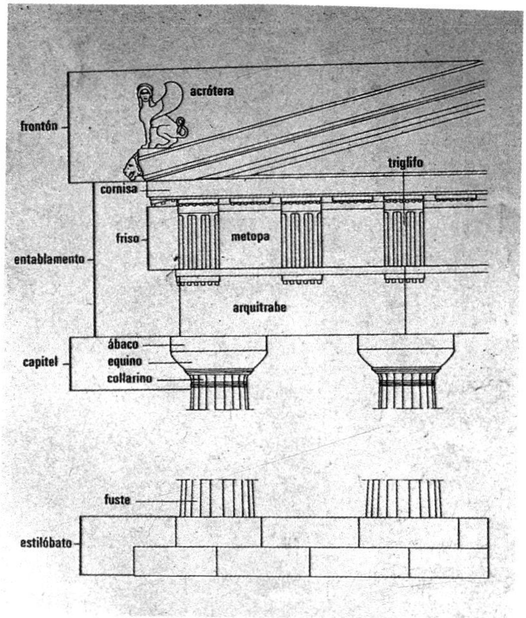

Orden dórico

considerado el orden básico. En él hay tres divisiones principales: el estilobato o plataforma escalonada, las columnas y el entablamento (que encierra todo lo que descansa sobre las columnas). La columna dórica consta de fuste, recorrido por canales verticales llamados estrías y con un ligero ensanchamiento o «éntasis» en el centro, y capitel, compuesto por el equino, sobresaliente y tallado en forma de almohada, y una losa cuadrada que recibe el nombre de ábaco. En el entablamento aparece en primer lugar el arquitrabe (sucesión de fajas de piedra apoyadas directamente sobre las columnas), luego el friso, con los triglifos y las metopas, y por fin la cornisa que en los lados longitudinales del templo es horizontal, mientras que en los lados cortos se abre de manera que encierra el frontón entre sus tramos superior e inferior. Todos los edificios, siempre adintelados, estaban construidos por sillares de piedra aplicados unos contra otros sin argamasa y los tejados eran de tejas de terracota sostenidas por vigas de madera.

El orden jónico, de origen oriental, es bastante más flexible. Su rasgo más sobresaliente, al margen de las diferencias que se pueden apreciar en el entablamento, es la

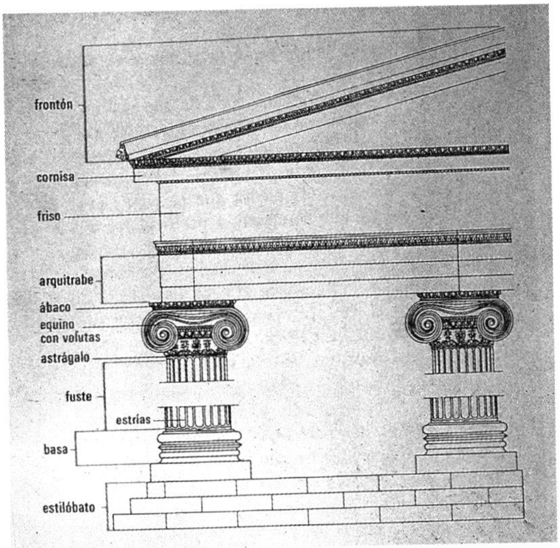

Orden jónico

columna con una basa cuyo diseño tiene una ornamentación propia, un fuste más delgado y un capitel que presenta una gran espiral doble o voluta entre el equino y el ábaco. El orden corintio, en realidad una variante del jónico, sólo se diferencia de éste por el capitel. Su forma es la de una campana invertida cubierta por los vástagos y hojas rizadas del acanto. Al principio, los capiteles corintios se emplearon sólo en interiores y hasta el siglo IV no los encontramos reemplazando a los jónicos en el exterior.

Pero los cambios en los órdenes afectan solamente a las partes verticales del edificio. Las plantas, por el contrario, son casi siempre iguales. El núcleo es la cella o naos (el recinto que contiene la imagen de la divini-

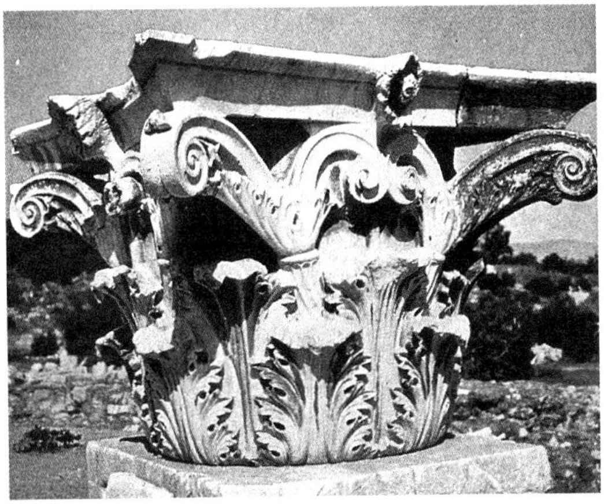

Capitel corintio

dad) y el pórtico (pronaos) con sus dos columnas flanqueadas por pilastras (antas). A veces hay un segundo patio añadido detrás de la cella, destinado a dar mayor simetría al proyecto, y, en los templos mayores, el cuerpo central puede aparecer rodeado por una hilera de columnas o peristilo.

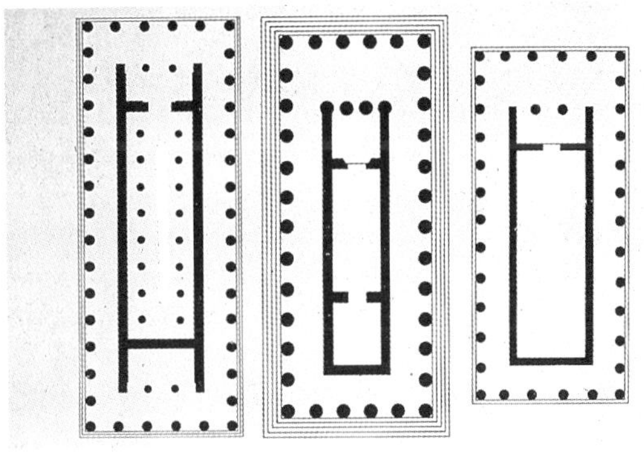

Plantas de templos griegos

El camino hacia una arquitectura clásica

Los primeros templos de piedra que conocemos prueban que los rasgos esenciales del orden dórico ya habían cristalizado a partir del 600 a. C. Cómo se desarrollaron estos rasgos y por qué tardaron aparentemente tan poco tiempo en formar un sistema, es algo que continúa siendo un misterio aunque los historiadores han barajado tres fuentes diferentes: la arquitectura egipcia, la producción de Micenas y la propia arquitectura griega prearcaica de madera. En cualquier caso, el mejor conservado de los templos dóricos arcaicos es la llamada Basílica de Paestum, en la Italia meridional, del siglo IV a. C., con sus columnas notoriamente afiladas y sus capiteles demasiado grandes.

Pero los mejores ejemplos de la arquitectura griega se encuentran en Atenas. En el 480 a. C., poco antes de ser derrotados, los persas destruyeron todos los templos y las estatuas que había erigidos en la Acrópolis. Su reconstrucción bajo el caudillaje de Pericles (segunda mitad del siglo V) fue la empresa más ambiciosa en toda la historia de la arquitectura griega y la fase clásica del arte helénico en plena madurez. A la Acrópolis se entra por una gran puerta monumental (los Propileos). En su interior encontramos, por un lado, uno de los más llamativos ejemplos del orden jónico, el Erecteion, y, por otro, la mayor construcción y también la única cuya terminación no se vio interrumpida por la guerra del Peloponeso (431-404 a. C.): el Partenón, consagrado a Atenea. Edificado en mármol, domina toda la ciudad y con sus llamados «refinamientos» (desviaciones intencionadas de la regularidad geométrica del trazado por razones estéticas) perfila los rasgos básicos del estilo dórico clásico. De entrada, el estilobato y el entablamento no son rectos por completo, sino ligeramente combados, de manera que el centro queda un poco más alto que los extremos, las columnas se inclinan para dentro y el espacio entre las de los ángulos y sus contiguas es menor que el adoptado normativamente para la columnata como conjunto. Todo ello destinado a producir una ilusión de verticales y horizontales rigurosamente rectas. Desde 1687, cuando estalló un polvorín instalado por los otomanos en la cella durante el sitio, el Partenón es una ruina. Además, la mayor parte de su escultura fue retirada por Lord Elgin en 1801-1803 y hoy día constituye uno de los mayores tesoros del Museo Británico.

Pero Grecia tiene también arquitectura civil. Durante los tres siglos transcurridos entre el fin de la guerra del Peloponeso y la conquista romana, la arquitectura griega da muestras de escaso desarrollo interior. Incluso antes del tiempo de Alejandro Magno, la máxima actividad ya se desarrolló en las ciudades de Asia Menor y será allí donde encontremos algunas novedades tales como las monumentales construcciones del tipo del Mausoleo de Halicarnaso o el Altar de Pérgamo, y los planos urbanísticos en cuadrícula, adoptados por primera vez en Mileto en el siglo V. Con todo, el vocabulario arquitectónico siguió siendo en esencia, tanto en el aspecto estético como en el técnico, el de los templos de finales del siglo V, de manera que el repertorio básico de la arquitectura griega se enriqueció en un solo punto: el teatro al aire libre adquirió una forma regular y

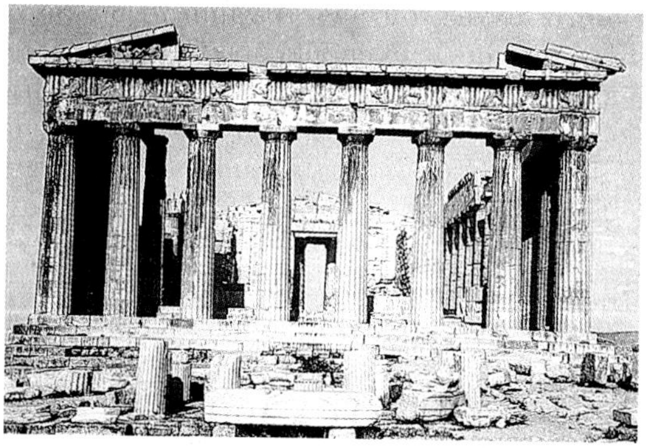

Partenón

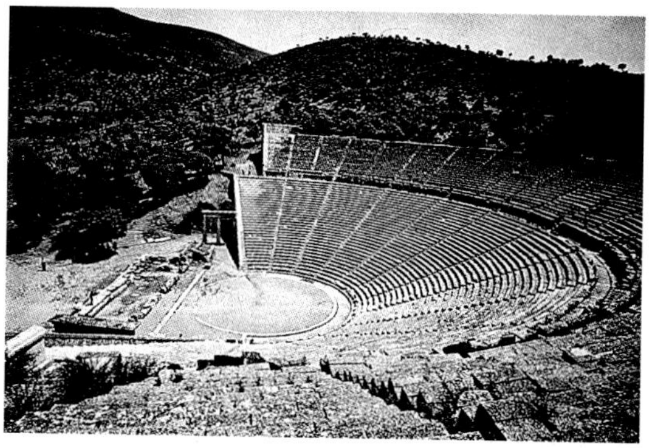

Teatro de Epidauro

definida. Antes del siglo IV el auditorio había sido simplemente un declive natural de preferencia curvo, provisto de bancos de piedra; ahora, la ladera de la colina fue equipada con hileras concéntricas de asientos y con pasillos, como en Epidauro, con la orquesta en el centro para que allí discurriera la mayor parte de la acción.

La medida del hombre

Al igual que la arquitectura, la escultura griega está hecha a la medida del hombre pero no existe ningún cuerpo vivo tan simétrico, tan bello como el de las estatuas griegas. Se cree con frecuencia que lo que hacían los artistas era contemplar muchos modelos y eliminar los aspectos que no les gustaban, todo rasgo que no se conformara con su idea de un cuerpo perfecto. Es decir, que «idealizaban» la Naturaleza. Sin embargo, el punto de vista griego era precisamente el contrario y los artistas se ocuparon sobre todo de infundir más y más vida al antiguo caparazón egipcio o asirio.

Los Kuroi son esculturas de atletas vencedores en los Juegos Olímpicos en las que, al principio, la deuda con la escultura egipcia es muy evidente en la rigidez, la utilización de la ley de la frontalidad y características tales como los brazos pegados al cuerpo o el pie adelantado. Pero también prueban que los artistas griegos no se daban por contentos con obedecer simplemente a una fórmula y empezaban a experimentar por sí mismos como vemos en el interés que demuestran por mostrar las formas reales, aunque toscas, de, por ejemplo, las rodillas. A partir de este momento no se trata ya de una cuestión de formas practicables para representar el cuerpo humano. Los artistas griegos comenzaron a servirse directamente de los ojos. Una vez iniciada esta revolución ya no se detuvo. Los escultores obtuvieron en sus talleres nuevas ideas y nuevos modos de representar la figura humana, y cada innovación fue ávidamente recibida por otros que añadieron a ella nuevos descubrimientos.

Las Korai, figuras siempre vestidas, son la versión femenina de los Kuroi y presentan también la extraña sonrisa arcaica, «halo de vida», que en absoluto tiene un sentido psicológico y que aparece en toda la escultura griega del siglo VI. Las esculturas del frontón

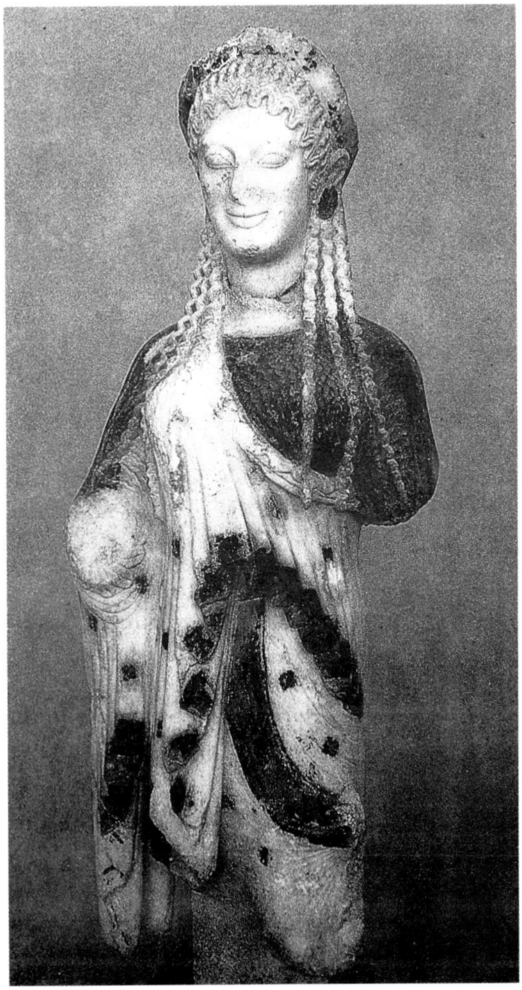

Koré

del templo de Egina (499 a. C.), suponen una última fase de la escultura arcaica y su sonrisa. Se forma por estatuas independientes yuxtapuestas en secuencias dramáticas (una batalla entre griegos y troyanos) e ideadas de manera que se adaptan perfectamente al marco triangular porque su altura (no su escala) varía en los lados inclinados del rectángulo.

Sólo treinta años después, en el 470 a. C., el Auriga de Delfos es ya una imagen tan convincente de un ser humano que con ella ce-

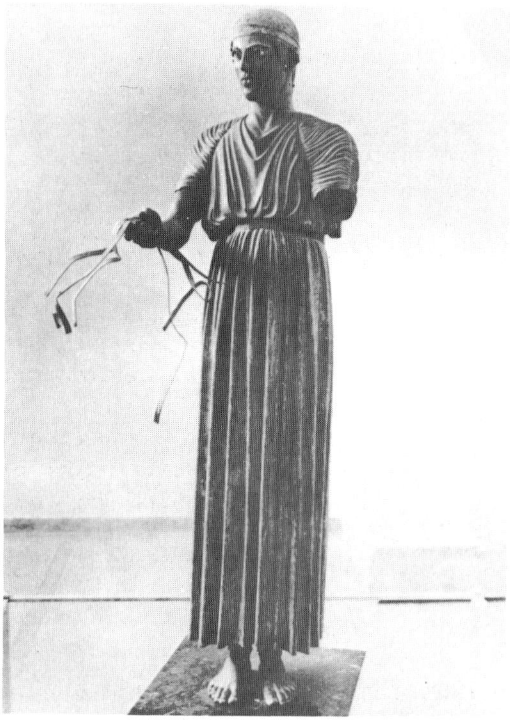

Auriga de Delfos

rramos definitivamente todo el capítulo de la escultura arcaica griega. Más tarde, el Discóbolo de Mirón, de la misma generación que Fidias, será de nuevo un joven atleta pero esta vez representado en pleno movimiento. La actitud de la figura parece muy natural pero si la observamos con detenimiento nos daremos cuenta de que Mirón ha hecho una adaptación de métodos artísticos muy antiguos. De hecho, el torso aparece de frente y las piernas de perfil, por ejemplo. Como los artistas egipcios, Mirón ha compuesto su representación del ser humano a base de los aspectos más característicos de sus partes pero en sus manos estas antiguas fórmulas se han convertido en algo completamente diferente.

Sin embargo, la escultura clásica del siglo V sólo alcanzará su pleno desarrollo cuando

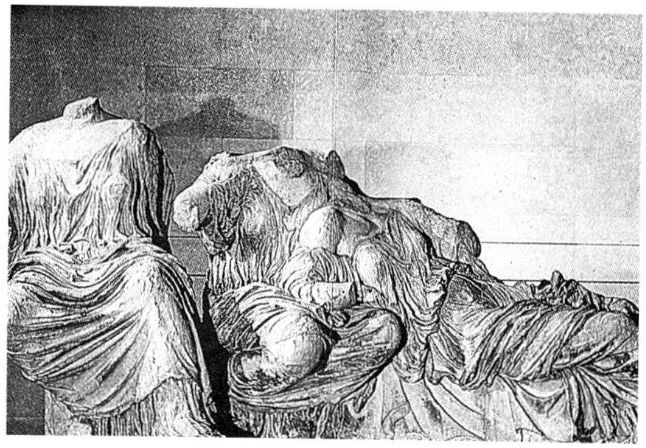

Fidias, esculturas del frontón del Partenón

encontremos la figura de Fidias trabajando en la Acrópolis. La fama que Fidias tuvo en su tiempo se cimentó en obras que ya no existen, pero los templos en los cuales estuvieron colocadas aún se conservan y con ellos algunas de las decoraciones ejecutadas en su tiempo por él mismo o por su taller. En el Partenón, los centros de los dos frontones han desaparecido y de las figuras de los ángulos, únicamente se ha conservado algo del tímpano central (unas divinidades recostadas), pero lo suficiente como para notar la conseguida plena naturalidad del cuerpo que un sutil ropaje, pegado a la anatomía y aplicado según la técnica de «paños húmedos», deja ver. En el friso del mismo edificio se presenta una procesión en honor de Atenea en el que todas las figuras reflejan una nueva libertad, una gran holgura y facilidad para resolver los problemas de lo que debe ser una representación convincente.

Pero será una escultura diferente, el Doríforo, de Policleto, la que dará un paso revolucionario en favor de la absoluta liberación de la estatuaria griega clásica. En ella el contrapposto (una pierna, apoyada, sostiene el mayor peso del cuerpo y la otra queda libre) es el descubrimiento fundamental porque sólo aprendiendo a representar el cuerpo en reposo de esta manera, pudo el artista griego aprender a representar el movimiento. La vida impregna ahora toda la figura y la sonrisa arcaica es remplazada por una expresión seria y pensativa muy característica.

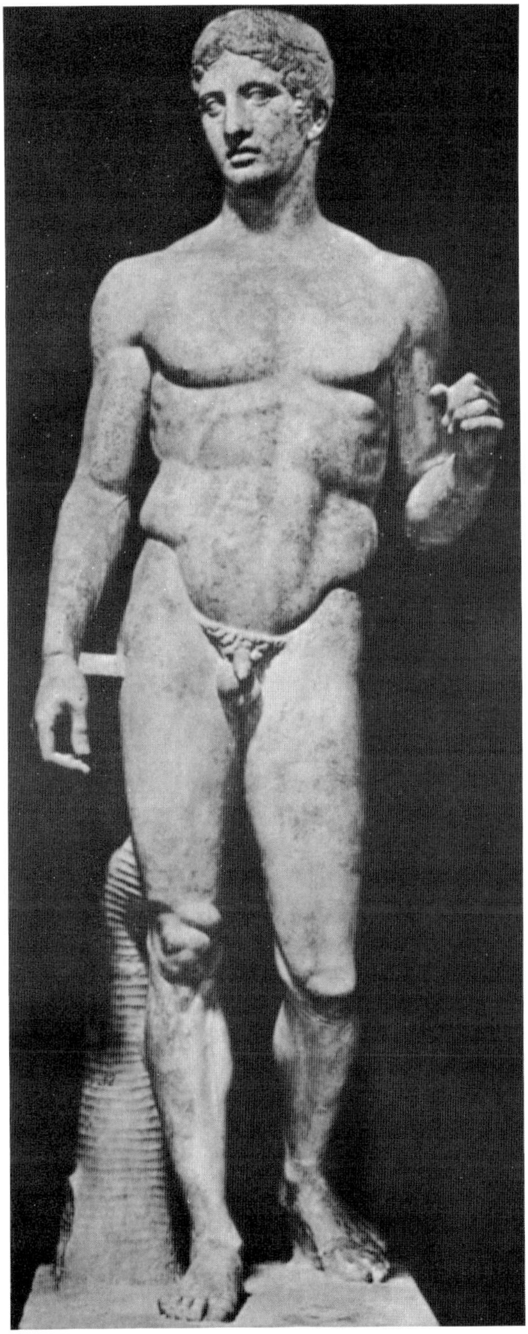

Policleto, Doríforo

Por fin, la estatuaria se separa definitivamente de todo el mundo arcaico. En el siglo IV, Praxíteles continuará en esta línea pero aportando a sus figuras un característico sentido amable y sugestivo. Aparte de su Hermes con Dionisos niño, su obra más famosa, la Venus de Cnido, que hoy sólo conocemos por copias romanas, presenta a la diosa del amor, Afrodita, entrando en el baño.

A partir de este momento, y durante toda la época helenística, los artistas descubrieron, además del retrato, diversos modos de ir animando los rasgos de las figuras sin destruir su belleza. Dos de las más famosas esculturas griegas datan de este período, el Laocoonte y la Victoria de Samotracia, una dinámica diosa que acaba de posarse sobre la proa de un barco. La tercera, el Altar de Pérgamo (170 a. C.), es impresionante por el gran friso en altorrelieve que rodea la arquitectura y en el que el artista se propuso conseguir de un modo definitivo el efecto de una gran fuerza dramática. En esta lucha los titanes se debaten con dolor y agonía contra los dioses. Inútilmente buscaremos ya «el noble equilibrio y serena grandeza» que caracterizaba a toda la escultura anterior.

Pintores y ceramistas

Lo cierto es que de las obras de los pintores griegos no sabemos más que lo que nos dicen los escritores, aunque es importante advertir que, en su tiempo, muchos pintores fueron incluso más importantes que los escultores. La única forma de que podamos hacernos una vaga idea de cómo era la pintura griega, es la de observar la decoración de sus cerámicas. En estos recipientes la pintura se convirtió en una industria tan importante para Atenas que el humilde artesano empleado en los talleres se hallaba tan ávido como cualquier otro artista por introducir descubrimientos artísticos, como el escorzo, por ejemplo, en sus productos.

De hecho, la importancia de la pintura arcaica de vasos es absolutamente única. Al considerar obras tales como el vaso de Dipilon no podemos evitar la impresión de que nos hallamos ante una obra de arte ambiciosa. Con escenas tomadas de la mitología, de la leyenda o de la vida cotidiana, hacia fi-

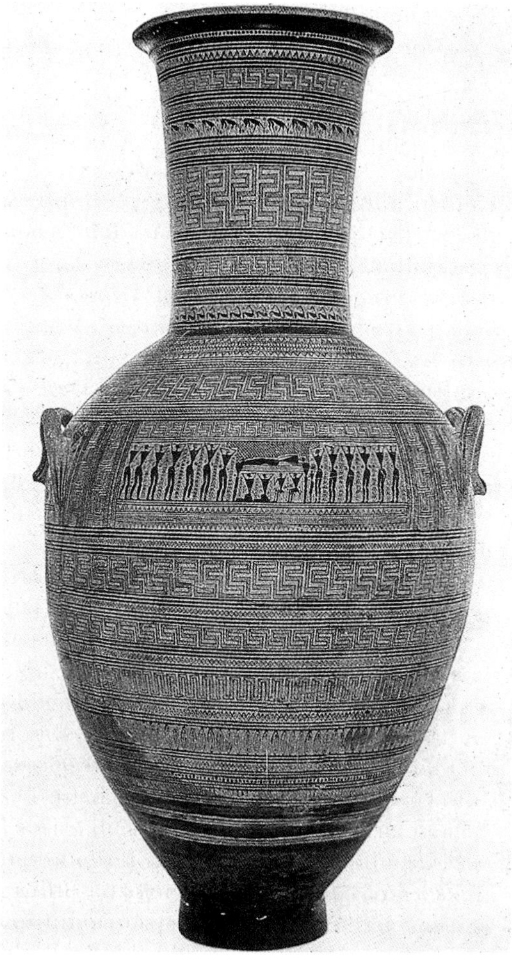

Vaso de Dipilon

nales del siglo VII, los pintores consiguieron resolver ya la mayor parte de sus problemas de representación adoptando el estilo llamado «de figuras en negro», lo cual significa que la totalidad del dibujo es trazado en silueta en negro macizo sobre el fondo de arcilla rojo; los pormenores del interior se marcan con un estilete pudiendo agregarse color blanco y púrpura encima del negro para hacer resaltar determinados sectores. Sin embargo, hacia el 500 a. C., poco antes de que los autores empiecen a firmar los mejores vasos, la técnica de las «figuras rojas» fue reemplazando gradualmente a la anterior. Sus ventajas son muy claras: a partir de este momento el artista puede dibujar libremente los detalles con el pincel, con lo que no sólo es menos esclavo de la vista de perfil, sino que además puede explotar las líneas internas de comunicación y permitirse pequeñas revoluciones como la de representar audazmente miembros en escorzo e interesantes expresiones faciales.

Este cambio iba naturalmente a afectar a toda la pintura. Según fuentes literarias, la pintura mural griega no llegó a su madurez hasta después de las Guerras Médicas, gracias al descubrimiento gradual del modelado y la profundidad espacial. Por desgracia, a partir de entonces, la pintura de vasos se fue convirtiendo en un arte menor hasta que a finales del siglo V su decadencia fue ya manifiesta.

Véanse en las páginas 192-196 los comentarios a cinco obras de este período.

Unidad 3

Arte romano

Realismo y practicidad

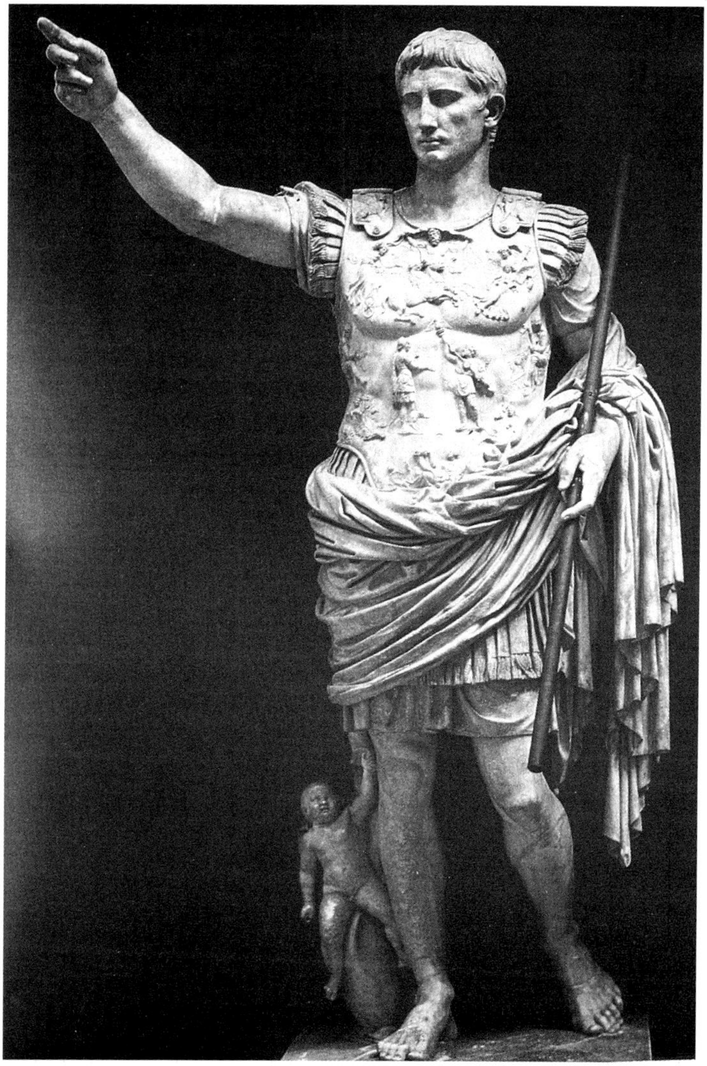

Augusto de Prima Porta

Uno de los legados culturales más importantes y decisivos que ha heredado la cultura occidental proviene de la civilización romana. Su historia comienza hacia el siglo VII a. C. en una pequeña agrupación urbana situada en el centro de Italia, en la región del Lacio, una ciudad-estado que en el siglo IV a. C. presentaba un sistema de gobierno republicano. Los intereses comerciales y la organización de un ejército disciplinado iniciaron una continua expansión territorial. En el siglo II a. C. Roma se convirtió en la máxima potencia económica y política del Mediterráneo.

El comercio, las conquistas conseguidas en Oriente y el encuentro con las ciudades helenísticas provocaron una admiración imborrable por la belleza y el refinamiento del arte griego, así como un afán por coleccionar la estatuaria y copiar sus originales. La lección que Grecia ofreció a Roma en todos los ámbitos originó una continuidad cultural entre ambas civilizaciones que queda bien expresada en el término de «grecorromano». Sin embargo, Roma se nos aparece como el pueblo que mejor supo aunar y conjugar todas las influencias de las culturas mediterráneas (la griega, la etrusca, la egipcia y la del Próximo Oriente), desarrollando un estilo personal y original, sincrético y cosmopolita.

Esta asimilación se explica en un pueblo fundamentalmente colonizador, empeñado en fomentar su poderío con la creación de nuevos centros económicos y nuevas ciudades. Romanizar los nuevos territorios conquistados fue equivalente a urbanizar y, en este sentido, desarrollaron unos fundamentos urbanísticos racionales y uniformes para todas las colonias. El mapa de Roma se amplió desde la concesión del título de Augusto a Octavio en el año 27 a. C. y la instauración del Imperio con la dinastía Julio-Claudia. Con los Antoninos (siglo II d. C.) Roma abarcaba todo el Mediterráneo y sus fronteras iban desde el desierto a Centroeuropa y Britania, desde Hispania hasta Persia. El Imperio era, pues, un conglomerado de territorios, pueblos y culturas diferentes y las rápidas conquistas obligaron a los romanos a desarrollar un espíritu esencialmente práctico. Para gobernar tal magnitud era necesario buscar soluciones rápidas, sencillas, resistentes y útiles, utilizando nuevos materiales y ampliando sus procedimientos constructivos. Este interés por lo funcional hizo que los romanos fueran unos excelentes técnicos y que en la arquitectura primara lo práctico sobre los valores estéticos. Las obras públicas de ingeniería fueron, precisamente, esenciales para mantener la unidad y la economía del Imperio y una de las grandes aportaciones de la arquitectura romana.

La diversidad territorial quedó contrarrestada con una política administrativa centralista y con unas formas de gobierno cada vez más absolutistas, que alcanzan su clímax en el siglo IV d. C., con Constantino, cuando la historia de Roma y de la cultura grecorromana presiente su final. Dos aspectos que unificaron el Imperio fueron el derecho, la codificación de unas leyes comunes, y el latín, la lengua oficial. Armonizar todas las tendencias divergentes es el objetivo de todo pueblo colonizador y Roma, en sus producciones artísticas, supo imprimir siempre una uniformidad y un sello personal para dejar bien claro quien ostentaba el poder. Por ello, sus obras, arquitectónicas o figurativas, resultan la mayoría de las veces grandiosas, retóricas y grandilocuentes. Fueron un rasgo común que encontramos en la arquitectura conmemorativa, en las obras utilitarias, en aquellas pensadas para divertir y controlar al pueblo, como también en las estatuas ecuestres o en los retratos divinizados de los emperadores.

Los romanos, especialmente dotados para planificar y organizar, consiguieron una perfecta simbiosis entre lo funcional y lo estético. Firmeza, utilidad y belleza fueron los principios rectores de sus producciones, tal y como señaló Vitruvio en su *Tratado,* la única obra teórica de arquitectura romana que ha pervivido hasta nuestros días. En el campo de la arquitectura doméstica Roma aporta además el nuevo concepto de confort, consiguiendo fijar un tipo de casa, la *domus,* articulada en torno a un patio abierto central, que se convierte en un modelo mediterráneo de amplias repercusiones y todavía válido. Como otros muchos ejemplos arquitectónicos, la *domus* refleja el aparente carácter de austeridad del pueblo romano, austeridad tan sólo en los exteriores y equilibrada por una fuerte tendencia al lujo en sus interiores con mármoles, mosaicos y pinturas. En el caso de las termas, estas técnicas cubrieron inmensas superficies.

Si bien las producciones artísticas se basaron en Grecia, hay que contar con otras poderosas influencias y raíces. De hecho, la *domus* deriva de modelos itálicos, de las culturas primitivas que poblaron la península italiana, así como de la vivienda etrusca. Muchos de los avances de la arquitectura y de las peculiaridades de las artes figurativas se encuentran en Etruria. Aunque Roma aceptó los dioses griegos, la religión estuvo determinada por prácticas y cultos de los etruscos. El culto a los muertos, por ejemplo, favoreció un alto desarrollo de la arquitectura funeraria, algo poco habitual en Grecia. Las ceremonias funerarias y el culto de los romanos a las imágenes de sus antepasados, conservadas en mascarillas de cera, originaron la gran aportación de Roma a la escultura: el retrato. Con el realismo, el genio romano se olvidó o superó el ideal de belleza que había presidido la estatuaria griega. Los mitos, los héroes y los dioses del mundo helénico dieron paso a los hechos históricos y victoriosos del pueblo romano, plasmados en otra de sus aportaciones fundamentales: el relieve histórico.

Los etruscos

Las características de su cultura artística demuestran ser uno de los orígenes más claros del arte romano. Su procedencia es todavía incierta, pero desde el siglo VII a. C. aparecen ya organizados en agrupaciones urbanas, en la zona de la Toscana italiana bajo un sistema de gobierno de carácter monárquico. El siglo VI a. C. fue el período de máximo esplendor llegando su poder hasta el Lacio, momento en que gobiernan la primitiva Roma. Sus ciudades estaban amuralladas, con un concepto urbanístico novedoso de calles cruzadas perpendicularmente y puertas monumentales con arcos de medio punto. Fueron, pues, los responsables de transmitir a los romanos el uso del arco y la bóveda que importaron de la civilización mesopotámica. El perfeccionamiento de estos dos elementos posibilitó que los etruscos desarrollaran un sistema de saneamiento urbano, siendo uno de los primeros pueblos en incorporar cloacas. Otro elemento que transmitieron al mundo romano fue la columna toscana, con basa, fuste liso y capitel formado por equino y ábaco. Aunque no han pervivido las viviendas, las pinturas de las tumbas revelan una casa que anticipa la *domus* romana con patio hípetro, un tejado a cuatro vertientes y salas dispuestas alrededor. El intercambio que los etruscos mantuvieron con las ciudades arcaicas griegas imprimió ciertos rasgos helenos en su religión y su cultura. Algunos restos y los escritos de Vitruvio han permitido conocer el tipo de templo. De planta cuadrada, pero de menores dimensiones que el griego, se erigía sobre un alto podium con escalinata de acceso y un pórtico profundo. La cubierta de madera estaba ornamentada con cerámica y terracotas, y la cella dividida en tres naves para el culto separado de la tríada de sus dioses. Así era el Templo Capitolino que los etruscos construyeron en Roma. El culto a los muertos tiene su reflejo en el interés por los enterramientos. Sus tumbas eran frecuentemente excavadas en la roca y, en otros casos, basamentos cilíndricos que albergaban una cámara mortuoria y cubiertos de tierra en forma cónica. Mayor interés tiene la rica decoración de sus interiores, comparable al gusto que, por la vida de ultratumba y el ajuar funerario, sintieron los egipcios. Las pinturas al fresco reflejan influencias de la cerámica griega y sus temas resultan alegres, con tipos populares y escenas de juegos y danzas. Los sarcófagos llevaban las efigies esculpidas de los difuntos que evolucionan hacia un mayor realismo: los pertenecientes al siglo VI a. C. denotan una evidente influencia griega, en la sonrisa arcaica y los ojos almendrados, como el conocido Sarcófago de los Esposos de Cerveteri, realizado en terracota y con los difuntos recostados. Otros ejemplos posteriores no sólo retratan al difunto, sino que formulan el modelo de sarcófago romano que heredará la cultura occidental. En la representación animalística destacaron por su maestría en la fundición de metales, siendo excelentes broncistas. La Loba Capitolina es la mejor expresión de la atención y de la observación de este pueblo hacia lo ve-

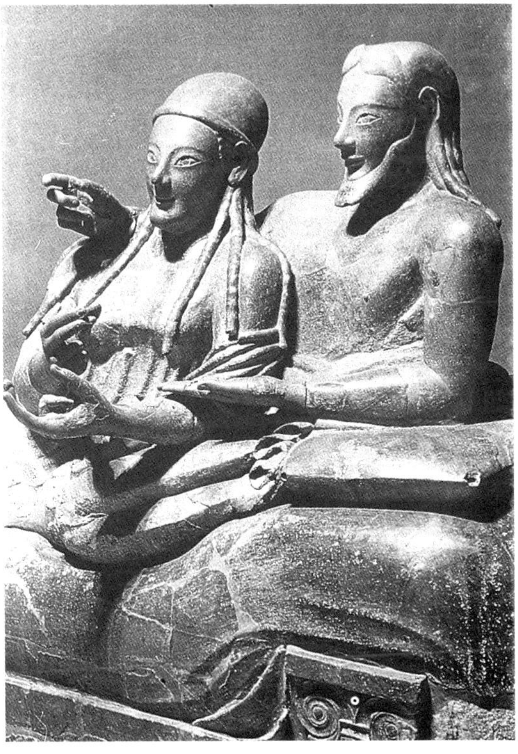

Sarcófago de los Esposos, Cerveteri

rosímil, la caracterización individual y el realismo.

Un nuevo espacio arquitectónico

El profundo respeto de los romanos por la arquitectura griega les llevó a utilizar el sistema arquitrabado y adoptar los órdenes dórico, jónico y corintio, además del toscano de influencia etrusca. Introdujeron el orden compuesto con un capitel que unía las volutas jónicas y las hojas de acanto del corintio. Para las fachadas emplearon la superposición de órdenes; sin embargo fue la superposición del dintel al arco uno de los sistemas constructivos más utilizados, como refleja el exterior del Coliseo de Roma. Las bóvedas más utilizadas fueron la de cañón y la de arista, esta última resultado de la intersección de dos bóvedas de cañón dispuestas en ángulo recto. Además de la columna emplearon gruesos pilares como soporte, pero las dimensiones que adquirieron las estructuras abovedadas fueron posibles gracias al uso tanto de nuevos materiales como de nuevos procedimientos constructivos. Junto a la piedra destaca el ladrillo, un material más flexible y económico e ideal para muchas de las obras utilitarias del Imperio. Pero fue el *opus caementicium,* el hormigón antiguo, lo que permitió la innovación más revolucionaria. Se trata de una argamasa semilíquida de cal, arena, trozos de piedra y agua, una mezcla que fraguaba y se endurecía rápidamente y que hizo posible levantar grandiosos proyectos. Dado que no era un material atractivo, revistieron muchos de sus edificios con mármol y piedra. En los muros utilizaron la disposición conocida como *opus quadratum,* sillares rectangulares de piedra en hiladas regulares. Con el arco, la bóveda y el hormigón se consiguió crear grandes espacios interiores. La concepción espacial del arquitecto romano, con su interés por lo colosal y lo duradero, difiere mucho de la griega. Los templos helenos se concibieron como volúmenes exteriores, casi escultóricos, cuya función era únicamente albergar la imagen de la divinidad. Roma, por el contrario, olvida la belleza del juego de líneas de la arquitectura griega para buscar volúmenes y efectos de masa y conseguir un espacio esencialmente interno. El Panteón de Roma representa la culminación de esta idea y se separa por completo del modelo griego. Levantado por Agripa en el 27 a. C. fue reconstruido por Adriano. Se trata de una estructura centralizada, de planta circular, que al interior configura una

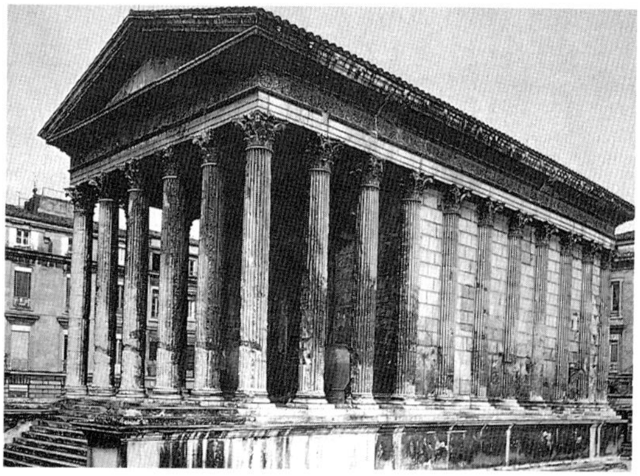

Maison Carré, Nimes

perfecta esfera de más de 40 m. de diámetro, y está precedida de un pórtico de ocho columnas. Fue revestido con placas de mármol y adornos de bronce. El Panteón es el punto final de una arquitectura templaria que Roma desarrolló partiendo de los patrones griego y etrusco. De éste último recogió el podium y la escalinata de acceso dando relevancia a la fachada principal, una facialidad que no existía en Grecia. Su ubicación, en

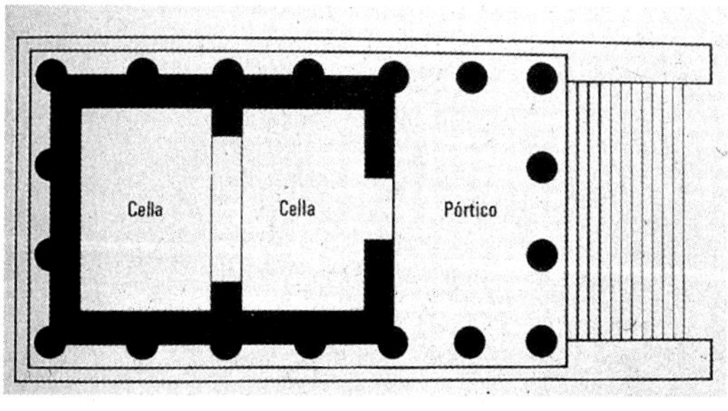

Planta de templo romano

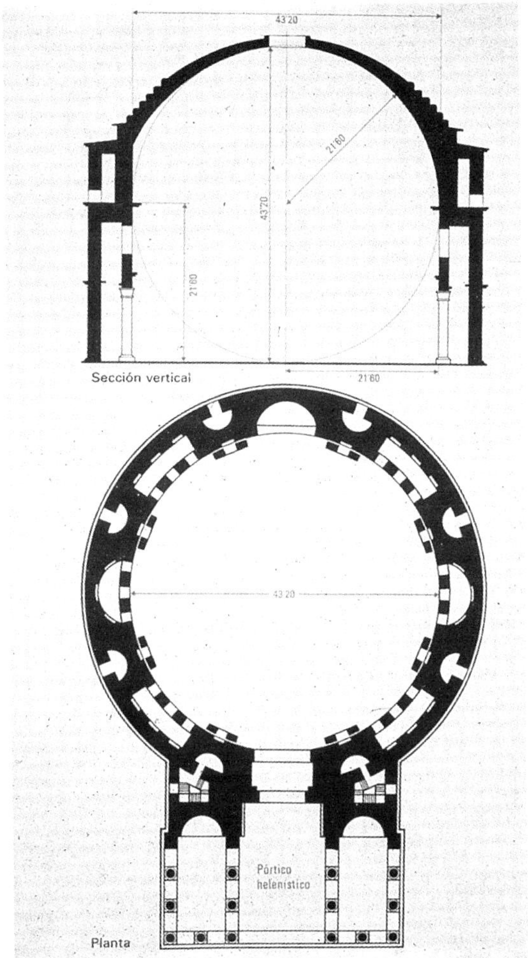

Planta y alzado del Panteón, Roma

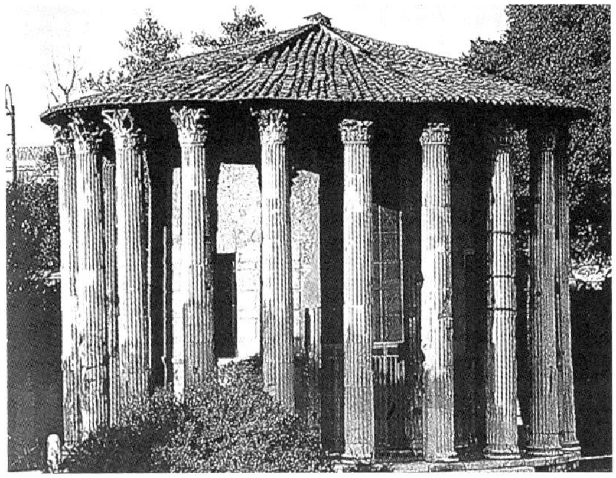

Templo de Vesta, Roma

pleno entramado urbano, le aleja del santuario griego inmerso en las zonas sagradas, acrópolis, o en contacto con la naturaleza. También existieron templos circulares de pequeñas dimensiones, surgidos por la influencia de los *tholos* griegos, como el Templo de Vesta en Roma.

Una civilización urbana

La ciudad fue la base de la vida social y de la administración política. Para las ciudades de las colonias Roma aplicó un esquema de planificación ortogonal que heredaron de los etruscos y de las ciudades helenísticas. Este urbanismo en forma de retícula deriva también del esquema de los *castra* o campamentos militares, que buscaron una solución rápida para mover la tropa en cualquier dirección. Muchas ciudades tuvieron su origen en campamentos fortificados. La distribución de la ciudad se organizaba conforme a dos vías principales: el *cardo* y la vía *decumana* que se cruzaban en ángulo recto. En el cruce se instalaba el *foro*, la parte más significativa de la ciudad en donde se encontraban los edificios públicos y sagrados: basílicas, curias, mercados, templos, monumentos conmemorativos y teatros. Una de las tipologías arquitectónicas que más destaca es la basílica, un edificio espacioso que comenzó siendo un centro para asuntos comerciales y derivó en la sede donde se administraba justicia. De planta rectangular, constaba de tres naves separadas por columnas. Este espacio arquitectónico resulta fundamental ya que es uno de los antecedentes del templo cristiano. La basílica romana terminaba en forma semicilíndrica o en ábside, subrayando un eje longitudinal. Esta axialidad no era nueva en la arquitectura del mundo antiguo pero los romanos la aplicaron de forma sistemática, sobre todo en los conjuntos urbanos como los foros imperiales de Roma, compuestos de templos y basílicas siguiendo una composición regular y simétrica. Los foros de Roma fueron no sólo una expresión del carácter monumental de la arquitectura, sino de un objetivo político y propagandístico: exaltar el poder imperial.

Arquitectura funeraria y conmemorativa

El abandono de la cremación en las prácticas funerarias durante el siglo I d. C. tuvo una fuerte repercusión en el ámbito artístico. Inhumar los cadáveres provocó un sistema de producción en serie de sarcófagos —que incidió en el campo del relieve escultórico—, así como la construcción de monumentos funerarios de la más variada índole, en forma de torre o bien de pirámide. Pero fue el modelo etrusco de planta circular la construcción funeraria de mayor ambición, como lo demuestran los mausoleos de Augusto y Adriano, grandiosas moles de exaltación de la figura del emperador. El mismo carácter se encuentra en los monumentos conmemorativos, especialmente en los altares, columnas y arcos triunfales, elementos arquitectónicos extraídos de su contexto, cuya superficie resultó idónea para representar las conquistas y victorias militares del Imperio, contribuyendo al desarrollo del relieve histórico. Mientras los altares solían ser pequeñas construcciones abiertas, sin techo, como el Ara Pacis de Augusto, realizado para conmemorar la paz tras las Guerras de las Galias e Hispania, la columna solía ser de grandes dimensiones y, como un símbolo de fortaleza, aludía a victorias navales y hazañas militares. El arco de triunfo es uno de los símbolos arquitectónicos del estado romano. Simboliza la puerta que cruzó un general o emperador tras su victoria. Suele presentar un arco (como el de Tito) o tres (como el de Constantino), columnas y pilares adosados, ático sobre el entablamento y una cuádriga de bronce como remate.

Nuevos géneros: el relieve histórico y el retrato

Fueron los dos modos de expresión más originales del artista romano. El interés por el realismo y la veracidad de los hechos históricos supone una superación de la forma de narrar de los griegos, siempre involucrados en los temas mitológicos. El romano prefirió lo específico y eliminó la leyenda de la historia, buscando temas actuales, casi siempre ligados a las gestas del Imperio. Era una consecuencia más de su temperamento práctico. A partir de Augusto el relieve histórico inicia su florecimiento y su perfección técnica con la introducción de una perspectiva basada en reducir el volumen y el tamaño de las figuras a medida que van alejándose del primer plano. De esta forma se conseguía dar profundidad a la composición. A esta técnica se la denomina relieve pictórico y su origen se encuentra en el relieve helenístico. Algunos ejemplos, como el Ara Pacis de Augusto, reflejan la influencia de los patrones clásicos griegos, sin embargo en los relieves se pueden identificar personajes, y los pormenores

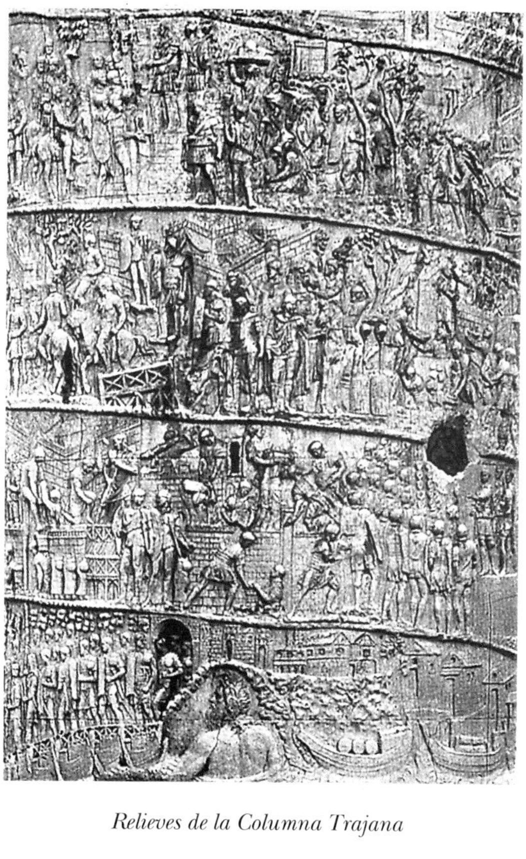

Relieves de la Columna Trajana

y anécdotas que pueblan los paneles de este altar son significativos de la observación de la realidad y de la nueva actitud romana por lo concreto. Las cualidades espaciales conseguidas en estos relieves aparecen también en las paredes interiores del Arco de Tito (año 81), realizado para conmemorar la toma de Jerusalén. Se presenta al emperador en su carro coronado por la Victoria y guiado por la representación alegórica de Roma, y las legiones desfilando con el botín dentro de una composición de gran profundidad y movimiento. Las dos guerras contra los dacios que mantuvo el emperador Trajano (siglo II d. C.) han quedado narradas en los bajorrelieves del largo friso helicoidal que rodea la columna Trajana. Se trata de un relato ininterrumpido, un relieve continuo, cuyo objetivo es presentar un realismo documental de lo que fueron aquellas campañas guerreras. Posiblemente los artistas se basaron en la interpretación que dio el propio emperador y su cronista, el historiador Tácito. El afán por plasmar la rutina bélica con sus marchas, asedios, fortificaciones, matanzas de prisioneros, etc., de forma minuciosa supuso un detrimento de la técnica y una despreocupación por la perspectiva y la profundidad. Sin embargo, esta crónica representa el punto culminante del relieve histórico. La decadencia de la plástica romana, propia de los últimos siglos del Imperio, tiene su correspondencia en el Arco de Constantino (siglo IV d. C.), decorado con relieves de talleres que reflejan la pérdida de los avances de la escultura clásica. Las figuras aparecen con un gran frontalismo, sin movimiento, con falta de articulación, cabeza desproporcionada y dispuestas en fila. A pesar del retroceso, anticipa una visión fundamental para el arte cristiano. La misma evolución sufrió el otro género de la escultura romana: el retrato. Partiendo de la influencia etrusca, helenística y de la tradición funeraria de las mascari-

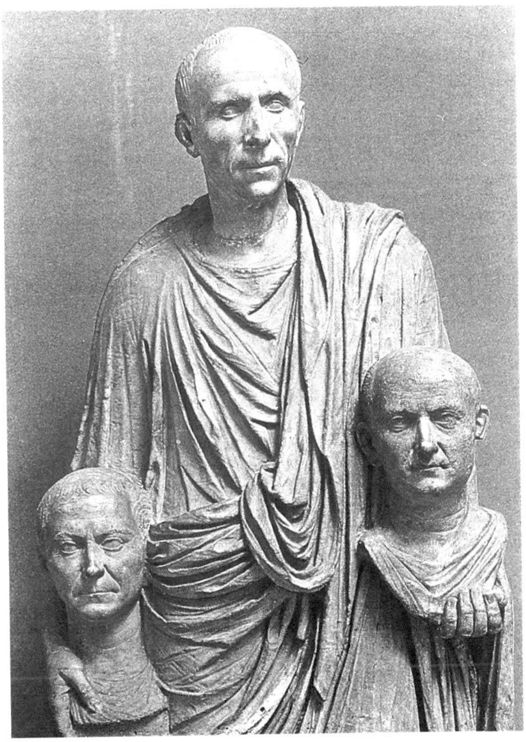

Patricio Barberini

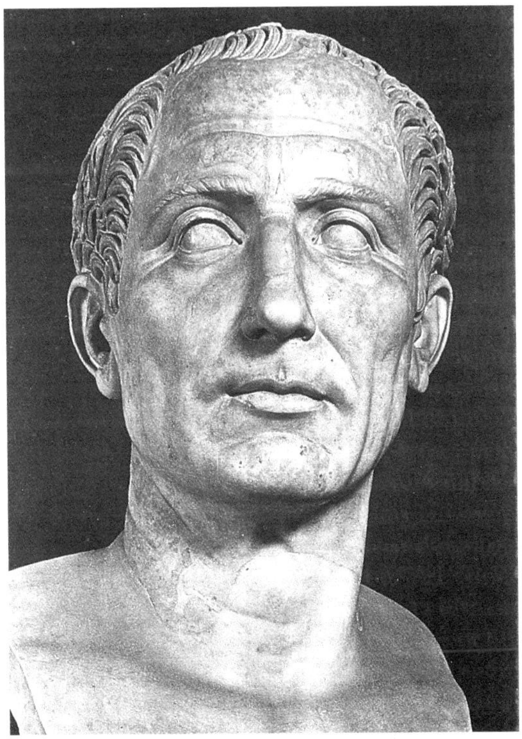

Julio César

llas mortuorias de los antepasados familiares, el retrato tuvo un gran auge desde tiempos republicanos. En mármol, piedra o bronce, bien de cuerpo entero, busto o sólo la cabeza, el retratado queda individualizado en sus rasgos físicos o psicológicos. El sentido realista no se pierde en los momentos donde la influencia del idealismo griego fue más acusada, durante el mandato de Augusto. Sus efigies lo representan como pretor, pontífice máximo, como cónsul, arengando a las tropas como guerrero. A partir de Augusto se propaga por todo el Imperio el culto al emperador y desde entonces serán representados como dioses. Reflejo esencial del prestigio militar de la figura imperial fue el retrato ecuestre, siendo un ejemplo único el de Marco Aurelio (siglo II d. C.). Los retratos femeninos resultan ser documento interesante de las modas y peinados de la época.

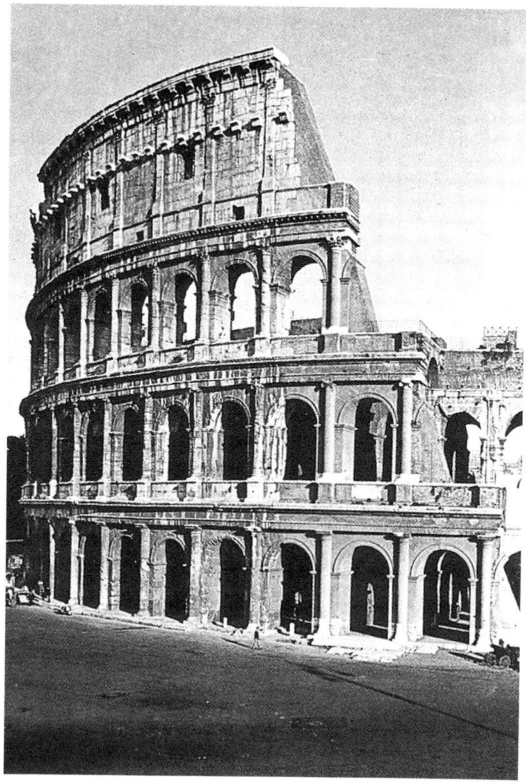

Coliseo, Roma

Panem et circenses

La afición por los combates sangrientos entre gladiadores y animales, y por las naumaquias (batallas navales) fue una herencia de los etruscos e itálicos, y también una forma de controlar a la enorme masa popular que reclamaba «pan y juegos». Para estos espectáculos aparece como novedad el anfiteatro, una construcción elíptica compuesta por graderíos para el público, muros radiales, escaleras y corredores de acceso abovedados y, en el centro, la arena donde tenían lugar los combates y bajo la cual había un sistema de galerías y pasadizos para los preparativos. Todas las ciudades contaban con un anfiteatro, pero el más grandioso fue el Flavio (siglo I d. C.), denominado Coliseo por su magnitud. Se realizaron los cimientos y el núcleo con hormigón, los pilares y la fachada con bloques de piedra. Su exterior, que combina arcos entre columnas y entablamentos, presenta la superposición de órdenes iniciada, de abajo a arriba, con el toscano, el jónico y el corintio. Para las carreras de caballos los romanos idearon los circos, una derivación del estadio griego. La planta era un rectángulo alargado uno de cuyos lados menores quedaba en semicírculo. En su centro se levantaba la espina, pedestal que se adornaba de estatuas y obeliscos. También de Grecia procede el teatro, pero ya no se adosa a las colinas o laderas del terreno, sino que se erige gracias al nuevo sistema de galerías abovedadas. La orquesta se queda en un semicírculo y la escena adquiere un mayor desarrollo. De la época de César destaca el teatro Marcelo de Roma y en España el de Mérida, iniciado en tiempos de Augusto. Otra construcción que sirvió de esparcimiento fueron las termas, pues los baños eran uno de los placeres favoritos de los romanos. Se trata de unos conjuntos de esquema simétrico que incluían vestuarios *(apodyteria)*, baños de agua caliente *(caldarium)*, de agua templada *(tepidarium)* y fría *(frigidarium)*, además de gimnasios, bibliotecas y jardines. De tamaño colosal, reflejan los

problemas constructivos que pudo resolver el arquitecto romano, tanto a la hora de abovedar amplios espacios como en los aspectos de ordenación e iluminación espacial. Una grandiosidad similar a la de las termas tuvo la arquitectura palatina, los palacios, como la Domus Aurea de Nerón, y las villas imperiales, como la de Adriano en Tívoli.

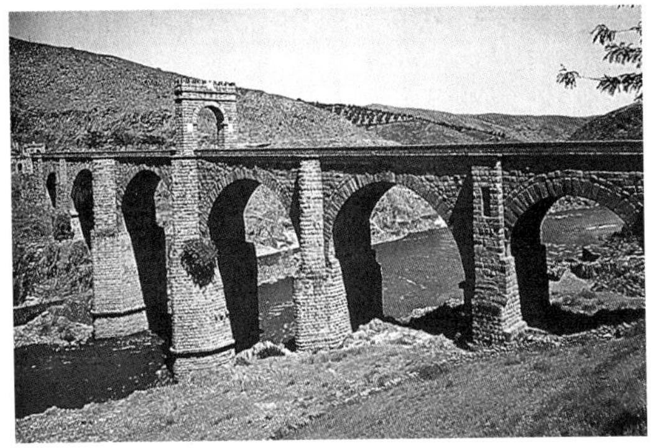

Puente de Alcántara

La primacía de lo utilitario

Las necesidades del Imperio exigieron un desarrollo de la ingeniería para poder comunicar entre sí a las colonias y la metrópoli. Las obras públicas demuestran la eficacia del arquitecto romano con el arco y los nuevos procedimientos conseguidos con el hormigón y el ladrillo. Las vías de comunicación, las calzadas, surgidas por una necesidad esencialmente militar, fueron numerosas. La primera de ellas fue la Via Appia que unía Roma con la ciudad de Capua. Estaban realizadas con capas de guijarros y pavimentadas con losas. Su solidez permitió que la Edad Media pudiera utilizar esta red de comunicaciones. Para salvar los obstáculos el ingeniero romano consiguió realizar puentes duraderos, de líneas sencillas, de piedra y de una gran pericia técnica por su altura, como el puente de Alcántara, construido durante el reinado de Trajano (siglo ii d. C.). Los acueductos resolvieron las necesidades urbanas para el abastecimiento de agua. Algunos recorrían kilómetros para transportarla desde los pantanos o lagos. Cuando el terreno presentaba desniveles se superponían los arcos. El canal de conducción de agua iba en la parte superior. El de Segovia es la mejor muestra del dominio en el manejo de las arquerías superpuestas sobre gruesos pilares, consiguiendo una altura de 30 m. Se empleó sillares de granito, mientras que para el acueducto de los Milagros de Mérida se utilizó piedra y ladrillo.

Véanse en las páginas 197-201 los comentarios a cinco obras de este período.

Unidad 4

El primer arte cristiano

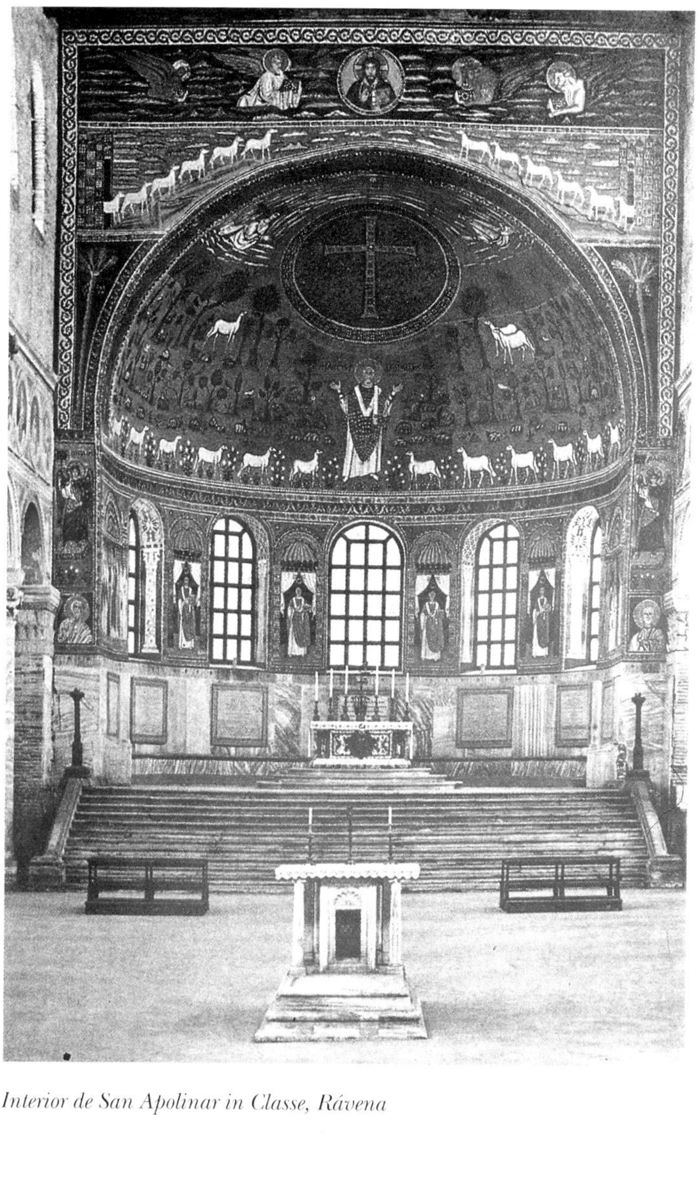

Interior de San Apolinar in Classe, Rávena

Cuando el Edicto de Milán en el año 313 reconozca definitivamente el Cristianismo, y Teodosio en el 391 lo imponga como religión de Estado, el sentido de la historia cambiará de un modo esencial. Nacida en el seno del mismo Imperio Romano, la religión cristiana sustituirá la descomposición del orden antiguo y la degradación del ideal mediterráneo a la que veníamos asistiendo, por un decisivo paso adelante cuyo desarrollo llenará el arte de los años venideros. Bastará un siglo, el IV, para que esta nueva fe desarrolle una estética diferente, al principio con incertidumbre en el clandestino arte protocristiano, perseguido por Roma, y luego con la autoridad magistral de la Iglesia triunfante tanto en Oriente como en Occidente. De hecho, a partir del siglo IV la Iglesia sale a la luz y se vuelca con entusiasmo en la organización de un arte a su medida. Al principio se limita a adaptar y adoptar las formas y los temas de que disponía, de manera que se ha demostrado ampliamente cómo, por ejemplo, las primeras basílicas se basan en determinados edificios civiles romanos y los primeros sarcófagos se calcan de algunos tipos de la escultura antigua. Esta aparente indiferencia formal, capaz de sacrificar la búsqueda griega de la calidad en favor de una mayor inteligibilidad, se explica por la propia necesidad que tenía la nueva religión de dirigirse abiertamente a todo el mundo, sobre todo a hombres poco afectados por la cultura. Al sustituir la universalidad imperial por otra de tipo espiritual, el Cristianismo, en principio, no puede permitirse ser elitista, aunque veremos cómo, con el tiempo, se va a ir asociando, fundamentalmente en Bizancio, a las clases y a los poderes dirigentes hasta el punto de llegar a responder con franca preferencia a los afanes e intereses de una aristocracia cultivada.

El arte paleocristiano

El primer arte cristiano, paleocristiano o protocristiano, es el que se desarrolla dentro del Imperio Romano y, hasta el Edicto de Milán, es duramente perseguido. Por eso tuvo pocas manifestaciones y la mayoría ni siquiera se han conservado. Las más importantes son, sin duda, las pinturas que han llegado hasta nosotros y que los primeros cristianos hicieron en las catacumbas, lugares funerarios, de enterramiento de la comunidad, formados por largos corredores con múltiples bifurcaciones y pequeñas salas, y con los nichos destinados a los cadáveres repartidos por todas partes. Sus pinturas nos dicen mucho acerca del espíritu de las comunidades que las patrocinaron. El ritual funerario y la protección de la tumba eran de importancia vital para los cristianos, cuya fe se basaba en la esperanza de una vida eterna en el Paraíso. Tanto la despreocupación formal como la iconografía de las pinturas de las catacumbas ponen claramente de manifiesto este concepto ultraterreno. En oposición al arte de otros cultos contemporáneos, grecorromanos y orientalizados, el arte paleocristiano pertenece a una creencia cuya doctrina es básicamente hostil a toda representación figurada. Desde luego, nunca triunfó la aversión contra las imágenes, pero hay que reconocer que, al menos en sus comienzos, este arte parece más una concesión a las exigencias de los fieles, acostumbrados al mundo pagano, que la respuesta a una verdadera necesidad interna de la fe nueva. Los cristianos se limitaron a tomar las formas del arte que predominaba en el ambiente y el Imperio Romano les ofreció las condiciones propicias a su creación y a sus primeros progresos.

A pesar de todo, estas pequeñas obras son determinantes. En ellas, por primera vez en la historia occidental, el arte aprende a expresar con imágenes una fe abstracta, la idea de la salvación del alma, el ferviente deseo del hombre de liberarse de sus vínculos terrestres y alcanzar la salvación eterna. Por eso, lo más importante es el análisis de sus temas, de su iconografía, más que de sus formas. El arte paleocristiano muestra tal desdén por el mundo exterior y tal preocupación única por el mundo interior que llega a tomar, tal como las encuentra, formas corrientes en el arte pagano aunque atribuyéndoles un nuevo alcance. Así, aparecen el Orante (siempre con los brazos alzados), el Hermes Crióforo convertido en Buen Pastor, Orfeo como símbolo del alma humana o un simple pámpano, de uso decorativo inmemorial, como una alusión a Cristo. Incluso la imagen, en la indiferencia total de su aspecto, no pretende ya evocar más que una palabra y se reduce a un esquema sumario: el Crismón, anagrama de Cristo, o el pez, cuyo dibujo no sirve más que para recordar a la memoria el nombre en griego, Ichtus, que por una nueva trasposición evoca a Cristo en acróstico, JesuCristo Hijo de Dios Salvador. Con el tiempo se irán incorporando algunos temas sacados de la Biblia, de los Evangelios y de las oraciones judaicas y judeocristianas

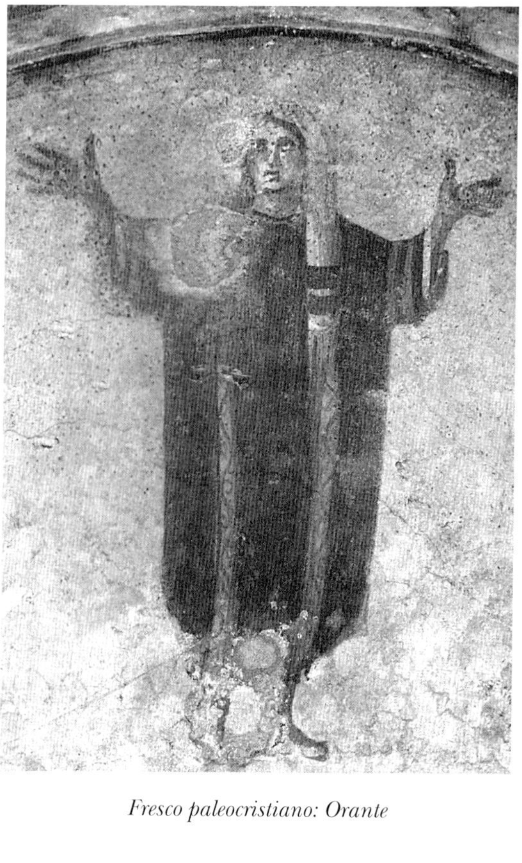

Fresco paleocristiano: Orante

que enumeraban a los personajes de la historia sagrada que fueron salvados por la fe: el sacrificio de Isaac, la escala de Jacob, Noé salvado de las aguas, los tres Hebreos en el Horno o Daniel en el foso de los leones. Sólo en época tardía los cristianos empezaron a incorporar temas del Nuevo Testamento tales como determinados milagros de Cristo o la Adoración de los Magos.

El arte de la Iglesia Triunfante

En el siglo IV, la conversión de Constantino y el consiguiente Edicto de Milán, hizo cambiar con rapidez el carácter del arte cristiano. A partir de este momento la nueva religión, ahora lícita, sale de su clandestinidad para hacer una entrada triunfal en todos los terrenos de la vida pública e intelectual. Todas las formas de la actividad artística se vuelcan hacia la fe cristiana y, en muy poco tiempo, nace la nueva arquitectura eclesiástica y la pintura mural que es su natural corolario. El propio Constantino crea numerosos santuarios en Roma (San Juan de Letrán, San Pablo Extramuros, Santa María la Mayor) y en Oriente (Santa Irene en Constantinopla o los Santos Apóstoles). El templo cristiano, a diferencia del pagano, va a nacer desde el principio como un lugar de reunión y de culto cuya función se revela sobre todo en el interior. Se pueden clasificar las iglesias de la época en dos categorías esenciales: las basílicas y los edificios de planta central.

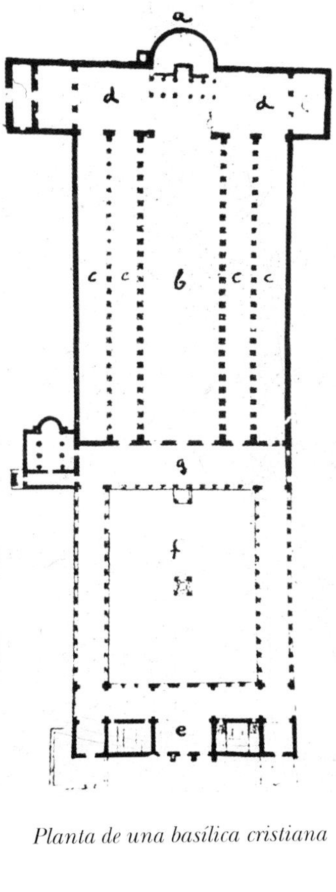

Planta de una basílica cristiana

La basílica, el tipo más frecuente, es el edificio destinado al culto normal. La cuestión de su origen ha hecho, desde luego, correr mucha tinta, aunque ahora ya parece evidente su parentesco formal con la basílica civil romana, aunque no su función. En cualquier caso, su plano, con ligeras modificaciones, dominará hasta la Edad Media toda la arquitectura de Occidente. En principio tiene un atrio o patio porticado como lugar de reunión de los fieles, y un nártex o vestíbulo dedicado a los catecúmenos que estaban en período de preparación. Ya en el interior, presenta una sala longitudinal, con tres o cinco naves, para la congregación de los fieles en oración, y una cabecera en forma de ábside para la celebración del culto. En las grandes basílicas romanas fundadas por Constantino la cabecera se amplía con un crucero saliente, probablemente porque la liturgia en pleno crecimiento reclamaba más espacio, y aparece una tribuna destinada a las mujeres sobre las naves laterales. Cuando el templo guardaba las reliquias de un mártir se abría una sala o cripta bajo el presbiterio.

Sin embargo, los edificios reservados a conmemorar a los mártires *(martyria)* así como los dedicados al bautismo (baptisterios) eran normalmente de planta central. Los *martyria* derivaban de los mausoleos paganos y los baptisterios, como el conservado de San Juan de Letrán o el de los Ortodoxos en Rávena, de ciertas salas de termas con las que tienen en común la disposición material con una pila central en la que el neófito era bautizado por inmersión.

Por lo tanto, la función y la forma de las iglesias paleocristianas están estrechamente ligadas. En las paredes de estos santuarios hallaría el arte figurativo un lugar muy indicado para desplegar toda una iconografía y un nuevo estilo. Al parecer, ya desde los primeros momentos (aunque se haya conservado muy poco), grandes ciclos pictóricos llenaron las paredes de las naves, el arco triunfal y el ábside de las iglesias, inspirados en fuentes muy variadas y capaces de reflejar toda la gama de la pintura grecorromana. De todo este proceso surgió una nueva e importante modalidad artística: el mosaico mural. Los mosaicos, una técnica de origen romano, son dibujos compuestos de pedacitos (teselas) de materiales coloreados engastados en yeso. Pero los mosaicos romanos eran casi siempre pavimentales, y la gama de colores apenas tenía brillo pues se limitaba a la variada clase de mármoles que ofrece la naturaleza. Por consiguiente, se puede decir que los grandes murales mosaicos paleocristianos carecen, en esencia, de precedente. En ellos, el material son teselas formadas por vidrios de colores que proporcionaban tonalidades variadas e intensas, incluyendo el oro. El efecto inmaterial que daba el resplandor del vidrio los convirtió pronto en el complemento ideal de la nueva estética arquitectónica.

Por su parte, la escultura desempeñó un papel muy secundario en el arte paleocristiano. Se entendió que la prohibición bíblica de representar imágenes se aplicaba con particular énfasis a las estatuas de gran tamaño para el culto, es decir, los ídolos adorados en los templos paganos, y se determinó, desde el principio, una orientación antimonumental de la escultura. Por eso las manifestaciones más interesantes aparecen casi exclusivamente en los sarcófagos, sobre todo a partir del siglo IV. Plásticamente su escultura representaba a la romana decadente y, de nuevo, su importancia desde el punto de vista de la evolución de las formas es mucho menor que desde el iconográfico y de la composición. No olvidemos que se van a constituir ahora todos los grandes temas del arte cristiano posterior. Al principio los cristianos utilizaban sarcófagos romanos pero poco a poco fueron creando su propio repertorio. Los que aparecen labrados por los cuatro frentes son muy excepcionales y, normalmente, se deja sin trabajar el lado que se pone junto a la pared. En ellos la ornamentación figurativa se dispone de diversas maneras. La más común es una serie narrativa seguida pero otras veces las escenas se separan por columnas y arcos formando tabernáculos. En algunos sarcófagos muy desarrollados la ornamentación puede llegar a distribuirse en dos fajas. En los primeros ejemplos cristianos no existe un reconocido sentido confesional (normalmente se emplean temas paganos de carácter funerario a los que se otorga una significación cristiana) y sólo en Constantino los motivos se hacen manifiestamente cristianos reconociéndose las distintas escenas evangélicas, equilibradas con pasajes del Antiguo Testamento.

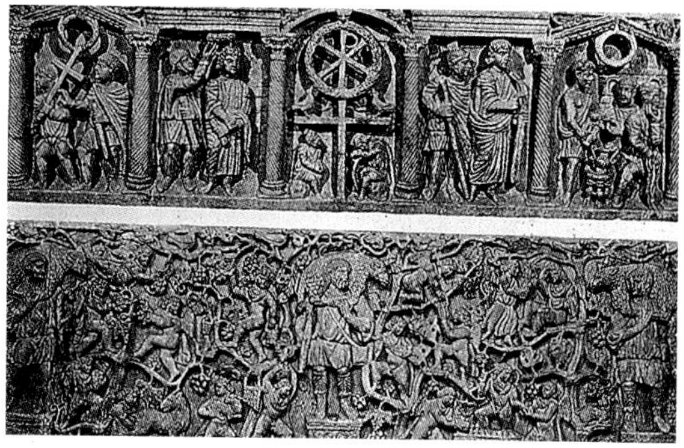

Sarcófagos paleocristianos

El Imperio Bizantino

El Imperio Bizantino tiene una enorme extensión cronológica y geográfica. Su origen está en el siglo III cuando el Imperio Romano atraviesa una crisis claramente agravada por la distinta estructura socioeconómica que imperaba en las regiones occidentales y orientales. Entonces se hace evidente la superioridad de Oriente sobre un Occidente cada vez más agobiado por las presiones de los bárbaros. No es en absoluto fortuito que en el año 330 Constantino el Grande elija la antigua colonia griega de Bizancio (desde entonces llamada Constantinopla por razones evidentes) como capital del Imperio Oriental. Sin embargo, la separación total no se consumó hasta el año 395 cuando Teodosio, a su muerte, deja el Imperio dividido, legando a Honorio Occidente y a Arcadio, Oriente. El final está en el año 1453, con la toma de Constantinopla por los turcos. Son así, casi diez siglos de Imperio, de florecimiento intelectual y artístico, que abarcarían en Occidente prácticamente desde la época de las invasiones hasta el florecimiento del Gótico. Para un mayor entendimiento, los historiadores han dividido este amplio abanico cronológico en las llamadas Tres Edades de Oro. La Primera abarcaría los siglos VI y VII y tendría su máximo momento de esplendor bajo el reinado de Justiniano. Durante el siglo VIII entramos en un período de franca decadencia, debido a la llamada «guerra de los iconoclastas», que se extiende desde el año 726, en que se dicta la prohibición de las imágenes como objeto de culto, hasta su reposición en el año 843. La Segunda Edad de Oro, que comienza en el siglo IX con Basilio I y dura hasta mediados del siglo XI, contempla la culminación del Gran Cisma de Oriente bajo Miguel Cerulario. Con la conquista de Constantinopla por los cruzados (1203-1204) y la fundación del Imperio Latino comienza otra época de decadencia para los bizantinos hasta que, en el año 1258, Miguel VIII Paleólogo acaba con el Imperio Latino, da comienzo a una nueva dinastía y provoca el último gran resurgimiento de la civilización oriental, la Tercera Edad de Oro, que durará hasta la toma de Constantinopla por los turcos.

En Bizancio y en su arte oficial se operó una clasificación matizada de las múltiples tendencias del Imperio. El peso de la cultura helénica, que desde luego tenía allí su más decidida continuación, formó la mayor parte del programa intelectual bizantino, racionalmente ordenado, pero siempre matizado por una importante influencia oriental lo bastante seria como para impedir la desecación. De hecho, en arte, la búsqueda de efectos sensoriales y la riqueza del esplendor coloreado, propias tradicionalmente del concepto oriental, sustituyen al gusto más intelectual de los grecolatinos por la proporción y la armonía. Las consecuencias prácticas son evidentes: en adelante se desdeña el volumen y se va hacia imágenes planas, sin relieve, desencarnadas, en las que el cincel talla sombras en la piedra y hace jugar a la luz, si se trata de la escultura, o en las que el dibujo esquemático, abstracto, está al servicio del color y de su brillo, si se trata de pintura o de su sustitutivo, el mosaico.

Por su parte, la estructura social del Imperio reflejaba también una clara influencia oriental. Se trataba de una sociedad muy estabilizada bajo un modelo claramente precisado. El tipo de gobierno fue el llamado cesaropapismo, es decir, la concentración de poderes tanto temporales como espirituales en manos de una sola persona, un autócrata. El emperador no solamente era el jefe temporal del Imperio sino también el representante de Dios en la tierra o, como decía el propio Justiniano, su «archisacerdote». De esta manera se pudo mantener siempre en la cúspide de las tres jerarquías (Iglesia, Ejército y Administración) ostentando un poder totalizador que jamás entraba en conflicto con ninguna de sus partes.

El espacio de la arquitectura

Mientras los países latinos continuaron construyendo basílicas y edificios de planta central de tipo tradicional, en Bizancio vamos a presenciar una eclosión extraordinaria de los tipos más variados de este último plan. La iglesia en cruz libre, en cruz inscrita, cuadrada o poligonal, sustituye cada vez más a la estructura basilical hasta el punto de que la evolución llega a la creación de la misma basílica con cúpula, la primera manifestación auténtica del genio arquitectónico bizantino.

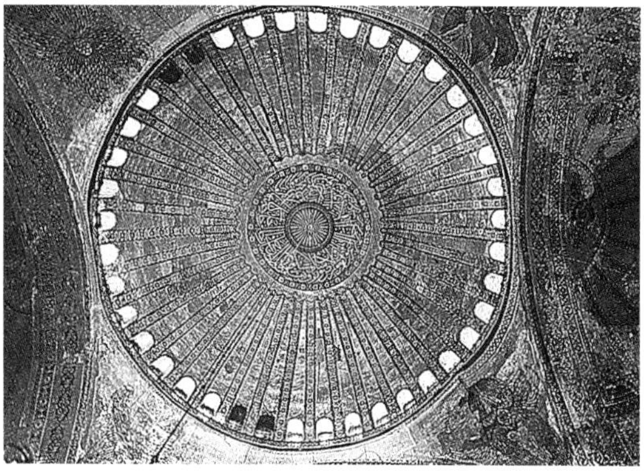

Cúpula de Santa Sofía, Constantinopla

El verdadero modelo lo ofrece Santa Sofía de Constantinopla: una iglesia con tres naves pero con planta de cruz griega y una gran cúpula. En las proximidades se levanta Santa Irene, basilical con dos cúpulas, de tiempos de Constantino. De la época de Justiniano, son la Iglesia de los Santos Apóstoles, desaparecida, de cruz griega con cinco cúpulas, y la de los Santos Sergio y Baco, el mejor ejemplo de iglesia de tipo central con ocho sólidos pilares que, situados en los vértices de un octógono, soportan la cubierta central.

Está claro que, con los exteriores francamente pobres, en sillería, mampostería y ladrillo, la importancia de estas iglesias iba a

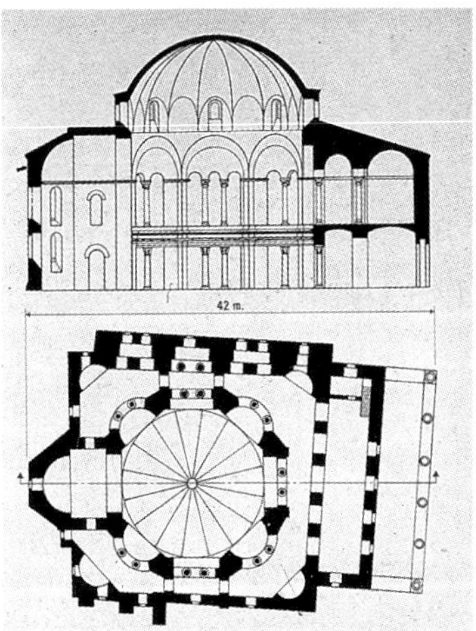

Planta y alzado de la iglesia de los Santos Sergio y Baco, Constantinopla

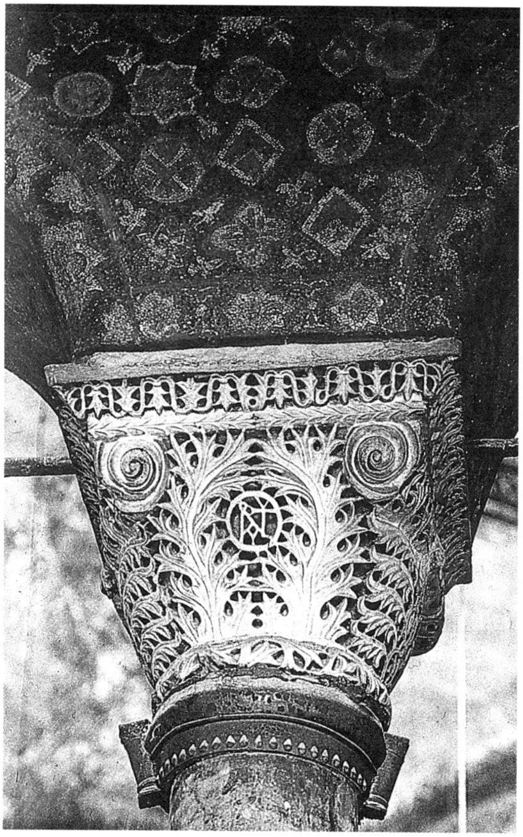

Capitel de Santa Sofía, Constantinopla

estar en su interior ricamente decorado con mosaicos y pinturas llenos de color, y siempre presidido por una o varias cúpulas. De hecho, la característica más importante de toda la arquitectura bizantina es su nueva concepción del espacio, un espacio dilatado y dinámico en el que la cúpula ayudará a proyectar la vista más allá de los planos y situará la mente en la bóveda celeste, trono del Creador. Esta cubierta, aunque es un elemento constructivo que ya utilizaban los romanos, adquiere con los bizantinos todo su desarrollo técnico y simbólico. Se trata de una cúpula sobre pechinas que se apoya en un tambor con ventanas y que centraliza a su alrededor todos los elementos de la iglesia, incluidas las columnas, casi siempre corintias y de ricos materiales, que para facilitar su función de soporte agrandan el cimacio y el capitel en forma de pirámide truncada invertida. Evidentemente estas cubiertas determinaban un fuerte empuje sobre las paredes que en Bizancio no se contrarresta aumentando el grosor de las mismas, como en Roma, sino con un sutil juego de empujes hacia bóvedas de medio cañón, pequeñas cúpulas, casquetes e incluso contrafuertes.

Durante la Segunda Edad de Oro la arquitectura registra algunas novedades. Por un lado, los templos suelen ser de escala más modesta, dado su carácter monacal más que imperial, y, por otro, se ensayan nuevos problemas estructurales para lograr un espacio más desahogado pero sobre todo una belleza externa hasta ahora desconocida. Por ejemplo, se prodigan arquerías al exterior, ciegas o perforadas, el ladrillo puede alternar decorativamente con piedras coloreadas y las cúpulas presentan un tambor más alto y unos radios muy marcados o gallones. El ejemplo más impresionante es, sin duda, San Marcos de Venecia, con sus cinco cúpulas en un plano que es copia del de los Santos Apóstoles.

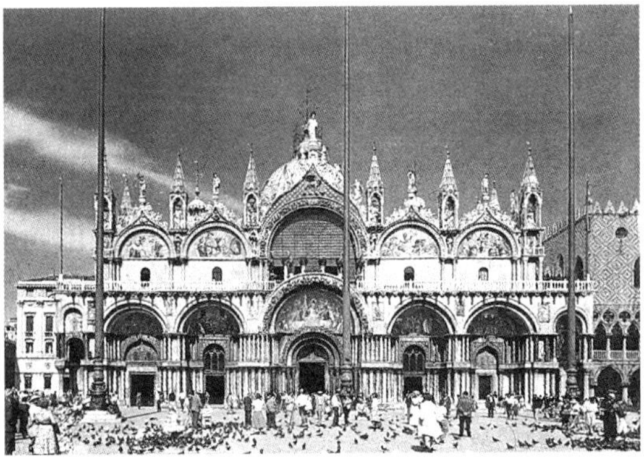

San Marcos, Venecia

Sin embargo, la Tercera Edad de Oro no encierra grandes novedades, aunque la búsqueda de lo pintoresco y lo decorativo es bastante más acusada. Es ya el momento de esplendor de las iglesias rusas, con San Basilio de Moscú, construida bajo Iván el Terrible, como ejemplo más representativo, con sus muchas cúpulas de fantásticas estructuras y vistosos colores favorecidas por el uso de la madera como material de fábrica.

Un mundo irreal

Para decorar y enriquecer los interiores de estas iglesias, los bizantinos utilizaron los mosaicos y las pinturas siempre con un sentido aristocrático, intelectualista y docente. Desde el principio ambas formas se vieron como reflejos misteriosos de un mundo sobrenatural en el que desde luego estaba incluido el emperador como representante de Dios en la tierra. Esta divinización supone que las figuras, siempre observadas desde un punto de vista elevado, aparecen cargadas de formalidad ritual, teatralidad mayestática y un fuerte hieratismo. Se ha perdido el gusto por copiar fielmente la forma externa, como había sucedido en el arte griego, y en las representaciones, mucho más conceptuales, intelectualizadas, interesa sobre todo la idea, el valor simbólico y narrativo de la escena, subrayado por la luz y el color. De hecho, las únicas dos perspectivas que funcionan son la jeráquica y la inversa, y la forma de arte paradigmáticamente bizantina, más incluso que la pintura, es el mosaico. El color y el brillo de las teselas conjuga a la perfección con el hieratismo social y el ceremonial cortesano para dar como resultado un arte que es algo más que simplemente vis-

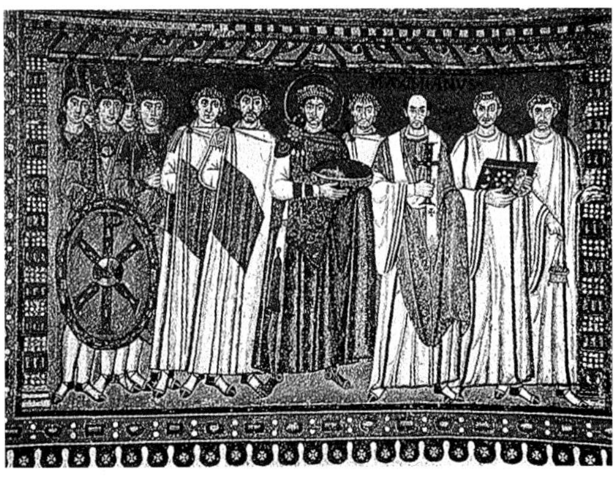

Mosaico de Justiniano en San Vital, Rávena

toso. Mosaicos como los que aparecen en San Vital, en San Apolinar il Nuovo o en San Apolinar in Classe, con San Apolinar y los doce apóstoles representados como corderos, consiguen expresar una idea de un modo tan directo y puro como ningún arte clásico había conseguido. En ellos toda complicación queda eliminada y todo es simple, claro y distinto.

Desde luego, con una finalidad claramente docente. La Iglesia no podía permitir que el artista siguiera su fantasía en unas obras con tanta importancia programática, y los pintores tuvieron obligatoriamente que atenerse a un programa iconográfico muy estricto, a un programa de símbolos y formas que se regía siempre por las mismas leyes precisas. Por eso nace la Hermeneia, un auténtico libro de instrucciones en el que se detallan desde las reglas técnicas hasta la disposición interior del artista al realizar el trabajo, pasando por la forma precisa en que se debe representar a Dios Padre como Pantocrator, a Jesucristo según el Santo Paño de la Verónica que se creía que se conservaba en Edesa o a la Virgen en sus diferentes formas: como Madre de Dios, como Trono del Señor, como Camino de Cristo, como Virgen de la Leche... Con el tiempo esta temática se enriquece con escenas de la Pasión, singularmente la Crucifixión que, por respeto al Señor, no había aparecido en el arte paleocristiano. Desde luego se evita en todo momento representar el martirio y siempre aparece el Crucificado en majestad, tal y como luego perdurará en el Románico. Es evidente que la necesidad de adaptarse a todas estas formas dificultó en cierta manera que los artistas bizantinos pudieran desarrollar con plenitud sus cualidades personales. Pero hay que tener en cuenta que fueron precisamente los artífices de esta época los que transformaron lo que hasta ahora habían sido simples ilustraciones del arte cristiano primitivo en los grandes ciclos de enormes y solemnes imágenes que dominarán el interior de las iglesias. Como señala Gombrich, cuando vemos los mosaicos que hicieron estos artistas griegos en Italia o en los Balcanes advertimos cómo consiguieron resucitar parte de la grandeza y majestad del antiguo arte oriental.

El gusto por el lujo

Fue en los trabajos realizados en la industria del lujo donde los bizantinos superaron muchas de las técnicas heredadas de la Antigüedad. Entre ellos destacan, sobre todo, los marfiles y los esmaltes, ambos empleados en los objetos más variados desde los muebles, las arquetas, los dípticos y las sillas episcopales hasta las coronas, los altares, las cruces, los relicarios y las tapas de evangeliarios. El conjunto más importante con esmaltes se encontrará, sin duda, en la Pala de Oro de Venecia, un retablo sobre el altar mayor de San Marcos, pero será en el marfil donde estos objetos alcanzarán su máximo desarrollo. El arte del marfil llegó a ser tan importante en Bizancio que pudo incluso relegar a la escultura. En él también se consuma el proceso iniciado en el arte paleocristiano de desrealización de la figura, en orden a situar las imágenes en un plano abstracto e irreal. El esquematismo avanza y va desapareciendo toda expresión individual, particular, hasta el punto de que la figura llega a ser un esquema simple o programa estereotipado cuyos gestos constituyen algo básicamente simbólico. Al margen de ejemplos tan

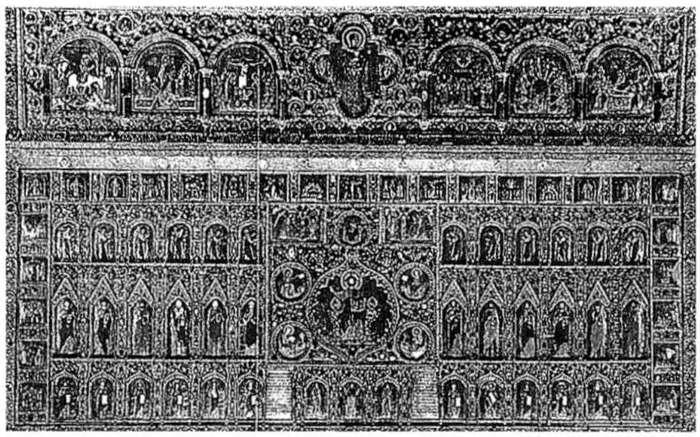

Pala de Oro

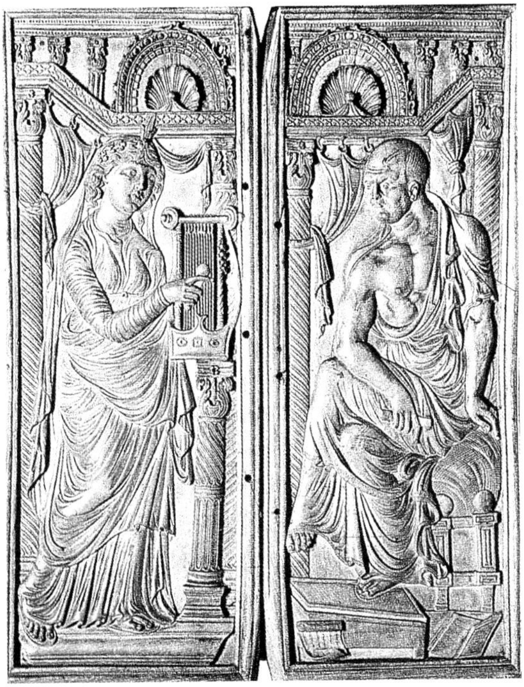

Díptico consular

importantes como el Políptico Barberini, del siglo V y compuesto por numerosas escenas con el emperador a caballo en el centro, o la Cátedra de Maximiano, con muchas placas con temas historiados o imágenes de santos en medio de una decoración de tallos y pájaros, las piezas marfileñas más usuales en el mundo bizantino serán los dípticos consulares. En realidad eran una especie de recordatorio que hacían los cónsules al tomar el mando, para obsequiar a sus amistades. Desde el principio se compusieron de dos hojas que se plegaban como si se tratara de un libro. En una de ellas aparecía el retrato del cónsul sentado con la rígida frontalidad habitual, pero en la otra se representaban escenas más movidas de los espectáculos y fiestas con que conmemoraban su ascenso al poder. Y serán estos motivos de carreras, cacerías, escenas de circo o de teatro los que nos dejen una imagen bien distinta del rígido y lujoso mundo bizantino.

Véanse en las páginas 202-206 los comentarios a cinco obras de este período.

Unidad 5

El arte de las invasiones al año 1000

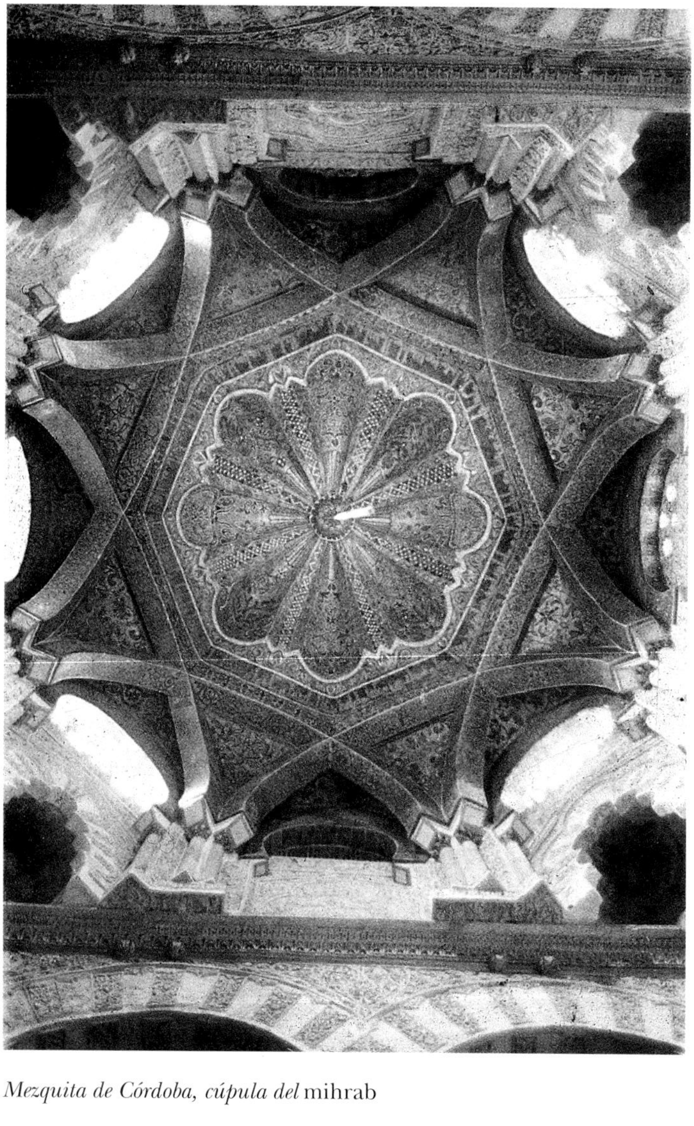

Mezquita de Córdoba, cúpula del mihrab

Desde las invasiones al año 1000, Europa experimentó una importante transformación social, política y económica que tuvo consecuencias decisivas en la actividad artística. Cuando se producen las invasiones el arte dominante en Europa era el romano. Sus técnicas artísticas y constructivas permanecieron vigentes, fundidas con nuevos elementos, esencialmente decorativos, aportados por los nuevos pueblos que paulatinamente fueron estabilizándose. Con la supervivencia de estas tradiciones romanas y paleocristianas junto a las aportaciones ornamentales de los nuevos pueblos se fue configurando un sustrato del que arrancan desarrollos sistemáticos como, por ejemplo, el arte carolingio y asturiano, y de los que partirá el posterior arte medieval.

En España, el arte de los visigodos presenta una arquitectura que conocemos por ejemplos rurales pero que a través de los cuales se puede deducir la importancia que tuvieron las construcciones de ciudades principales como Mérida, Córdoba o la capital, Toledo. En ellas se desarrollan diversos esquemas constructivos de iglesias abovedadas, con soportes en forma de pilares o columnas, aparejo de sillería y una decoración geométrica, relacionada con elementos de la orfebrería, o figurativa, como es el caso de San Pedro de la Nave o de Quintanilla de las Viñas.

Las soluciones artísticas aportadas por los pueblos invasores fueron muy diferentes, especialmente hasta el siglo VIII en que se produce un resurgimiento del valor del modelo clásico de la Antigüedad que alcanza una dimensión trascendental en el imperio carolingio, hasta el punto de que puede hablarse de un Renacimiento carolingio. Incluso en reinos acechados por el peligro musulmán, como el asturiano, se desarrolló un arte que enlaza claramente con las tradiciones romanas y los modelos de la Antigüedad. Las iglesias asturianas desarrollan un arte al servicio de la Corona, proyectado para establecer una imagen de la afirmación y estabilidad del poder.

Otro de los artes que se impone también a través de la conquista de los territorios del antiguo imperio romano es el árabe, al que se asimilan formas preexistentes y se crean otras distintas para desarrollarlas de acuerdo con los nuevos tipos arquitectónicos de la nueva cultura. La invasión de los musulmanes planteará en España una dualidad de lenguajes —los distintos surgidos en territorio musulmán y cristiano— que proporcionará una serie de rasgos diferenciales en numerosos monumentos de la Península.

Arte de las invasiones

La aportación artística fundamental de los pueblos bárbaros fue de carácter ornamental. Con las invasiones, una serie de elementos ornamentales que habían sobrevivido a la implantación de las formas artísticas romanas adquirieron nuevo valor. Principalmente se trataba de temas desarrollados en objetos realizados en metal, a base de motivos geométricos, vegetales y animalísticos llevados a un alto grado de abstracción, como las realizaciones del llamado *estilo zoomorfo* y las variantes del estilo anglosajón. Junto a este tipo de decoración se extendió otro formado por tabicados rellenos con pastas vítreas coloreadas que constituyen un estilo *cloisonné* y la incrustación de piedras de color. Esta técnica se extendió hacia Occidente a través de los visigodos en fíbulas en forma de águila, broches de cinturón rectangulares y coronas votivas como las del Tesoro de Guarrazar.

Algunos pueblos invasores como los ostrogodos, establecidos en Italia, experimentaron una intensa romanización. En sus obras se aprecia una síntesis de los diversos componentes señalados: el cromático, con incrustaciones de color, la decoración abstracta zoomórfica y las tradiciones clásicas. El mausoleo de Teodorico en Rávena, con su cúpula de piedra de una sola pieza, constituye un claro intento de emulación de las formas arquitectónicas antiguas. Sin embargo, la principal aportación ostrogoda fue la ornamentación en piezas como en la coraza de Teodorico (Museo de Rávena), que presenta una ornamentación igual que la del mausoleo.

Entre los invasores, los visigodos crearon una monarquía estable y sólida, cuya capital se estableció en Toledo hasta que la invasión árabe, acaecida el año 711, la hizo desaparecer. De este período ha llegado a nosotros un conjunto importante de iglesias situadas en espacios rurales y que reflejan tímidamente el esplendor de los grandes templos construidos en ciudades como Toledo, Mérida o Córdoba.

En sus construcciones los visigodos utilizaron el aparejo de sillería bien labrada, el arco de herradura poco pronunciado —elemento arquitectónico que ya se encuentra como motivo ornamental en la época romana—, los ábsides de planta rectangular y las cubriciones con bóveda. En este sentido, la parte visigoda de la Cripta de San Antolín de la catedral de Palencia, que formaría parte, probablemente, de un edificio religioso de mayores dimensiones o que sería la cripta de otro, es un buen ejemplo del dominio de este sistema de abovedamiento.

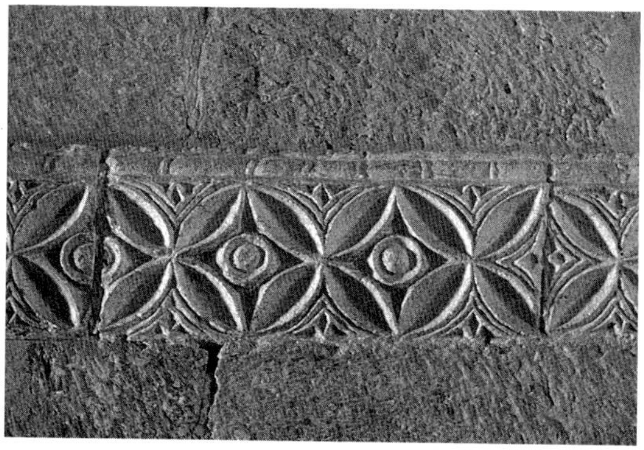

San Juan de Baños, decoración del ábside

Lo mismo sucede con la iglesia de San Juan de Baños, dedicada a San Juan Bautista el año 661 por Recesvinto, en la que pueden observarse algunas de las características reseñadas. Consta de tres naves separadas por co-

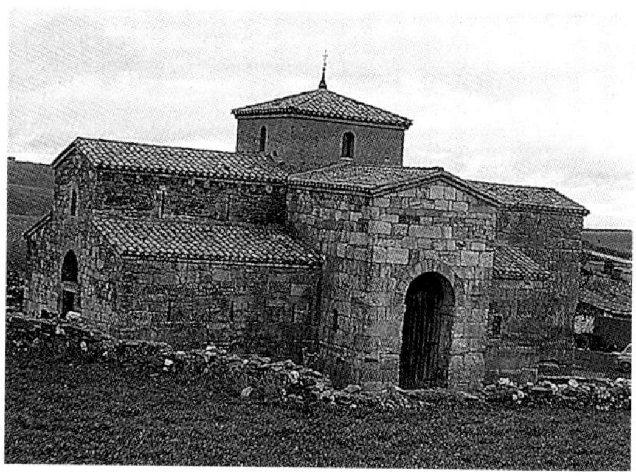

San Pedro de la Nave

lumnas que soportan una arquería, formada por arcos de herradura, y ábside rectangular cubierto por bóveda. Los soportes que, según una práctica habitual, proceden del aprovechamiento de piezas romanas, contrastan con el empleo de pilares en San Pedro de la Nave (Zamora), formada por tres naves, crucero con cámaras y un ábside destacado de planta rectangular. Por su parte, la planta de la iglesia de San Pedro de la Nave presenta analogías con otro edificio, la iglesia de Santa Comba de Bande (Orense), que también tenía planta cruciforme inscrita en un rectángulo con ábside rectangular saliente.

Uno de los aspectos más sobresalientes del arte visigodo en relación con otras manifestaciones artísticas de su tiempo, es la presencia de una escultura figurativa realizada a bisel en capiteles como los de la iglesia de San Pedro de la Nave (Zamora) con representaciones de apóstoles, escenas bíblicas como *Daniel entre los leones* y *El sacrificio de Isaac* y que plásticamente presentan analogías con los relieves de la iglesia de Quintanilla de las Viñas. El estudio de estos relieves ha inducido a algunos autores a suponer que entre los visigodos existió un importante arte de la miniatura del que la escultura de estos capiteles sería un reflejo.

Arte árabe

La aparición de una nueva religión, el Islam, y las conquistas llevadas a cabo por los árabes

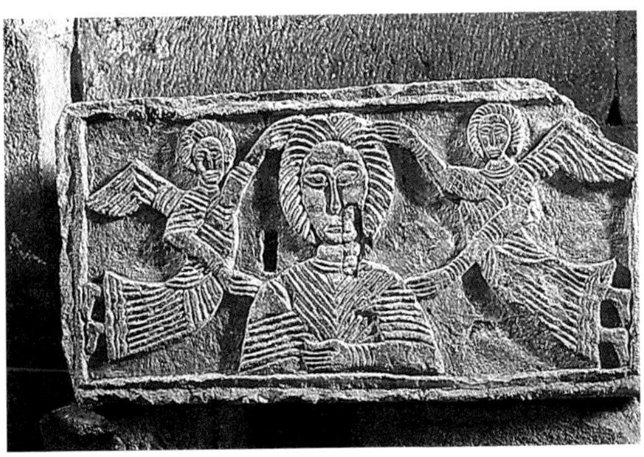

Quintanilla de las Viñas, relieve

alteraron profundamente el mapa artístico de Oriente y Occidente. La amplitud de los territorios en los que se implantó la nueva fe determinó que en las realizaciones artísticas de los árabes fueran muchos y dispares los elementos plásticos asimilados. Con todo, es evidente que se produce un arte dotado de una unidad que a lo largo del tiempo, con independencia de la lógica evolución formal, mantiene una serie de rasgos propios.

Uno de los aspectos determinantes de la unidad del arte árabe lo constituye el hecho de que una tipología como la mezquita fuese un edificio imprescindible en todas las ciudades. La mezquita es, sin duda, dado el profundo carácter religioso de los árabes, el edificio principal de la arquitectura islámica. Se trata de un lugar de oración cuyo elemento principal es el muro de la *quibla,* en cuyo centro se haya el *mihrab.* La mezquita suele tener planta rectangular formada por diversas naves separadas por arquerías sobre columnas dispuestas de forma paralela a la *quibla,* como la de Damasco, o perpendicular a ésta, como la mezquita del *al-aqsa* en Jerusalén o la de Córdoba. Al exterior existen otros dos elementos inseparables de la mezquita, el *alminar,* desde el que se llama a oración, y el *patio* o *sahn.*

Junto a la mezquita, el otro modelo arquitectónico desarrollado sistemáticamente por los musulmanes fue el palacio. En la época de los soberanos Omeyas se construyeron diversos palacios en el desierto, como el de Qusayr Amra (Jordania), concebidos como residencias suntuosas ricamente decoradas con pinturas y mosaicos y otros elementos que remiten a tradiciones clásicas y bizantinas. En ese sentido, la representación de imágenes fue mucho más extendida en palacios que en edificios religiosos, en los que su empleo tuvo una radical prohibición. En los palacios las imágenes fueron un elemento ornamental frecuente, así como en otras artes islámicas. En relación con la arquitectura palaciega, en Al Andalus, cerca de Córdoba, destaca la construcción del palacio de Medinat as-Zhara, un palacio ciudad, como se ha llamado, ordenada por Abd-al Rahman III.

Una de las primeras construcciones árabes fue la Cúpula de la Roca, en Jerusalén, a finales del siglo VII. Con ella se inicia la arquitectura de los Omeyas siguiendo una tipología que mantiene relación con modelos clásicos. Tras los Omeyas, el año 750 se proclamó el califato abasí, que desarrolla un período de extraordinaria importancia para el arte con importantes realizaciones en el campo de la arquitectura, la decoración y la cerámica. En Bagdad, la capital, se produjo una simbiosis de formas artísticas llamadas a tener una importancia decisiva en el arte del Islam. Al Mansur construye en 762 la ciudad de Bagdad —destruida en 813—, con planta circular y el palacio en el centro como símbolo de la ciudad concebida como centro de un universo regido por su soberano.

La solución más frecuente fue que los árabes se estableciesen en las principales ciudades preexistentes, de las que asimilaron numerosos elementos artísticos y culturales. Lo cual, dada la extraordinaria amplitud de los dominios del Islam, determinó la existencia de una gran diversidad de fuentes culturales. La península Ibérica, tras la invasión y derrota de los visigodos, pasó a ser uno de los centros artísticos más importantes del Islam, cuya capital se estableció en Córdoba. Abd-al Rahman I, tras la eliminación de los omeyas por los abasíes, se hace independiente. Con él se inicia el arte musulmán propiamente dicho en España, con la construcción de la mezquita de Córdoba.

En Córdoba inicialmente se había utilizado como mezquita la antigua iglesia visigoda de San Vicente. Cuando Abd-al Rahman I inicia la construcción de la nueva mezquita derriba la iglesia, muchos de cuyos materiales utilizará para la nueva obra. La mezquita consta de once naves orientadas hacia el muro de la *quibla,* de las que la central, más ancha, entesta con el *mihrab.* La separación de las naves se hace mediante arquerías dobles formadas por arcos de herradura, la inferior, y de medio punto la superior, con dovelas de piedra y ladrillo que apoyan sobre fustes y columnas aprovechados de la basílica de San Vicente y de edificios romanos. Con esta construcción

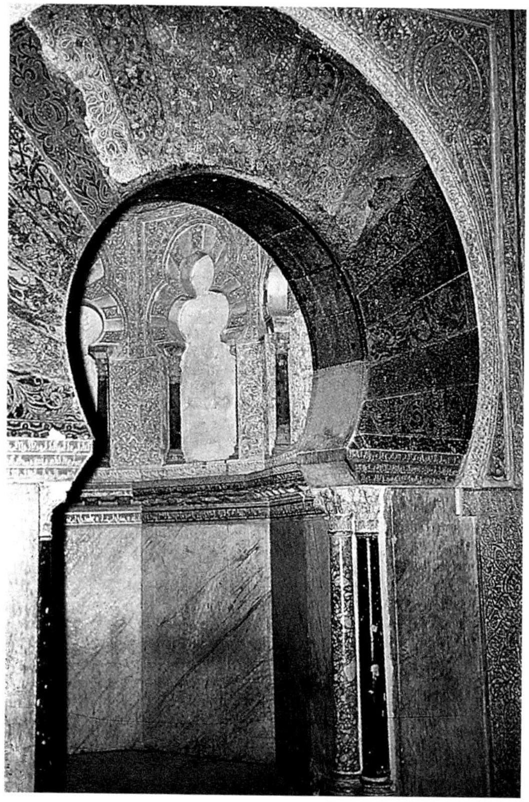

Mezquita de Córdoba, mihrab

queda determinado el prototipo de mezquita de Córdoba, siendo el que seguirían otros soberanos musulmanes como Abd-al Rahman II (822-852), que derribó el muro de la *quibla* y la amplió ocho tramos hacia el sur. Y lo mismo hizo Al-Hakem II (961-976). El muro de la *quibla* actual y el *mihrab* es el construido por este soberano —la ampliación de Almanzor, tan profunda como todo lo construido hasta entonces, se hizo hacia el Este—, al igual que la *maksura,* con arcos lobulados que se entrecruzan. El *mihrab* resulta suntuoso, con una magnífica decoración de mosaico. El tramo que antecede al *mihrab,* al igual que los dos que lo flanquean, se cubrieron con bóveda de arcos que no se cruzan en el centro, solución llamada a tener una fuerte repercusión no sólo en la arquitectura árabe sino también en la cristiana peninsular.

La fragmentación del califato en numerosos reinos de taifas determinó la consiguiente atomización artística; se experimentan formas cordobesas nutridas de otros componentes plásticos nuevos, como se aprecia en la Aljafería de Zaragoza o en la mezquita de Bab al-Mardún o del Cristo de la Luz en Toledo. Más adelante se producirá un retorno a la unidad con las invasiones de los almorávides y almohades, que lejos de imponer un arte de importación llevaron a cabo realizaciones artísticas, producidas con artesanos de Al Andalus, donde se refleja la nueva unidad política conseguida con obras que, como la mezquita mayor de Sevilla, de la que subsiste su alminar (Giralda), tendrán una profunda repercusión en España y al otro lado del estrecho.

Arte carolingio

El arte carolingio tiene una significación relevante en el contexto europeo de su tiempo. Con él se plasma una idea de unidad y un intento de recuperación de los modelos de la Antigüedad, pues implicaba la voluntad de configurar un nuevo imperio romano de Occidente. Aunque con precedentes y un desarrollo posterior importantes, el gran momento del arte carolingio coincide con el reinado de Carlomagno (768-814). Lo que se planteó entonces fue el desarrollo de la idea imperial romana y, para que esta doctrina adquiriese credibilidad, era forzoso hacerla corresponder con una recuperación de los modelos arquitectónicos y plásticos de la Antigüedad. Unos modelos cuyo paradigma se correspondía con los de la época de Constantino, debido a la creencia de que su conversión al cristianismo había cambiado el sentimiento religioso del Imperio.

Ahora bien, como siempre que a lo largo de la historia un sistema constructivo o de representación se ha inspirado en el pasado, el resultado no fue en absoluto igual al modelo. Entre otras razones porque no existía un *corpus* de repertorios que sirvieran de modelos, sino que éstos eran dispares, los operarios llamados para realizar estos programas tenían formaciones muy distintas, y los comitentes gustos y preferencias no sólo distintas, sino contradictorias.

Un arte surgido bajo estos presupuestos ideológicos tuvo que afirmarse a través de unas empresas artísticas áulicas en las que el aparato de la corte y el soberano lograsen hacer visible, desde un punto de vista plástico, la imagen de esta nueva situación política. Una *Nueva Roma* que tenía forzosamente que expresarse a través de determinados programas arquitectónicos. En este sentido, el conjunto palatino de Aquisgrán constituye la más clara expresión de esta idea imperial cristiana expresada a través de la arquitectura. En Aquisgrán existían unas termas romanas *(Aquis Grani)* que se habían seguido utilizando por el carácter curativo de sus aguas. En este lugar, consagrado por su antigüedad, Carlomagno decidió construir el conjunto palatino más importante de su tiempo. De todo aquello ha llegado a nosotros una parte exigua de restos del conjunto. La Capilla Palatina es un edificio singular, construido en los últimos años del siglo VIII. Su planta centralizada estaba formada por un octógono central con un deambulatorio anular a su alrededor y una tribuna encima, conformando un edificio que presenta claras analogías con San Vital de Rávena y, sobre todo, con la iglesia de los Santos Sergio y Baco de Constantinopla, edificio que sirvió de capilla palatina al emperador Justiniano. Este edificio tenía también una tribuna destinada al emperador, al igual que la capilla mandada construir por Carlomagno.

El conjunto palatino de Aquisgrán y el desarrollo que alcanza la arquitectura carolingia, configurando tipologías, manejando los modelos antiguos y creando nuevas soluciones, supone el desarrollo de un nuevo arte constructivo, coherente y homogéneo, que no se había producido desde la Antigüedad y que constituye el punto de partida de la arquitectura medieval posterior.

Durante la época carolingia se introdujeron importantes novedades en la arquitectura monástica. Uno de los monasterios más importantes fue el de Lorsch, del que sólo ha

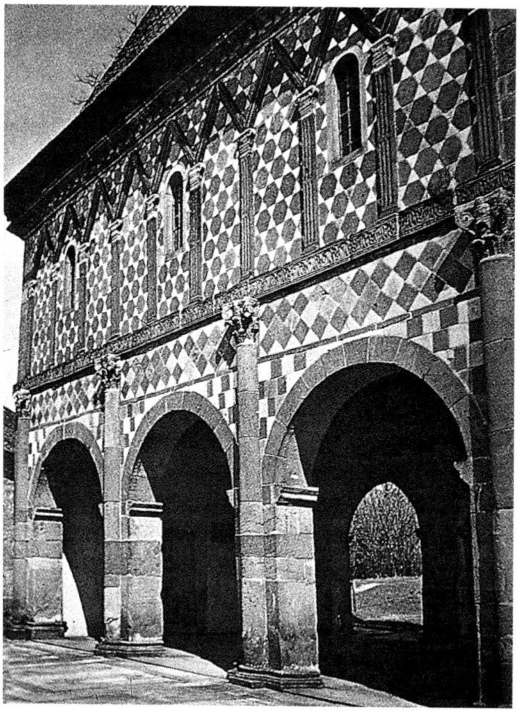

Abadía de Lorsch

llegado a nosotros el pórtico, construido a la manera de un arco de triunfo, decorado con placas de terracota. Sin embargo, podemos conocer la arquitectura monástica carolingia por un plano del monasterio de San Gall, de comienzos del siglo IX, que reproduce el modelo de monasterio medieval con iglesia y el espacio reservado a clausura, ordenada en torno al claustro con la sala capitular y el refectorio y, alrededor, las restantes dependencias monásticas.

Las iglesias carolingias desarrollaron diversas experiencias de las que parten muchos de los modelos de la arquitectura medieval. La iglesia del monasterio de Fulda, construida a finales del siglo VIII y dos primeras décadas del IX, presenta dos ábsides, uno al Oeste y otro al Este, desarrollando un esquema compositivo que duplica a ambos lados del templo una misma estructura. La iglesia del monasterio de Corbey, construida entre 822 y 844, constituye el modelo de muchas iglesias carolingias con una fachada ampliamente desarrollada, formada por un pórtico de acceso flanqueado por dos torres que imponía una nueva monumentalidad al conjunto (*westwerk*).

Junto a la arquitectura otras artes tuvieron un importante desarrollo en el Imperio Carolingio. La pintura mural y el mosaico fueron modalidades frecuentes en las iglesias, de las que nos han llegado ejemplos como los de la cúpula de Aquisgrán. Sin embargo, la miniatura fue sin duda una de las manifestaciones del arte carolingio que alcanzaron un auge más notable. Estas obras se realizaron en el taller palatino, como el *Evangeliario de Aquisgrán,* de hacia el año 800, en las que se plasmaba una idea ostentosa de poder y prestigio. Junto a los talleres reales existió una intensa actividad en los *scriptoria* de las catedrales y monasterios, creándose en ellos variantes y peculiaridades que permiten determinar algunos grupos como los Ada, entre los que destacan los *Evangelios de Godescalc,* y también los del Grupo de Tours. Libros de lujo, constituyen uno de los testimonios más elocuentes del renacimiento carolingio en el que la miniatura acierta a desarrollar un lenguaje propio, como en el *Sacramentario de Drogon,* realizado en el *scriptorium* de Metz.

Los marfiles experimentaron también un nuevo resurgimiento relacionado formalmente con la miniatura, con obras de primer orden como el *Díptico de Harrach.* Las relaciones con la miniatura son muy sensibles en algunos grupos, como el llamado de *Liuthard,* surgidos alrededor de Reims y Saint Denis en la segunda mitad del siglo IX. Con los marfiles carolingios se inicia una forma de entender la escultura de amplia proyección en la escultura románica posterior.

El brillo y el fulgor, el valor metafórico de los metales y piedras preciosas, fue algo que alcanzó una gran importancia en el período que estudiamos. En las encuadernaciones ricas, como el *Codex Aureus* de Munich, que desempeñaban un papel importante en la liturgia, puede apreciarse uno de los componentes que desarrollaban esta imagen fastuosa de los interiores de las iglesias.

Arte prerrománico asturiano

El arte asturiano tuvo también un marcado carácter áulico. Los programas artísticos llevados a cabo por los distintos soberanos del reino asturiano surgieron como expresión arquitectónica del poder y legitimidad de la nueva monarquía. Las primeras noticias referentes a la actividad constructiva del reino asturiano, surgidas en relación con el establecimiento de la corte en Cangas o Santianes de Pravia, tienen este carácter regio. Sin embargo, no fue hasta el establecimiento de la corte en Oviedo cuando se realizó un arte basado en criterios estables y coherentes.

Los programas de Alfonso II (791-842) dotaron a la monarquía asturiana de una *sedes regia*, Oviedo, realizada desde un proyecto de nueva planta. El conjunto presentaba una serie de construcciones orientadas a configurar arquitectónicamente la imagen de una corte estable y legítima. En el interior de una muralla se erigieron edificios destinados a configurar una corte. El Palacio Real y la Cámara Santa, San Salvador, Santa María y San Tirso siguieron una disposición que presenta una relación no casual con ciudades como Tréveris, en las que se habían implantado nuevos programas arquitectónicos cristianos.

En la construcción de estos edificios se aprecia el empleo de numerosos elementos de tradición romana derivados de la permanencia en Asturias de tradiciones constructivas que no habían sido alteradas por no haberse producido una invasión visigoda. En este sentido, no es cierto, como tantas veces se ha dicho, que en el reino asturiano se produjera una continuidad artística con el desaparecido reino visigodo. La romanización de Asturias no se produjo en relación con el desarrollo de varias ciudades que centralizarían la política, económica y cultural, sino mediante villas. En Asturias, al no ser dominada por los visigodos, se mantuvieron técnicas *tardorromanas* que sirvieron de arranque a los programas desarrollados posteriormente por la monarquía asturiana. El empleo de arcos de medio punto formados por dovelas de ladrillo, el aparejo de sillarejo con revoco y algún sillar en las esquinas o el pavimento de las iglesias son claramente diferentes de los visigodos y análogos a los romanos.

En Oviedo, la iglesia y el *palatium* formaban parte de una misma unidad sagrada, política y administrativa. De los edificios mencionados han llegado a nosotros la Cámara Santa y el testero de ábside de San Tirso, con alfiz en las ventanas antes del empleo de este elemento por la arquitectura califal. La construcción de la Cámara Santa obedeció al deseo de Alfonso II de dotar al palacio de una capilla relicario, según una costumbre ampliamente extendida en la arquitectura medieval de Occidente. La Cámara Santa es un edificio rectangular de dos pisos, el inferior abovedado y el superior muy reformado en el siglo XII. Todos estos elementos configuraron una imagen áulica de un poder organizado y estable que también creó sus propios símbolos, como la Cruz de los Angeles.

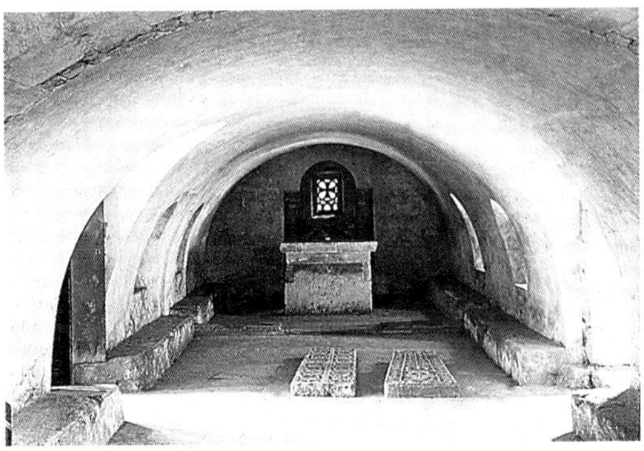

Catedral de Oviedo, cripta

Sin embargo, la actividad de Alfonso II no se limitó a la corte, sino que muy cerca de ella construyó en Santullano una *residencia regia suburbana* de la que ha llegado a nosotros la iglesia de San Julián, el primer ejemplo completo conservado del tipo de iglesia construido por los reyes asturianos. Se trata de una iglesia de tres naves separadas por pilares, cubiertas con una techumbre de madera, y con tres ábsides rectangulares cubiertos con bóveda de cañón. Sobre el ábside

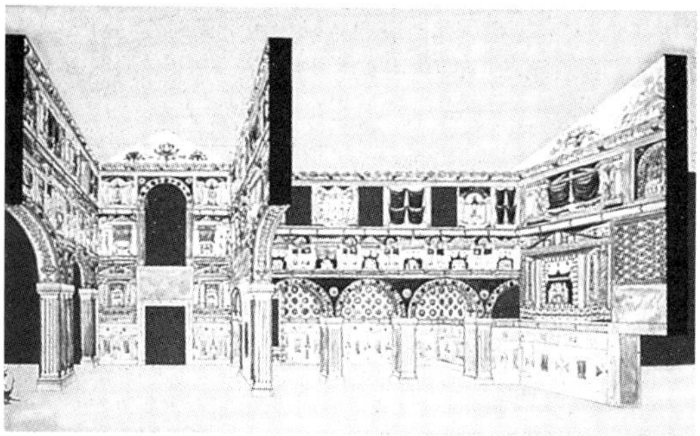

San Julián de los Prados, reconstrucción

central existe una cámara con acceso desde el exterior por una triple ventana de función no aclarada y que se repetirá en las iglesias asturianas. En la iglesia de San Julián de los Prados destaca la desproporcionada elevación y amplitud del crucero, debida a que en uno de los hastiales existió una tribuna regia elevada desde la que el soberano asistía a los oficios y que tendrá en posteriores iglesias asturianas un nuevo planteamiento. Uno de los aspectos más notables de San Julián de los Prados es el ciclo de pinturas murales conservadas en su interior, claramente derivadas de modelos romanos.

Cuando tras la muerte de Alfonso II, Ramiro I (842-850) sube al trono Oviedo era, desde un punto de vista cortesano, una ciudad construida. Los programas artísticos de Ramiro I se desarrollaron no en la corte, sino en sus proximidades, en el monte Naranco. Allí construyó un palacio que fue posteriormente convertido en la iglesia de Santa María del Naranco, la iglesia de San Miguel de Lillo y otras dependencias desaparecidas. En San Miguel de Lillo, de la que sólo subsiste la parte occidental, tiene lugar la concreción de iglesia regia asturiana, con tribuna a los pies en alto para el soberano —en lugar de en el crucero como en Santullano— y bóvedas de cañón para la cubrición de todo el edificio. Junto a ello, en las jambas de la puerta aparece el desarrollo de esculturas en relieves con temas clásicos de circo inspirados en marfiles que deben relacionarse con la existencia de un cierto coleccionismo o tesaurización por parte de los soberanos asturianos, como también acredita el empleo de camafeos en la mencionada Cruz de los Angeles.

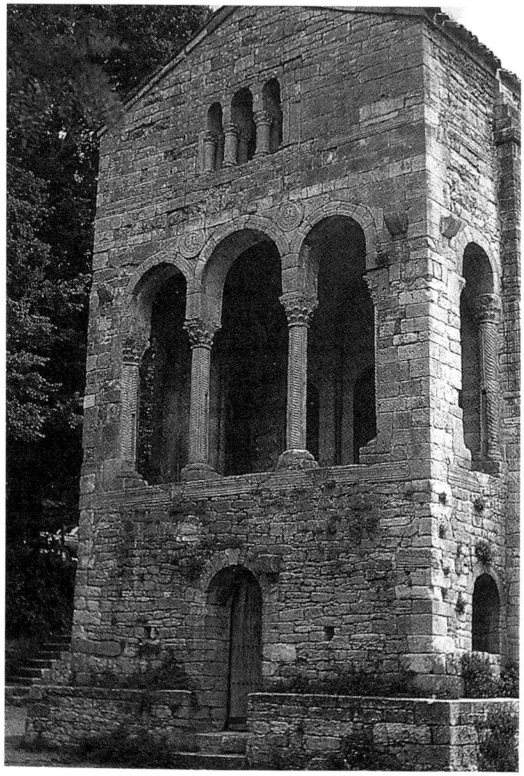

Santa María del Naranco

Santa María del Naranco constituye un edificio en el que se expresa la imagen de la monarquía y del poder a la manera de un palacio-templo, aunque es un edificio acerca de cuya función no se ha dado todavía una respuesta satisfactoria. Consta de dos pisos abovedados con arcos fajones y contrafuertes al exterior, arcos ciegos en el interior del piso superior, con capiteles troncocónicos, y dos pórticos con columnas sogueadas y decoración de discos al exterior. Todo lo cual pone de manifiesto que se ha producido un perfeccionamiento de las técnicas constructivas de los edificios de Alfonso II. En Santa María del Naranco se aprecia, además, una notable

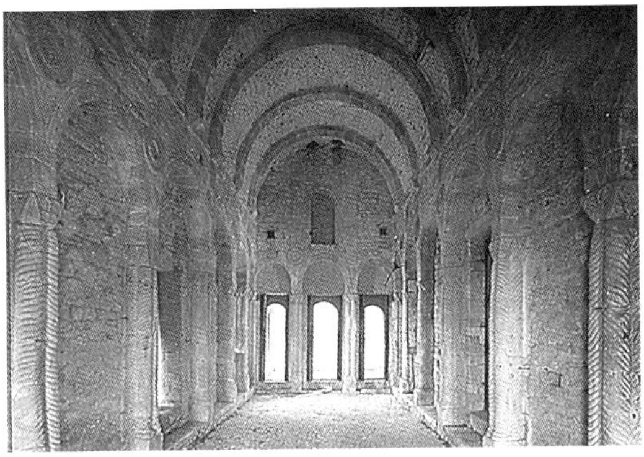

Santa María del Naranco, interior

atención por las proporciones, la armonía de los elementos constructivos y su correspondencia numérica.

Tanto las técnicas constructivas como el sistema de proporciones y los elementos del vocabulario arquitectónico de los edificios erigidos por Ramiro I, tuvieron su proyección en otras iglesias como Santa Cristina de Lena, edificio que unos autores atribuyen al período de Ramiro I y otros han preferido adelantar al de Ordoño I (850-866). El edificio es un ejemplo del sistema de composición bilateral, con tribuna sobre el pórtico y capilla mayor sobrelevada precedida del *iconostasis.*

Con posterioridad a estas realizaciones deben destacarse las de Alfonso III, cuyas campañas permitieron descubrir a los astures el arte visigodo. Las intervenciones de este soberano en Oviedo, más que renovar, se limitaron a una consolidación de lo existente, como la construcción de la desaparecida fortaleza, o la fuente de la Foncalada. Junto a ello, bajo Alfonso III se realizó la llamada Cruz de la Victoria, símbolo de una idea del triunfo y del poder. La actividad constructiva de Alfonso III tuvo su proyección principal en la construcción de San Salvador de Valdediós, ejemplo de una arquitectura para el retiro, apartada de la corte, en la que se desarrolla plenamente la tipología de iglesia regia asturiana con la adición de algunos elementos decorativos nuevos procedentes de lo que se ha llamado «la revelación de lo visigodo», experimentada por los astures en su expansión hacia el Sur.

Arte mozárabe

Así como, según hemos visto al estudiar el arte visigodo, carolingio, musulmán o asturiano, la actividad artística surgió íntimamente unida a un reinado y al dominio de un territorio por un rey, el arte mozárabe resulta conceptualmente mucho más impreciso y con unos límites ambiguos y confusos. Lo cual ha dado lugar a que en torno a la denominación *arte mozárabe,* así como a su alcance y significado, se haya producido una polémica. En términos generales, por *mozárabes* se designa a los cristianos que permanecieron conservando su religión bajo el dominio musulmán. Según esta definición *arte mozárabe* sería, por lo tanto, el realizado por los cristianos sometidos en territorio musulmán. Pero lo cierto es que, como han notado diversos investigadores, la realidad del conjunto de obras que se han considerado *mozárabes* no se corresponde con la significación que tiene este término. Como ha señalado Bango Torviso, «... algunas de las más conocidas creaciones de la cultura española calificadas de mozárabes —liturgia, miniatura, *beatos,* etc.— no tienen nada que ver o, al menos, no deben a las personas de esta minoría étnica su existencia o desarrollo». Lo cierto es que estos mozárabes conservaron en buena medida técnicas y soluciones plásticas vigentes durante la época visigoda debido a un proceso de inercia, pero también a la afirmación y conservación de unas tradiciones propias frente a lo árabe. En realidad, en el territorio musulmán los mozárabes continuaron utilizando templos construidos en tiempos visigodos; los nuevos edificios, como subraya el autor citado, fueron templos construidos en lugares de difícil acceso y excavados en la roca, como el de Bobastro.

Por ello, las iglesias levantadas en territorio castellano-leonés han dejado recientemente de ser entendidas como mozárabes para ser consideradas, volviendo a utilizar la

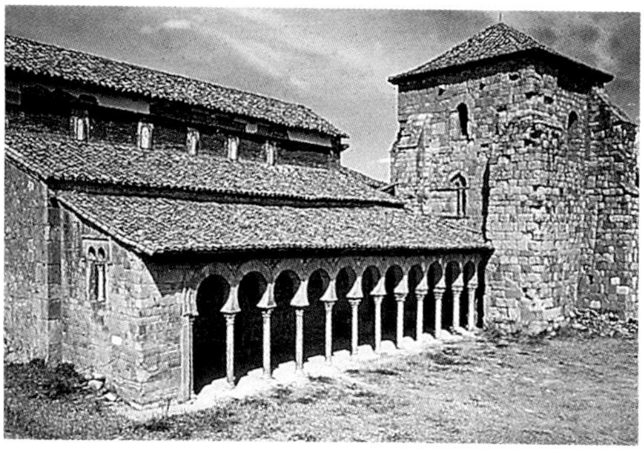

San Miguel de la Escalada

denominación acuñada por Camón Aznar, como *arte de repoblación,* que se desarrolla desde fines del siglo IX y desde el X. Todo este arte de repoblación, procedente de una situación compleja, fue realizado por operarios de distintas procedencias. Así, por ejemplo, San Miguel de la Escalada (León) fue construida por mozárabes procedentes de Córdoba. Hallamos en estas iglesias una fusión de tradiciones y lenguajes artísticos de procedencia hispanovisigoda, cordobesa y asturiana. El empleo del arco de herradura, por ejemplo, apunta a las dos primeras. Otros aspectos, como la acentuada espacialidad de los interiores, creada por el empleo de columnas en lugar de pilares, remite, como se ha señalado, a la arquitectura musulmana de Córdoba, en contraposición con el empleo de pilares, propios de las iglesias asturianas. Rasgos comunes aparecen en otras iglesias como San Cebrián de Mazote (Valladolid), Santiago de Peñalba (León), San Miguel de Celanova y San Baudelio de Berlanga (Soria) cuya estructura se aparta sensiblemente de las anteriores, aunque utilizando elementos de un mismo vocabulario arquitectónico.

Carecemos de testimonios que acrediten con certeza si estas iglesias estuvieron decoradas con pinturas murales. Al menos, la riqueza de la llamada «miniatura mozárabe» demuestra una madurez que impide descartar la existencia de ciclos de pintura mural, Los *beatos* poseen una riqueza y complejidad de imágenes única en Europa. Se trata de representaciones esquemáticas, con un extraordinario sentido del color y una acentuada preocupación por la simplificación y la abstracción, contrarias a cualquier naturalismo. Esta miniatura aglutina elementos de diversas procedencias, entre los que no falta la influencia de elementos musulmanes y relaciones con entrelazos de tipo irlandés. Estas miniaturas surgieron de talleres monásticos y fueron realizadas principalmente por monjes. La *Biblia de Juan y Vimara* (Catedral de León), de hacia 920, es uno de los primeros ejemplos que anteceden a la renovación que se experimenta poco antes de mediar el siglo y de la que conocemos los nombres de algunos miniaturistas como Florencio *(Beato de Nueva York)* y Magio (*Comentario de Beato,* Morgan Library, Nueva York). Este último artista dejó tras de sí una auténtica escuela de miniaturistas, como Ende —probablemente una monja—, que firma en 976 con Emeterio el *Beato de la Catedral de Gerona.* Todas estas miniaturas fueron realizadas en territorios cristianos, pues en los musulmanes apenas si se realizó alguna obra.

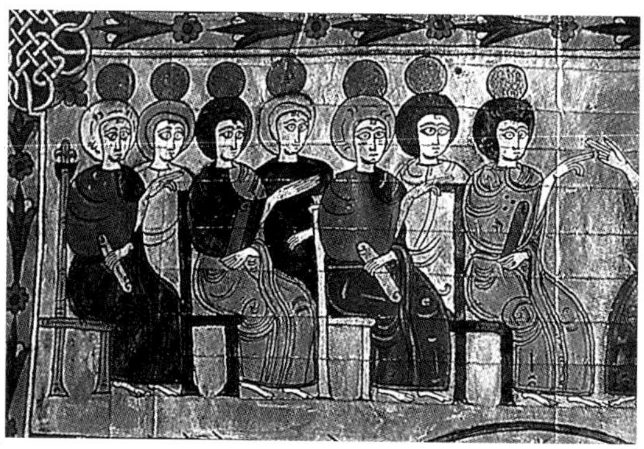

Beato de Fernando I

Véanse en las páginas 207-211 los comentarios a cinco obras de este período.

Unidad 6

Arte romanico

Unidad y diversidad europeas

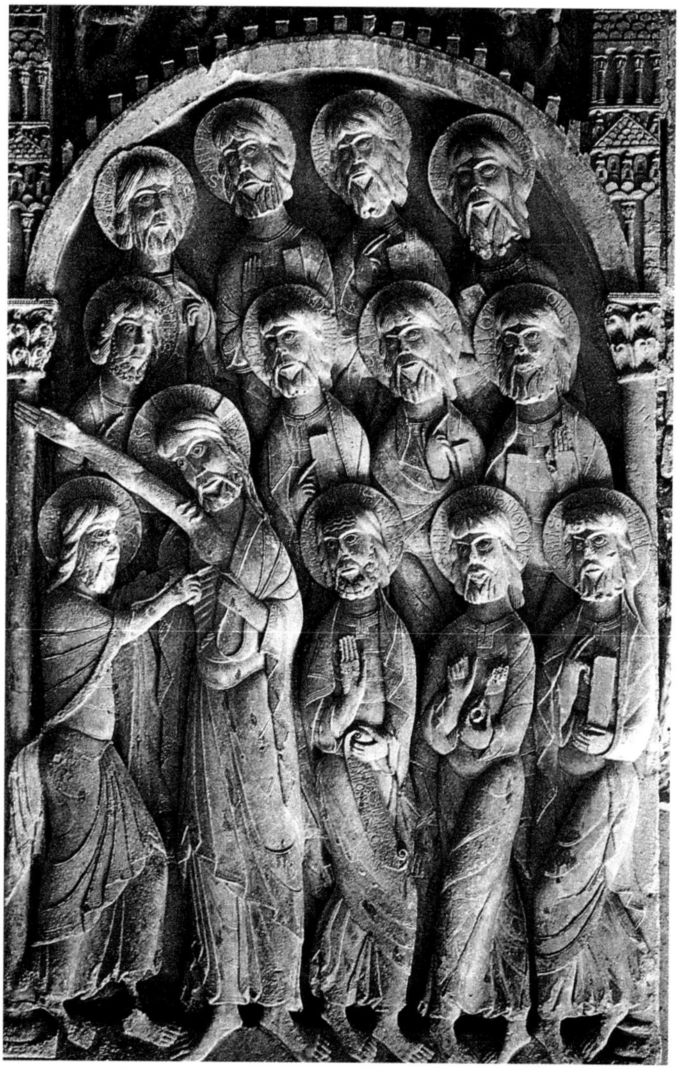

Relieve del claustro de Santo Domingo de Silos

Durante el siglo XI y gran parte del XII se extendió por toda Europa Occidental un estilo artístico nuevo, con una gran coherencia y unidad: el Románico. Uno de los primeros testimonios que lo refieren es la *Crónica* del monje Glaber al señalar que se revestía «en todas partes con el blanco manto de las iglesias». La frase refleja el desarrollo constructivo que surge después del año 1000 como consecuencia de la estabilidad política, social y económica. Hasta el siglo X Europa se encontró continuamente amenazada por las invasiones de árabes y pueblos procedentes del norte (vikingos, normandos, eslavos...). A esta amenaza se unía el terror del milenio, la creencia de que el Juicio Final llegaría en el año 1000 y que el mundo se acabaría. Pero esta fecha apocalíptica sólo sirvió para cerrar una época de miedos e inseguridad y dar paso a un período caracterizado por una progresiva recuperación económica, el afianzamiento del dominio de los territorios y un nuevo movimiento religioso y espiritual.

Posiblemente porque nada ocurrió en el año 1000 se desencadenó un optimismo colectivo que explica la renovación del arte religioso. Síntoma de esta nueva confianza y de la fe popular fue el culto a las reliquias, así como la fundación de iglesias y monasterios en aquellos lugares donde se encontraban los restos sagrados, fundaciones en las que tuvieron un papel importantísimo las órdenes monásticas. Estas fueron las responsables del desarrollo de la arquitectura románica y de configurar de forma definitiva el monasterio, un modelo arquitectónico que había aparecido en siglos anteriores convirtiéndose en centros culturales de primer orden. Entre las comunidades de monjes destacan los benedictinos, la orden de Cluny con su reforma de austeridad, trabajo y oración. Pero este rigor acabó en un verdadero imperio de poder y riqueza que relajó su severidad primitiva. La orden de Cluny llegó a tener más de 1.500 monasterios repartidos por toda Europa, salpicando los caminos que conducían a los centros más prestigiosos que albergaban las reliquias. Tres eran las metas de los peregrinos del Románico: Jerusalén, Roma y Santiago de Compostela. Esta última ciudad fue la más visitada. El itinerario partía desde Francia, atravesando la mitad norte de la península, por territorios recién incorporados a los reinos cristianos. Roma, otro centro ineludible de peregrinación, era además lugar de paso en dirección a Tierra Santa. Sin embargo, el peligro musulmán impidió durante todo el siglo XI la ruta marítima y hubo que esperar a que el papa Urbano II impulsara la Primera Cruzada en 1095. Conquistar y recuperar los lugares sagrados del Oriente Próximo fue un objetivo que transformó a muchos peregrinos en caballeros armados, en cruzados. Los caminos de peregrinación tuvieron una consecuencia esencial en el desarrollo artístico, pues a través de ellos discurría el intercambio de ideas y formas culturales. De ahí la unidad y uniformidad de este estilo, las conexiones, los numerosos rasgos comunes que caracterizan a las iglesias y monasterios que se erigieron a lo largo de estas rutas o itinerarios. Ello explica que al Románico se le denomine «arquitectura de las peregrinaciones» o «arte de los peregrinos». Fue el primer estilo internacional del arte cristiano medieval y, sin embargo, pese a sus caracteres comunes presenta numerosas variedades nacionales y regionales.

Los caminos de peregrinación favorecieron, por otro lado, las actividades comerciales y mercantiles. A ello ayudó el hecho de que se reabriera la ruta de comercio mediterráneo, gracias a las potentes repúblicas marítimas de Venecia, Génova y Pisa, permitiendo además un intercambio de influencias con Oriente. El trasiego de peregrinos por toda Europa incrementó la construcción no sólo de iglesias, sino de todo tipo de edificios: hospitales, hospederías, caminos, puentes, etc., que favorecerá un incipiente resurgir de las ciudades. No obstante, la vida urbana no será un factor esencial hasta siglos después. El Románico se inserta en el sistema de relaciones feudales, en donde la tierra es la fuente de la riqueza y el poder. Los campesinos no son libres, sino siervos ligados a la tierra y a su señor. A cambio de su trabajo recibían protección de los nobles feudales. El Románico fue, pues, también un arte aristocrático en el que la arquitectura civil y militar, los castillos y fortificaciones, tuvieron un papel importante. La defensa de muchos territorios siguió siendo necesaria, sobre todo en España ante las nuevas invasiones de árabes africanos. Las murallas de Avila, iniciadas en el año 1090, son uno de los ejemplos más conocidos de este desarrollo arquitectónico de carácter defensivo.

En el campo de las artes figurativas la gran aportación se cifra en el renacer de la talla en piedra y de la escultura monumental, casi siempre aplicada a la arquitectura, bien en los exteriores o pórticos de las iglesias o en los capiteles de los claustros. La diversidad de fuentes, de tradición clásica, bizantina o islámica, y la abundancia de temática profana y fantástica, cuya procedencia deriva tanto del mundo nórdico como grecorromano, ponen en evidencia el papel de los monasterios en la conservación y propagación de la cultura antigua y de las formas coetáneas. Pero esta decoración es un arte didáctico que debe enseñar al pueblo inculto e invitar a los peregrinos a entrar en el templo. Igualmente la pintura supuso un importante complemento de la arquitectura. Las tablas, la iluminación de manuscritos, los tapices o la orfebrería son otras manifestaciones que proyectan ese brote de vitalidad cultural de los siglos XI y XII.

Una nueva conexión en los elementos arquitectónicos

El Románico no aportó ningún elemento constructivo nuevo y original: el arco de medio punto, la bóveda de cañón y la de arista, el pilar, la columna, el sistema de contrafuertes, etc., fueron elementos originarios de la arquitectura de Roma. Posteriormente aparecen en ensayos aislados en muchos ejemplos prerrománicos de los siglos VIII-X. Sin embargo, sí hubo una preocupación nueva en los arquitectos del siglo XI con respecto a sus predecesores: conseguir que las iglesias tuvieran una mayor grandiosidad y una mayor solidez. Este objetivo repercutió en el sistema de cubierta al sustituirse las techumbres de madera —evitando así el peligro de los incendios—, por la combinación de bóvedas de piedra sobre gruesos muros y pilares con columnas adosadas. Por ello, el primer rasgo que caracteriza la arquitectura románica es el predominio del muro sobre el vano. Las pequeñas y escasas ventanas de los templos crearon unos interiores oscuros que incitaban al recogimiento espiritual. Estas iglesias abovedadas de gruesos muros de sillares de piedra se presentan con unas características bastante uniformes. La planta, casi siempre basilical, según el esquema de cruz latina, de varias naves longitudinales y más ancha la central, cuenta en la cabecera con ábsides semicirculares, que también pueden aparecer en los brazos del crucero. En algunos casos de iglesias que cobijaban reliquias, las naves laterales rodean el coro o el altar formando un deambulatorio o girola del cual pueden surgir pequeñas capillas radiales o absidiolos. La cubierta predominante es la bóveda de cañón, normalmente para la nave central, bóveda que se refuerza con arcos fajones. Las naves laterales suelen cubrirse con bóvedas de arista, mientras que el crucero se destaca con una cúpula, en la mayoría de las ocasiones sobre trompas, aunque no se descartó la utilización de pechinas. Tanto las bóvedas como los arcos de medio punto descansan sobre pilares robustos capaces de sostener todo el peso de la cubierta. Las columnas alternan con los pilares o bien se adosan a éstos con el fin de enlazar el apoyo de los arcos fajones, formeros (paralelos al eje del templo) y perpiaños (transversales). Contrafuertes adosados a los muros exteriores se encargan de equilibrar también los empujes y el contrarresto de todo este conjunto de arcos y bóvedas. Se trata, pues, de una conjunción nueva de elementos arquitectónicos ya conocidos, que fueron ensayados de forma aislada en siglos anteriores, durante el prerrománico, y que ahora se presentan con gran conexión y coordinación, consiguiendo una unidad espacial en su interior y una volumetría exterior escalonada absolutamente novedosas.

Primeros focos creadores

Los primeros elementos básicos de la arquitectura románica aparecen desde finales del siglo X en el norte de Italia, en la Lombardía, extendiéndose a otras regiones europeas, entre ellas la zona catalano-pirenaica. A estas primeras iglesias se las incluye dentro de lo que se denomina «primer arte románico», cuyas características esenciales son las moderadas dimensiones, el muro de sillarejo, la aparición de esbeltos campanarios, bien adosados o exentos, y la peculiar decoración exterior en los muros a base de bandas y arquillos ciegos o «lombardos». Dado que esta decoración aparece en una amplia zona geográfica se ha considerado la existencia de unos maestros constructores itinerantes de origen lombardo que difunden los nuevos modos constructivos. En Italia destaca la iglesia de San Ambrosio de Pavía y entre los numerosos ejemplos catalanes debe recordarse la encantadora iglesia rural de San Clemente de Tahull, en Lérida. Existieron otros focos europeos cuyas experiencias arquitectónicas sirvieron de transición al románico, como la iglesia alemana de San Miguel de Hildesheim. Sin embargo, será en la Borgoña francesa, en Cluny, donde los monjes benedictinos consiguieron uno de los modelos más notables de iglesia románica abovedada, con girola y capillas radiales.

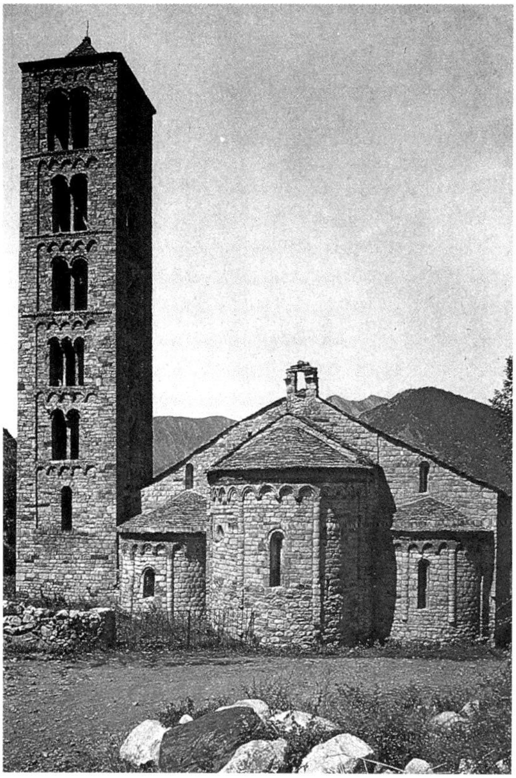

San Clemente de Tahull

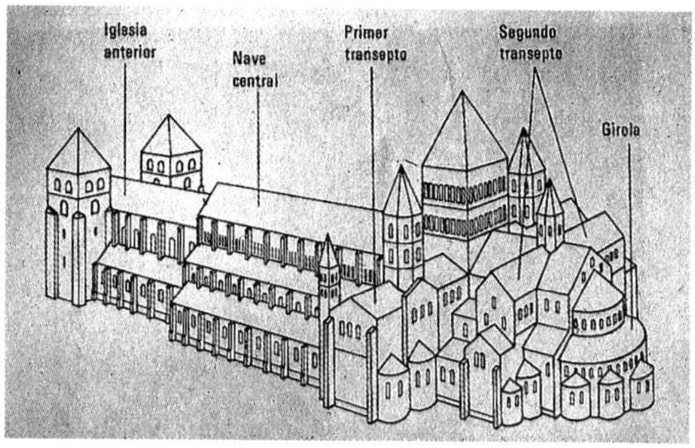

Cluny, reconstrucción

Cluny y el esplendor de los monasterios

Entre las órdenes monásticas fueron los benedictinos quienes tuvieron un mayor protagonismo en el desarrollo de la arquitectura románica al establecer un prototipo de iglesia y codificar definitivamente la ordenación tipológica del monasterio. La preponderancia de esta orden se remonta al siglo X cuando el duque de Aquitania dona a los monjes un extenso territorio en Borgoña libre de impuestos y del control del poder laico. Allí surgió el primitivo monasterio de Cluny que, tras sucesivas construcciones y reconstrucciones, consigue en el siglo XII el templo más monumental y rico de Europa. Se trataba de una iglesia de cinco naves, precedida de un gran pórtico de tres naves. Contaba con dos cruceros con capillas, una gran cabecera con girola y cinco capillas radiales. La multiplicación de estos ábsides se debe a las necesidades litúrgicas. El monasterio de Cluny se inscribe dentro del gran movimiento de reforma monástica que imponía a los monjes el silencio, la meditación y el continuo culto a Dios: las numerosas capillas permitían la celebración de mayor número de misas y oraciones. El alzado de la iglesia tenía una tribuna sobre las naves laterales destinada a los numerosos fieles y todo el conjunto estaba abovedado de piedra, facilitando, por otro lado, mejores condiciones acústicas para el canto gregoriano. La obra de Cluny, hoy perdida, debió ser imponente al exterior con sus ocho torres y su claustro adyacente en el lado sur. En torno a este claustro y con una ordenación regular se distribuían las dependencias monásticas, siguiendo un tipo de planta que ya había cristalizado en la abadía benedictina de San Gall, de época carolingia. Refectorios, sala capitular, celdas, biblioteca, hospitales, cementerio, cocinas, bodegas, despensas, graneros, etc., configuran un ambiente arquitectónico funcional y autosuficiente, convirtiéndose así el monasterio en una de las manifestaciones claves de la arquitectura románica. Dependiendo de la abadía madre de Cluny, se fundaron en toda Europa nuevos y ricos monasterios, como el de Moissac en Francia o el de Santo Domingo de Silos en España.

El camino de Santiago y las iglesias de peregrinación

El hallazgo del sepulcro del apóstol en tierras gallegas abrió desde finales del siglo X la ruta peregrina más importante del Románico. El itinerario recorría la zona norte de Castilla, desde Roncesvalles y Puente La Reina hasta la villa compostelana, a través de un territorio de nadie, recién repoblado, tras la progresiva reconquista de los monarcas cristianos hacia el sur de la península, una zona pues idónea y apta para fundar nuevos monasterios. Se unían al itinerario hispano cuatro rutas procedentes de diversas regiones francesas, entre ellas de Borgoña, del mismo centro de Cluny. A lo largo de los caminos que conducían a Santiago se erigió un modelo de iglesia capaz de albergar grandes multitudes de peregrinos y con una gran perfección en sus elementos constructivos. Desde el siglo XI presentan un mismo esquema arquitectónico: planta de cruz latina, de tres a cinco naves, con un crucero muy desarrollado con absidiolos, destacando la girola para el tránsito de los peregrinos y sus capillas radiales con vanos que iluminaban el deambulatorio. La tribuna es un elemento esencial, en un segundo piso y abierto a la nave central, destinada para peregrinos. El ejemplo más antiguo de iglesia de peregrinación es San Martín de Tours, a la que siguieron Santa Fe de Conques y San Saturnino de Tolosa, todas en Francia. En 1128 se finalizó una de las obras más perfectas de este modelo: la catedral de Santiago de Compostela.

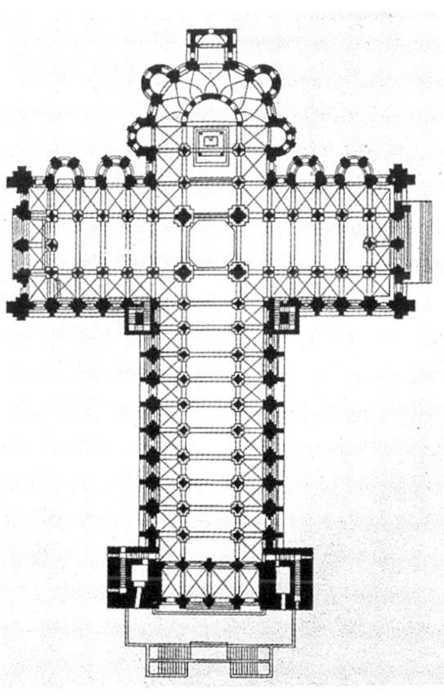

Catedral de Santiago de Compostela, planta

La diversidad de la arquitectura románica

Pese a los mismos elementos constructivos y al modelo de iglesia de peregrinación, la arquitectura románica presenta numerosas variantes nacionales y regionales. Precisamente fueron las rutas y los caminantes lo que favoreció el ir y venir de influencias foráneas que unidas a las tradiciones locales originaron diversos estilos o escuelas. Francia es el país donde mayores variantes regionales existen. En Borgoña el monasterio de Cluny difundió un tipo de templo grande y majestuoso, como la iglesia de la Magdalena de Vézelay que, sin embargo, presenta una alternancia cromática en las dovelas de los

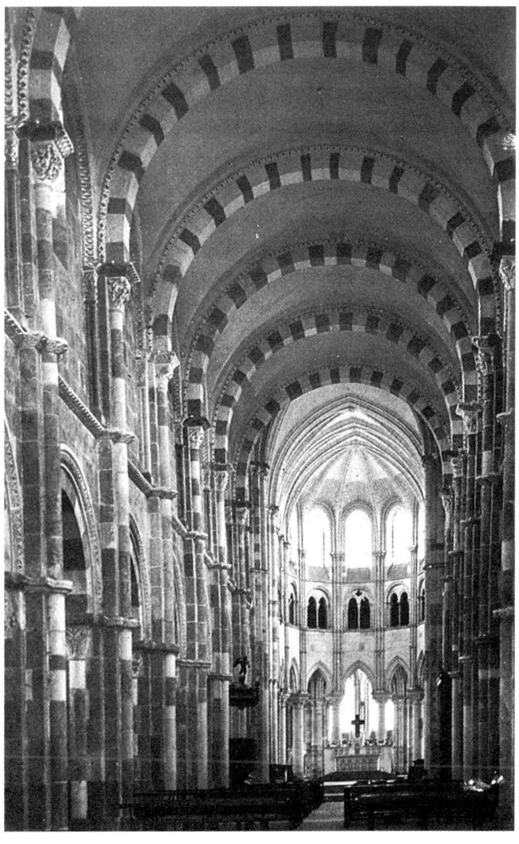

Santa Magdalena, Vézelay

arcos de influencia musulmana. En el suroeste se aprecian también influencias bizantinas en la utilización de plantas de cruz griega y cúpula sobre pechinas, como ocurre en Saint-Front de Perigueux. En Poitiers las iglesias presentan torrecillas con remate cónico y decoración de escamas. En el norte, en Normandía y Bretaña, los templos se elevan a tres pisos, sustituyendo las amplias tribunas por estrechos corredores denominados *anditos*, como muestran las iglesias de Caen. Gran relación con las iglesias normandas tienen las de Inglaterra, como la catedral de Durham, cuya altura y bóvedas de ojiva preludian ya la arquitectura gótica. En el Midi francés, en la Provenza, la presencia clásica se hace notar a través de frontones y columnas con capiteles corintios, como en San Trófimo de Arles, peculiaridades que se deben también a la proximidad con Italia. El Románico italiano evolucionó igualmente por sus diferentes tradicionales locales, siendo más palpable la herencia bizantina y clásica. En el norte se mantuvo la tradición lombarda con bandas y arquillos ciegos y se desarrolló un porche de columnas que descansan sobre animales. En las ciudades toscanas, como Pisa y Florencia, se produjo un románico rico y elocuente al mantener la idea paleocristiana de torre, baptisterio e iglesia exentos, con artesonados planos y revestimiento exterior de mármoles como se hiciera en el mundo romano. Ejemplo representativo fue el conjunto arquitectónico de Pisa, pero debe destacarse también la iglesia de San Miniato al Monte en Florencia con su atractivo exterior de mármoles de diferentes colores. Por su parte Alemania integró influencias francesas, lombardas y la tradición heredada de la arquitectura prerrománica. De esta forma la catedral de Worms combina un gran ábside en la cabe-

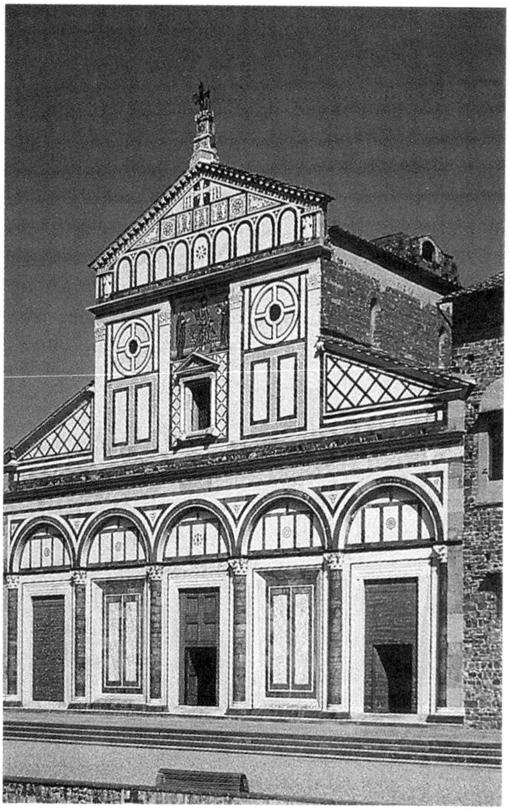

San Miniato al Monte, Florencia

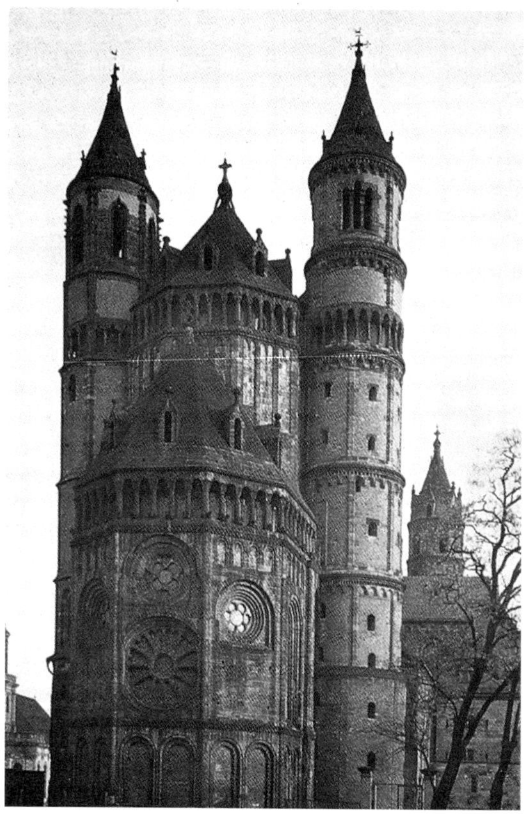

Catedral de Worms

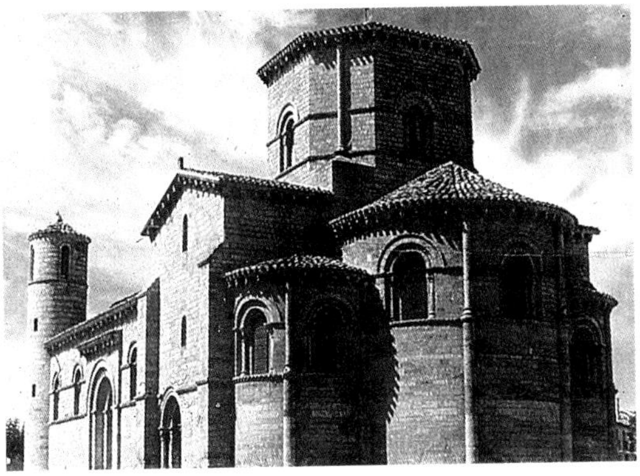

San Martín, Frómista

cera entre torres circulares, y pequeñas arquerías decorativas al exterior. Los ejemplos españoles se enmarcan entre la influencia lombarda del primer románico, la aportación francesa procedente de Cluny y la inevitable influencia islámica, visible en los arcos polilobulados y bóvedas califales de algunas iglesias. La Catedral de Jaca integra perfectamente estos tres aportes, presentando una decoración geométrica exterior —taqueado jaqués— de gran proyección en la zona y en todo el Camino de Santiago. Mientras que San Martín de Frómista en Palencia se convierte en el modelo de perfección estilística dentro del románico castellano, en León se continúa con la Colegiata de San Isidoro; la obra fue iniciada con el Panteón Real en el siglo XI y en el XII se realiza la iglesia. De tres naves presenta en el transepto arcos polibulados de influencia árabe. En el siglo XII

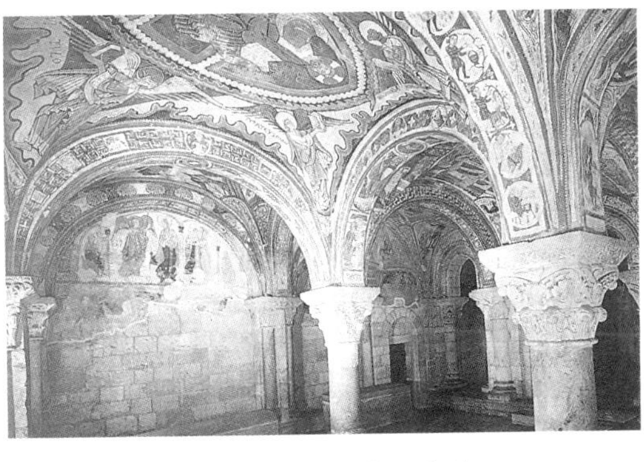

Frescos de San Isidoro, León

otras alternativas enriquecen el panorama, como las iglesias segovianas con sus pórticos de arquerías. En Soria el claustro de San Juan de Duero presenta arcos entrelazados de herradura apuntados. Sin embargo, es la catedral de Santiago de Compostela la obra culminante tanto del románico nacional como internacional y una sabia síntesis arquitectónica: esquema de iglesia de peregrinación, iniciada en tiempos del obispo Diego Peláez y bajo la dirección de maestros de origen francés, presenta soluciones procedentes de otras iglesias del Camino de Santiago. Por último, no debe olvidarse la peculiar situación de la península durante los siglos XI y XII y la población musulmana que, en convivencia pacífica, se incorporó a los territorios cristianos. Iglesias de Toledo y de otras ciudades de Castilla tuvieron una mano de obra musulmana en su construcción, realizada con materiales baratos (ladrillo, yeso, madera) y con gran sentido decorativo, respondiendo al término de *mudéjares*.

La escultura

El primer rasgo a señalar es su carácter didáctico. Los monjes tenían que recordar al pueblo analfabeto y a los peregrinos las creencias cristianas, la necesidad de penitencia, los peligros del mundo y los horrores del infierno. Fueron, pues, los teólogos de las órdenes religiosas los responsables de imponer al escultor unas directrices y una iconografía esencialmente escatológica. Pero el artista, de alguna manera, partía de cero, ya que después de la antigüedad clásica se había perdido la tradición técnica de la escultura monumental. A través de marfiles, piezas de orfebrería y miniaturas los escultores del comienzo del Románico iniciaron una de las labores más sorprendentes de la Edad Media: la talla escultórica incorporada a la arquitectura, a las portadas o pórticos de las iglesias y a los capiteles de los claustros, consiguiendo un rico repertorio de formas y contenidos, de procedencias diversas —europeas, orientales, árabes o bizantinas— gracias a los caminos de peregrinación y su discurrir de influencias. Si el artista se sometió a unas normas ideológicas, también tuvo que someterse a los límites que le permitía la arquitectura. La ley del marco le obligó a deformar o alargar las figuras para acoplarlas a un tímpano semicircular o a la forma cúbica de un capitel. Tuvo, pues, que aprovechar al máximo e invadir con su talla todo el espacio *(horror vacui)*. No interesaba tanto la belleza formal, sino el mensaje que debían proyectar los relieves: la talla y el modelado de las figuras es tosco y primitivo, con hieratismo y frontalidad, composiciones sin perspectiva ni separación lógica, sino yuxtapuestas, en definitiva representaciones ajenas a la realidad. El cometido del escultor es evocar y recordar las verdades de la fe, no representarlas. Su arte es naturalista y expresivo. El tema más usual del Románico fue el Juicio Final. Uno de los más bellos ejemplos se encuentra en la iglesia de San Lázaro de Autun, en Borgoña. En el centro del tímpano de la puerta principal aparece Cristo juez entre la Virgen y San Juan; a un lado y a otro los elegidos y los condenados tras el peso de las almas. Entre estos últimos hay monstruos y demonios, un universo zoomórfico procedente del mundo oriental y de la fantasía popular. También se escenificaron leyendas de santos, de los Evangelios Apócrifos o temas de las Escrituras. En la iglesia de la Magdalena de Vezelay el tímpano representa un Pentecostés donde los Apóstoles aparecen a los lados de Cristo con una talla de plegados en las túnicas que revelan un incipiente movimiento. El Cristo románico es siempre una figura rígida, hierática, rodeada por la mandorla y el Tetramorfos simbolizando a los cuatro evangelistas, como ejemplifica el pórtico románico de Chartres. Este conjunto puede complementarse con los veinticuatro ancianos del Apocalipsis, santos y profetas. Otros temas, como la Duda de Santo Tomás por ejemplo, pueden admirarse en la Portada de las Platerías de Santiago o el claustro de Santo Domingo de Silos, ambos del siglo XI y de técnica todavía arcaica, rasgo que irá desapareciendo como se refleja en los relieves del Arbol de Jessé o la Anunciación del claustro citado, ya del siglo XII y de un mayor naturalismo. La evolución escultórica encuentra su punto final en el Pórtico de la Gloria de la catedral compostelana, obra del Maestro Mateo, cuya labor anuncia claramente el gótico.

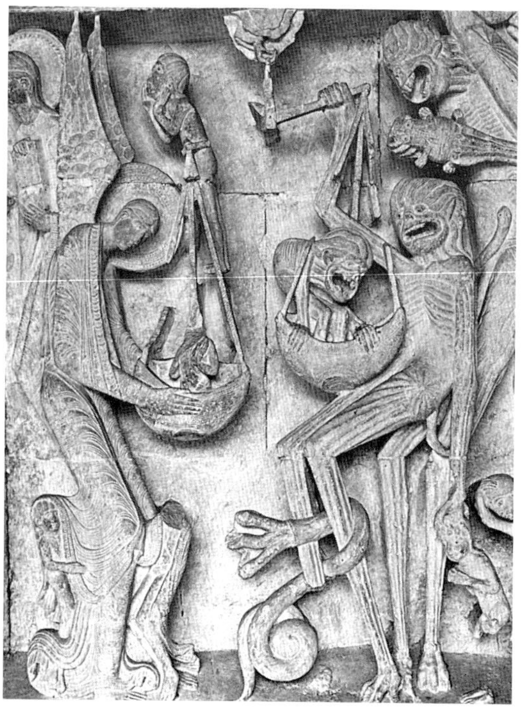

San Lázaro, Autun

La reacción del Císter

La temática profana también estuvo presente en la escultura: los signos del zodíaco, las labores agrícolas, las estaciones, etc., acompañaron a las representaciones principales de los pórticos. Sin embargo, fueron los capiteles de los claustros el lugar preferido para la fantasía de los escultores: monstruos grotescos, escenas de caza o guerra, bailarinas e, incluso, desnudos debieron distraer la meditación cotidiana de más de un monje. En el siglo XII comienzan una serie de protestas que, iniciadas por San Bernardo, atacaban

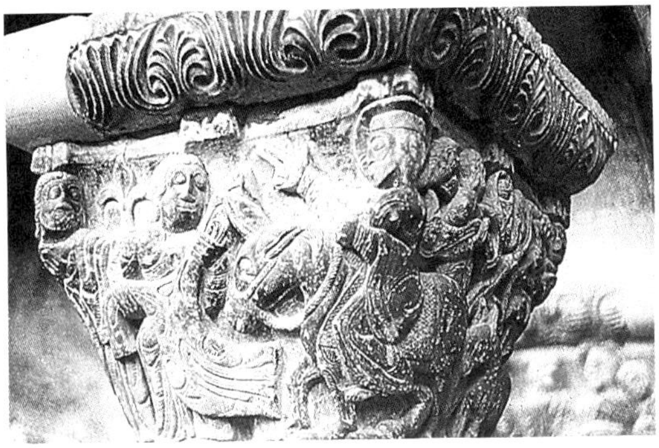

Capitel de San Juan de la Peña

no sólo estos excesos artísticos sino también la riqueza y el lujo que tenían los frailes benedictinos. Una nueva orden, la del Císter, proponía volver a la austeridad y al rigor monástico primitivo, fundando nuevos monasterios cuya característica es la ausencia del arte figurativo.

La pintura

Muchos de los caracteres de la escultura pueden aplicarse a la pintura románica que decoró frontales de tablas y, sobre todo, muros, bóvedas y ábsides de las iglesias. Es una pintura al fresco, de gran cromatismo, de colores planos y vivos, con una clara tendencia a perfilar con trazo oscuro y grueso los contornos, carente de profundidad y perspectiva, pero de una gran expresividad. Los temas preferidos son el Pantócrator, Cristo en majestad rodeado de los cuatro evangelistas, como en el ábside de San Clemente de Tahull, una figura de clara inspiración bizantina. En Santa María de Tahull la Virgen está acompañada por el tema de la Adoración de los Reyes. Además de este foco catalán debe subrayarse la pintura de la zona castellana, en especial la del Panteón de San Isidoro de León, uno de los conjuntos de mayor calidad y variedad en técnica y temática.

Véanse en las páginas 212-216 los comentarios a cinco obras de este período.

UNIDAD 7

EL HUMANISMO GOTICO

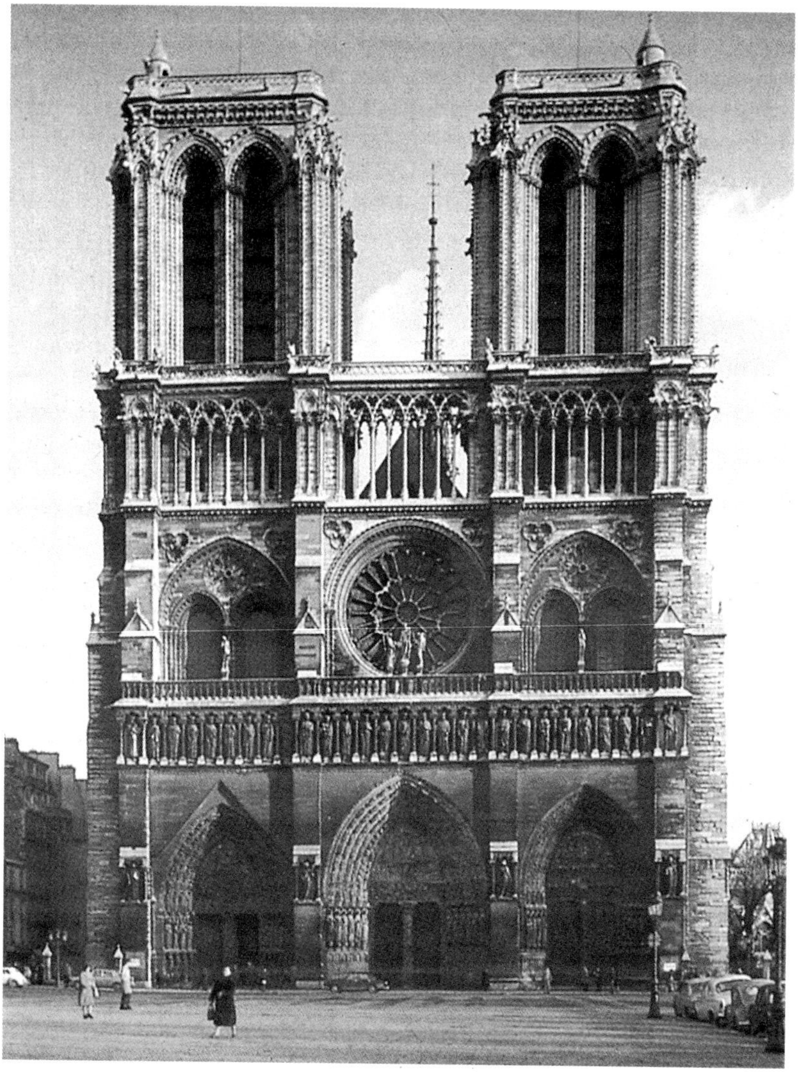

Notre-Dame, París

El término *gótico* es uno de los más antiguos entre los dedicados a denominar sistemas constructivos o de representación. Surgió con los historiadores del Renacimiento, empeñados en establecer una diferenciación entre la recuperación de las formas de la Antigüedad desarrollada en su tiempo y el arte anterior que consideraban algo bárbaro e inculto, propio de esa Edad Media que se interponía ente la grandeza clásica y el resurgir renacentista. Cuando en el siglo XVIII y sobre todo, en el XIX, se desarrolló una valoración del Gótico, los historiadores lo utilizaron para designar, ya sin ninguna carga peyorativa, a todas las artes surgidas, según unos determinados sistemas constructivos y de representación, entre los siglos XII-XIII y XVI.

Considerar que el arte que se produce durante este período constituye un todo homogéneo y unitario dista mucho de la realidad, pues a lo largo de estos cuatro siglos fueron muchas las tendencias que se desarrollaron en el campo de la arquitectura y las artes figurativas. Utilizando los elementos de un mismo vocabulario arquitectónico —las bóvedas de crucería, los arcos apuntados, los arbotantes— resulta evidente que los constructores de este período desarrollaron tipologías diversas, concepciones del espacio distintas y experiencias de composición arquitectónica de una extraordinaria variedad. En este sentido, puede hablarse, más que de la permanencia de un código, del desarrollo modificado y alterado de un sistema constructivo. Y lo mismo cabe decir del nuevo sistema de representación, que ofrece a lo largo de estos siglos formas y elementos muy dispares. A este respecto nada tiene que ver el incipiente desarrollo de la perspectiva que experimentan los pintores italianos del siglo XIV con el sistema de representación, el sentido dado al relato, la concepción de los modelos y la representación espacial llevada a cabo por los vidrieros, los miniaturistas o los escultores del siglo anterior.

El arte gótico supone un despertar a la modernidad. A una modernidad diferente de la creada por el Renacimiento, en la que tiene cabida la expresión de una nueva sociedad, en la que la ciudad pasa a desempeñar un nuevo papel, la obra de arte y el artista cumplen nuevas funciones, la economía experimenta un resurgir que pone en quiebra el feudalismo y sienta las bases de un sistema precapitalista, y las formas de religiosidad asumen nuevos contenidos y manifestaciones. Y, también, en la que el poder real adquiere una nueva dimensión planteando una nueva definición del mecenazgo y de las empresas artísticas llevadas a cabo por los reyes. Lo que llamamos arte gótico es la expresión de todo esto y también uno de los instrumentos para materializar, a través de las imágenes, de las catedrales, de los palacios, del conjunto de las artes decorativas, de las fiestas y de los rituales, todo un nuevo sentido de la existencia y de los valores conferidos a lo trascendente.

El arte gótico denota una atención por la realidad, por la sugestión de la naturaleza y el atractivo que suponía para los artistas acometer una representación del mundo natural que desplazase unas imágenes en las que el símbolo y la referencia a lo trascendente primaban sobre los valores de la representación. Igualmente los constructores de catedrales experimentaron la configuración de un espacio nuevo, mucho más versátil que el de las iglesias románicas. Con todo, la representación de la naturaleza no rompió con la idea de establecer un nexo, con nuevos medios y nuevas referencias, entre la realidad y lo trascendente. Y los arquetipos también desarrollaron un equilibrio, entre un nuevo conocimiento técnico—que, aunque empírico, no dejaba de asentarse sobre una base racional— y el deseo de crear una imagen de lo sagrado y de lo trascendente. El mismo equilibrio entre lo sagrado y lo real que introducían las catedrales, elevadas en el centro del conjunto urbano entre la ciudad terrenal y la *ciudad de Dios*.

El sistema constructivo gótico

En el siglo XII, cuando se inician las primeras experiencias del sistema constructivo gótico, el Románico era un arte plenamente impuesto que todavía se prolongaría durante mucho tiempo. Sin embargo, frente a la continuación de este sistema, coherente y definido, se ensayaron nuevos elementos constructivos que paulatinamente fueron articulando un sistema generador de una nueva arquitectura cuya *etapa clásica* se desarrollará en el siglo XIII.

Desde que comenzó a estudiarse la arquitectura gótica los estudiosos han señalado como elementos constructivos básicos y definidores, la *bóveda de crucería,* el *arco apuntado* y el *arbotante.* Estos elementos eran conocidos con anterioridad pero fue en determinadas obras de la Isla de Francia donde su empleo configuró un sistema constructivo. Pues lo que daba coherencia formal a estos elementos constructivos no fue su empleo aislado, sino su aplicación sistemática para desarrollar una idea de la arquitectura con formas y significados nuevos. Así, por ejemplo la iglesia abacial de Saint-Denis, construida por el abad Suger a partir de 1132, es uno de los primeros ejemplos en los que la nueva arquitectura aparece como un lenguaje definido y sistemático. Lo cierto es que este nuevo sistema, en cuya experimentación juega un papel importante la construcción de nuevas catedrales como las de Sens, Laon y Senlis, fue paulatinamente desarrollándose mediante la adecuación de los mencionados elementos constructivos a la nueva idea de la arquitectura.

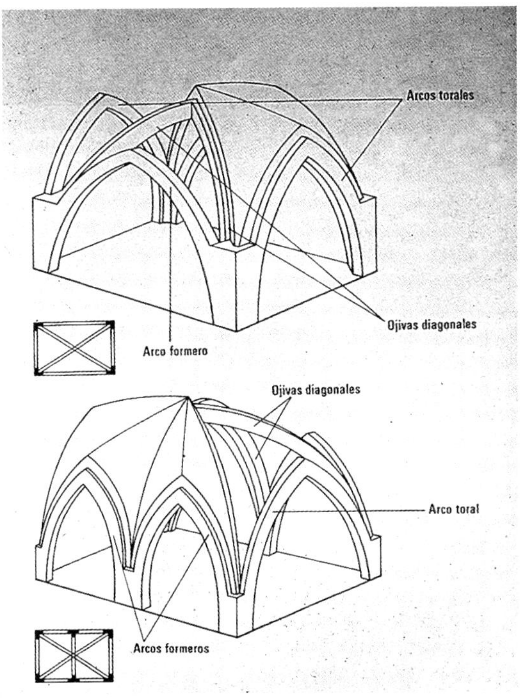

Bóvedas de crucería

La bóveda de crucería descargaba al muro de su función sustentante mediante los nervios que transmiten las presiones a los pilares, contrarrestadas al exterior con arbotantes. Para ello era necesario el empleo del arco apuntado. El arco apuntado, formado por dos segmentos de círculo, tiene dos centros, lo cual permite que no exista la relación forzosa que se daba en el de medio punto entre su ancho y la altura. Con un mismo ancho en un arco apuntado pueden conseguirse, según las necesidades constructivas, alturas diferentes. En la bóveda de crucería esto permitió lograr una misma altura entre las nervaturas diagonales, con un ancho mayor, y las cuatro que forman el perímetro rectangular.

Este sistema constructivo no solamente afectó a la cubrición de los edificios sino al conjunto de su estructura. La concentración de las presiones de las bóvedas en determinados puntos hizo que el muro perdiese su función sustentante y que se convirtiese en un paramento inerte que permitía la apertura de grandes ventanales cerrados con vidrieras.

Hasta la consecución de un sistema constructivo, normativo y regular, los constructores góticos desarrollaron una serie de experiencias orientadas a la definición de esta nueva arquitectura. En este sentido, se trató de una serie de tentativas empíricas, basadas en la comprobación y la experiencia, que fueron permitiendo el desarrollo de esta nueva concepción del muro de cierre. Inicialmente, algunas iglesias, como Notre-

Dame de París (1163-1245) mantuvieron, sirviendo como elemento de contrarresto de las presiones, las tradicionales tribunas sobre las naves laterales. Pero pronto no tardarían en convertirse en un angosto triforio al tiempo que se ampliaba hacia abajo el espacio del claristorio.

La evolución del muro de la catedral gótica experimentó una evolución desde los apuntes iniciales de Chartres —donde aparece ya definido el ventanal formado por varias lancetas y una rosa en el remate—, hasta llegar a los de Reims, Amiens o León. Lo cierto es que la zona del claristorio adquirió un nuevo protagonismo en el muro de la catedral gótica, ampliándose hacia abajo hasta fundirse con el triforio que, en algunos casos, llega a calarse también por la parte exterior. De esta manera, la sección longitudinal de la nave central de una catedral gótica ofrece todo un cerramiento formado por un muro de vidrio traslúcido articulado por los ventanales de la parte superior, el triforio, situado por encima de la arquería de separación de las naves, y el cuerpo de vidrieras de las naves laterales. El muro de piedra, opaco y con ventanales aislados —vanos aislados abiertos en el muro— se convierte en un muro traslúcido de vidrio. Puede decirse que el ventanal casi desaparece y se convierte en muro de vidrio traslúcido de color. Y lo mismo hallamos en los hastiales y la fachada occidental de las catedrales en las que el paramento de piedra ha cedido su protagonismo al rosetón, que traduce el paramento en un caleidoscopio de luz coloreada y cambiante.

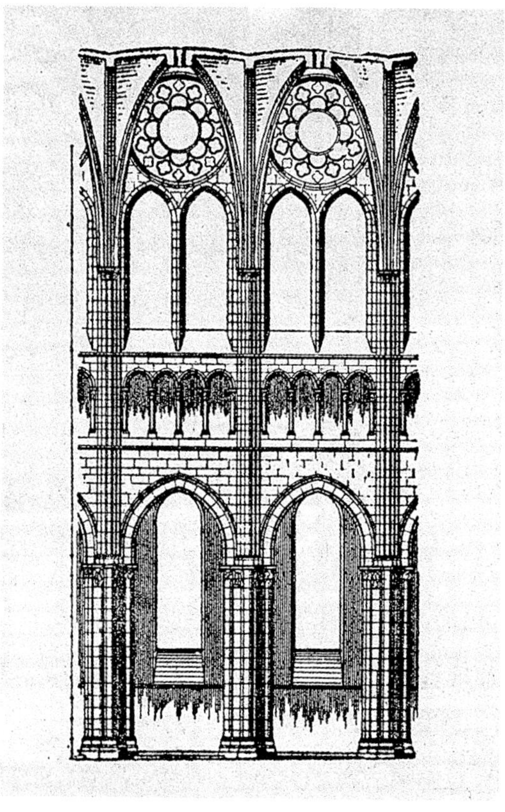

Muro gótico (catedral de Chartres)

La catedral y la concepción del espacio

El desarrollo combinado de estos elementos constructivos, la transformación del paramento pétreo en un muro traslúcido de color, no fue la simple consecuencia de una serie de experiencias constructivas ni un mero juego formal. Muy al contrario, todas estas experiencias se orientaron, precisamente, a conseguir una nueva arquitectura en la que la idea del espacio desempeñase una imagen de lo sagrado inédita. Fue en la construcción de las nuevas catedrales francesas de Chartres (en la que se formula un tipo modélico), Reims (comenzada en 1211 siguiendo trazas de Jean d'Orbais) y Amiens (iniciada en 1220 bajo la dirección de Robert de Luzarches) donde la arquitectura gótica alcanzó la definición y configuración de un nuevo lenguaje. Y, también, la definición de una tipología de catedral formada por tres o cinco naves, más altas la central y la transversal del crucero, con girola y capillas radiales y con una composición de la fachada formada por dos torres flanqueando un pórtico ricamente esculpido sobre el que se abre un rosetón.

El aumento de las dimensiones de los ventanales que se produce en la arquiterctura gótica no se explica, como tantas veces se ha dicho, como un intento de lograr una mayor iluminación de los interiores. Desde el momento en que estos vanos se concibieron para ser cerrados con vidrieras, se pensó en restar claridad a los interiores. Un edificio cuyos ventanales se hallen cerrados con vidrieras de colores resulta menos luminoso que otro en el que se haya colocado un cerramiento incoloro. En cambio, lo que producen en el espacio interior de la catedral los ventanales con vidrieras es una *luz no natural,* claramente diferenciada de la natural del exterior. En este sentido, la idea que se perseguía con el muro traslúcido era la creación de un espacio iluminado con una luz distinta de la natural, que presentaba evidentes relaciones, simbólicas y figurativas, con una visión de la divinidad.

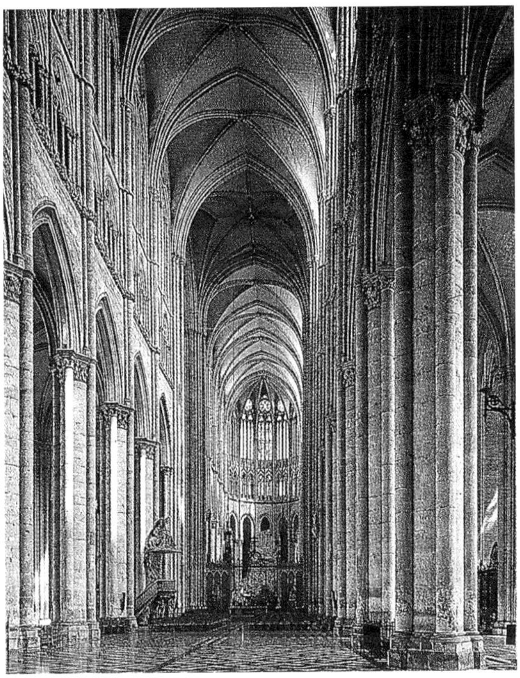

Catedral de Amiens

La iluminación coloreada y cambiante del interior de una catedral como la de Chartres o León, o de un edificio como la Sainte Chapelle de París, construida entre 1244 y 1248 bajo la dirección de Pierre de Montereau, introducía para los hombres del siglo XIII una relación con la idea de Dios como luz del mundo puesta de manifiesto en numerosos textos. San Juan ponía en boca de Cristo las siguientes palabras: «Yo soy la luz del mundo; el que me sigue no anda en tinieblas, sino que tendrá luz de vida». A este respecto Pierre de Roissy, canciller del cabildo de la catedral de Chartres, decía: «Las vidrieras que están en la iglesia y por las cuales se transmite la claridad del sol, significan las Sagradas Escrituras que nos protegen del mal y nos iluminan».

Es decir, si el nuevo sistema constructivo gótico hizo posible la creación del muro traslúcido y la nueva iluminación de los interiores, ésta fue algo que «forzó» el desarrollo y experimentación de las nuevas soluciones constructivas. El paramento traslúcido como forma de cierre suponía, además, la creación de una ficción: la desmaterialización de la arquitectura. La iluminación coloreada y cambiante convierte en algo fugaz y transitorio el entorno espacial. Al tiempo, el oscurecimiento de los interiores debilitaba la presencia material y física de los componentes constructivos.

Diversas soluciones contribuyeron, además, a la creación de estos efectos de desmaterialización. La elevación conseguida por los constructores de las catedrales góticas del siglo XIII fue menor de lo que aparentan. Desde la clave de la bóveda al suelo la catedral de Chartres alcanza 36,5 m, la de Reims 38 m, la de Amiens 42 m, la de León 30 m. Pero el efecto perceptivo hace que, en apariencia, sean mucho mayores debido a la sensación de *ingravidez* que producen. Los constructores góticos realizaron determinados correctivos a los efectos ópticos de la arquitectura para lograr esta sensación, como que el ancho de la nave a la altura de las impostas de donde arrancan los arcos de las bóvedas sea mayor que en el suelo. Con ello se crea una perspectiva invertida que altera el efecto de convergencia de los pilares, suprimiendo la sensación de peso y materialidad de la arquitectura y acentuando figurativamente la altura y la sensación de ingravidez.

De esta forma, el espacio de la catedral aparece como un microuniverso celeste, diferenciado del exterior, como ficción figurativa del universo de lo sagrado. Y, también, como representación metafórica de la Jerusalén celeste descrita por San Juan en el Apocalipsis: «[...] su lumbrera era semejante a una piedra preciosísima, tal como piedra jaspe de transparencia cristalina. Tenía un muro grande y alto, con doce puertas, y sobre las puertas doce ángeles y nombres inscritos [...]. Y el material de construcción del muro era jaspe, y la ciudad, oro puro, semejante a vidrio transparente».

Lo cierto es que, con distintas variantes, el nuevo sistema constructivo gótico no tardó en extenderse por Europa desplazando paulatinamente al románico, con el que con frecuencia subsiste. En Inglaterra, en 1220, se comenzaba la catedral de Canterbury y en 1248, en Alemania, se iniciaba la de Colonia. En España, las grandes catedrales del siglo XIII, de Burgos, Toledo y León ponen de manifiesto un fenómeno singular. Aunque con anterioridad existía el conocimiento de soluciones constructivas góticas como la bóveda de crucería (Pórtico de la Gloria y cripta de la catedral de Santiago de Compostela, San Vicente y catedral de Avila) fue a través de la importación de un lenguaje formado, y no de la evolución de estos elementos, como se impuso la nueva arquitectura en edificios como las catedrales de Cuenca, iniciada a finales del siglo XII, de Sigüenza, Burgos, Toledo y León. En algunas de éstas se perfeccionaron soluciones creadas por la arquitectura gótica francesa, como el trazado de la girola de la catedral de Toledo y el claristorio en la de León. Todo ello pone de manifiesto el carácter itinerante de los arquitectos, escultores vidrieros y pintores que trabajaban en las catedrales y del que es un claro ejemplo el *Album* de Villard d'Honnecourt, arquitecto de Picardía, en el que figuran dibujos arquitectónicos recogidos en sus viajes.

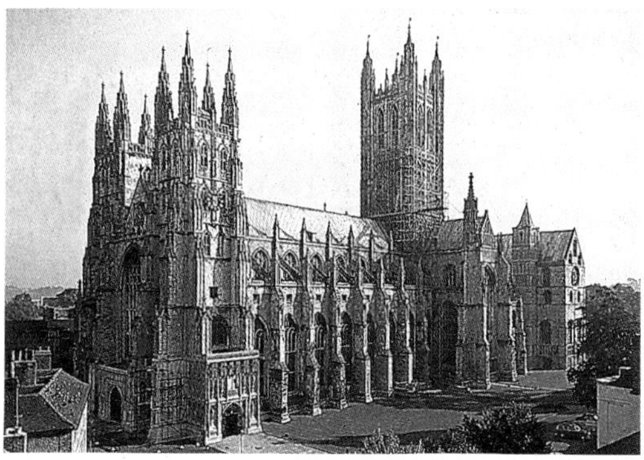

Catedral de Canterbury

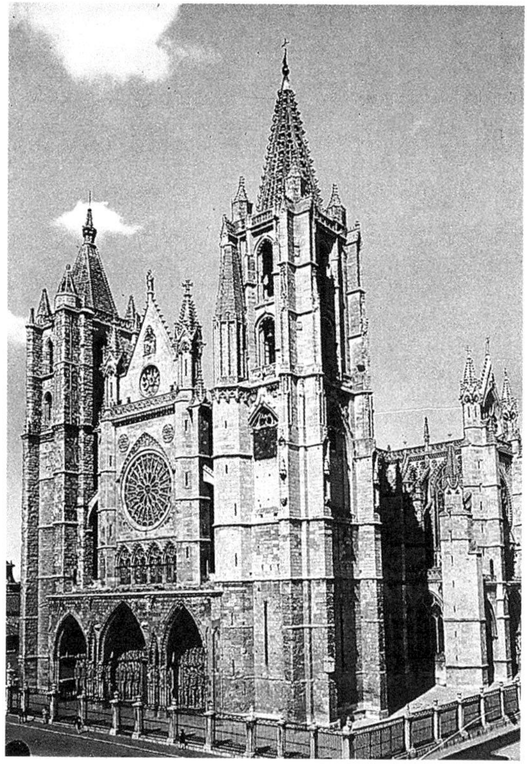

Catedral de León

La escultura y el nuevo sistema figurativo

El gótico no fue solamente un sistema constructivo, sino, también, un nuevo sistema figurativo a través del cual se expresan nuevas formas de religiosidad y un sentimiento inédito de concebir la representación de la realidad. En este sentido, las artes figurativas góticas experimentaron una ruptura con el abstracto, planimétrico y rígido sistema de representación románico. En su lugar surge un diálogo entre el arte y la naturaleza y una humanización del sistema figurativo. Lo cual no quiere decir que se produjera un «nuevo realismo». El arte siguió manteniendo una dimensión ideal y distanciada de la realidad, aunque ofreciendo una humanización de la imagen orientada a promover una nueva aproximación al fiel. El sistema narrativo se ve afectado por una presencia enfática del sentimiento con el intento de establecer una relación con el espectador como forma de hacer eficaces los resortes del relato. Con todo, aunque puedan detectarse rasgos comunes en las distintas artes —pintura, miniatura, orfebrería y vidriera—, es evidente que se produjeron tendencias no sólo distintas sino en muchos casos dispares.

Pero junto a las novedades formales y de los componentes del sistema de representación, con el Gótico se produjo una renovación no menos sustancial de los componentes de la iconografía y del relato a través de la cual se pone de manifiesto una humanización del sentimiento religioso. La Virgen no aparece representada como el trono de Dios, como en el arte románico, sino como madre e intermediaria entre los hombres y Dios. La representación de Cristo en la cruz abandona el hieratismo de los crucifijos románicos e introduce un elemento de dolor y expresividad que humaniza profundamente la imagen.

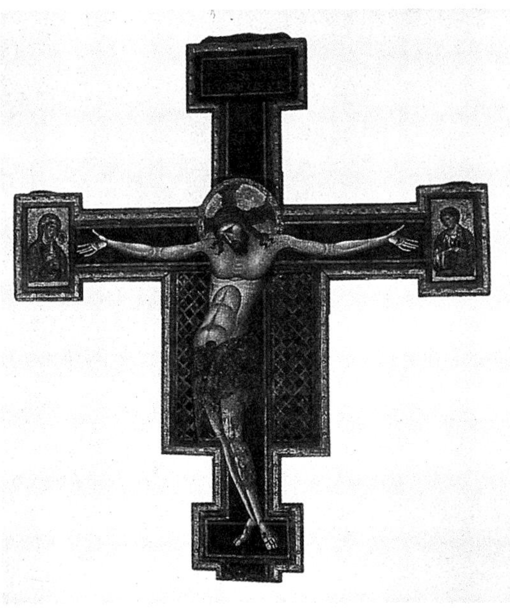

Crucificado, siglo XIII

Sin embargo, donde la escultura alcanzó uno de sus mayores desarrollos fue en las portadas de las catedrales como elemento fundamental en el relato iconográfico de la catedral. Las portadas fueron el lugar en el que se produjo la máxima condensación de la escultura: en las figuras distribuidas en arquivoltas, siguiendo el sentido del arco, en

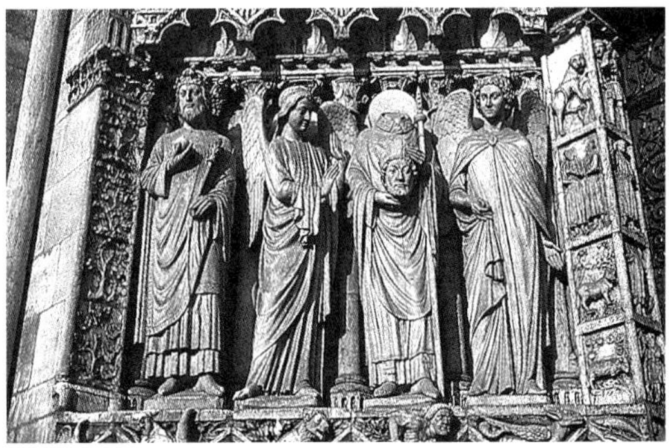

Notre-Dame, París

los tímpanos ordenada en registros horizontales superpuestos y en las estatuas-columnas de las jambas. Concretamente, las estatuas-columnas de Saint-Denis y Chartres constituirán un modelo, diferenciado del románico, que alcanzará una gran difusión siendo consideradas el punto de referencia de su expansión por el norte de Francia. La Portada Real de Chartres fue realizada hacia 1150 y presenta claras relaciones con Saint-Denis; sus figuras son formalmente más hieráticas que las del crucero, reconstruidas hacia 1212-1220 tras el incendio de 1190. Toda esta escultura se integra en el discurso iconográfico de la catedral, como una Biblia en imágenes o «una Biblia para los que no sa-

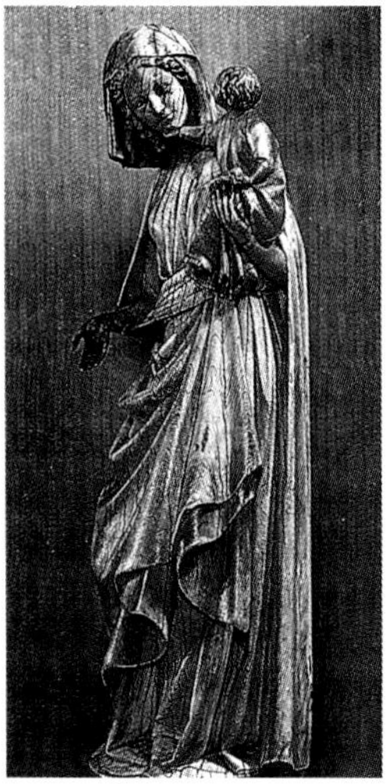

Virgen con Niño francesa, siglo XIII

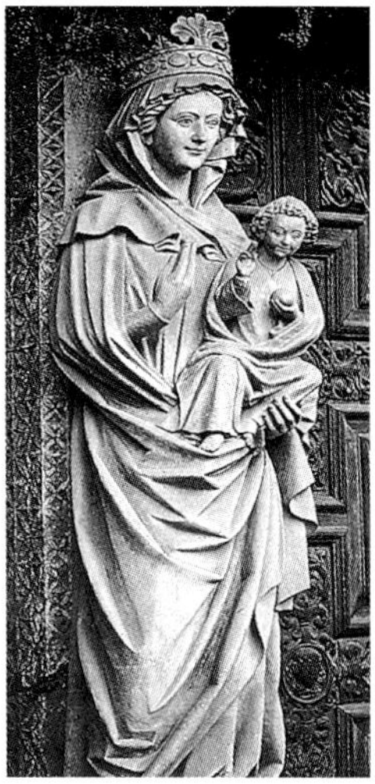

«Virgen Blanca», catedral de León

ben leer», sintonizada con los ciclos de la vidriera del interior. A través de estos ciclos de escultura arquitectónica se desarrollaron series de imágenes concebidas con el nuevo orden compositivo y el nuevo sistema de representación, como las de las catedrales de Chartres, Amiens o Reims, cuya Anunciación constituye una de las representaciones modélicas del nuevo lenguaje. En muchos casos los ciclos mencionados llegaron a convertirse en un modelo del que arranca una amplia serie de realizaciones. La Puerta del Sarmental de la catedral de Burgos, por ejemplo, es una derivación del arte de los talleres de Amiens, al igual que el pórtico occidental de la catedral de León lo es del estilo de los de Reims. En las distintas catedrales de Europa no tardó en introducirse este nuevo lenguaje de la escultura, como en la Puerta Dorada de la catedral de Freiberg y parte del conjunto de la catedral de Bamberg en Alemania.

Los marfiles, la miniatura y la pintura

La influencia de las corrientes de esta escultura se produjo mediante el trasiego de los escultores de unos centros de producción a otros. En cambio, otras artes como los marfiles, la orfebrería o la miniatura, por su condición de arte mueble y el hecho de ser fácilmente transportables, ejercieron una influencia directa e inmediata en centros muy alejados de los de origen.

Durante el siglo XIII, en el caso de los marfiles, resulta evidente la correspondencia formal de algunas piezas con la escultura monumental. Una correspondencia que desaparecerá en la centuria siguiente pero que fue muy estrecha durante el período del clasicismo gótico. En gran medida, muchas de las formulaciones del nuevo lenguaje en estas especialidades se produjeron fundamentalmente en talleres surgidos bajo el patrocinio regio. Una de las modalidades que alcanzan un gran desarrollo a partir de los últimos años del siglo XII y principios del XIII fue la del *Salterio*, libro de devoción con miniaturas para uso de particulares, utilizado por nobles y miembros de la monarquía, y

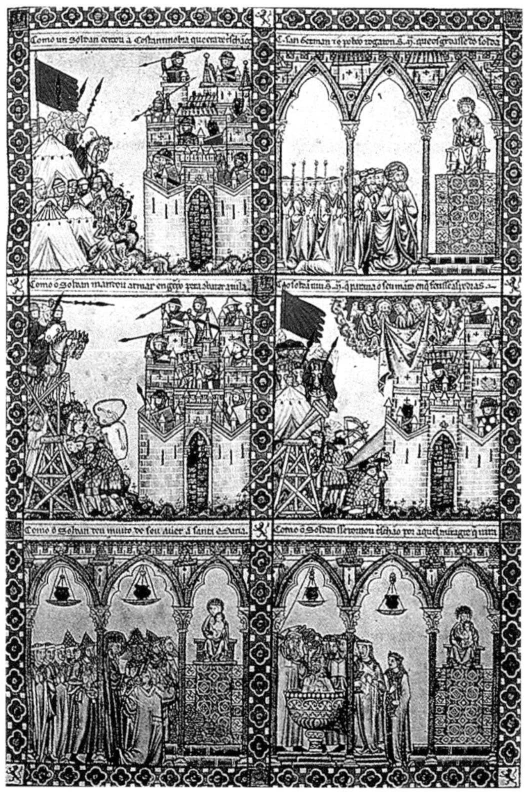

Cantigas de Santa María

en relación con el cual la producción inglesa jugó inicialmente un papel de primer orden. En el escritorio de San Luis, rey de Francia, se realizaron magníficas piezas de miniatura, como el *Salterio de San Luis* (Biblioteca Nacional, París), en las que se plasma el nuevo concepto de la representación a través de unos modelos expresivos, refinados y aristocráticos. Igualmente, en España, bajo Alfonso X el Sabio, tuvo lugar un extraordinario desarrollo de la miniatura. En estos talleres regios se realizaron los libros de las *Cantigas*, en los que destaca un nuevo sentido, libre y desenfadado, del relato y la representación desentendido de los modelos franceses y enriquecido con soluciones procedentes de otras fuentes.

El desarrollo de la miniatura y, como arte integrado en la arquitectura, de la vidriera, no desplazó por completo a la pintura mural o sobre tabla. Y no sólo en el plano religioso, como las de la Capilla de San Martín de la catedral Vieja de Salamanca, sino que la pintura cumplió un papel de primer orden en la decoración del *palacio*, como ponen de manifiesto las del castillo de Alcañiz y las del Palacio Real de Barcelona. Y en Italia, donde la arquitectura siguió unas pautas muy distintas de las comentadas propias del Gótico francés, la pintura mural se mantuvo como una práctica indisolublemente unida a una arquitectura que discurre por unos cauces formales propios e independientes, como revela la obra de Pietro Cavallini, autor del *Juicio Final de Santa Cecilia* (hacia 1293) y de Jacopo Torriti, autor del mosaico del ábside de Santa María la Mayor (1295), de Roma.

Con todo, en las artes del culto, la imagen no fue solamente la referencia única e indispensable. Otros convencionalismos, otras «metáforas», como el brillo y el fulgor, el valor de los metales preciosos, se asociaban en cruces, cálices y relicarios con lo sagrado, en una apreciación del color que, junto con la vidriera, dominaba en las artes religiosas. Así los esmaltes, las piezas de orfebrería, que también tuvieron un importante desarrollo en lo profano, jugaron un papel fundamental en los rituales del culto. Fue precisamente frente a estos objetos, frente al lujo en las iglesias y las grandes series decorativas de pintura y esculturas contra los que se alzó la voz de San Bernardo proponiendo la normativa simplicidad de la arquitectura del Císter.

La vidriera

La vidriera, al igual que los esmaltes, la orfebrería y las joyas, formó parte del fascinante universo de metáforas establecidas en torno al brillo, el fulgor y la luz del arte del siglo XIII. Sin embargo, la vidriera, además de un arte basado en la luz y el color y de desarrollar un importante papel como soporte de los ciclos iconográficos de la catedral, fue un arte íntimamente unido a la arquitectura hasta el punto de presentarse como un elemento transformador del espacio y como el muro traslúcido de cierre del edificio. Ya he-

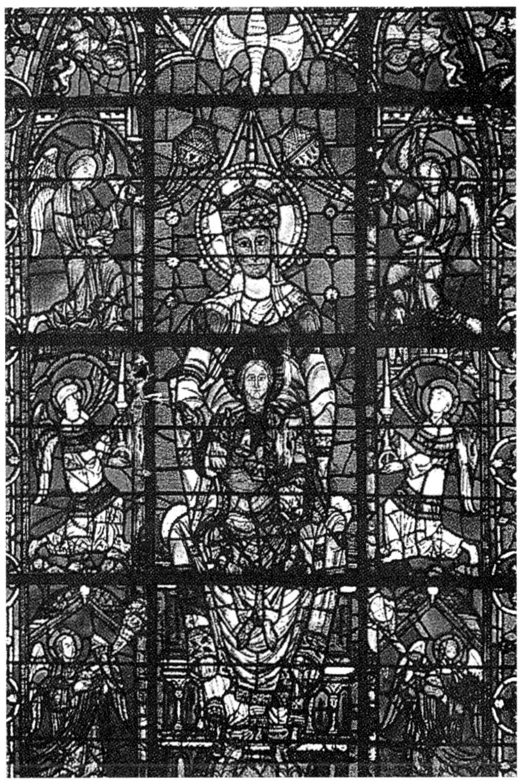

Vidriera, catedral de Chartres

mos hecho mención a los valores simbólico-religiosos de la vidriera.

En las vidrieras se desarrollaron grandes ciclos iconográficos integrados en el contexto de la catedral. Por lo regular, en los ventanales altos de la nave central y del crucero, se representaron figuras de santos, apóstoles y profetas, concebidas a escala monumental, como similitudes a las esculturas de las jambas, con representaciones de santos, apóstoles y profetas. Es el «estilo monumental» de muchas de las vidrieras de las catedrales de Chartres, Bourges o León. En cambio, en los ventanales de las capillas de la girola o en las vidrieras de las naves laterales, situadas a menor altura, se representaron escenas superpuestas, como las de la catedral de Chartres o de la Sainte Chapelle de París.

La actividad desarrollada por los vidrieros durante el siglo XIII fue de una extraordinaria intensidad. Estos artistas, desde un punto de vista técnico, lo que hicieron fue continuar unos procedimientos que ya estaban definidos, según ponen de manifiesto algunos fragmentos conservados desde finales del siglo XI. Es más, en torno al año 1100, el monje alemán Teófilo, en su tratado *Schedula diversarum artium*, recogía una importante tradición anterior y daba cuenta de las diversas operaciones necesarias para la realización de una vidriera. Operaciones que han permanecido prácticamente inalterables hasta nuestros días.

Una vidriera es un cerramiento formado por diversas piezas de vidrio de colores unidas por plomos y pintadas con grisalla cocida al fuego para garantizar su fijación al vidrio. La razón de que la vidriera estuviera formada por varios paneles integrados por piezas de vidrio es que cada vez que el vidriero, dado que los vidrios traían su color en la masa, necesitaba cambiar de color tenía que cambiar de vidrio. Esto, al menos, funcionó así hasta aproximadamente 1300, en que nuevos descubrimientos técnicos, como la invención del amarillo de plata —una sal que aplicada al vidrio y luego cocida al fuego permitía introducir un color amarillo en vidrios blancos o alterar el color de aquéllos que lo traían en masa— enriquecieron sensiblemente la paleta de los vidrieros.

La vidriera, en estrecha relación con las demás artes figurativas del gótico, desarrolló un lenguaje propio surgido de sus peculiares materiales y técnicas y de las funciones que desempeña en el edificio. Pues, aunque existió una vidriera románica, en la que las técnicas estaban perfectamente definidas, su protagonismo en los edificios fue sensiblemente menor. En la basílica de Saint-Denis y en la catedral de Chartres se inició este proceso de expansión de la vidriera que, a lo largo del siglo XIII, se extendió a las principales catedrales como Bourges, Reims, Amiens, Canterbury o León, o a edificios que, como la Sainte Chapelle, parecen concebidos para servir de soporte a un monumental ciclo de vidrieras.

Véanse en las páginas 217-221 los comentarios a cinco obras de este período.

Unidad 8

El arte del final de la Edad Media

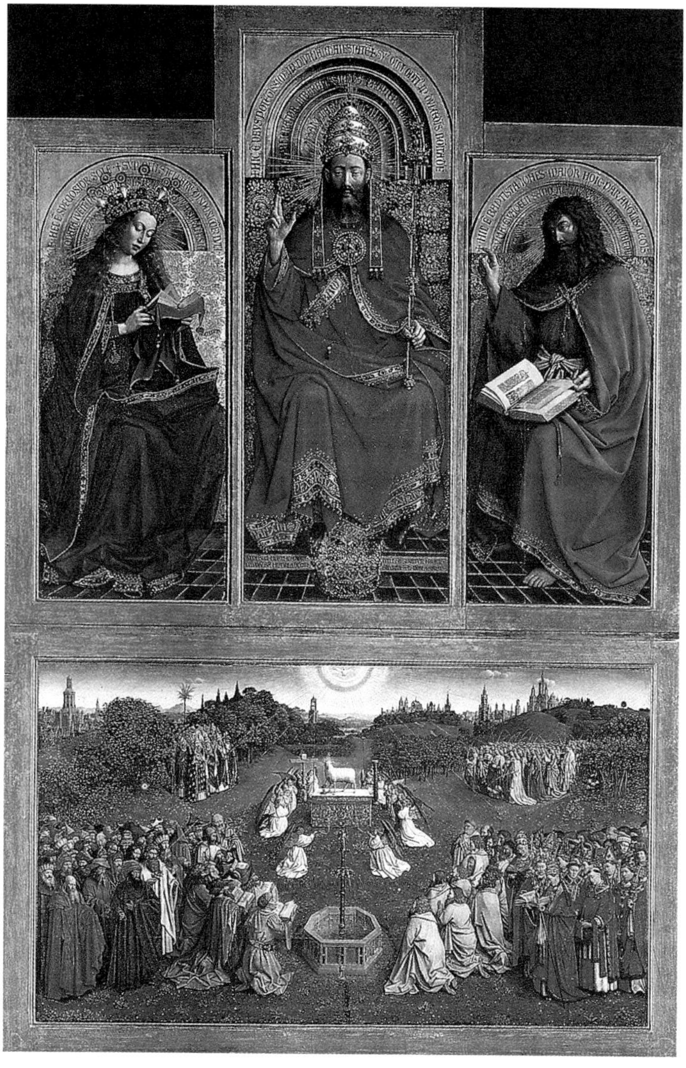

Hubert y Jan Van Eyck, Políptico del Cordero Místico

A lo largo del siglo XIV se produjo una decisiva transformación de la sociedad europea que afectó de forma evidente a las realizaciones artísticas, al igual que a los demás aspectos de la cultura, la política, la economía y el pensamiento. Además de los cambios formales que se producen, como la aparición de un nuevo sistema de representación en la Italia del Trecento o el posterior desarrollo del llamado *Estilo Gótico Internacional,* surge una nueva concepción de la relación entre el arte y la naturaleza y una forma nueva de entender la profesión de los artistas y de valorar su labor. Pero, además, en el marco de una sociedad en claro proceso de secularización, la obra de arte asume unas funciones nuevas, de representación y prestigio, con respecto a las que tradicionalmente había venido desempeñando. Y no sólo las que se encargan, sino aquellas que se poseen y forman parte de una colección.

La obra de arte, incluso cuando se trata de obras de carácter religioso, adquiere para los comitentes el valor de un instrumento de prestigio. De ahí la representación del *donante* en el ámbito de lo sagrado como expresión de un deseo de permanencia. O, también, la aparición de los primeros retratos. La obra de arte adquiere una nueva dimensión en consonancia con los ideales, aspiraciones y exigencias de una sociedad en proceso de transformación, de un período en el que se produce la transformación de la economía, la política, la cultura y el arte de la que arranca la modernidad. Aparición de una modernidad que se desarrolla al mismo tiempo que, por un proceso de inercia, se continúan muchos de los programas constructivos emprendidos en la centuria anterior siguiendo los panteamientos de los proyectos iniciales.

Este mundo sumido en una crisis, motivada fundamentalmente por las pestes y su incidencia en el proceso demográfico y económico, proyectó visiones artísticas dispares. Frente al descubrimiento de la representación de la realidad protagonizado por Giotto, a finales de siglo se produce un arte refinado y cortés, evasivo y fantástico, el *Gótico Internacional,* en el que se conjugan un deseo de atención por lo real y lo cotidiano con una preocupación por trascender estos límites para sumergirse en una evasión a través de lo fantástico e imaginario.

Frente a esta actitud no tardarían en aparecer formas nuevas de comportamiento para las que el valor de lo concreto y de lo real, de lo inmediato y tangible, asumía una nueva dimensión capaz de convertirse en una nueva moral. Un cambio de mentalidad, una nueva moral que, desde un punto de vista plástico, expresaron y configuraron los artistas flamencos e italianos del Renacimiento durante el siglo XV. Partiendo de la idea de que el individuo era la medida y referencia del universo, desde supuestos y métodos distintos, los artistas flamencos y los florentinos crearon el sistema de representación perspectivo que se mantendrá intacto hasta las controversias y revoluciones artísticas de nuestro siglo.

La arquitectura del siglo XIV: inercia y renovación

Durante el siglo XIV se produjo una continuidad de los programas constructivos iniciados en la centuria anterior que todavía no habían sido concluidos. Lo cual determinó que, en muchos aspectos, se produjera un proceso de inercia y de repetición de soluciones y planteamientos constructivos proyectados en el siglo anterior. En este sentido, puede decirse que tiene lugar un *proceso de retracción* con respecto a la amplitud de los programas y al afán de experimentación de la arquitectura del siglo XIII. Así, por ejemplo, en la iglesia de Saint-Ouen de Ruán (1339) esta continuidad de soluciones constructivas es evidente.

Con frecuencia se modifican aspectos y soluciones constructivas que conducen a una síntesis y reducción de las experiencias anteriores. Los elementos del vocabulario estaban definidos y experimentados y lo mismo cabe decir de las soluciones constructivas. Lo que se produjo, en cambio, fue una nueva combinación libre e ingeniosa de las soluciones constructivas y de los elementos del vocabulario que dio lugar a que se produjese un desarrollo de numerosas soluciones que conduciría a una fragmentación estilística. En Inglaterra, donde se había producido una evidente proyección del Gótico francés, se desarrolla ahora un lenguaje propio, mucho más libre, que se plasma en formulaciones arquitectónicas diversas, como el llamado *Estilo ornamental (Decorated Style)*, que tiene en el Angel's Choir de la catedral de Lincoln una de sus más representativas expresiones. Elementos del vocabulario que habían tenido originariamente una función constructiva en el siglo anterior asumen ahora el papel decorativo de un ornamento que origina soluciones imaginativas, como los contrafuertes interiores de la catedral de Wells (1388).

Ahora bien, las renovaciones arquitectónicas del siglo XIV no se produjeron solamente desarrollando elementos constructivos con un criterio decorativo y ampliando los elementos ornamentales a una escala monumental. En determinados edificios se plasmaron tipologías que suponían unos planteamientos radicalmente distintos a los del Gótico francés del siglo XIII. Concretamente en Alemania, se generaliza un tipo de iglesia de tres naves de la misma altura o con altura poco diferenciada *(Hallenkirche)*, como la catedral de Minden, que contrasta con el escalonamiento de las iglesias del Gótico clásico del siglo XIII. Y en Cataluña, donde tiene lugar, al igual que en Valencia y Baleares, una importante actividad artística durante esta centuria, se desarrolla un tipo de iglesia que, con variantes, responde a esta tipología. La iglesia de Santa María del Mar de Barcelona es un claro ejemplo de esta tendencia a erigir edificios con naves de una misma altura. Pero, también, en el Gótico catalán se realizaron iglesias monumentales de nave única o, en el curso de construcción se redujeron a una sola las tres iniciales, como la catedral de Gerona. La catedral de Palma de Mallorca presenta un planteamiento intermedio entre

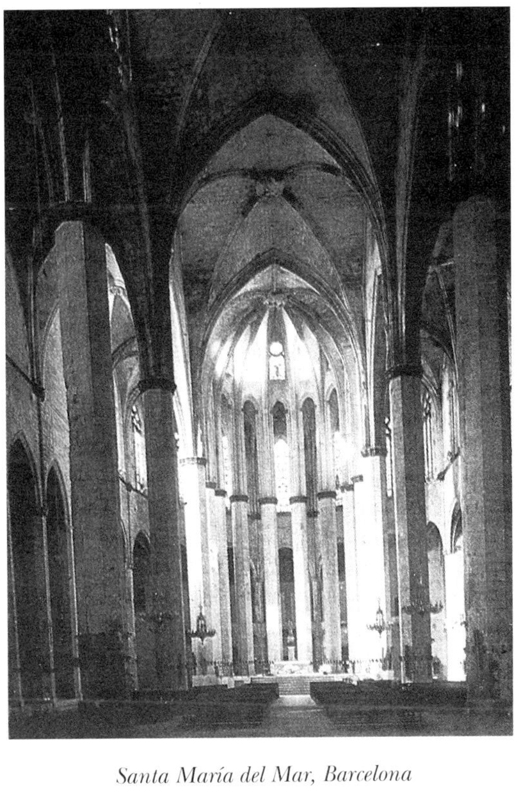

Santa María del Mar, Barcelona

el escalonamiento de las naves y las mencionadas soluciones propias del Gótico catalán.

La arquitectura civil del siglo XIV fue rica en novedades. En Italia, como consecuencia de la intensa vida municipal, se erigieron edificios importantes de carácter municipal además de otros que cumplían una función emblemática y de prestigio de la ciudad, como es el caso del *campanile* de Florencia realizado bajo la dirección de Giotto.

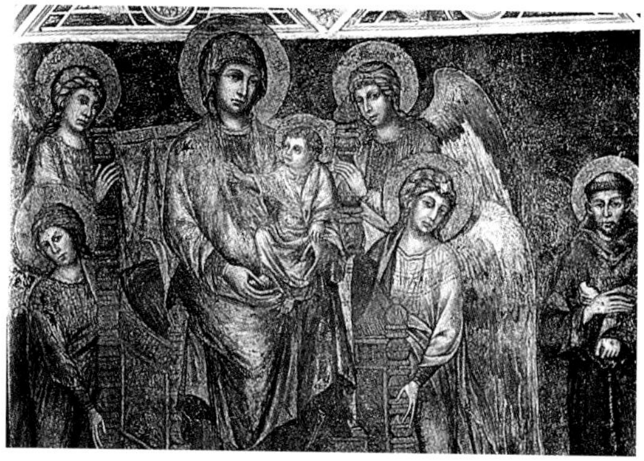

Cimabue, Madonna con San Francisco de Asís

La renovación figurativa: el Trecento italiano

Durante el siglo XIV las artes figurativas italianas experimentaron una renovación singular. Tanto los pintores de Florencia como los de Siena acometieron una transformación radical del sistema de representación, rompiendo con las tradiciones bizantinas e iniciando el primer capítulo de la pintura moderna. Por su parte, los escultores, que a diferencia de los pintores disponían de obras clásicas, iniciaron la recuperación de los modelos y las formas de la Antigüedad. En este sentido, ocupa un papel relevante como pionero Nicola Pisano (h. 1220-1284), autor del púlpito del Baptisterio de Pisa (1260) que comporta una gran novedad por la recuperación de los modelos clásicos, el sentido del volumen y la forma tridimensional de desarrollar el relieve. Su escultura tuvo una clara proyección en la obra de su hijo Giovanni Pisano, autor del púlpito de la catedral de Pisa. Pero fue Andrea Pisano (h. 1290-1349), cuya obra apenas tiene conexión con la de los anteriores, el artista que se inscribe plenamente en el renacer del Trecento italiano. A él se deben las primeras puertas de bronce del baptisterio de la catedral de Florencia, realizadas entre 1330 y 1336 y que fueron determinantes para ciertos aspectos de la primera obra del Renacimiento: las segundas puertas para dicho baptisterio, realizadas por Lorenzo Ghiberti a principios del siglo XV.

Cuando Andrea Pisano realizó esta obra ya se habían producido las primeras formulaciones del nuevo lenguaje en el campo de la pintura, más lenta en romper con las tradiciones bizantinas que la escultura. Pues, con anterioridad, en Florencia, Cimabue (h. 1260-h. 1303) lo que planteó no fue una eliminación de los bizantinismos, sino una actualización y modernización de los mismos. *La Maestà* (Florencia, Uffizi) pone de manifiesto su deuda con las tradiciones bizantinas dominantes en la pintura italiana pero articulando una composición con una espacialidad inédita.

Con todo, no sería hasta su discípulo Giotto (h. 1266-1337) cuando en Florencia se produciría una ruptura radical con la tradición y la formulación de un nuevo lenguaje. En este sentido, Giotto es uno de los más grandes pintores de todos los tiempos. Vasari, el historiador del siglo XVI, atribuía a Giotto la recuperación de la buena pintura: «porque después de haber permanecido enterrados tantos años por las ruinas de las guerras, los procedimientos de la buena pintura y artes que dependen de ella, él solo, aunque nacido entre artífices ineptos, por un bien de Dios, resucitó a la que iba por tan mal camino, y a tal forma la redujo, que se pudo llamar buena». El juicio de Vasari deriva, en realidad, de una valoración de la pintura de Giotto, formulada ya en el siglo XIV por Cennino Cennini, quien en *Il libro dell'Arte,* escrito a finales del siglo XIV dijo que Giotto «[...] tradujo el arte de pintar del griego al latín, convirtiéndolo a lo moderno». Es decir, abandonó la tradición bizantina recuperando los modelos clásicos y formuló un nuevo lenguaje basado en la representación tridimensional de la naturaleza, en el efecto de los volúmenes conformados por los juegos de luz y sombra, y en la nueva preocupación por el problema de la composición.

La *Virgen con el Niño en el trono* (Florencia, Uffizi), realizada en 1306-1310, comparada con la *Maestà* de Cimabue, constituye un ejemplo elocuente de las novedades aportadas por Giotto a la pintura de su tiempo. La concepción planimétrica de la pintura ha desaparecido y, en su lugar, Giotto ha creado un escenario tridimensional, con la estructura arquitectónica del trono introducida en él, acentuando la monumentalidad de los volúmenes de las figuras.

La actividad de Giotto discurrió unida a la práctica de la pintura mural, como ponen de manifiesto los frescos de la basílica de San Francisco en Asís, y de la Capilla Scrovegni en Padua, realizados hacia 1305-1310, con escenas de la vida de Joaquín, de la Virgen y de Cristo ordenadas en registros. En las diferentes composiciones, Giotto introduce una nueva dimensión espacial de los escenarios, un sentido inédito del volumen de las figuras, logrado mediante un dominio de los efectos del claroscuro, y una monumentalidad clásica. Pero, además, Giotto revolucionó completamente el sentido tradicional de la composición. Las figuras abandonan su condición de personajes aislados para convertirse en partícipes de una acción colectiva movida por un acontecimiento.

Giotto renovó por completo las formas y el lenguaje de la pintura, dejando tras él una pléyade de seguidores. Sin embargo, las experiencias de Giotto orientadas a renovar la pintura no fueron las únicas que se produjeron. Paralelamente a la renovación de la pintura florentina, en Siena tuvieron lugar otros intentos no menos radicales, aunque planteados desde una perspectiva completamente diferente. Si en Florencia, según hemos visto, la renovación se estableció desde una ruptura con las tradiciones bizantinas, en Siena, en cambio, se planteó como una renovación de estas tradiciones. El ejemplo más claro de cómo se produce esta renovación sin renunciar a las tradiciones bizantinas lo constituye la obra de Duccio di Buoninsegna (documentado entre 1278 y 1318) cuya *Madonna Rucellai* (Florencia, Uffizi), iniciada hacia 1285, constituye un intento comparable al de la *Maestà* de Cimabue. Duccio partía de la idea de que el bizantinismo no era un lenguaje agotado y de que desde sus soluciones era posible lograr una renovación de la pintura.

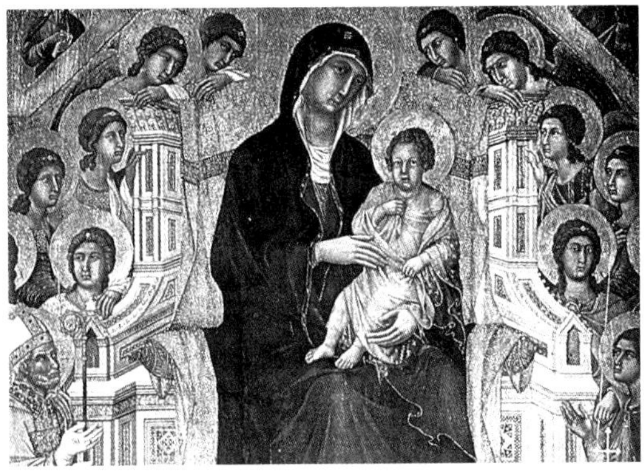

Duccio di Buoninsegna, Maestà de Siena, *detalle*

Duccio logró apuntar esta posibilidad, pero fue Simone Martini (h. 1284-1344) quien llevó esta idea a sus últimas consecuencias logrando configurar un nuevo sistema de representación que difundió en los diferentes centros artísticos donde trabajó: Siena, Nápoles, Asís —donde trabaja en la Capilla de San Martín de la inglesia inferior—, y en la corte papal de Avignon, a donde se traslada en 1339 para entrar al servicio de Benedicto XII. Ya en la *Maestà,* del Palacio Público de Siena, pintada en 1315, renueva los elementos tradicionales. Y *La Anunciación* (Florencia, Uffizi), realizada en 1333, pone de manifiesto cómo la novedad del lenguaje de la pintura podía basarse en la superación de los usos tradicionales de las formas bizantinas, pero no en el rechazo de todos sus fundamentos. De esta forma, Simone Martini creó un nuevo lenguaje, igualmente moderno, en el que el ritmo sinuoso y estilizado de las figuras, sus modelos dotados

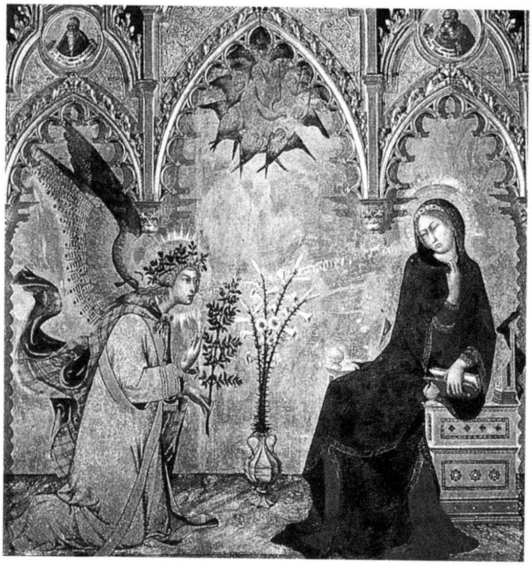

Simone Martini, La Anunciación

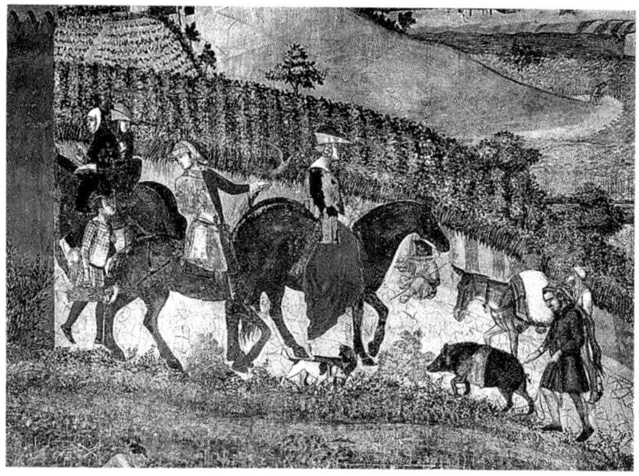

Ambrogio Lorenzetti, Alegoría del buen gobierno, *detalle*

de una elegancia cortesana, sientan las bases del *Gótico Internacional.* Un sentido cortesano y caballeresco que se aprecia en otras obras suyas como la representación, realizada en 1328, del condottiero *Guidoriccio da Fogliano* (Siena, Palacio Público), destacándose sobre un fondo de castillos conquistados por él para la república de Siena.

La pintura de Simone Martini constituyó un puente entre las tradiciones bizantinas y el desarrollo del *Gótico Internacional* de finales de siglo. Nueva concepción de la pintura que discurrió paralelamente a la renovación pictórica de Giotto. Ambas tendencias tuvieron, no obstante, un punto de confluencia y una síntesis en la obra de Pietro (h. 1280-1348) y Ambrogio Lorenzetti (1285-1348), creadores de una tercera vía que integraba soluciones de ambas tendencias. Así, por ejemplo, Pietro, en *El Descendimiento* de la iglesia inferior de San Francisco de Asís logra un sincretismo entre la monumentalidad clásica florentina y el sentido dinámico y estilizado de la pintura de Siena. Ambrogio Lorenzetti, en algunas de sus obras, fue el cronista del nuevo sentido laico y secular de la vida, el arte y la cultura. Las *Alegorías del buen y mal gobierno,* pintadas entre 1337 y 1339 para el Palacio Público de Siena, constituyen un ciclo de pintura profana, planteada a la manera de un tratado didáctico-político, dedicada a exaltar los efectos beneficiosos de la autoridad y del buen gobierno de los güelfos, partido que detentaba el poder en Siena. Ambrogio Lorenzetti desarrolló una crónica de la vida de la época mostrando su capacidad para plasmar representaciones minuciosas de aspectos concretos de la realidad.

El Gótico Internacional

Con el nombre de *Gótico Internacional* se designan aquellas realizaciones de la pintura y de la escultura que, dotadas de una fuerte unidad, se producen en toda Europa durante los últimos veinte años del siglo XIV y la primera mitad del XV. Se trata de un arte que surge en diversos centros y que deriva, entre otros planteamientos formales, de las experiencias del Trecento italiano, concretamente de las inflexiones sienesas de Simone Martini transmitidas a través del ambiente artístico de la corte papal de Avignon.

Lo cierto es que artistas activos en centros muy distantes entre sí participaron de este lenguaje común como el Maestro Bertram, el Maestro Francke y Esteban Lochner, en Alemania. En Italia, algunos artistas como Lorenzo Mónaco fueron el fundamento de un desarrollo del Gótico Internacional en el que hicieron su formación los principales pintores de los inicios del Renacimiento. En este sentido, tanto el nuevo lenguaje del Renacimiento como el de la pintura flamenca del siglo XV plantearon una actitud de enfrentamiento con el Internacional. En España, en cambio, el Gótico Internacional —que cuenta con figuras sobresalientes como Lluis Borrassá y Martorell en Cataluña, Marçal de Sax y el Maestro de Fray Bonifacio Ferrer en Valencia, Nicolás Francés en tierras leonesas, o la presencia de Dello Delli en Salamanca— se prolongó hasta mediados del siglo XV, en que fue desplazado por el sistema de representación flamenco.

En el Gótico Internacional se aprecia el desarrollo de un arte basado en los nuevos planteamientos expresivos de un mundo cortesano. Un mundo en el que hacen su aparición nuevas formas de refinamiento en torno a la valoración de las obras de arte. Entre ellas, la de un coleccionismo en el que lo exótico adquiere un nuevo poder de atracción. La obra de arte, en suma, adquiere un nuevo valor y unas nuevas funciones que explican el nacimiento, aunque de forma incipiente, de nuevos géneros, como el retrato. El retrato concebido, no como representación del individuo como *donante* en el marco de una composición religiosa, sino como tema único del cuadro, como el de Juan el Bueno (París, Museo del Louvre), pintado hacia 1360. Asimismo, solamente en un ambiente cortesano, dominado por el lujo y el refinamiento, el valor de lo real y de lo imaginario, pudieron crearse algunos libros miniados como *Las Muy Ricas Horas del Duque de Berry*, obra de los hermanos Limbourg (Museo Condé, Chantilly).

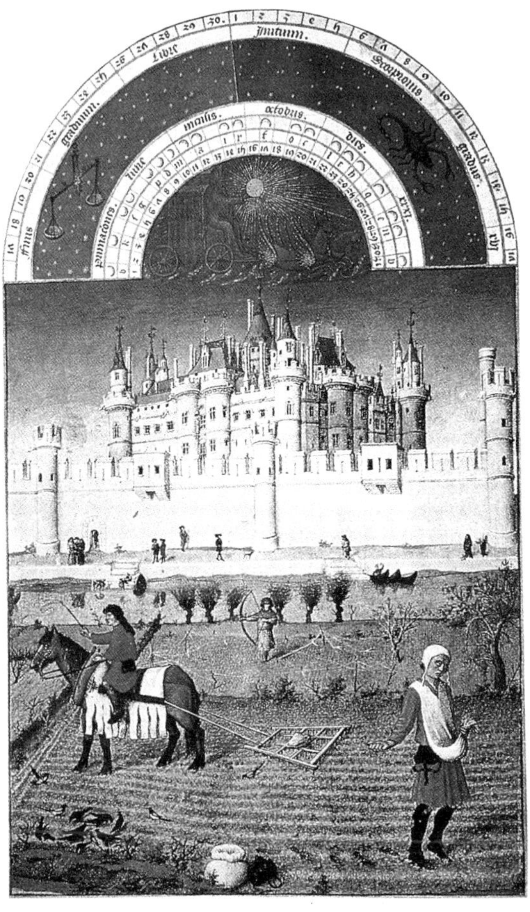

Las Muy Ricas Horas del Duque de Berry

Los pintores del Gótico Internacional se sintieron atraídos por la representación de la realidad, por la captación de elementos del mundo visible, y de lo cotidiano. Pero, al mismo tiempo, fueron los creadores apasionados de una evasión del mundo real basada en la creación de imágenes de lo fantástico. Una evasión de lo real surgida como consecuencia de las grandes crisis que afectaron a Europa durante el siglo XIV. De ahí que, junto a la referencia a elementos de la realidad, aparezca una constante tendencia a tratar los ropajes con formas de arabesco, dotando de un nuevo valor a lo curvilíneo, a las formas sinuosas y alargadas, a la estilización de las figuras y a la hibridación de los colores; algunos, contrastados e intensos; otros, desleídos, pálidos y ácidos.

El sistema de representación flamenco del siglo XV y su proyección europea

A principios del siglo XV los pintores flamencos iniciaron el desarrollo de una nueva concepción de la pintura basada en una decidida preocupación por la representación minuciosa de la realidad. Esta tendencia discurre paralelamente a la aparición del nuevo lenguaje renacentista iniciado por los florentinos. Ambos sistemas hicieron su aparición con una misma actitud crítica frente a las formulaciones evasivas del Gótico Internacional y la preocupación por el desarrollo de la representación de la realidad. Sin embargo, los planteamientos de ambas tendencias, con las que se inicia el sistema de representación moderno, fueron completamente distintos. Los pintores italianos crearon un nuevo lenguaje partiendo de una recuperación de los modelos de la Antigüedad y estableciendo un sistema perspectivo desde fundamentos científicos. Los pintores flamencos, en cambio, lo hicieron desde la práctica empírica de la pintura y al margen de cualquier modelo cultural.

El sistema de representación flamenco surgió como una actitud contraria a la ambigüedad entre realidad e imaginación del Gótico Internacional. La pintura se orienta a la representación de lo concreto, al valor de lo individual de las figuras y los objetos, confiriendo igual atención a cada una de las partes de la realidad y rompiendo con el esquema de valores de los pintores góticos. Mediante la observación, a través de la representación minuciosa de la realidad, los pintores flamencos crean, sin desarrollar una teoría figurativa como los italianos, un nuevo sistema de representación perspectivo de carácter monofocal. La composición se concibe desde un solo punto, el ojo del pintor, desde el que se establecen las relaciones de profundidad, dimensión, escala, volumen, luz, sombra y color.

La definición de este nuevo sistema tuvo su formulación con la obra de Hubert y Jan Van Eyck, autores del *Políptico del Cordero místico,* que concluyen en 1432, tras años de trabajo, para la Iglesia de San Bavón de Gante. Jan Van Eyck (1390-1441) fue uno de los artistas más grandes de todos los tiempos que no sólo formuló un nuevo lenguaje, sino que dotó a sus obras de una complejidad y concepción figurativa muy por encima de sus contemporáneos. No obstante, en la creación del nuevo lenguaje no debe olvidarse el papel jugado por la miniatura, pintores como Robert Campin, y escultores como Claus Sluter.

La escultura no sólo desarrolló una renovación paralela a la de la pintura, sino que en muchos casos jugó un papel determinante en la creación del nuevo lenguaje. Claus Sluter (med. s. XIV-1405-6), cuya labor discurre en Borgoña, con anterioridad a las experiencias de los hermanos Van Eyck, incorporó a la escultura un sentido naturalista nuevo, atento al tratamiento concreto de los volúmenes y contrario a las estilizaciones del Internacional. La *Tumba de Felipe el Atrevido* (†1404) es un ejemplo de esta renovación de la escultura en la que se formula tempranamente el nuevo sistema de representación.

En sus obras los hermanos Van Eyck utilizaron el óleo que, aunque era conocido con anterioridad, asume un papel indispensable en el ejercicio del virtuosismo técnico de los pintores flamencos. Además de creador de un nuevo lenguaje, expresado en obras religiosas como el mencionado *Políptico del Cordero místico,* Jan Van Eyck fue el creador del retrato moderno, doble, como el de *El Matrimonio Arnolfini* (Londres, National Gallery) o individual como *El hombre del turbante rojo* (Londres, National Gallery).

En la imagen religiosa, Jan Van Eyck fue el transmisor de nuevas formas de religiosidad. En *La Virgen del Canciller Rollin* (París, Museo del Louvre) se pone de manifiesto una secularización de la imagen. El *donante* ya no es una figura concebida a escala menor ante la imagen sagrada, sino un personaje que, representado a la misma escala, establece un diálogo con lo sagrado en igualdad de condiciones.

La obra de Jan Van Eyck dejó planteados los principales problemas del sistema de representación flamenco. No, en cambio, todas sus posibilidades. La obra de otros artistas pone de manifiesto cómo el nuevo sistema podía aún adaptarse a nuevas experiencias. Roger Van der Weyden (h. 1400-1464) introdujo dos nuevos aspectos en la pintura flamenca, acentuando el carácter sagrado de la imagen religiosa sin prescindir de la preocu-

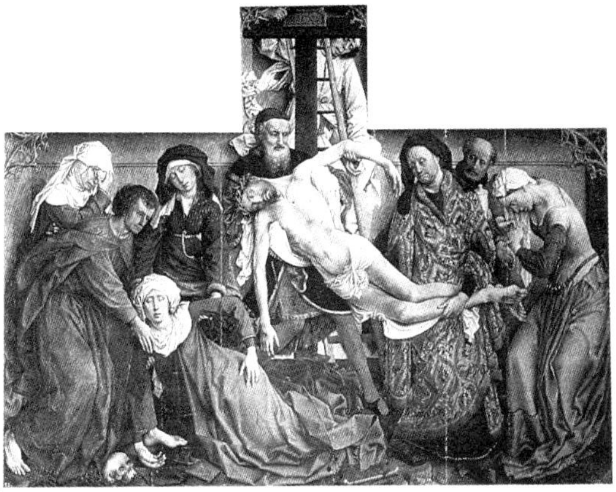

Roger Van der Weyden, El Descendimiento

pación por la representación de la realidad y desarrollando una nueva forma de componer a la que no es ajena la expresión de un acentuado patetismo, como pone de relieve *El descendimiento* (Madrid, Museo del Prado). Otros pintores como Hugo van der Goes (h. 1440-1482), autor del *Políptico Portinari* (Florencia, Uffizi), Hans Memling (h. 1435-1494) y Gerard David (h. 1460-1523) ponen de manifiesto cómo el «realismo» radical de las obras iniciales del sistema fue cediendo paso a una idealización de los modelos y a una visión emotiva e intelectual de la naturaleza. O también, por contrapartida, a la alegoría, a la metáfora y a la crítica moralizante realizada por un pintor como Hieronymus Bosch (h. 1450-1516), El Bosco.

En la pintura de El Bosco confluye, convertido en símbolo, todo el lenguaje metafórico de la Edad Media orientado a criticar una sociedad sumida en una crisis de valores morales. El Bosco parte de la crítica de la irracionalidad, de las pasiones, de la locura del hombre, como vía de acceso a la verdad. *El carro de heno* y *El jardín de las delicias,* ambas obras conservadas en el Museo del Prado, son dos trípticos en los que se plasma un discurso didáctico-moral a través del símbolo, de la contraposición de seres y objetos y del valor conferido a lo monstruoso.

Durante el siglo XV, mientras las soluciones del Renacimiento se desarrollaban de forma exclusiva en Italia, el sistema de representación flamenco se extendió por toda Europa, afectando incluso a no pocos pintores italianos. Esta expansión se produjo a veces a través de artistas de otros países, como el alemán Martin Schongauer (1453-1491), cuyos grabados ejercieron una profunda influencia

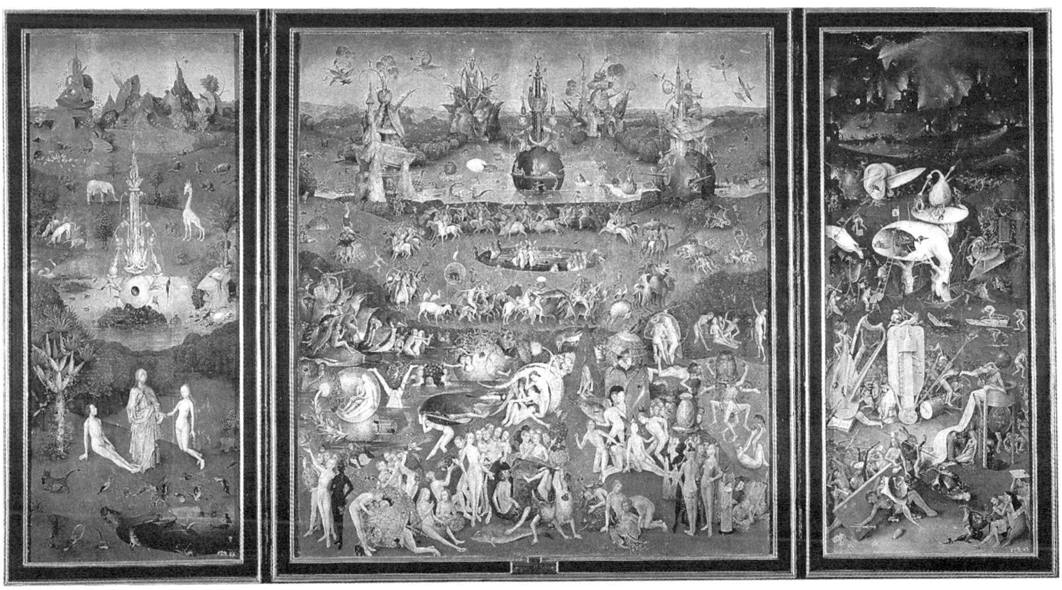

El Bosco, El jardín de las delicias

en Europa. El nuevo lenguaje adquirió acepciones propias en la obra de los artistas de distintos países, como la expresividad vigorosa de la pintura del suizo Conrad Witz (†1466), o la cadencia idealizada del francés Jean Fouquet (h. 1425-h. 1480). En España, la recepción del sistema flamenco no se produjo hasta poco antes de mediados del siglo con la obra de Luis Dalmau, *La Virgen de los Consellers* (1445) (Barcelona, Museo de Arte de Cataluña). Muy pronto se incorporaron al nuevo sistema plástico numerosos pintores que desarrollaron un arte cargado con rasgos propios. Algunos de ellos, como Bartolomé Bermejo, realizaron una labor itinerante en la que se pone de manifiesto el vigor de su estilo, como en el *Santo Domingo de Silos* (Madrid, Museo del Prado). Otros, en cambio, desarrollaron su labor en un ámbito más reducido, como Jaime Huguet, que acaparó los principales encargos de la actividad

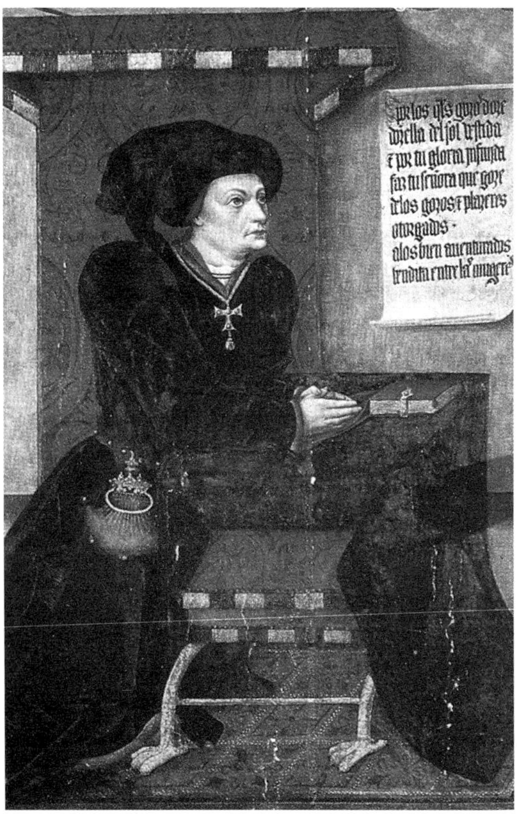

Jorge Inglés, El Marqués de Santillana

pictórica de Cataluña con la realización de retablos como el de *San Abdón* y *San Senén* (Tarrasa, Iglesia de Santa María), Jorge Inglés, que pintó para el Marqués de Santillana dejándonos los retratos del marqués y su mujer, o Fernando Gallego, pintor que junto a obras de carácter religioso realizó otras de contenido astrológico, como los frescos de la bóveda de la Biblioteca de la Universidad de Salamanca.

La escultura, a lo largo del siglo XV, perdió el protagonismo anterior en la decoración de edificios adquiriendo un nuevo valor en obras de imaginería, sepulcros, sillerías de coro y retablos en los que con frecuencia se combinan las partes de escultura con las de pintura. En España la escultura tuvo un amplio campo en el retablo, como el de la Cartuja de Miraflores de Burgos (1496-1499), realizado por Gil de Siloé, y el sepulcro, como el de *Juan II e Isabel de Portugal,* realizado por este mismo artista para este edificio, el llamado *El doncel de Sigüenza,* y las sillerías de coro como las de las catedrales de Zamora, León, Plasencia, Ciudad Rodrigo, Sevilla y Toledo.

La arquitectura gótica del siglo XV

El Renacimiento, al configurarse teóricamente como una recuperación de los modelos de la Antigüedad, desplazó, tanto en el campo de la arquitectura real, como en el de sus representaciones en la pintura y escultura, las formas constructivas góticas. En cambio, en el arte flamenco, la renovación se produjo en el campo de la pintura y de la escultura, rompiendo con las soluciones del Gótico Internacional. La arquitectura, por el contrario, se mantuvo fiel a las tradiciones constructivas góticas. Esto no quiere decir que se realizase una arquitectura que fuese mera imitación de lo anterior, sino que los nuevos edificios, aunque presenten novedades formales y tipológicas, se construyeron utilizando el vocabulario y el sistema constructivo góticos. Los arquitectos flamencos no se plantearon su actividad desde la recuperación de unos modelos, sino desde una renovación de los componentes góticos. Y dado que era un sistema constructivo ensayado, muchos elementos comenzaron a ser utilizados con un criterio ornamental y decorativo. Lo cual hace que el edificio encubra su tectónica y ofrezca la imagen de una obra de orfebrería como un cofre. Es el caso de los ayuntamientos, como el de Lovaina (1448-1463), en que la arquitectura subraya este efecto, o de las torres caladas de algunas iglesias como las de la catedral de Estrasburgo, donde la piedra produce un efecto de representación de unas obras de orfebrería.

En España durante el siglo XV la arquitectura adquirió un desarrollo singular. Junto a la realización de catedrales como las de Murcia, Oviedo, Pamplona o Sevilla, a finales del siglo se desarrolla, en relación con el patrocinio de los Reyes Católicos, una tipología de iglesia dotada de una extraordinaria unidad, formada por una nave, con capillas, ábside poligonal poco profundo y coro a los pies en alto. La nave, así como el crucero, sobresalen en altura con respecto a las capillas. En ocasiones, en el tramo de intersección de la nave con el crucero, se levanta un cimborio. A esta tipología pertenecen iglesias como la de San Juan de los Reyes, Santo Tomás de Avila, la Capilla Real de Granada, o el Parral de Segovia. En estas iglesias, en contraste con su simplicidad estructural, se aplicó una rica decoración con motivos ornamentales de procedencias dispares: propios de la tradición gótica, específicos del arte de los Reyes Católicos, como la granada, y procedentes del mudéjar y del arte musulmán.

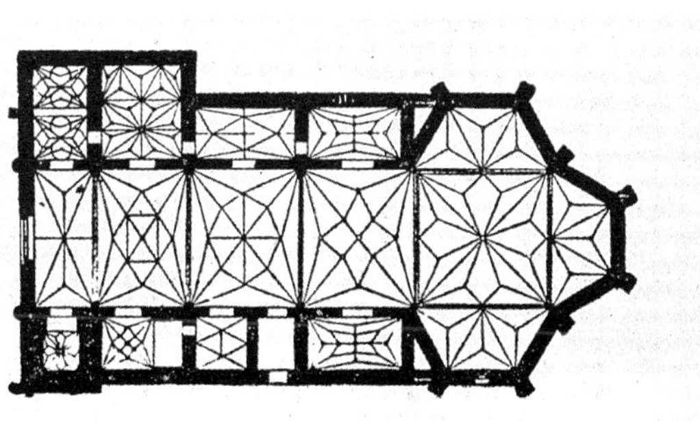

Planta del Monasterio del Parral, Segovia

En otras obras realizadas bajo el patrocinio de los Reyes Católicos se desarrolló igualmente una tipología repetible, capaz de ser convertida en un estándar. El caso más elocuente lo constituyen los hospitales de Granada y Santiago de Compostela, de planta rectangular con cruz inscrita y patios entre los brazos de la cruz y el perímetro de cierre, derivados de prototipos italianos.

La construcción de estas obras coincide con la introducción en España de las primeras soluciones del Renacimiento. Lo cual no quiere decir que deban ser interpretadas como la prolongación de unas soluciones tradicionales que quedan obsoletas a la llegada de las formas italianas. La arquitectura de los Reyes Católicos, realizada con formas góticas, supuso una modernización con respecto a las soluciones góticas anteriores, como ponen de manifiesto la tipología de iglesia analizada, el hospital o el nuevo tipo de palacio, como el del Infantado de Guadalajara. De ahí que lo que se produjera en los últimos años del siglo XV fuera el desarrollo de dos formas, distintas y formalmente diferenciadas, de modernidad.

El reducto nazarí

En la decoración arquitectónica de los Reyes Católicos hemos visto cómo aparecían elementos de procedencias dispares entre los que figuraban algunos de origen árabe. Fenómeno que no ha de extrañar si tenemos en cuenta que durante toda la Edad Media había existido una interrelación entre ambas culturas y que los soberanos cristianos habían sentido una admiración constante por el arte musulmán. Tras la conquista de Granada la Alhambra se convirtió en una Casa Real cristiana, conservada como símbolo de un pasado glorioso y admirada como un paradigma arquitectónico.

La arquitectura promovida por los soberanos nazaríes durante el siglo XIV configuró un microuniverso de evasión creando un mundo mágico y cerrado, frente a la situación histórica que amenazaba su supervivencia. El aislamiento del reducto nazarí se traduce en la imagen del complejo arquitectónico de la Alhambra. Construcción con aspecto de ciudad regia y militar aislada al exterior, y como un palacio en su interior realizado con la fantasía de una filigrana.

Aunque existen algunas partes erigidas con anterioridad, lo principal fue construido por Yusuf I (1333-1354) —a quien se deben, entre otras partes, las Torres de Machuca y Comares, el Baño Real, la Puerta de la Justicia y el oratorio del Partal— y Muhammad V (1354-1391) que realizó los núcleos restantes, entre los que destaca el complejo del Patio de los Leones. Arte cortesano, en el que cada parte fue realizada para ser disfrutada por cada soberano constructor, la Alhambra carece de una idea de permanencia que se refleja en los materiales utilizados, como el tapial o el ladrillo, a los que luego se aplicaba un revestimiento.

La Alhambra está formada por una agrupación de núcleos y estancias cuya existencia se explica por ser varios los soberanos que los construyeron y por la multiplicidad de funciones unidas a la vida del soberano. De todos los núcleos que forman la Alhambra los patios son los elementos que regulan y ordenan los distintos conjuntos o núcleos, como unidades o células independientes surgidas no de un proyecto inicial sino de una acumulación ordenada de intervenciones. Patios de planta rectangular con pórticos en los dos extremos menores o en los cuatro, como excepcionalmente se erigieron en el de los Leones. En ellos, los elementos constructivos, los arcos, los paramentos, al igual que las bóvedas de algunas estancias, desarrollan una atomización y fragmentación de los componentes constructivos hasta desmaterializarlos y convertirlos en componentes, unos componentes ingrávidos. Porque la arquitectura nazarí juega con la ficción, con la sorpresa y la confusión de los sentidos a través de una concepción eminentemente figurativa.

El mudéjar

Durante la Edad Media española se produjo un arte, denominado *mudéjar*, en el que se funden elementos de procedencia islámica con otros de origen cristiano y acerca de cuya originalidad y carácter se viene desarrollando una ininterrumpida polémica. Indudablemente hoy nadie sostiene, como hizo la historiografía antigua sobre el tema, que el mudéjar sea el arte hecho por los musulmanes sometidos. Como se ha señalado recientemente, por *mudéjar* debe entenderse tanto las formas musulmanas como cristianas que lo componen y, en realidad, debe estudiarse como una formulación más del arte hispanomusulmán. Es decir, es una suma de realizaciones artísticas que tienen por «fronteras», a un lado, el arte cristiano y, al otro, el arte musulmán y cuya evolución discurre según que la inclinación se produzca a uno u otro lado. Ahora bien, el arte mudéjar, por pro-

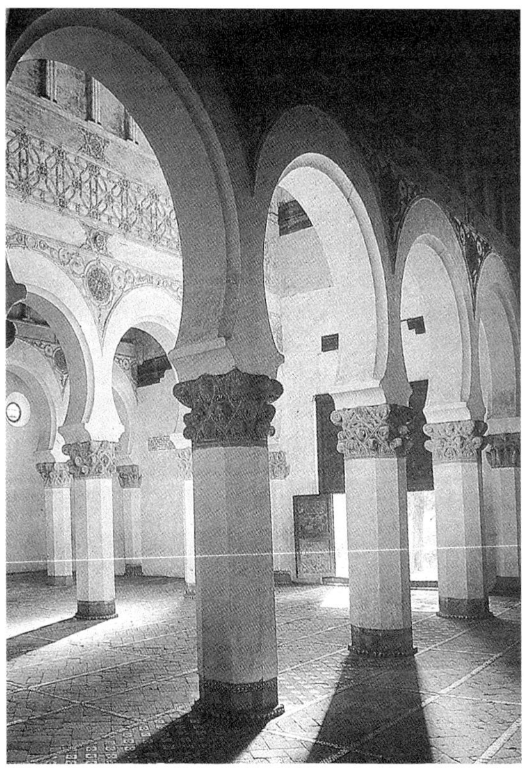

Santa María la Blanca, Toledo

ducirse en el territorio dominado por los cristianos, comporta un lenguaje artístico independiente, escindido del arte hispanomusulmán, y con caracteres que permiten definirlo como una formulación autónoma que refleja la particular evolución histórica de la Edad Media española.

Los materiales y las técnicas constructivas mudéjares —ladrillo, tapial, madera—, que son una derivación de los utilizados por el arte hispanomusulmán, tuvieron gran importancia no sólo en los aspectos puramente decorativos, sino, como consecuencia de sus posibilidades y limitaciones, en los aspectos estrictamente estructurales del edificio.

El desarrollo del arte mudéjar presenta unos límites territoriales muy amplios: Toledo —con iglesias como la de San Román y Santiago del Arrabal y las sinagogas de Santa María la Blanca y el Tránsito—, Castilla y León —con los focos de Arévalo y Sahagún—, Aragón —con importantes ejemplos en Zaragoza, Teruel, Tarazona, Jiloca, Daroca y Calatayud, en las que las iglesias destacan por la variedad tipológica de sus torres de ladrillo—, Andalucía, Extremadura y Canarias. Dicha amplitud, y lo dilatado en el tiempo de su desarrollo, desde el siglo XII hasta el XVI, explica la diversidad de soluciones y planteamientos que se producen. Incluso habría que añadir la proyección que alcanza el mudéjar, a raíz de la conquista, en tierras americanas.

Véanse en las páginas 222-226 los comentarios a cinco obras de este período.

Unidad 9

Los inicios del Renacimiento

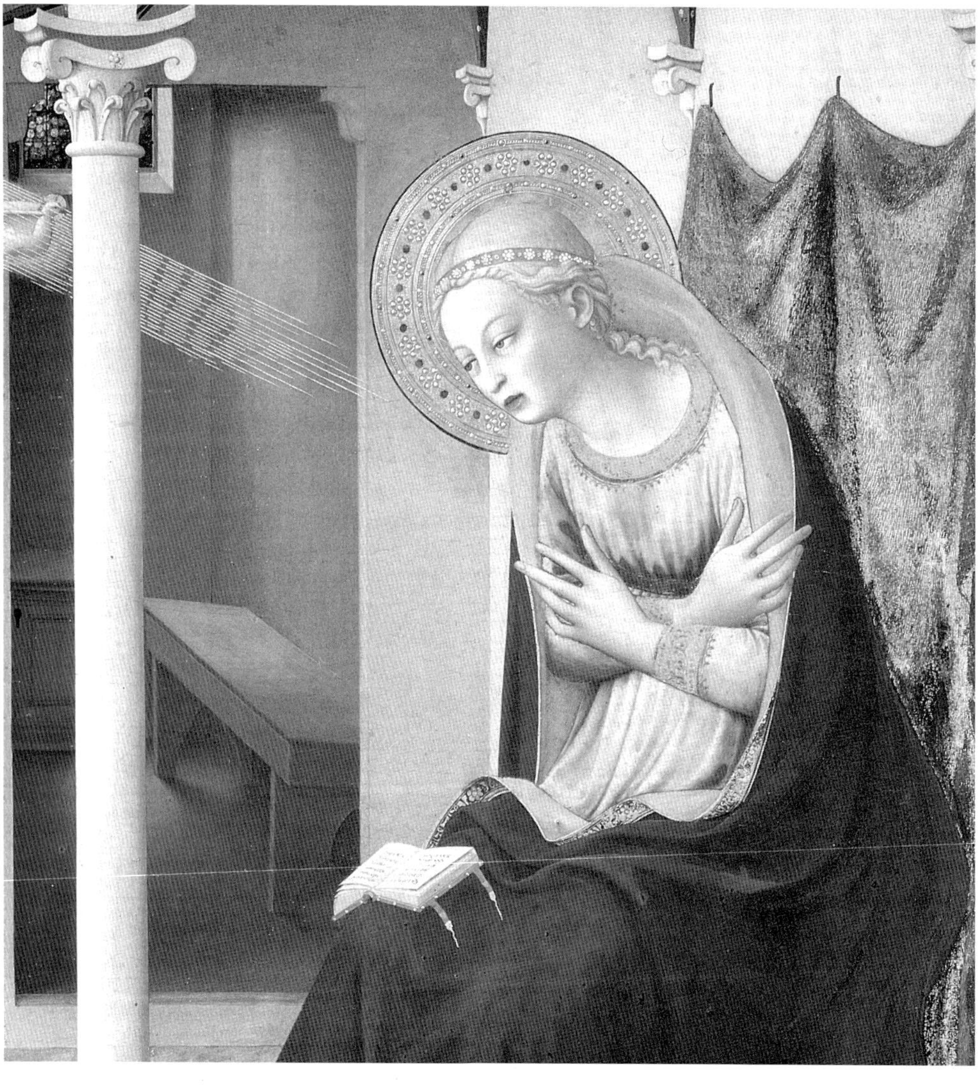

Fra Angelico, La Anunciación, *detalle*

A principios del siglo XV se produjo en Florencia una renovación de las artes de capital trascendencia para el arte occidental. Se trataba, según creían sus protagonistas, de cerrar el ciclo artístico de la Edad Media para enlazar con las realizaciones clásicas de la Antigüedad. Puede decirse que se trató de una auténtica recuperación de los modelos antiguos, pero no tanto para realizar una imitación literal como para superarlos y formular un nuevo lenguaje. Pero, sobre todo, lo que se produjo fue un cambio radical en la forma de entender la práctica artística y las funciones de la obra de arte, el papel del mecenazgo y del coleccionismo, que infunden un sentido laico inédito. Y sobre todo, de la concepción misma del arte y de la estimación del papel social del artista. Así lo pone de manifiesto la nueva valoración que hacen los escritores de los artistas contemporáneos. Filippo Villani, en su *De origine Florentiae et de eiusdem famosis civibus,* dedica un capítulo a los pintores florentinos. Esta nueva valoración de los artistas tuvo lugar en relación con el nuevo papel jugado por los mecenas y el ambiente humanista de las cortes que, al disputarse el trabajo de los artistas, crean una cierta competencia entre ellas. Lo cual también se produjo como consecuencia de la nueva consideración del arte en el marco de la nueva cultura del Renacimiento. Las artes, consideradas tradicionalmente como actividades mecánicas, en una época de recuperación de la cultura de la Antigüedad adquieren un nuevo protagonismo debido, entre otras razones, a que sus principales testimonios eran las ruinas, los monumentos y las esculturas antiguas. Gracias a ello, los artistas fueron objeto de una nueva consideración como exponentes de las artes liberales, aunque no sin que surgiera una polémica que se prolongará durante mucho tiempo.

Ahora bien, es preciso no olvidar que el Renacimiento fue mucho más que una mutación artística: fue una transformación que afectó a la literatura, a la filosofía, a la economía, a las formas de vida política y cotidiana, a la ciencia y a las formas de religiosidad. El arte participó con distinta intensidad de todos estos aspectos al tiempo que éstos recurren, de una forma sistemática, a las posibilidades y formulaciones del nuevo lenguaje. En este sentido, es importante dejar claro que el Renacimiento no fue una simple imitación de los modelos de la Antigüedad. Además de que en muchos casos la Antigüedad fue una referencia que debía ser superada, los artistas desarrollaron unas experiencias a través de las cuales crearon un nuevo lenguaje, que, según imaginaban sus creadores, lo que hacía era establecer un puente con la Antigüedad.

Los intentos de los artistas trecentistas por crear un nuevo lenguaje, en el que se apuntan ciertos atisbos clásicos que hemos estudiado anteriormente, fueron desplazados durante la segunda mitad del siglo XIV por la mencionada corriente del Gótico Internacional. Y fue precisamente contra la complejidad de los convencionalismos de esta tendencia contra lo que reaccionaron inicialmente los artistas florentinos del siglo XV. En este sentido, Florencia desempeñó un papel pionero del Renacimiento, al que luego se incorporaron otros centros artísticos con planteamientos completamente diferentes, como es el caso de los pintores de Ferrara o Venecia. De ahí la necesidad de entender el Quattrocento no como el arte que crea Florencia e imitan otros centros, sino como una suma de las tendencias dispares de un nuevo lenguaje que se inicia Florencia.

Los modelos de la Antigüedad, la perspectiva y el nuevo sistema de representación

Las nuevas formas del Renacimiento hicieron primero su aparición en la escultura. En 1401 se convocó en Florencia un concurso para realizar las segundas puertas del Baptisterio florentino —las primeras, de 1336, habían sido realizadas por Andrea Pisano— en el que participaron los principales artistas de la ciudad, entre ellos Jacopo della Quercia, Filippo Brunelleschi y Lorenzo Ghiberti, que resultó ganador. En los relieves con *El sacrificio de Isaac* que presentaron al concurso Brunelleschi y Ghiberti se hacen evidentes las citas y referencias de una recuperación de los modelos de la Antigüedad, aunque en los fondos de paisaje todavía se muestren deudores de los convencionalismos del Gótico Internacional. Pero lo más importante fue el inicio de un nuevo *sistema de representación*, pues, en este sentido lo que hicieron, primero los escultores y, después, los pintores, no fue recuperar el sistema de representación de la Antigüedad para luego imitarlo, sino asimilar determinados modelos antiguos para desarrollar un nuevo sistema plástico.

En el campo de la escultura esto se concreta en los relieves de las terceras puertas (1425-1452), encargadas a Ghiberti para el Baptisterio florentino. En ellas el escultor abandona el formato polilobulado y opta por el rectangular. Las figuras se hallan proyectadas de acuerdo con el nuevo sistema de proporciones mientras que las arquitecturas de la escenografía representan estructuras clásicas. En estos relieves Ghiberti logra un desarrollo del nuevo sistema de representación perspectiva aplicado a la escultura, sirviéndose de la escala decreciente de las figuras, el mayor relieve conferido a las situadas en primer término y la gradual difuminación de los contornos de las figuras, objetos y elementos de paisaje a medida que se hallan más alejados del espectador.

Las soluciones desarrolladas por Ghiberti en los relieves de las segundas puertas presentaban una clara relación con algunos planteamientos desarrollados por los pintores. Por los años en que Ghiberti realiza esta obra, otro artista, Tomaso Masaccio (1401-1428), aplicaba a la pintura el nuevo sistema de re-

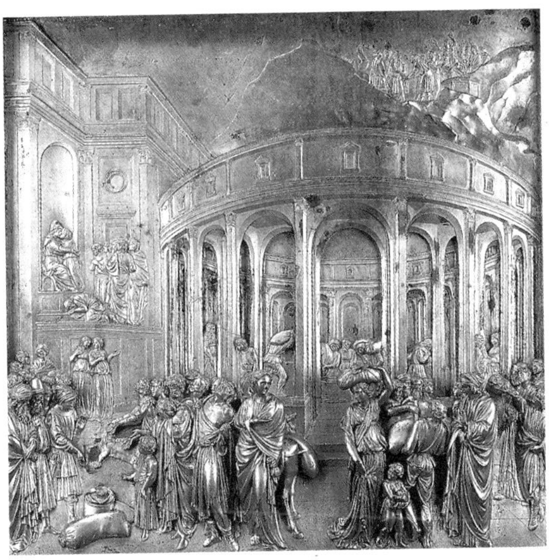

Lorenzo Ghiberti, Puerta del Baptisterio de Florencia, detalle

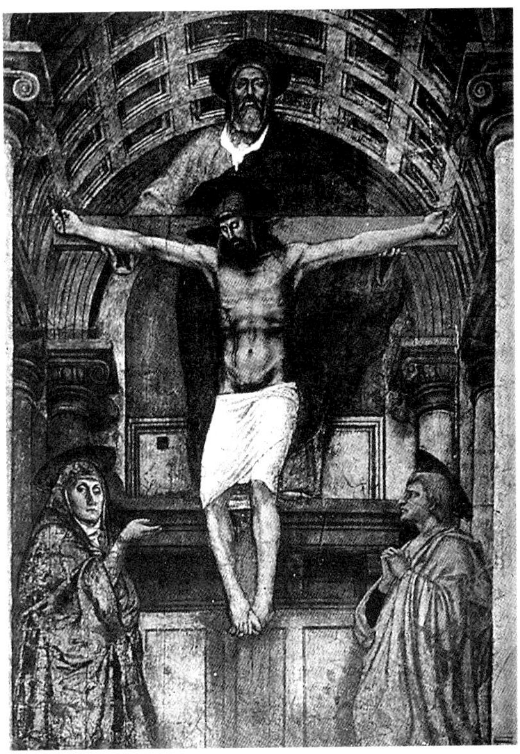

Masaccio, La Trinidad

presentación. En *El Tributo,* composición que forma parte del ciclo de frescos pintados entre 1414 y 1427 para la Capilla Brancacci en la iglesia del Carmine en Florencia, Masaccio plasmó, junto al empleo de modelos inspirados en las esculturas antiguas, una de las primeras composiciones realizadas de acuerdo con el nuevo sistema de representación perspectiva del Renacimiento. Pero la obra en la que se desarrolla este nuevo sistema desde unos supuestos susceptibles de ser codificados fue *La Trinidad,* pintada entre 1426 y 1428 para la Iglesia de Santa Maria Novella de Florencia. En ella Masaccio desarrolla una representación tridimensonal partiendo de una escenografía arquitectónica, en la que se ha señalado la colaboración de Brunelleschi, como elemento definidor de un espacio pictórico. Puede decirse que en esta obra aparecen todos los componentes del moderno sistema de perspectiva que codificará y difundirá la teoría y la práctica posterior.

Al tiempo que Ghiberti y Masaccio realizaban las obras mencionadas, la elaboración de un nuevo sistema de representación fue desarrollado también por otros escultores desde supuestos diferentes. Es el caso de la recuperación de los modelos antiguos y la valoración de la escultura de bulto redondo, del *San Jorge,* realizado en 1416-1417 por Donatello (1386-1466); de las esculturas de la fuente de la Plaza del Campo de Siena (1409-1419) y de los relieves de San Petronio de Bolonia, realizados por Jacopo della Quercia (1371-1438) y en los que se aprecia una derivación directa de los modelos antiguos junto a una forma nueva y moderna de realizar escultura.

Donatello fue uno de los principales definidores del nuevo lenguaje desde nuevas perspectivas. Su *David* de mármol (Florencia, Museo Bargello), obra temprana realizada en 1409, muestra ya, junto a compromisos con el Gótico Internacional, una tendencia hacia una monumentalidad clasicista que plasmará en su *San Jorge* (Florencia, Museo Bargello), realizado entre 1417 y 1420 y que alcanzará su definición más precisa en el *David* de bronce (Florencia, Museo Bargello)

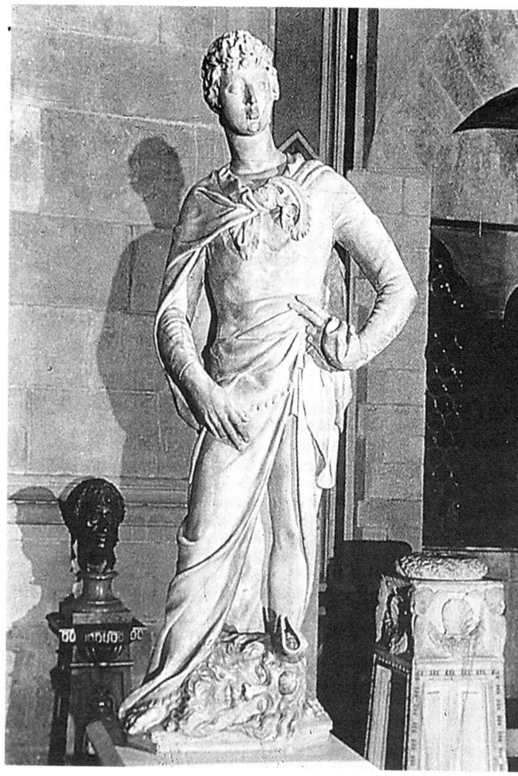

Donatello, San Jorge

realizado en 1430, y en la *Cantoria,* ejecutada en 1433 (Florencia, Museo dell'Opera del Duomo).

Todos estos intentos por configurar un nuevo lenguaje no desplazaron completamente el valor de la tradición y algunos artistas continuaron desarrollando obras en las que se aprecia una continuidad de las formas del Gótico Internacional. Es el caso de Fra Angelico (hacia 1400-1455), pintor que prolonga las tradiciones góticas impregnándolas de una cierta sensibilidad hacia el nuevo lenguaje, como en *La Anunciación* (Madrid, Museo del Prado), pintada hacia 1430-1432. En obras posteriores, Fra Angelico muestra la asimilación de elementos del nuevo lenguaje, como la proporción de las figuras, los elementos arquitectónicos clásicos y la perspectiva renacentista.

Otros artistas que como Pisanello se plantearon también la pintura como la experi-

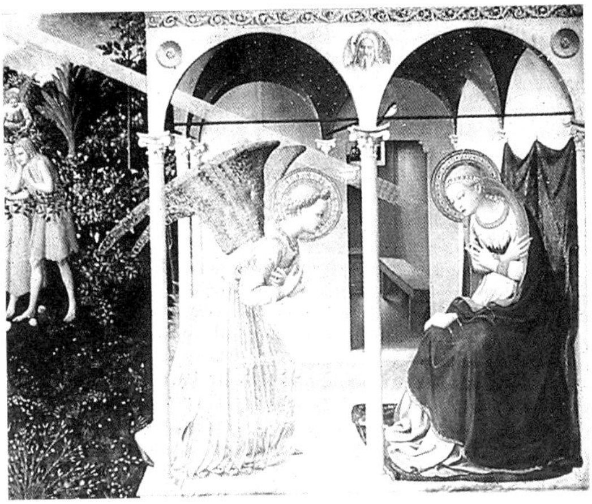

Fra Angelico, La Anunciación

mentación de las formas del Gótico Internacional, lo hicieron obedeciendo, no a una continuidad por un proceso de inercia, sino partiendo de que esta tendencia no era un lenguaje agotado. Incluso no faltaron escultores, como los Della Robbia —cuya obra principal fue realizada en barro vidriado— que plantearon un compromiso con las formas amables de la tradición como sistema de aproximación a una sensibilidad colectiva.

Lo cierto es que el nuevo lenguaje renacentista no desplazó, hasta fechas avanzadas del siglo XV, la vigencia de las tradiciones góticas, bien por la identificación de sus valores con el desarrollo de la imagen religiosa —como es el caso ya visto de Fra Angelico—, bien porque la renovación se plantease como una transformación del Gótico Internacional —como fue en el caso de Pisanello— o bien porque un pintor renacentista —como Benozzo Gozzoli, en sus frescos del Palacio Medici Ricardi de Florencia—, para ambientar un acontecimiento histórico ocurrido años antes, acudiera a las formas góticas como un elemento de contextualización histórica.

El lenguaje de la nueva arquitectura: Brunelleschi y Alberti. Nuevas tipologías

La aparición de la nueva arquitectura se produjo algunos años después de que las nuevas formas renacentistas hubiesen hecho su aparición en la escultura. Los modelos de la Antigüedad, que actuaron de una forma decisiva, eran conocidos por las ruinas romanas y por la teoría transmitida especialmente por el tratado de Vitrubio *Los diez libros de arquitectura.* Sin embargo, la arquitectura, a pesar de contar con estas fuentes clásicas, no fue una mera imitación de las obras de la Antigüedad, sino una *recreación* y una *superación* de las mismas. A este respecto es muy significativa la afirmación de Alberti, hecha en la dedicatoria a Brunelleschi de su tratado *De la pintura* (1435), en la que, alabando a los artistas iniciadores del Renacimiento, decía: «Confieso que a los antiguos, teniendo como tenían abundancia de qué ampararse e imitar, les era menos difícil alcanzar el conocimiento de las supremas artes [...] es por ello que nuestro nombre debe ser más grande». Es decir, la recuperación de los modelos de la Antigüedad era sólo un fundamento y un apoyo que el propio desarrollo de las artes debía superar.

En la renovación artística florentina del siglo XV, Brunelleschi (1377-1446) fue el artista que planteó la arquitectura desde unos presupuestos que rompían radicalmente con la tradición gótica. Además, fue uno de los artistas florentinos que más indagaron el problema de la perspectiva y de la proporción, como se desprende del análisis de sus edificios. Brunelleschi se afanó por estudiar las ruinas antiguas, pero también utilizó muchos aspectos de la tradición arquitectónica toscana, como el empleo del bicromatismo en los edificios conseguido mediante el blanco de los enlucidos y el color gris de la *pietra serena* en arcos, columnas y pilastras. Con todo, la arquitectura de Brunelleschi supone una recuperación del sentido clásico de la arquitectura logrado desde una síntesis del conocimiento intuitivo y científico de los modelos clásicos.

Una de las obras decisivas de la nueva arquitectura fue la construcción de la cúpula de Santa María de las Flores, con la que Florencia vió realizado el ideal de convertirse en una *Nueva Roma* y cuyo encargo le fue adjudicado a Brunelleschi tras el concurso celebrado en 1418. La cúpula, tan «amplia como para cubrir con su sombra todo el pueblo toscano», según dijera Alberti, con las nervaturas blancas confluyendo a la linterna en contraste con el color rojo de los paños, cambió radicalmente la imagen de la ciudad convirtiéndose en el manifiesto de la nueva cultura arquitectónica.

Pero si en Santa María de las Flores Brunelleschi tuvo que enfrentarse a la conclusión de un edificio ya iniciado, en las iglesias de San Lorenzo y Santo Espíritu, pudo enfrentarse a la construcción de edificios nuevos en los que desarrolló, con el lenguaje clásico renacentista, la tipología de iglesia basilical de tres naves, la central más ancha y alta. En los interiores, en los que se aprecia una preocupación por la armonía y las proporciones, utilizó el bicromatismo como forma de definición de la composición arquitectónica. Sin embargo, fue en la capilla Pazzi, realizada entre 1429 y 1444, donde se apunta un nuevo clasicismo fundiéndose la estructura con cúpula de Santa María de las Flores con la planta basilical, dado que se trata de un edificio cubierto con cúpula, con un eje desde la puerta de ingreso hasta el altar pero con una clara tendencia a la centralización.

Pero fue León Bautista Alberti (1404-1472) quien desarrolló este nuevo clasicismo de una forma precisa, tanto en el campo de la teoría como en el de la práctica. Alberti era un humanista, con una amplia cultura que le permitió estudiar y desentrañar la doctrina de los textos antiguos. Su labor no se circunscribió, por ello, a la pura práctica constructiva, desarrollando una labor de asesor en los más importantes proyectos urbanísticos de su tiempo. Además, escribió varios tratados, *De Pictura, De Re Aedificatoria* y *De Statua,* en los que codificó los nuevos principios artísticos haciéndolos transmisibles y, por lo tanto, repetibles.

Como en el caso de Brunelleschi, algunas de sus obras fueron la conclusión de un edificio ya iniciado, como la fachada de Santa Maria Novella de Florencia o la transformación a las formas del nuevo lenguaje de un edificio preexistente, como el Templo de Segismundo Malatesta en Rímini. En este último edificio Alberti creó un envoltorio, con una fachada inspirada en la tipología de los arcos de triunfo romanos y con un empleo riguroso de los órdenes y formas de la arquitectura clásica. Sin embargo, aunque en estos edificios Alberti acentúa su clasicismo con respecto al planteamiento desarrollado en Santa Maria Novella, el resultado fue una asimilación literal de los componentes constructivos y tipológicos de la arquitectura romana. En realidad, el verdadero empeño de Alberti era otro: partir de las formas, órdenes y elementos constructivos de la arquitectura clásica para desarrollar un nuevo clasicismo que «superase» el de los antiguos, definiendo nuevas y modernas tipologías, como la de palacio, que plasma en el palacio Rucellai de Florencia. Fue en los últimos años de su actividad, que discurrieron en Mantua, cuando Alberti logró la definición de este nuevo clasicismo cuyo paradigma lo constituye la iglesia de San Andrés, de esta ciudad. Se trata de un nuevo tipo de iglesia renacentista, proyectada siguiendo un riguroso sentido de las proporciones numéricas, formada por una nave a la que se abren capillas y con una fachada en la que se recrea la idea de arco de triunfo desde un planteamiento dis-

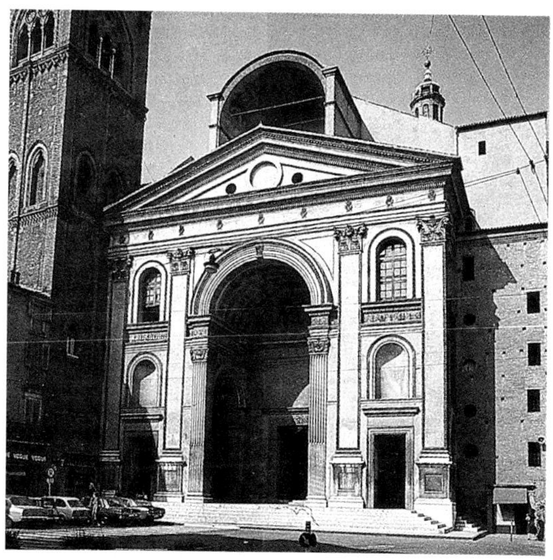

Alberti, San Andrés, Mantua

tanciado de los modelos romanos que vimos en el templo de Rímini.

A lo largo del siglo XV se desarrollaron diferentes tipologías que constituían una recuperación de modelos de la Antigüedad, junto a otras surgidas para atender las nuevas exigencias. Uno de los modelos derivados de la Antigüedad, llamados a tener una extraordinaria repercusión, fue el de la *villa* construida fuera de la ciudad, como la Villa Medici de Poggio a Caiano proyectada por G. da Sangallo entre 1480 y 1485. Otras tipologías, en cambio, como la *biblioteca* fueron una creación de los arquitectos renacentistas, como la Biblioteca del Convento de San Marcos de Florencia (hacia 1440), proyectada por Michelozzo, en la que se adopta la tipología de iglesia basilical de tres naves separadas por columnas.

En los palacios, como el mencionado palacio Rucellai de Alberti, el palacio Strozzi de Benedetto da Maiano, ambos en Florencia, o el palacio de los Diamantes de Ferrara, de Biaggio Rossetti, se desarrolló una fachada de claro sentido urbano frente a la idea defensiva de la casa-palacio señorial medieval, y que también hallamos, aunque con un planteamiento diferente, en los palacios venecianos, como Ca'Vendramin-Carlegi realizado por Mauro Codussi entre 1481 y 1509.

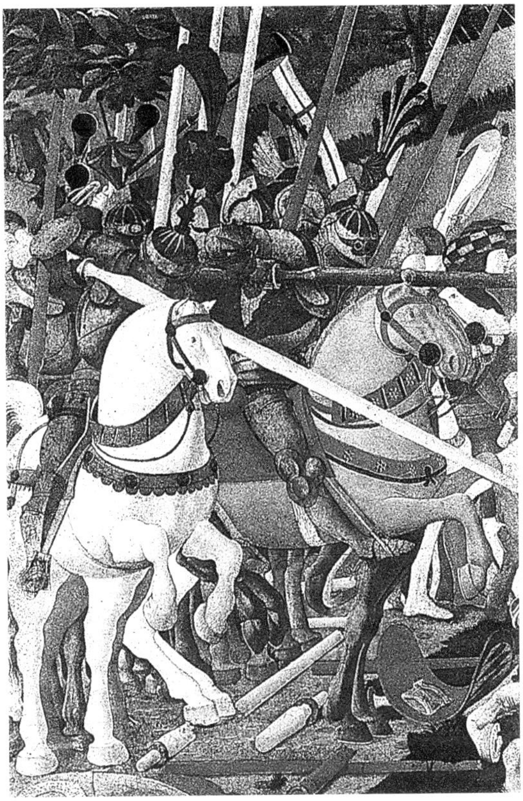

Uccello, Batalla de San Romano, *detalle*

La experimentación perspectiva

El hecho de que desde sus inicios el arte del Renacimiento no fuera una mera imitación de la Antigüedad, sino la invención de un nuevo sistema de representación sustentado en el valor de los modelos clásicos, explica que se produjeran experiencias diversas orientadas a indagar los problemas del nuevo lenguaje. Los artistas del Quattrocento, al tener que configurar un nuevo sistema de representación, se vieron obligados a desarrollar investigaciones especializadas en el campo de la figuración. Uno de los artistas más preocupados por el problema de la perspectiva fue Paolo Uccello (1397-1475), pintor que en sus obras iniciales se muestra influido por las soluciones del Gótico Internacional, que no tardó en abandonar para experimentar los problemas de la representación. En la pintura de Paolo Uccello las figuras y los objetos adquieren una corporeidad desde la que el pintor desarrolla el entramado perspectivo. En sus cuadros de batallas, que, en realidad, han sido concebidas como representaciones de torneos, este efecto se hace mucho más patente. En la que representa a *Nicolo da Tolentino en la Batalla de San Romano* (Londres, National Gallery), el guerrero muerto, las lanzas y armaduras distribuidas por el suelo, desempeñan no sólo una nueva valoración del volumen, sino la representación misma del entramado perspectivo.

En la pintura de Andrea del Castagno (h. 1421-1457) la preocupación por la perspectiva ocupa un lugar preferente. En *La úl-*

tima cena (Florencia, Santa Apolonia), pintada en 1445-1450, Andrea del Castagno muestra su preocupación por la representación del espacio desde los principios de la perspectiva lineal partiendo de los desarrollos de la escenografía teatral. Pero, además del problema de la perspectiva, Andrea del Castagno se preocupó por armonizar el ideal de belleza con la representación de lo real, tal y como vemos en los rostros de *La última cena.*

El retrato del Renacimiento se inició por las mismas fechas que el flamenco del siglo XV, predominando el retrato de perfil. Uno de los primeros de esta tipología es el *Retrato de hombre joven* (Chambéry, Museo de Bellas Artes) atribuido a Masaccio y a Paolo Uccello. Esta tipología se mantuvo vigente hasta el final del Quattrocento junto con otras, como el retrato en posición de tres cuartos de los que el *Retrato de hombre* (Washington, National Gallery), pintado hacia 1450 por Andrea del Castagno, fue uno de los primeros. En escultura, *La dama del ramillete* (Florencia, Museo Bargello), realizada

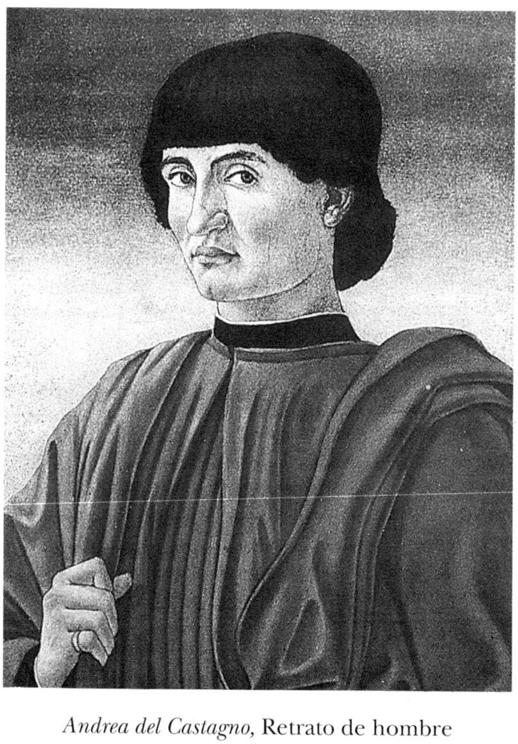

Andrea del Castagno, Retrato de hombre

hacia 1475-1480 por Verrochio, define un modelo en el que la posición de las manos le aproxima a la tipología de retrato clasicista establecida por Leonardo.

La preocupación por la luz, como forma de determinar y valorar los volúmenes, fue una preocupación constante en los pintores del Quattrocento. Sin embargo, en la pintura de Piero della Francesca (hacia 1415-1492) alcanza una dimensión singular al convertirse en protagonista de la definición espacial, en el instrumento para desarrollar una simplificación elemental del volumen de las figuras y en uno de los componentes del ideal de belleza. En alguna de sus obras tempranas, como *El Bautismo de Cristo* (Londres, National Gallery) ya se aprecia este efecto de simplificación volumétrica en la que las figuras desarrollan una articulación arquitectónica del espacio.

El ciclo de frescos dedicados a la *Historia de la invención de la Santa Cruz,* realizado entre 1452 y 1459 para la iglesia de San Francisco de Arezzo, constituye un capítulo fundamental en las experiencias de Piero della Francesca. En la composición que representa a *Salomón y la Reina de Saba,* las figuras se ordenan en armonía con la escenografía arquitectónica y se definen con una simplicidad marcada por la luz, que les confiere un efecto mágico y trascendente.

Aunque en estas realizaciones el fundamento de la pintura fuera la belleza como ideal, no todas las realizaciones del Quattrocento se orientaron por este camino. Ya hemos visto cómo en la pintura de Andrea del Castagno se planteaba un equilibrio entre belleza ideal y realidad. Uno de los pintores que llevó esta preocupación a sus últimas consecuencias, uniéndola a nuevos ensayos en torno a la perspectiva y a una preocupación «arqueológica» por la Antigüedad, fue Andrea Mantegna (1431-1506).

En Mantegna se conjuga armónicamente la sensibilidad ideal del Quattrocento con una preocupación por la expresividad, como puede apreciarse en *La Crucifixión* (París, Museo del Louvre), de la que surge una nueva dimensión del clasicismo. La mencio-

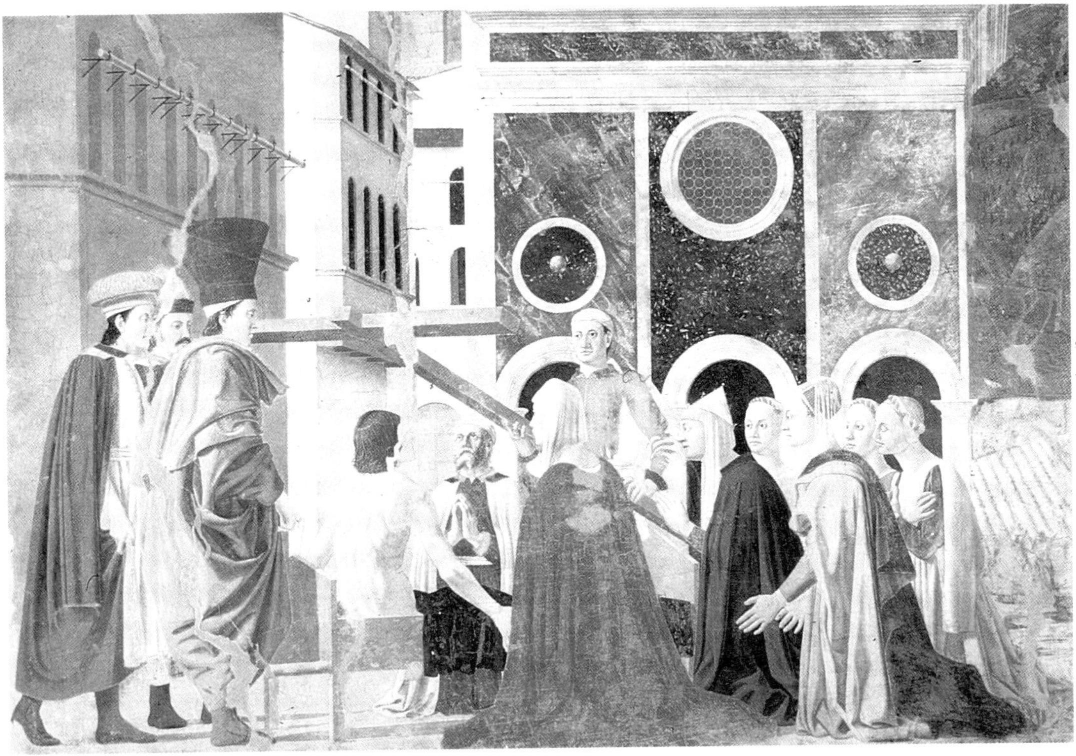

Piero della Francesca, Frescos de la Historia de la invención de la Santa Cruz, Arezzo, detalle

nada expresividad de la pintura de Mantegna y su preocupación por la representación de lo real tienen mucho que ver con su estancia en Venecia, junto a la cual, en la cercana Padua, pudo contemplar la obra de Donatello. Pero, además, Mantegna fue un artista preocupado por los problemas de la perspectiva y por la renovación de las primeras fórmulas del sistema de representación. El *Cristo muerto* (Milán, Pinacoteca Brera), de hacia 1480, pintado en escorzo desde los pies, constituye un ejemplo de esta renovación del nuevo sistema de representación que se convierte en un juego perspectivo. Pero donde este fenómeno alcanza uno de sus logros más importantes, con gran trascendencia para la pintura posterior, es en los frescos de la *Cámara de los Esposos* del Palacio Ducal de Mantua, realizados entre 1471 y 1474. Las pinturas, frente al habitual sistema de composiciones rectangulares superpuestas, asumen un papel transformador de la arquitectura fingiendo, en un efecto ilusionista, romper los límites materiales de la estancia. Así, las pinturas de los muros parecen desarrollarse más allá de la pared y en el óculo finge abrir la estancia al exterior.

Las experiencias de Mantegna constituyen el desarrollo final de las fórmulas ideadas

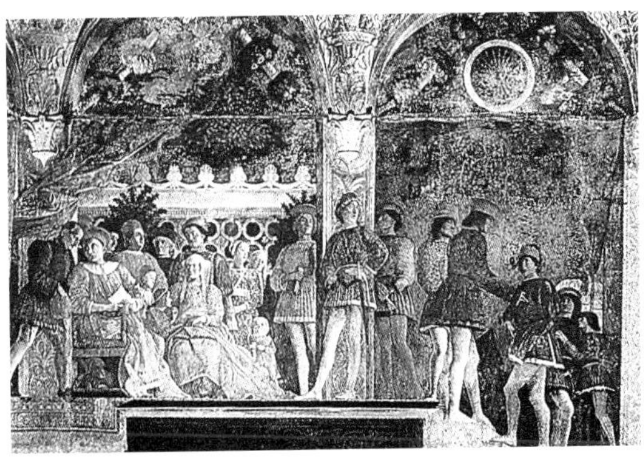

Mantegna, Frescos de la Cámara de los Esposos, Mantua, detalle

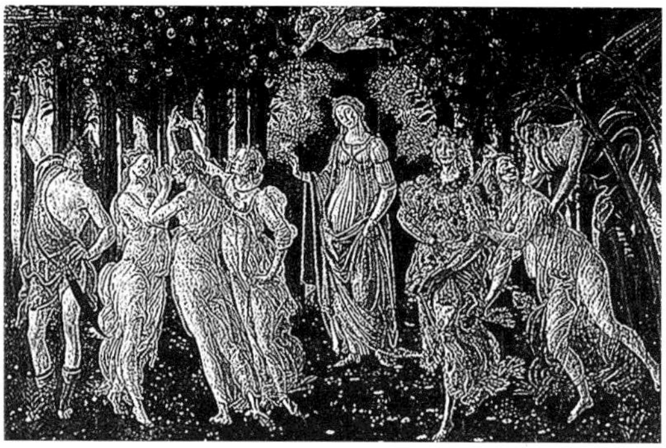

Botticelli, La Primavera

por los primeros pintores florentinos del Renacimiento. Mientras él ejecutaba estas nuevas experiencias, en Florencia se desarrollaba una reacción de signo inverso. No sólo la experimentación deja de fundamentar la actividad de los artistas, sino que se produce un cierto abandono de la monumentalidad clásica. Es el caso de la obra de Sandro Botticelli (1445-1510), pintor relacionado con los Medici y uno de los definidores de la nueva pintura mitológica. *La Primavera* (Florencia, Uffizi) y *El nacimiento de Venus* (Florencia, Uffizi) constituyen dos claros ejemplos de la representación mitológica del humanismo en los que se percibe, al igual que en algunas de sus composiciones religiosas, una tendencia hacia una ensoñación melancólica y nostálgica. Ensoñación con la que constrasta la pintura descriptiva, que ejerce las funciones de una crónica visual, de los frescos de Santa Maria Novella realizados por Domenico Ghirlandaio (1441-1494).

Durante el siglo XV, según vemos, se produjo una notable diversidad de tendencias dentro del marco general de lo que entendemos por arte del Renacimiento. Algunas de ellas se muestran incluso en contradicción con los principios formulados por los artistas florentinos a principios del siglo XV. Ello obliga a considerar el arte del Quattrocento italiano como algo muy distinto de un centro que crea, Florencia, y otros que imitan, sino como un centro que inicia, Florencia, y otros que imitan, interpretan, renuevan y crean. Sólo así se explican actitudes como la comentada de Mantegna, la gracia ideal de la pintura de Perugino (hacia 1445-1523) o la expresividad de los pintores de Ferrara, Cosme Tura (1430-1495), Francesco del Cosa (1436-1478) o Ercole de Roberti (hacia 1450-1496). En Ferrara, la pintura alcanzó una dimensión singular en la que se fusionan en una expresión original el nuevo clasicismo con algunas de las soluciones expresivas, a la manera de Roger Van der Weyden, que visitó la ciudad.

Un caso igualmente independiente lo constituye Venecia, donde las formas del Renacimiento penetraron tardíamente desarrollando una orientación inédita de extraordinaria originalidad. Frente al idealismo derivado del neoplatonismo imperante en Florencia, en Venecia arraigó la concepción aristotélica del Estudio de Padua, atenta a lo real y a sus valores fenomenológicos mediante la luz y el color. En este sentido, la pintura de Carpaccio (hacia 1460-1526), en las *Historias de Santa Ursula,* desarrolla una visión de Venecia como ciudad real. En Venecia se realizó una pintura que, a través de Gentile y, sobre todo, de Giovanni Bellini, sentó las bases de un nuevo clasicismo de amplio desarrollo en el siglo XVI, articulado como contrapunto de la *maniera* florentina. En relación con los pintores venecianos debe situarse la figura de Antonello da Mesina (h. 1430-1479), pintor que plantea una nueva atención por lo real y que desarrolla un tipo de retrato veraz y coherente como el *Autorretrato* de la National Gallery de Londres.

En relación con el retrato renacentista ha de ponerse una tipología escultórica llamada a desempeñar un papel de primer orden en el campo de la escultura urbana: el monumento ecuestre. Se trata de una tipología existente en la Antigüedad que alcanza ahora un notable desarrollo como instrumento para mostrar el papel del príncipe o del héroe destacando su triunfo. Aunque existieron retratos ecuestres de pintura, fueron los realizados en escultura los que tendrán mayores repercusiones. Es el caso del

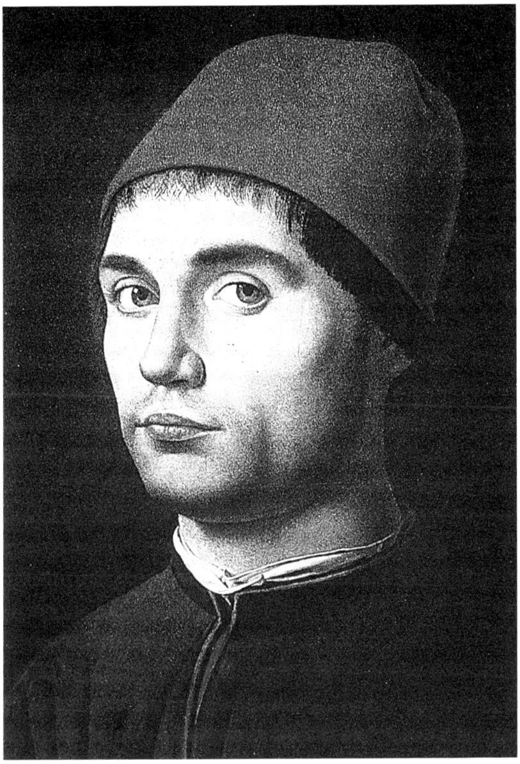

Antonello da Mesina, Autorretrato

Monumento a Gattamelata, de Padua, realizado por Donatello entre 1443 y 1453, y el *Monumento a Bartolomeo Colleoni,* ubicado en el campo de San Giovanni e Paolo de Venecia y realizado por Verrochio entre 1479 y 1488. En ambos, se produce la recuperación de una tipología de la Antigüedad que tenía en el monumento a Marco Aurelio su modelo y su paradigma. En el de Gattamelata, el monumento conmemorativo aparece separado del sepulcro, según era frecuente, para integrarse en un contexto urbano al que transforma visualmente.

La primera difusión del Renacimiento

A lo largo del siglo XV la nueva cultura humanista se fue transmitiendo por Europa. Sin embargo, aunque durante esta centuria existió un cierto conocimiento del arte del Renacimiento, fueron en realidad las formas flamencas las que ejercieron una influencia decisiva. Incluso entre los artistas italianos, según hemos visto en los pintores de Ferrara y Venecia, se dejó sentir la influencia de Flandes.

Hasta finales del siglo XV no se produjo en Europa la influencia generalizada del nuevo lenguaje que convierte a Italia en un modelo y un mito cultural que se admira e imita. Inicialmente, en la mayoría de los países europeos, el modelo cultural del Renacimiento no fue inicialmente el de la Antigüedad, sino el renacentista italiano admirado por la nobleza —promotora de las primeras obras renacentistas en España— y por los reyes, en el caso francés, o, como en Alemania, por mecenas de diferente rango social, como los Fugger y Maximiliano I.

Esta nueva estimación del arte del Renacimiento se produjo por varias causas. Además de la difusión de la cultura humanística en Europa, se produjo una extraordinaria admiración por las cortes italianas, apareciendo un nuevo tipo de mecenas, entusiasta de la nueva cultura, que realiza empresas artísticas marcadas por la impronta del nuevo lenguaje. Junto a esto, desde un punto de vista exclusivamente artístico, diversas causas explican la expansión de las formas renacentistas. Una de ellas fue la *importación* de obras de Italia, no sólo de pintura y escultura —principalmente sepulcros— sino también de arquitectura, como ponen de manifiesto los palacios de Vélez Blanco (Almería) y de la Calahorra (Granada). Junto a ello fue decisiva la presencia de artistas italianos en diversos países, que contribuirán a introducir las formas renacentistas. Es el caso de Francesco Laurana, que trabaja entre 1475 y 1481 en la Capilla de Saint Lazare, en la antigua catedral de Marsella. Y, también, de Domenico Fancelli, escultor que trabaja en España, autor de los sepulcros del príncipe Don Juan (Avila, iglesia del convento de Santo Tomás) y de los Reyes Católicos (Granada, capilla Real) y que importa las soluciones finales del quattrocentismo. O de Pietro Torrigiano, escultor que difunde las formas italianas en Inglaterra y España.

La otra forma de asimilación de las formas renacentistas se produjo a través del viaje de artistas europeos a Italia, en donde conocen, estudian y asimilan las formas del nuevo lenguaje. Es el caso, por ejemplo, del pintor castellano Pedro Berruguete que, antes de 1477, se hallaba en la corte de Federico de Montefeltro en Urbino. En este artista, el sentido de la proporción de las figuras, algunos de los efectos de la perspectiva y la preocupación por el tratamiento de la luz ponen de manifiesto una asimilación de soluciones italianas que se funden con soluciones propias del sistema de representación flamenco. Y es muy posible que sea un viaje lo que explique el renacentismo de Lorenzo Vázquez, introductor de las formas italianas en la arquitectura española con obras como el palacio de Cogolludo (Guadalajara).

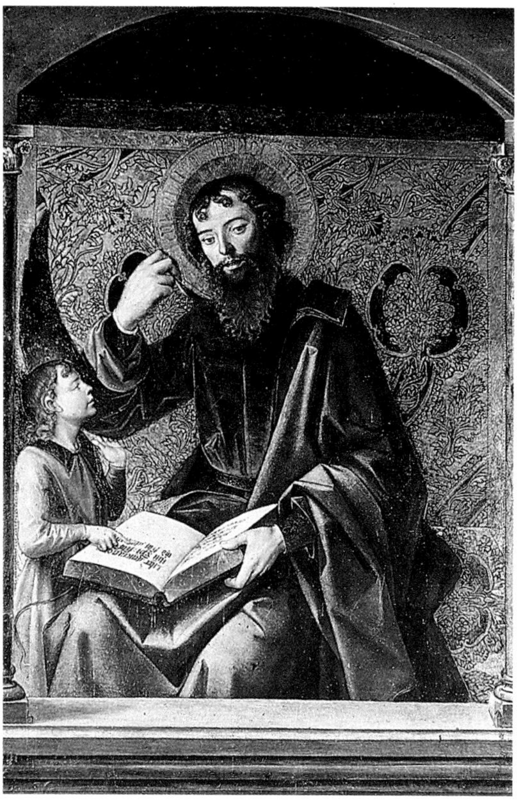

Pedro Berruguete, San Mateo Apóstol

Además de estas vías directas de penetración de las formas italianas que hemos señalado, existen otras a través de las cuales se introdujeron las formas renacentistas, como los grabados y las reproducciones de motivos ornamentales en obras impresas. Así, para muchas de las obras del llamado *plateresco,* se ha podido demostrar que los artistas utilizaron grabados con motivos ornamentales como fuente de inspiración, como, por ejemplo, en la fachada de la Universidad de Salamanca.

El empleo de estas fuentes, trasladadas a un contexto artístico diferente y que suponían el paso de un grabado a piedra, acarreó lógicamente determinados problemas de adaptación debido a que la arquitectura del Renacimiento, según hemos visto, no fue solamente un cambio de tipo formal, sino una transformación que suponía una forma intelectual y teórica de entender la arquitectura. Y los maestros que realizaban las obras en las que se introducían los nuevos temas renacentistas se habían formado en unas tradiciones constructivas y decorativas góticas completamente distintas. Es el caso de los *maîtres maçons* franceses o de los *maestros de obras* españoles que ejecutaron las obras del llamado plateresco español. Es lógico que a la hora de interpretar estos motivos, estos maestros, que carecían de un conocimiento de los principios teóricos de la nueva arquitectura, introdujeran una serie de inexactitudes e incoherencias y que los elementos renacentistas de su labor se basasen fundamentalmente en los componentes decorativos. Lo cual dio lugar a que, en las primeras obras del Renacimiento en Europa, se produjera una dicotomía entre la presencia de elementos decorativos renacentistas, aplicados la mayoría de las veces con un sentido goticista, y unas estructuras arquitectónicas que se mantienen góticas como sucede, por ejemplo, en la portada del Hospital de Santa Cruz de Toledo.

La complejidad de las formas de difusión del arte del Renacimiento italiano explica su variedad y disparidad. La importación de obras, la presencia de artistas italianos en diversos países de Europa procedentes de centros con planteamientos artísticos dispares, la interpretación en piedra de las formas representadas en grabados, explican los «retrasos», los anacronismos y la heterogeneidad con que se produce la primera asimilación del Renacimiento. Con frecuencia un artista, como Fancelli, realiza obras a principios del siglo XVI que prolongan soluciones quattrocentistas, desconociendo las novedades que se habían producido en la escultura italiana de esos años. No será hasta la tercera década del siglo XVI cuando inicie su actividad una nueva generación de artistas integrados en la nueva cultura artística, cuando en los diferentes países europeos el arte deje de ser la imitación forzada de un nuevo lenguaje, para convertirse en el desarrollo de una cultura artística asimilada.

Véanse en las páginas 227-231 los comentarios a cinco obras de este período.

Unidad 10

Clasicismo y Manierismo

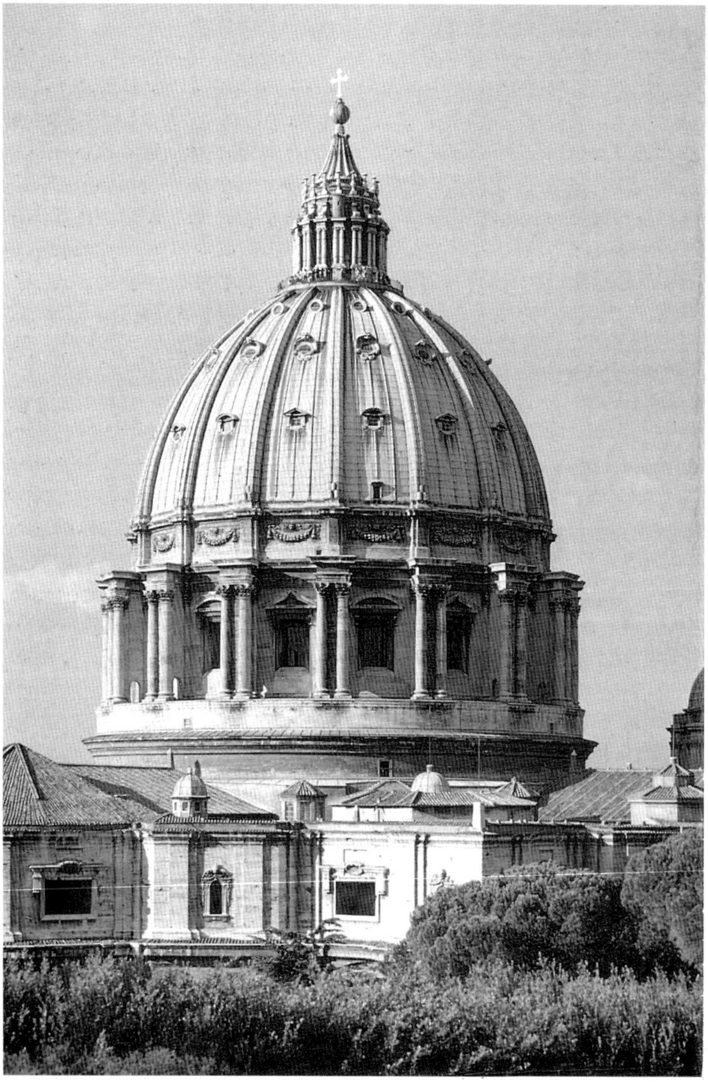

Cúpula de la Basílica de San Pedro, Roma

El arte del siglo XVI se halla marcado por el signo de la diversidad. Diversidad de tendencias y de planteamientos personales que aparecen con frecuencia como una suma de actitudes contradictorias. A finales del siglo XV y principios del XVI, algunos artistas como Leonardo y Bramante, o Tiziano y Giorgione en Venecia, desarrollaron un lenguaje orientado a configurar una normativa clasicista de carácter universal. Es lo que los historiadores han convenido en denominar *Renacimiento clásico* para distinguirlo de las experiencias del Quattrocento y de los posteriores planteamientos del Manierismo. Ahora bien, este clasicismo, que se había venido gestando a lo largo del siglo XV, a pesar del eco que tuvo en numerosos artistas, fue pronto desplazado por planteamientos «anticlasicistas» surgidos como reacción contra esta normatividad estricta y rigurosa.

Debe tenerse en cuenta que cuando hablamos de tendencias anticlasicistas no queremos decir que se trate de actitudes anticlásicas, sino contrarias a las formulaciones clasicistas del *Renacimiento clásico*. Es el caso de Miguel Angel o de Rafael, que convierten la rigidez de la norma en un lenguaje versátil capaz de plegarse a un número ilimitado de exigencias. Ahora bien, cuando la *norma* se ve desplazada por la *licencia* o se impone la libertad frente a la norma, surge, como es lógico, una heterogeneidad y diversidad formal. Así, en los distintos centros italianos, en los diferentes países europeos, a los que debemos añadir las realizaciones americanas, se produce el desarrollo de tendencias dispares aunque bajo unos comunes denominadores. Es el caso de Florencia, donde el dibujo sigue manteniéndose como el soporte práctico y teórico de la actividad artística, o de Venecia, en la que el color y la expresión configuran una *maniera* véneta. O el caso de la contraposición que se produce en España entre el clasicismo distante y diferenciado de los programas regios y la expresividad de la imagen religiosa dominante en los programas promovidos por la Iglesia.

Si en Europa a finales del siglo XV y principios del XVI se aprecia una asimilación y copia de las formas italianas, a medida que avanza el siglo, especialmente a partir de la tercera década, se observa, coincidiendo con el comienzo de la actividad de una nueva generación de artistas, el desarrollo de un arte que ya no es simplemente imitador de lo italiano. Se trata, en cambio, de un arte surgido de una asimilación de los principios de la nueva cultura renacentista, de la nueva teoría artística y de una concepción radicalmente distinta de la obra de arte y de la profesión del artista. A lo cual se deben las dos características mencionadas a propósito del arte europeo del siglo XVI. Por un lado, una gran *diversidad* como consecuencia de que el arte no está supeditado a una norma universal; por otro, que el arte, lejos de ser simple imitación de lo italiano, es la consecuencia de una asimilación de la nueva cultura artística del humanismo que da lugar a desarrollos creativos diversos pero con una serie de fundamentos comunes.

El Renacimiento clásico

A finales del siglo XV y principios del XVI algunos artistas como Leonardo y Bramante, Giorgione y Tiziano, desarrollaron diversas experiencias que suponían una superación de la disparidad de las formulaciones quattrocentistas. Con las obras de estos artistas el ideal clásico deja de ser una suma de formulaciones y se convierte en una tendencia sistemática y normativa que Wölfflin denominó *Renacimiento clásico*. El planteamiento fundamental de esta tendencia fue convertir las experiencias anteriores en un sistema regular, basado en un código normativo, partiendo de una selección de los elementos del lenguaje de las distintas especialidades capaz de ser codificada y repetida sistemáticamente.

Esta tendencia, que se desarrolla de forma paralela a las últimas experiencias del Quattrocento que hemos estudiado, tuvo una duración breve. Sin embargo, fue a partir de estas realizaciones como se articuló el desarrollo artístico del siglo XVI. Con el *Renacimiento clásico* nuevos centros pasaron a ocupar un lugar preferente en el panorama artístico italiano. Es el caso de Milán, ciudad a la que marcha Leonardo desde Florencia para trabajar en la corte de los Sforza y en la que también Bramante desarrolló una importante actividad como arquitecto. O de Venecia, donde el clasicismo de Giorgione y Tiziano sentó las bases de una nueva forma específicamente veneciana de entender la pintura.

De todos los artistas de su tiempo, Leonardo da Vinci (1452-1519) es el que de forma más coherente y radical representa los principios del *Renacimiento clásico,* a la vez que encarna el papel de artista universal del Renacimiento poseedor de una amplia cultura y preocupado por dominar todos los saberes de su tiempo. Formado en el taller de Verrocchio, desde sus obras iniciales se mostró preocupado por una concepción de la pintura sustentada en la teoría, la experiencia y la aplicación interdisciplinar del conocimiento. La *Adoración de los Reyes* (Florencia, Uffizi), que dejó inacabada cuando marchó a Milán, pone de manifiesto el hallazgo de un arte de componer basado en una estructura geométrica ideal junto a la relación psicológica que une a los diferentes personajes. Es el mismo planteamiento de *La Virgen de las Rocas* (París, Museo del Louvre), con un empleo acentuado del *sfumato* que suaviza las facciones de los rostros y unifica los modelos, y de la *Santa Cena* (1495-1497). En esta última obra, pintada para el refectorio de Santa María de las Gracias de Milán, Leonardo ha elegido el momento en que Jesucristo comunica a los presentes que uno de ellos le traicionará. Lo cual provoca una serie de reacciones que Leonardo utiliza como referencia de unidad psicológica de la acción, sin alterar la composición geométrica centrada por la figura de Cristo.

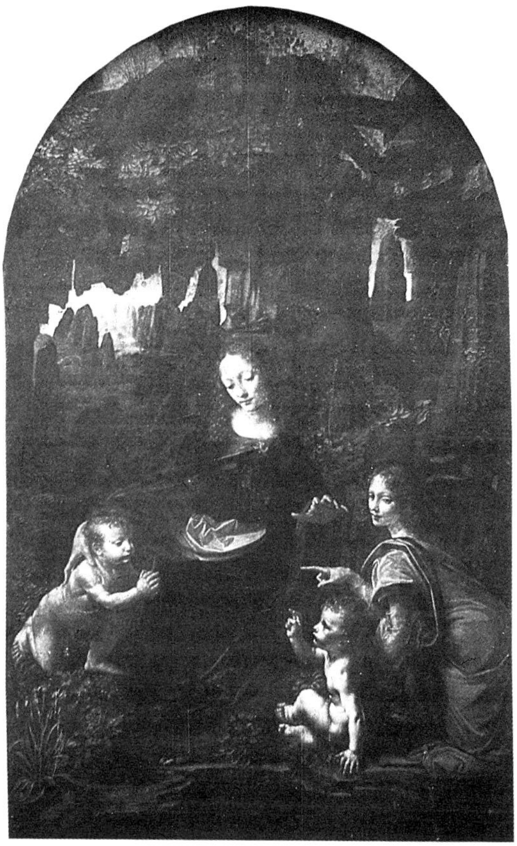

Leonardo da Vinci, La Virgen de las Rocas

Mientras Leonardo desarrollaba esta

nueva proyección del clasicismo en la pintura, Bramante (1444-1514), como se aprecia en Santa María de las Gracias (1492), se preocupó por desarrollar estructuras simplificadas, armónicas y monumentales. No obstante, en estas obras milanesas Bramante todavía utilizó una ornamentación que suprimirá en sus obras posteriores cuando se traslade a Roma y entre en contacto directo con la grandiosidad de las ruinas y de los modelos romanos. Sus primeras obras romanas, el templete de San Pietro in Montorio y el claustro de Santa María de la Paz, son un claro ejemplo de esta tendencia hacia un clasicismo más radical, pero la obra en la que cristalizará este nuevo ideal arquitectónico será su proyecto para la nueva Basílica de San Pedro de Roma. Bramante concibe el edificio con planta de cruz griega inscrita en un cuadrado del que sobresale ligeramente y con cuatro pilares centrales que soportan una cúpula. Se trata de una obra que forma parte de los programas artísticos de Julio II, destinada a servir de panteón, en el que la forma de su estructura, la planta en forma de cruz con la idea de centralización, expresa la idea de todo el simbolismo religioso. Tanto el comitente, Julio II, como el arquitecto, Bramante, no llegaron a ver concluida su obra. Sin embargo, tras una serie de proyectos sucesivos se llegó finalmente a un proyecto que, como veremos, era el desarrollo de la idea inicial de Bramante.

La crisis del Clasicismo y la diversidad del Manierismo

Mientras Leonardo y Bramante formulaban los principios del *Renacimiento clásico,* ya habían surgido en Italia nuevos planteamientos orientados a superar su rígida normatividad. Y es cierto que, aunque inicialmente esta reacción se produjo desde la acción de diferentes personalidades como Miguel Angel y Rafael, esta respuesta individual se convirtió muy pronto en una tendencia. Es lo que conocemos como *Manierismo* y que estudiaremos más adelante.

Desde sus primeras obras Miguel Angel Buonarotti (1475-1564) realizó un arte alejado de las soluciones del Quattrocento y de los presupuestos del *Renacimiento clásico. La Piedad* (Roma, Basílica de San Pedro), realizada en 1498-1499, muestra diversas *licencias* con respecto a la armonía de los principios compositivos clasicistas que se verán acentuadas en obras posteriores como el *David* (1501-1504) —Florencia, Museo de la Academia— o las figuras de los esclavos de la tumba de Julio II. Miguel Angel en sus esculturas vulnera la armonía de proporciones del clasicismo introduciendo una expresividad inquietante. Uno de los conjuntos en los que el dramatismo y la *terribilità* miguelangelescas se ponen de manifiesto es en los frescos de la bóveda de la capilla Sixtina, que realiza entre 1508 y 1512. La pintura finge elevar la bóveda disponiendo entre los lunetos figuras de profetas y sibilas, y en el centro representaciones del Antiguo Testamento flanqueadas por figuras de *ignudi.* Todo el conjunto está presidido por una tensión de las figuras que rompe radicalmente con el equilibrio clásico y que muestra una valoración nueva de los modelos de la Antigüedad.

El conjunto de la Sixtina se convirtió en un modelo permanente para la pintura moderna y en el punto de partida de la orientación posterior seguida por la obra del propio Miguel Angel. Muchos de los planteamientos desarrollados en la capilla Sixtina tuvieron una proyección inmediata. Entre 1520 y 1534 Miguel Angel trabaja en la capilla funeraria de los Medici, en la iglesia de San Lorenzo de Florencia. La arquitectura crea un clima de recogimiento que rodea las tumbas de Lorenzo y Giuliano con las alegorias de El Día, La Noche, El Crepúsculo y La Aurora, de composición similar a los *ignudi* de la capilla Sixtina.

Durante los últimos años de su vida Miguel Angel realizó en Roma obras de arquitectura, escultura y pintura. Entre 1536 y 1541 volvió a decorar la capilla Sixtina. Esta vez se trataba del testero en el que representó el *Juicio Final,* obra en la que Miguel Angel rompe con los sistemas de composición ante-

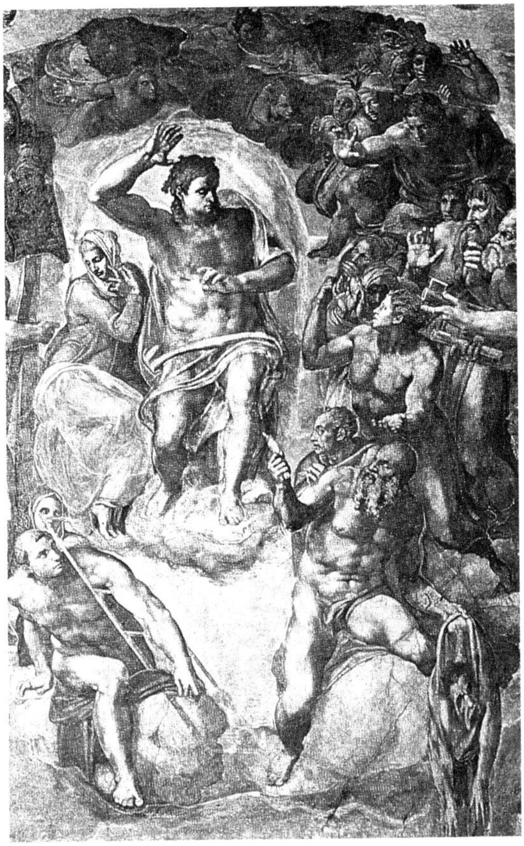

Miguel Angel, El Juicio Final

riores, incluyendo los suyos propios, acentuando los elementos dinámicos y la expresión de un dramatismo tenso y desbordado. Con ello Miguel Angel se desvinculaba de las formas más atemperadas del arte de su tiempo, al igual que lo hacía también en la escultura con obras de una expresividad límite, como *La Piedad Rondanini,* en la que convierte el inacabado en una poética anticlasicista.

En Roma Miguel Angel realizó también obras de arquitectura. Con anterioridad, durante los años que pasa en Florencia, Miguel Angel había realizado la Biblioteca Laurenciana, comenzada en 1524 y formada por dos núcleos, el vestíbulo o *ricetto* y la biblioteca. Se trata de la primera biblioteca moderna en la que Miguel Angel crea una tipología específica sin adaptar la de otros edificios. Pero sus dos empresas arquitectónicas romanas más notables fueron la remodelación de la Plaza del Capitolio, situando en el centro la estatua ecuestre de Marco Aurelio, y la realización del proyecto definitivo de la basílica de San Pedro que, desde el inicial de Bramante, había experimentado diversas alteraciones. Con ambas realizaciones se dotaba a Roma de dos conjuntos simbólicamente representativos. Por un lado, la Plaza del Capitolio como símbolo de la continuidad de Roma como centro del poder desde la Antigüedad. Por su parte, la basílica de San Pedro encarnaba el poder y triunfo de la Iglesia. En la basílica, Miguel Angel volvió a la idea inicial de Bramante pero introduciendo una tensión inédita en los diferentes elementos constructivos y en el efecto espacial del edificio. Las consecuencias del edificio de Miguel Angel se dejaron sentir pronto en toda la arquitectura europea. Sin embargo, fueron otros edificios, como la iglesia del Gesú de Vignola (1507-1573), de una nave con capillas entre contrafuertes y cúpula sobre crucero, los que establecieron la tipología de iglesia que por sus posibilidades de repetición se convirtió en un modelo que alcanzó una extraordinaria difusión.

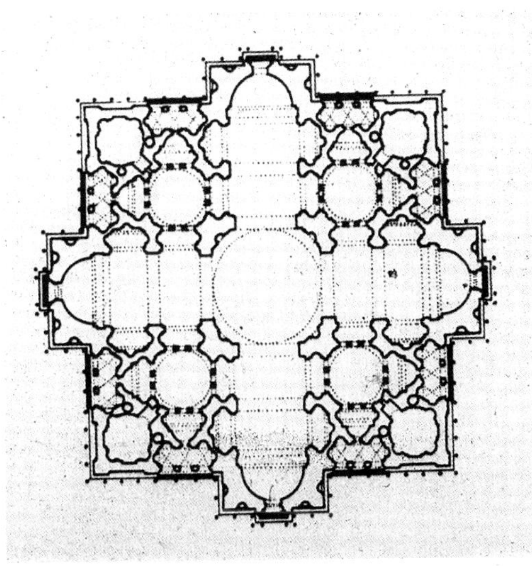

Planta de la Basílica de San Pedro, Roma

Según hemos visto, desde sus inicios la obra de Miguel Angel constituyó una de las más claras contraposiciones a los principios del Renacimiento clásico formulados por Leonardo y Bramante. Otro pintor, Rafael (1483-1520), planteó una superación del clasicismo renovando algunos de sus principios. A diferencia del espíritu científico y filosófico de Leonardo y de la expresión temperamental de Miguel Angel, Rafael acentuó el valor de la *gracia,* como expresión de una forma de belleza que fundamenta un nuevo ideal de pintura. Lo cual ya se apreciaba en obras tempranas suyas como *Los Desposorios* (Milán, Galería Brera), obra realizada en 1504 y en la que es muy sensible la influencia de su maestro Perugino.

Durante su estancia en Florencia, Rafael entró en contacto con el arte de Miguel Angel y Leonardo, cuya influencia es evidente en retratos como el de *Maddalena Doni* (Florencia, Galería Palatina). Por estos años, Rafael conforma un modelo de pintura de devoción con representaciones de la Virgen y el Niño como la *Madona del jilguero* (Florencia, Uffizi), llamadas a tener un amplio eco en la pintura de su tiempo y posterior.

Pero fue en Roma donde la pintura de Rafael alcanzó una dimensión magistral y renovadora en relación con el desarrollo artístico de su tiempo. Entre 1507 y 1507, realizó, por encargo del Papa Julio II, la decoración de las *stanze* vaticanas. *La Escuela de Atenas,* que forma parte de la *stanza* de la Signatura, constituye un claro ejemplo del clasicismo de principios de siglo pero dotada de una tensión que dinamiza su equilibrio compositivo. Rafael plantea aquí, desde un punto de vista clásico, la posibilidad de llegar a un equilibrio entre el orden clásico de Leonardo y el estilo, temperamental y expresivo, de Miguel Angel. A la vez, desde un punto de vista temático, en *La Escuela de Atenas* se establece una *concordatio* entre cristianismo y cultura clásica, en consonancia con los programas artísticos de Julio II.

Uno de los aspectos más notables de la personalidad artística de Rafael es la versatilidad con que utiliza el lenguaje de la pintura según las exigencias concretas de cada obra. Frente a la idealización de sus composiciones religiosas, en el retrato, aunque parte de la tipología clasicista definida por Leonardo, la pintura se pliega a las exigencias de parecido y verosimilitud, propias del género, como en los retratos de *Baltasar de Castiglione* (París, Louvre) o el de *León X con dos cardenales* (Florencia, Uffizi).

El Manierismo, como tendencia surgida en contradicción con los principios normativos del Renacimiento clásico, aparece caracterizado más como una suma de planteamientos que como una corriente homogénea y disciplinada. La *licencia* y la vulneración de la norma como recursos expresivos se convirtieron en categorías estéticas en artistas tan dispares como Miguel, Rafael, Tintoretto o El Greco. Sin embargo, pese a la diversidad de planteamientos que esto comportaba, el Manierismo se convirtió en el sistema plástico europeo del siglo XVI en el que se integran tendencias anticlasicistas dispares.

El Manierismo es el arte que expresa las transformaciones históricas que se han producido en el siglo XVI. Frente a la concepción científica del mundo y la creencia en la posibilidad de dominarlo, el Manierismo expresa una inseguridad y un repliegue del individuo sobre sí mismo. Igualmente, la imagen religiosa deja de ser un fenómeno intelectual y estético para convertirse en un problema emocional e ideológico. Lo cual era lógico en una época de confrontación ideológica entre Catolicismo y Protestantismo, especialmente en los países en los que dominaba este último debido a que la imagen, frente a la iconoclasia de la Reforma, era uno de los principales instrumentos de exégesis y difusión de las ideas religiosas.

Roma, desde los programas de Julio II, se convirtió en uno de los principales centros artísticos del siglo XVI. Sin embargo, Florencia, a pesar de la ausencia de grandes maestros como Leonardo y Miguel Angel, desarrolló un arte que se contraponía a los principios del Renacimiento clásico sin prescindir del valor del dibujo como soporte de la pintura a través de pintores como Andrea

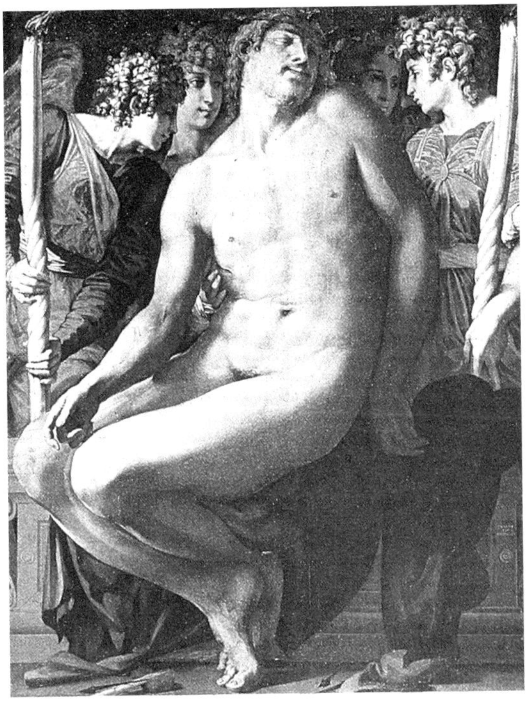

Rosso, Cristo muerto sostenido por ángeles

del Sarto (1486-1531), Jacopo Pontormo (1494-1556), Rosso (1495-1540) o Bronzino (1503-1572) o el escultor Benvenuto Cellini. Estos acertaron a desarrollar, dentro de la complejidad de la licencia, una *maniera* florentina que contrastaba con la expresividad del color de los artistas venecianos o de Correggio (h. 1484-1534), cuya obra se anticipa a algunos de los presupuestos de la pintura barroca. En este sentido, *La visión de San Juan Evangelista en Patmos,* pintada entre 1520 y 1523 por este artista para la cúpula de San Juan Evangelista en Parma, es, por su dinamismo y expresividad, un claro ejemplo de anticipación barroca. Todo esto, en la obra de su discípulo Parmignianino (1503-1540), se tradujo en un lenguaje específicamente manierista impregnado de una cultura esotérica y un conocimiento de las ciencias ocultas, según se ha puesto de manifiesto a propósito de su pintura *La Madonna del cuello largo* (Florencia, Uffizi), en la que el equilibrio de los distintos componentes logra la unión de los contrarios y el alcance del uno.

Venecia

Desde una perspectiva distinta Venecia, una de las ciudades italianas que se incorporaron más tardíamente al nuevo arte renacentista, desarrolló a lo largo del siglo XVI una actividad artística basada en unos pricipios propios que formulan un contrapunto con la *maniera* florentina. Los pintores venecianos experimentan con el color, con la captación de lo ambiental y de lo fenomenológico, creando un arte desentendido de los imperativos de los modelos clásicos. En lugar de la tabla o el muro los pintores venecianos descubren el lienzo, con el que se pueden realizar decoraciones de grandes superficies sin las exigencias dibujísticas impuestas por la pintura mural. Con todo, pese a esta singularidad, en Venecia también se desarrollaron, aunque desde la perspectiva apuntada, las dos tendencias mencionadas: Renacimiento clásico y Manierismo.

Al filo del 1500, Giorgione (1478-1510) supera el sentido narrativo, descriptivo y literario de la pintura veneciana anterior para desarrollar un nuevo clasicismo equilibrado y monumental. Lo cual no impidió que la pintura, a diferencia de lo que ocurre entre los florentinos, se convirtiese en una expresividad desarrollada durante el mismo acto de pintar. En *La Madonna de Castelfranco* (San Liberale, Castelfranco) puede apreciarse una forma de composición triangular acorde con los esquemas del Renacimiento clásico, si bien combinada con una preocupación por la luz, como expresión de un espacio real, completamente diferente y que tiene su más logrado desarrollo en *La tempestad* (Venecia, Academia) y en *El concierto campestre* (París, Louvre).

Este planteamiento no fue una aventura individual y solitaria. Tiziano (1490-1576), en sus obras iniciales, también desarrolló el mismo planteamiento hasta el punto de que algunas de estas pinturas se atribuyen indistintamente a él y a Giorgione según los diversos autores. Algunas obras, como *Amor sacro y amor profano* (Roma, Galería Borghese), pintada hacia 1511, tienen un mismo trata-

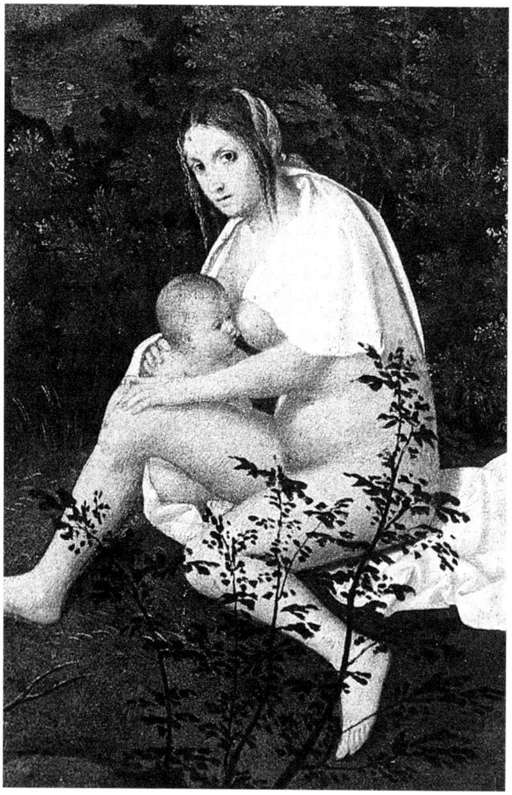

Giorgione, La tempestad, *detalle*

miento formal, al igual que, en un plano religioso, *La Asunción de Santa Maria Gloriosa dei Frari*. La larga vida de Tiziano posibilitó que su obra experimentase una importante transformación en la que, sin abandonar completamente el equilibrio clasicista, se produce una alteración de sus esquemas, como en la *Madonna di Ca'Pesaro* (Venecia, Santa Maria Gloriosa dei Frari), realizada en 1526.

El prestigio de Tiziano como pintor de reconocimiento universal solicitado por papas y el emperador, contribuyó de forma decisiva a que la *maniera* veneciana alcanzase un reconocimiento casi equiparable a la toscana. Tiziano hizo varios retratos de Carlos V; uno de los más notables es el de *Carlos V en Mühlberg* (Madrid, Museo del Prado), ejemplo de retrato ecuestre en el que la *maniera* véneta se impone de forma ostensible.

A pesar de las novedades con respecto a los principios del Renacimiento clásico de algunas obras de Tiziano como *La Gloria* (Madrid, Museo del Prado), fueron otros artistas los que plantearon una ruptura mucho más radical. Jacopo Robusti, Tintoretto (1518-1594), es uno de los pintores que desarrollaron una expresión de la *maniera* véneta que se integra en el debate manierista. Tintoretto acertó a conjugar el dinamismo de sus composiciones con la fragmentación producida por la expresividad de la pintura. Su labor que, a diferencia de Tiziano, discurrió exclusivamente en Venecia, planteó un nuevo sentido de la imagen religiosa que se expresa desde las obras tempranas de la madurez como *El Milagro de San Marcos* (Venecia, Museo de la Academia) o *El Lavatorio* (Madrid, Museo del Prado). Para Tintoretto, la imagen religiosa deja de ser un ejercicio intelectual para convertirse en una acción dirigida a conmover al fiel. En este sentido, la pintura

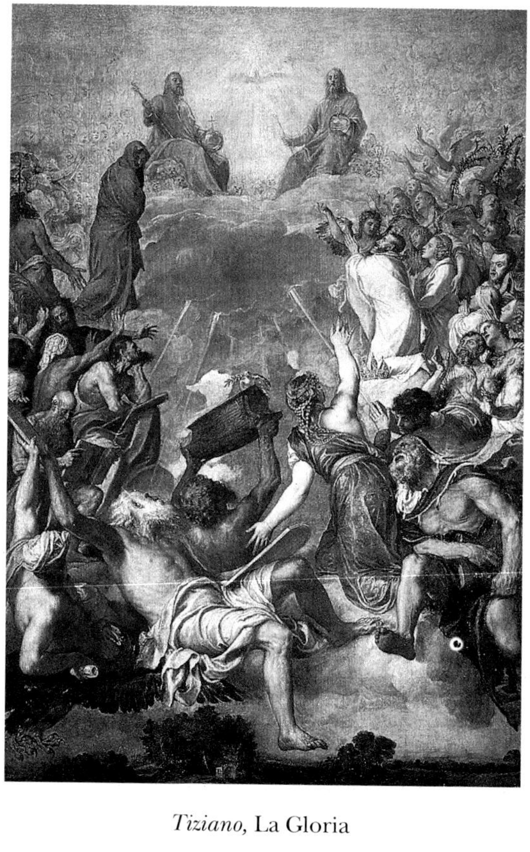

Tiziano, La Gloria

religiosa de Tintoretto se muestra como un intento, determinado por las nuevas exigencias de la Iglesia, de lograr una identidad entre el fin —atraer y conmover al fiel— y los recursos utilizados por la pintura. Es lo contrario de la pintura de Paolo Caliari, Veronés (1528-1588), pintor que también se mueve en el ámbito de los principios de la *maniera* véneta pero siguiendo una orientación radicalmente distinta. Veronés, con una pintura de colores transparentes y luminosos, se sirve de la imagen religiosa para articular una crónica de la vida en Venecia concebida como ciudad clásica. La temática religiosa es para él el soporte de un relato festivo cargado de connotaciones profanas, como en *Las bodas de Caná* (París, Louvre), en la que la composición resulta ambigua al introducir el tema religioso en el desarrollo de una crónica de la vida veneciana.

Tanto las composiciones de Tintoretto como las de Veronés se desarrollan en unos escenarios arquitectónicos en los que se quiere recrear la utopía de una Venecia clásica. Pero si los pintores proyectaron la representación de arquitecturas como si fueran arquitectos, los arquitectos actuaron como pintores y escenógrafos a través del sentido pictórico que alcanzan muchas de sus realizaciones, como puede apreciarse en la Librería de San Marcos, proyectada por Jacopo Sansovino (1486-1570). Ahora bien, el arquitecto que renovó la arquitectura, subvirtiendo muchos usos convencionales del lenguaje clásico, fue Andrea Palladio (1508-1580), autor de un tratado, *I quattro libri dell'Architectura*. En Palladio destaca su capacidad para adaptar los componentes del vocabulario clásico de la arquitectura a las más diversas exigencias. A ello se debe la intensa proyección posterior lograda por su obra. La remodelación de la basílica de Vicenza y la realización del Teatro Olímpico de esta misma ciudad ponen de manifiesto la capacidad de este arquitecto para idear espacios escenográficos. Palladio desarrolló diversas tipologías de palacios, como el palacio Chiericatti, y de villas. Entre estas últimas destaca la Villa Rotonda, en la que Palladio utiliza elementos propios de la arquitectura religiosa, como la

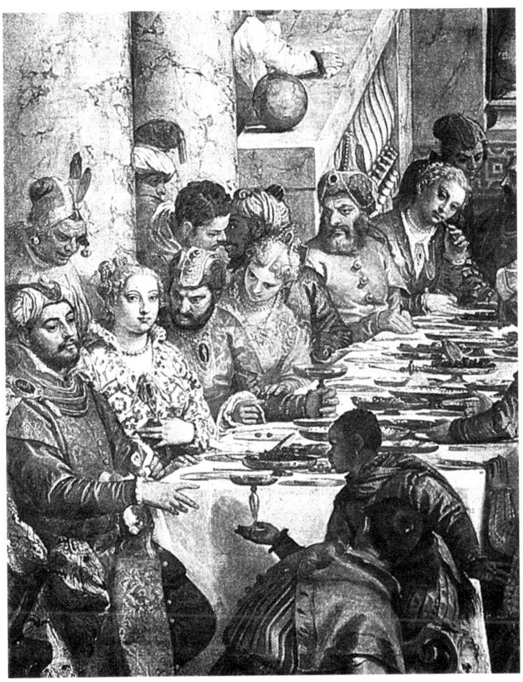

Veronés, Las bodas de Caná, *detalle*

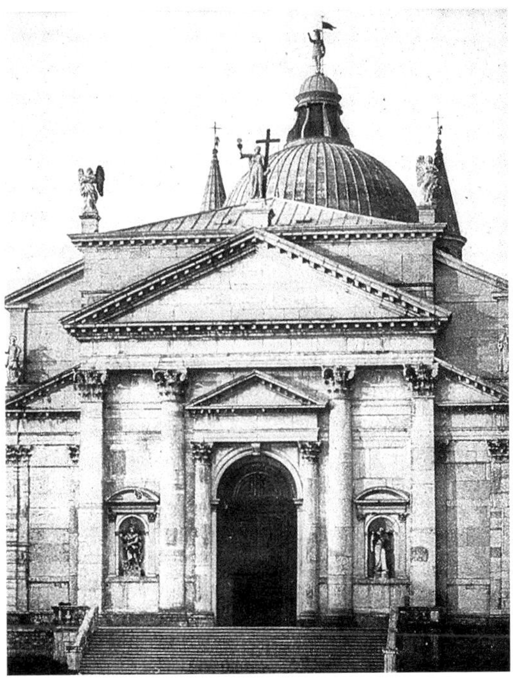

Palladio, Iglesia del Redentor, Venecia

cúpula y el pórtico, mediante los cuales logra un efecto de sacralización, y una tipología llamada a tener una profunda repercusión en la arquitectura posterior. Algunas obras de arquitectura religiosa, como San Giorgio Maggiore y el Redentor de Venecia son una prueba del alcance proyectivo de Palladio, de su capacidad para adaptar el lenguaje a los fines más variados e incluso de su talento para rememorar tradiciones locales en clave clásica, como el empleo de las cúpulas.

La arquitectura europea del siglo XVI

En la tercera década del siglo XVI una nueva generación de arquitectos, formados en la nueva cultura arquitectónica del Renacimiento, inició su actividad con las consiguientes consecuencias para la renovación de la arquitectura. El conocimiento que estos maestros tenían de la arquitectura italiana ya no es el de un conjunto reducido de motivos ornamentales difundidos por estampas o a través de algunas obras importadas, sino mediante el estudio de la teoría y el contacto con las obras realizadas en Italia. Esto determinó que, lejos de las limitaciones que imponía la imitación literal de los patrones italianos, se den respuestas originales que configuran por sí mismas un capítulo propio dentro de la arquitectura del siglo XVI.

En Francia, el hecho de que los principales encargos fueran promovidos por los reyes determinó que se produjera una arquitectura de acentuado carácter áulico y palaciego, muy pronto imitada por amplios sectores de la nobleza. Para la construcción de sus palacios (Châteaux) algunos reyes, como Carlos VIII para la construcción del Palacio de Amboise, trajeron arquitectos italianos. Sin embargo, fueron los programas artísticos de Francisco I los que alcanzaron una proyección de mayor trascendencia, como su intervención en el Palacio de Blois y la construcción del Palacio de Chambord, el edificio áulico más importante, cuya estructura desarrolla un trazado regular proyectado desde los principios del clasicismo. Será en otros edificios, como el Palacio de Fontainebleau, donde se impondrán las corrientes manieristas a través de la presencia de artistas italianos que, como Rosso y Primaticcio, importaron las soluciones del manierismo florentino y sin cuya influencia no se explica la evolución de la escultura francesa de carácter cortesano, representada por Jean Goujon y G. Pilon.

En España, en cambio, la arquitectura siguió unos derroteros diferentes en los que la diversidad de comitentes determinó una acentuada heterogeneidad formal. Desde los comienzos de su reinado, Carlos V se planteó la realización de diversas empresas artísticas en las que la arquitectura clásica alcanza el rango de arte oficial. El palacio mandado construir en la Alhambra de Granada y proyectado por Pedro Machuca, con planta rectangular y patio central circular, constituye una afirmación imperial de los valores del clasicismo como lenguaje que, por extensión, comportaba la imagen de la recuperación del poder de la Antigüedad. También en el Alcázar de Toledo, proyectado por Alonso de Covarrubias (1488-1570), se impuso un lenguaje clasicista. E igualmente clásica fue la catedral de Granada, cuya construcción impulsó el emperador y que dirigió Diego de Siloé (1495-1563), artista que trabajó en Italia y realizó la *Escalera Dorada* de la catedral de Burgos. Siloé proyectó la catedral con una cabecera en forma de rotonda cubierta con una gran cúpula, a la manera del Panteón, en correspondencia con la idea del emperador de ser enterrado allí.

Otras catedrales que se construyeron en el siglo XVI, como las de Salamanca, Segovia, Astorga y Plasencia, se proyectaron de acuerdo con el sistema constructivo gótico. Sin embargo, este empleo del gótico no fue una repetición inerte de soluciones pasadas, sino un lenguaje arquitectónico renovado. Rodrigo Gil de Hontañón, arquitecto conocedor de la arquitectura renacentista, como pone de manifiesto su fachada de la universidad de Alcalá de Henares, intervino en las catedrales de Salamanca y Segovia. De ahí que se trate de un arte gótico renovado con un nuevo sentido de la proporción y de la composición.

Además de la catedral de Granada, que tuvo su proyección en la de Málaga, otras catedrales de Andalucía se construyeron siguiendo las formas clásicas, como la catedral de Jaén, en la que intervino el arquitecto Andrés de Vandelvira, autor de la iglesia del Salvador de Ubeda. Con este grupo de catedrales clasicistas enlaza la serie de catedrales americanas como las de México y Puebla, Lima y El Cuzco. Y también, aunque con unos planteamientos distintos, la de Valladolid, realizada por Juan de Herrera y vinculada formalmente al lenguaje arquitectónico de El Escorial.

El Monasterio de El Escorial, comenzado en 1563 bajo la dirección de Juan Bautista de Toledo y continuado después por Juan de Herrera (1530-1597), es no sólo uno de los edificios más importantes de todo el siglo XVI, sino el manifiesto de una nueva forma de entender la arquitectura desde unos principios rigurosamente clásicos. De planta rectangular, con torres en los ángulos y diversos patios, proyectado con una notable austeridad en el empleo de los órdenes, El Escorial se construyó con una finalidad múltiple: monasterio con estudio para educación de religiosos, biblioteca, palacio y panteón. Aspectos cuya representación ideológica y su desarrollo funcional y plástico se articulan desde el itinerario marcado por el eje que conduce desde la fachada principal al retablo mayor de la basílica.

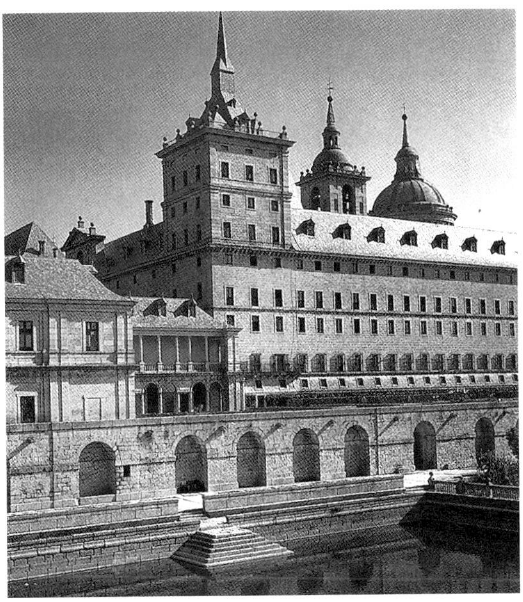

Monasterio de El Escorial

El Clasicismo y el Manierismo en Europa

El Renacimiento clásico fue una tendencia que, como hemos visto, tuvo una duración breve, permaneciendo como un proyecto imposible. Si esto sucedió en Italia, en Europa su desarrollo fue menor a excepción de la obra del pintor alemán Alberto Durero (1471-1528), cuya pintura aportó posibilidades inéditas al Renacimiento clásico. Durero, que en 1494 marchó a Italia, asimiló la nueva cultura artística del humanismo acertando a darle una dimensión singular. Por otra parte,

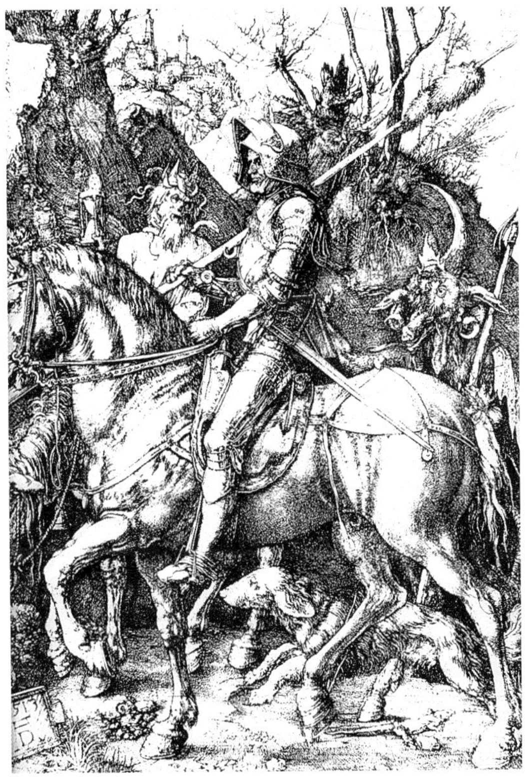

Durero, El caballero, la muerte y el demonio, *grabado*

el hecho de que Durero fuera uno de los mejores grabadores de todos los tiempos hizo que su obra alcanzase una gran difusión e influencia. Su *Autorretrato* (Madrid, Museo del Prado), constituye un claro ejemplo de retrato clasicista planteado sin la ambigüedad de los de Leonardo, en el que la idealización, como sucede en la *Gioconda* (París, Museo del Louvre), acerca el modelo del rostro a los ideales de sus composiciones religiosas. Durero, en cambio, entiende que el clasicismo no es algo incompatible con la representación de la realidad.

Hombre de cultura clásica, se mostró preocupado por el problema de las proporciones del cuerpo humano como se refleja en las representaciones de *Adán y Eva* del Museo del Prado y en su *Tratado de las Proporciones*. En Durero, las ideas erasmistas tuvieron una gran influencia ejerciendo una notable proyección sobre su pintura. *Los cuatro apóstoles* (Museo de Munich) se ha interpretado, en este sentido, como una representación alegórica de los cuatro temperamentos expresivos de la meditación interior.

La personalidad de Durero constituye un caso singular en el arte alemán de su tiempo. Otros artistas, como Matthias Grünewald (h. 1480-1528), realizaron una pintura basada en unos principios radicalmente distintos. La modernidad de este pintor no se fundó en la asimilación del clasicismo italiano, sino en la renovación de las formas del lenguaje preexistente. Su *Retablo de Isenheim,* realizado en 1515, es un ejemplo de la actualización que se produce en el siglo XVI de los recursos dramáticos y expresivos del arte final de la Edad Media.

Ahora bien, en Alemania la pintura del siglo XVI no se movió exclusivamente entre los polos del clasicismo y la expresividad. Otros pintores, como Altdorfer (1480-1538), proyectaron una nueva concepción de la representación de la naturaleza o un nuevo sentido del retrato, como es el caso de Hans Holbein (1497-1543), quien pasó a Inglaterra desarrollando una importante labor en este género en la corte de Enrique VIII. Holbein es el creador del modelo de retrato doble, como el *Retrato de los embajadores Jean de Linteville y Georges de Selve* (Londres, National Gallery), pintado en 1553, obra en la que junto a la fidelidad del parecido introduce referencias simbólicas en los objetos de la composición, como el cráneo del suelo representado anamorfósicamente. Por otra parte, las ideas de la Contrarreforma, que se traslucen en la obra de los artistas mencionados, tiene su más claro representante en la producción de Lucas Cranach (1472-1553), retratista de Lutero y pintor de pasajes del Antiguo Testamento, que desarrolla unas formas cargadas de una tensión anticlásica.

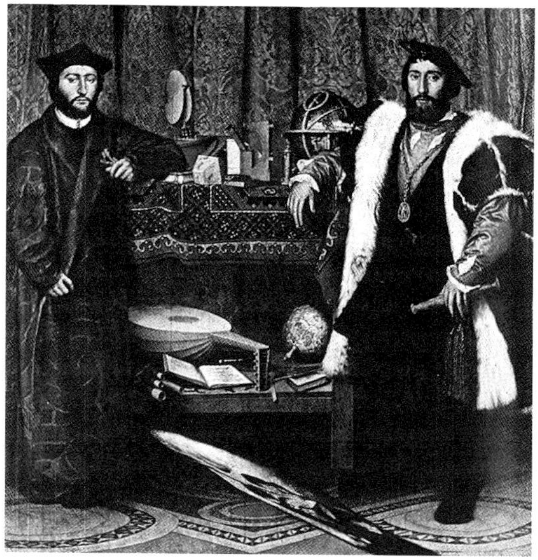

Holbein, Retrato de los embajadores Jean de Linteville y Georges de Selve

En los Países Bajos, cuya producción pictórica del siglo XV fue, como hemos visto, un modelo para numerosos países europeos, las formas del Renacimiento se fueron imponiendo paulatinamente desde finales del siglo XV. En realidad, en muchos casos las formas italianas no llegaron a desplazar el sustrato flamenco que se fundió en una síntesis original de rasgos muy singulares. Quentin Metsys (1455-1530) asimiló formas del sistema italiano como instrumento para renovar el arte flamenco preexistente, y lo mismo sucede con Patinir (h. 1480-1524). Sin embargo, las obras de los grandes artistas italianos, Leonardo, Rafael y Miguel Angel, no tardaron en ejercer una sugestión en determinados artistas flamencos que plantearon la sustitución de las tradiciones flamencas por el nuevo lenguaje clásico de procedencia italiana. Es el caso de Jean Gossaert (h. 1478-1532), cuya estancia en Roma le permitió conocer directamente las últimas realizaciones del arte italiano tal y como pone de manifiesto *La Virgen con el Niño* (Madrid, Museo del Prado), y de Bernard van Orley (h. 1492-1542), influido por Rafael. Con todo, este clasicismo no logró imponerse hasta desplazar otras tendencias alejadas de los planteamientos italianos. En este sentido, Peter Brueghel (1504-1569), pintor que realizó un viaje a Italia y asimiló elementos del nuevo lenguaje, introdujo a través del paisaje una nueva dimensión de la representación de la naturaleza y una visión, culta y humanizada, de temas que, como *El banquete nupcial* (Museo de Viena), se traducen en una visión intelectualizada de la costumbre. Igualmente los pintores flamencos, entre los que el retrato contaba con una larga tradición, crearon a través de los modelos de Antonio Moro (1517-1576) una tipología de retrato regio, como en el de María Tudor (Madrid, Museo del Prado), que tuvo una amplia repercusión.

Manierismo e imagen religiosa en España

Durante el siglo XVI, en España, se desarrolla un complejo panorama artístico en el que se entrecruzan las tradiciones medievales con la presencia de soluciones propias del nuevo arte italiano. Aunque la escultura funeraria pierde el auge que había tenido en la centura anterior, fue uno de los géneros en los que primero se proyectaron las formas renacentistas. Además de las obras importadas estudiadas en el capítulo anterior, escultores españoles como Vasco de la Zarza, autor del sepulcro de don Alonso de Madrigal, El Tostado (Avila, Catedral), y, sobre todo, Bartolomé Ordóñez, influido por Miguel Angel y autor del sepulcro de Felipe el Hermoso y Juana la Loca (Granada, Capilla Real), implantaron las formas del nuevo lenguaje.

La escultura española del siglo XVI fue esencialmente religiosa y realizada con unos procedimientos de amplia tradición en los siglos anteriores: la madera policromada. Fundamentalmente la escultura religiosa se expresará a través del *retablo,* siguiendo una dilatada tradición anterior que ahora, en relación con el nuevo valor conferido a la imagen como instrumento de defensa de la religión, alcanza un inusitado desarrollo a través de las obras de Gil Morlanes y Damián Forment, o de Felipe Bigarny, que trabaja en el de la Capilla Real de Granada y en colaboración con Siloé en el de la Capilla del Condestable de la catedral de Burgos.

En España la imagen sacra, como vehículo para la defensa de las ideas religiosas, asume un papel inédito hasta el punto de que se produce una verdadera inflación de imágenes. La orientación seguida fue esencialmente expresiva como pone de manifiesto la obra de Alonso Berruguete (1490-1561), pintor y escultor que viaja a Italia en los primeros años del siglo XVI y autor del retablo de La Mejorada de Olmedo y del retablo mayor de San

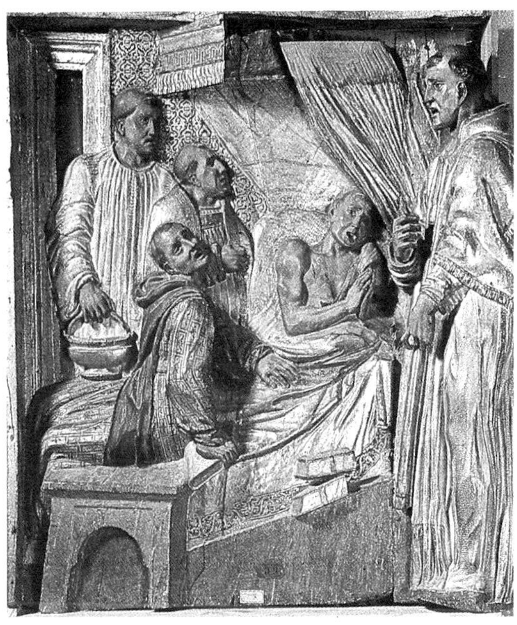

Alonso Berruguete, Retablo de San Benito, detalle

Benito, conservados actualmente en el Museo de Escultura de Valladolid. En Berruguete se conjugan la presencia de elementos tradicionales, como la policromía y el estofado, con la aportación de soluciones miguelangelescas, introduciendo un patetismo eficaz para lograr impresionar al espectador. Es el mismo caso de Juan de Juni (1507-1577), escultor francés afincado en España, cuya obra sintetiza formas de origen francés con otras de procedencia italiana y la lógica adaptación a los condicionantes españoles. El *Santo Entierro* del Museo de Escultura de Valladolid es una obra expresiva y gesticulante, orientada a producir una reacción emocional en el espectador.

En la arquitectura española del siglo XVI la vidriera jugó un papel fundamental como soporte iconográfico y como elemento transformador del cromatismo espacial. Tanto para los nuevos edificios como para los antiguos se realizaron importantes programas de vidrieras según una práctica tradicional. Los programas emprendidos, principalmente los de las catedrales de Segovia, Granada y Salamanca, fueron realizados por artistas de origen flamenco, los Pierres flamencos en Segovia y Teodoro de Holanda en Granada, que introdujeron a mediados de siglo un sistema de representación derivado de soluciones manieristas italianas sin paralelo en la pintura española contemporánea.

Igualmente en la pintura se aprecia, junto a obras de una devoción amable como las realizadas por Juan de Juanes, una orientación hacia la expresividad, como en las pinturas de Luis de Morales (h. 1520-1585), en las que predominan los temas de la Pasión. *La Piedad* (Madrid, Real Academia de Bellas Artes de San Fernando) es un buen ejemplo de ese patetismo contenido de tan profundo arraigo popular en la España del siglo XVI.

Pero en esta tendencia expresiva el artista que alcanzó mayor proyección fue El Greco (1541-1614), pintor nacido en Candía y de formación veneciana que se halla en Toledo entre 1577 y 1579 para realizar el retablo de Santo Domingo el Antiguo. *La Trinidad* (Madrid, Museo del Prado), que remataba el retablo, es un claro ejemplo de cómo El Greco

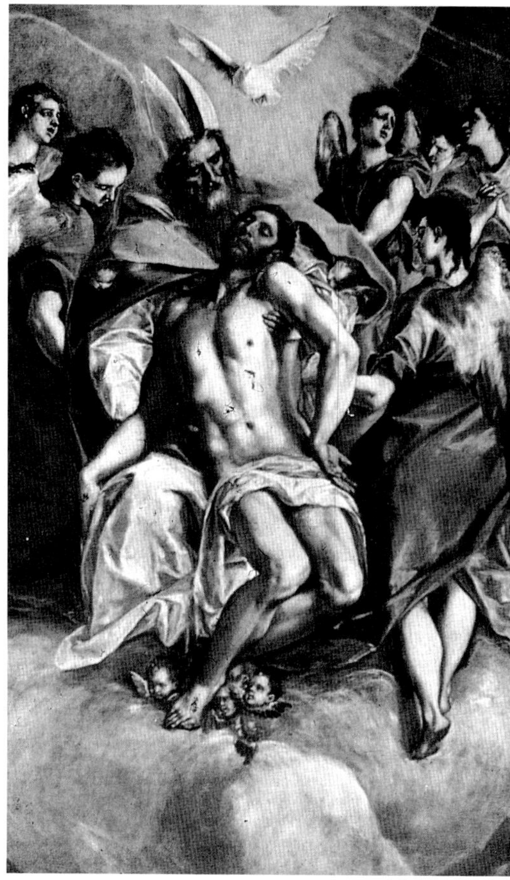

El Greco, La Trinidad

desarrolla la opción véneta en la orientación trazada por Tintoretto. Otras obras, como *El Expolio* (Toledo, Catedral), acreditan el acento expresivo de su pintura y la preocupación por el color como elemento sustentante de ésta. A su postura radical en relación con el valor del color en la polémica «dibujo *versus* color» se debe el que una de sus obras más logradas, *El martirio de San Mauricio,* concluida en 1582, fuera rechazada por Felipe II por seguir unos planteamientos radicalmente distintos del clasicismo distanciado que domina en todo el proyecto de El Escorial.

El Greco fue un extraordinario retratista, marcando diferencias estilísticas con la expresividad y espiritualidad de su pintura religiosa. Así puede verse en *El Entierro del señor de Orgaz,* en el que el friso de retratos contrasta con la disolución plástica y material de las figuras de la parte superior o *Gloria*. Lo cierto es que la pintura de El Greco evolucionó hacia planteamientos más radicales. No sólo es la acentuada estilización de las figuras, sino también la disolución del modelado y el juego fragmentado de la luz, lo que convierte las representaciones religiosas en imágenes de una visión de lo trascendente, como por ejemplo en algunas de sus últimas obras, como *La adoración de los pastores* (Madrid, Museo del Prado).

Felipe II, por las mismas razones que rechazó a El Greco para la decoración de El Escorial, para la ejecución de las obras de la corte se rodeó de artistas para los que el dibujo y los valores permanentes del clasicismo constituían el fundamento de toda actividad artística. En el caso de la escultura, fueron los Leoni quienes acertaron a desarrollar un arte regio coherente. Tanto León Leoni (h. 1509-1590), autor de *Carlos V dominando el furor,* como Pompeo Leoni (h. 1533-1608), autor de los grupos funerarios de Carlos V y Felipe II de la basílica del Monasterio de El Escorial, configuraron una escultura cortesana, jerárquica, diferenciada y distante, orientada a subrayar la imagen mayestática de los soberanos y que tiene su paralelo en el campo de la pintura con los retratos de Alonso Sánchez Coello (1531-1588).

Véanse en las páginas 232-236 los comentarios a cinco obras de este período.

Unidad 11

El espacio y la arquitectura del Barroco

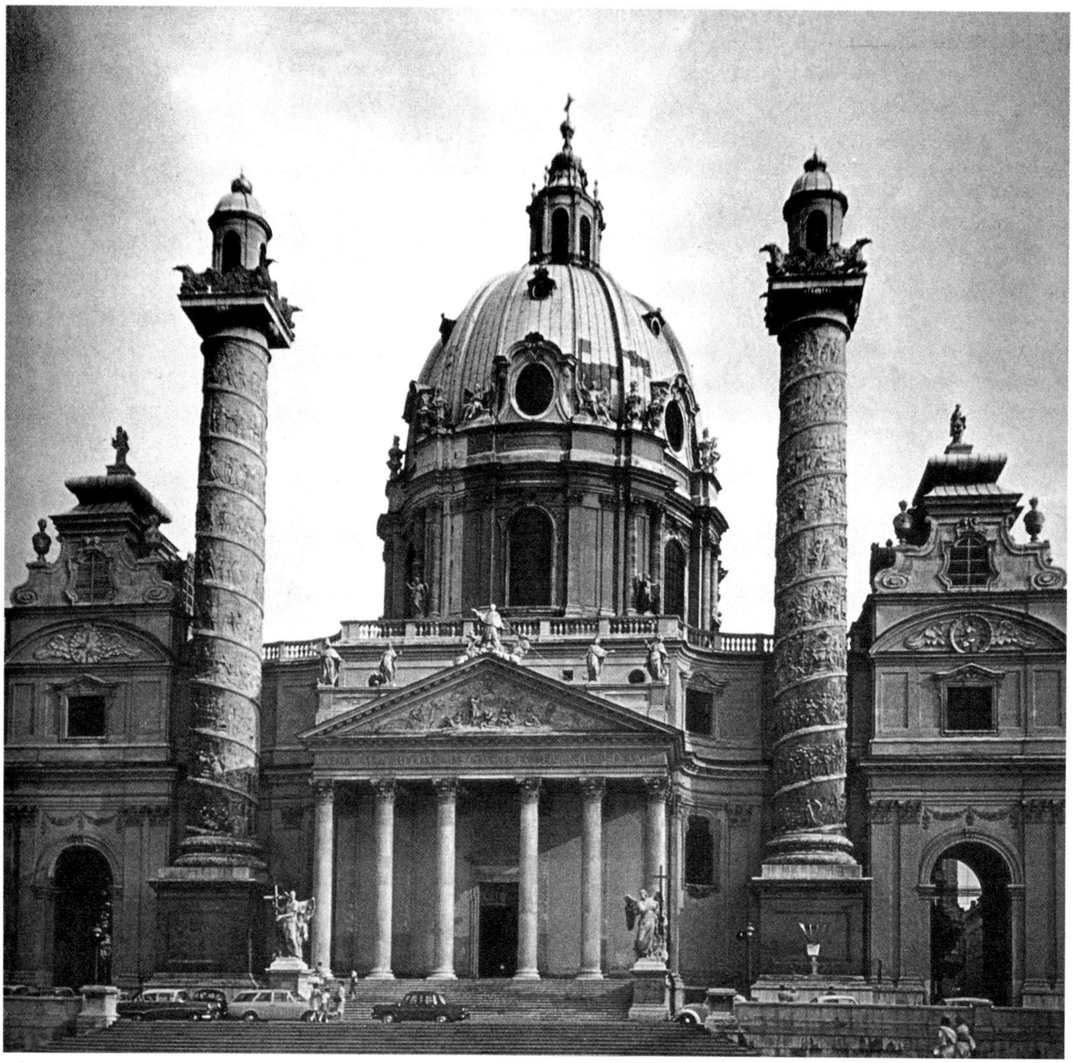

San Carlos, Viena

El término «Barroco» designa y caracteriza las producciones artísticas del siglo XVII y primera mitad del siglo XVIII. El vocablo tuvo en su origen connotaciones peyorativas al ser sinónimo de extravagancia y confusión; sin embargo los historiadores del siglo pasado empezaron a comprender el Barroco como un movimiento cultural extraordinariamente novedoso y coherente que revalorizó los criterios sensoriales y dinámicos frente al equilibrio racional de las manifestaciones renacentistas.

No puede definirse el arte barroco como un estilo único y unitario, sino más bien como el conjunto de tendencias, incluso contrapuestas, que encaminó a las artes y a los artistas al servicio de los nuevos poderes absolutos. En el ámbito de la arquitectura y las artes plásticas se reflejan de forma clara la diversidad política y los contrastes sociales y religiosos de la Europa del siglo XVII. A pesar del triunfo protestante de las naciones del Norte, fue el gran momento del Papado, cabeza también de un régimen absolutista, y de la monarquía francesa, cuyos poderes habían salido fortalecidos tras las guerras religiosas de los Treinta Años. La Iglesia y los Papas asumieron el mecenazgo artístico y convirtieron su ciudad en foco de atracción para numerosos artistas. Roma, ya desde finales del siglo XVI, experimenta una continua transformación producto de los programas urbanísticos papales y de las nuevas iglesias construidas por las órdenes religiosas. Paralelamente dirige de forma rigurosa los temas iconográficos enunciados ya en el Concilio de Trento: las artes plásticas al servicio de la Iglesia abandonan gran parte de los rasgos paganos para seleccionar temas que no necesiten complejas interpretaciones y con contenidos que sean claros y sencillos. Se seguirán, en este sentido, las recomendaciones jesuíticas que proponían asuntos de santos, martirios, éxtasis para conmover e incitar la piedad de los fieles. Pero tanto los príncipes de la Iglesia como los monarcas exigieron un arte que expresara su gloria y su poder, una exaltación que se traduce en la importancia que adquiere el monumento. Los sepulcros papales o los retratos ecuestres se convierten en una de las afirmaciones del nuevo concepto del poder absoluto. Como Roma, muchas otras ciudades europeas fueron objeto de proyectos urbanísticos. El Barroco fue un arte esencialmente urbano ya que la ciudad era uno de los marcos más idóneos para demostrar las adhesiones a la monarquía y a la Iglesia. La ciudad barroca fue el escenario de numerosas fiestas públicas en las que la arquitectura efímera brindó una escenografía perfecta tanto para las ceremonias religiosas, procesiones, canonizaciones, como para las exaltaciones regias, proclamaciones o entradas triunfales. Por otro lado, aparece la ciudad-capital, el lugar donde las monarquías establecen la corte y todo el aparato político-administrativo. Serán, pues, en estas ciudades, como París, Londres, Viena o Madrid, donde más se potencie el urbanismo.

Si Roma fue la capital de la Cristiandad Católica, Francia, la nación más poderosa de Europa, hizo de París la capital modélica del siglo. Plazas, avenidas radiales, jardines y palacios configuraron un urbanismo de amplias repercusiones posteriores. Francia además institucionalizó la creación artística con la fundación de las Academias, creando un gusto oficial, normativo y atento a las reglas y principios impuestos por aquéllas. De esta forma, la arquitectura francesa tuvo una dirección claramente clasicista, caracterizada por una mesura y una contención que contrastan con las manifestaciones del Barroco romano. Los grandes proyectos respondieron a un arte palatino: crear residencias reales entre extensos jardines, objetivo que culmina en el Palacio de Versalles y modelo que influirá de forma decisiva en el resto de las cortes europeas.

En los estados centroeuropeos, asolados por la Guerra de los Treinta Años, el Barroco se incorporó tardíamente pero consiguiendo aunar las influencias del arte italiano para la arquitectura religiosa y del arte francés para la construcción de palacios. España, sin embargo, inicia con el siglo XVII una progresiva decadencia política y económica que repercutirá negativamente en la actividad constructiva. No obstante, una innovadora fantasía decorativa hace que la arquitectura española presente una gran originalidad, rasgo que se potenciará en las colonias hispanoamericanas. El poder de la Iglesia y de las órdenes religiosas en España explica no sólo la multiplicación de iglesias, conventos, colegiatas, retablos, etc., sino también el exclusivo carácter religioso de la escultura, una manifestación peculiarmente hispana, de contenidos contrarreformistas e integrada en las procesiones de Semana Santa y otras ceremonias urbanas.

En los países protestantes otros fueron los poderes. La burguesía holandesa determinó una arquitectura funcional, acorde con su vida próspera y sencilla, lejos de la monumentalidad de las residencias cortesanas de otros países. Las iglesias se despojaron de cualquier ornamentación y se convirtieron en diáfanos salones destinados a un auditorio que escuchaba los textos de la Biblia. También Inglaterra se separó de la grandilocuencia barroca y mantuvo la tradición clásica del siglo XVI a través de un estilo basado en la obra de Palladio.

A pesar de este panorama tan diverso, la arquitectura y las artes plásticas de la época del Barroco presentaron un rasgo común en todos los países: ser un instrumento al servicio del poder, fuera la Iglesia, la monarquía o la burguesía.

La integración de las artes

La proporción, el equilibrio y el vocabulario clásico que habían inspirado la composición arquitectónica del Renacimiento sufre una profunda transformación a finales del siglo XVI. Los arquitectos del Barroco se guían por un nuevo vigor que sustituye la razón por la sensación. El dinamismo y el movimiento moldean los muros y paramentos a través de un rico repertorio de curvas y formas cóncavo-convexas. Se abandona la superposición clásica de los órdenes en las fachadas, articuladas ahora con un único orden gigante de columnas o pilastras que enfatizan la verticalidad. Se huye de la normativa del vocabulario clásico: los frontones se quiebran o se curvan, las columnas se ornamentan o se retuercen, dando la variante salomónica, y las molduras y hornacinas cubren gran parte de los muros. En las iglesias se continúa la tradicional planta basilical de cruz latina, siendo el modelo del *Gesú* el más difundido por la orden jesuítica, pero las plantas se enriquecen con nuevas soluciones circulares, ovales o mixtas. Las cúpulas adquieren un papel de primer orden, tanto en los espacios interiores como en el exterior urbano, y las fachadas de edificios religiosos o civiles se proyectan en función del entramado ciudadano que queda marcado con espacios significativos y representativos, dinámicos y abiertos. La característica esencial, no obstante, de la arquitectura es su gobierno sobre las artes plásticas, supeditadas éstas en una auténtica fusión. La escultura y la pintura se integran en la arquitectura consiguiendo verdaderos efectos escénicos, ópticos y perspectivos. La pintura al fresco, el relieve, los mármoles, estucos y dorados cubren los techos creando un efecto de ilusión en el que la luz se convierte en el protagonista. Esta simbiosis artística origina en la arquitectura un nuevo espacio esencialmente escénico y teatral, emotivo y persuasivo.

La Roma de los Papas

Desde finales del siglo XVI los Papas se convierten en mecenas empeñados en engrandecer Roma y convertirla en la capital del catolicismo. Sixto V fue el primero en ocuparse de la reorganización de plazas con fuentes y obeliscos, finalizándose durante su mandato la iglesia del Gesú por Giacomo della Porta. Esta iglesia-madre de los jesuitas era de cruz latina, con gran cúpula en el crucero y capillas entre contrafuertes, un modelo muy apropiado para la nueva liturgia apostólica por lo que tuvo un gran éxito entre las nuevas iglesias de la orden. También se terminó la cúpula de la basílica de San Pedro y en los primeros años del siglo XVII se decide convertir la planta cruciforme de Miguel Angel en una gran nave añadiendo tres crujías y una imponente fachada, obra de Carlo Maderno. Pero el momento culminante del barroco romano llega con Urbano VIII. Las enormes dimensiones de San Pedro debían ser decoradas y se le encarga a Gian Lorenzo Bernini el embellecimiento interior. Para señalar la anti-

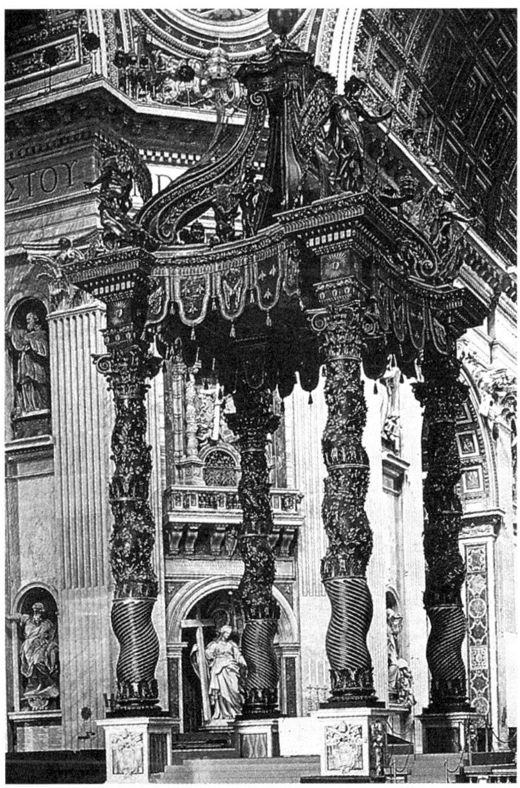

San Pedro, baldaquino

gua tumba de San Pedro y el tradicional altar que había encima era necesaria una estructura que destacara en el inmenso crucero. Bernini ideó un baldaquino de bronce que es una perfecta fusión entre arquitectura y escultura. Cuatro columnas salomónicas sostienen un palio con brazos curvados o volutas que se elevan verticalmente para sostener una esfera dorada y una cruz. La novedad de esta estructura reside en su carácter plástico, con ángeles, *putti* y decoración vegetal, así como en la sorprendente utilización de las columnas torsas que, desde entonces, pasan a ser un elemento esencial de la arquitectura barroca. Bernini se ocupó además de acentuar la axialidad de la larga nave, el coro y, sobre todo, de resaltar una reliquia (la antigua silla del apóstol San Pedro), que revistió en un trono sostenido por cuatro padres de la Iglesia en un cúmulo de nubes y ángeles. Esta Cátedra de San Pedro fue una de sus más espléndidas intervenciones; sin embargo la culminación de su tarea en la basílica fue la organización exterior y la creación de una nueva plaza para albergar multitudes donde recibir la bendición papal. Bernini consiguió en la Plaza de San Pedro unos efectos escenográficos que permitían una mejor visión

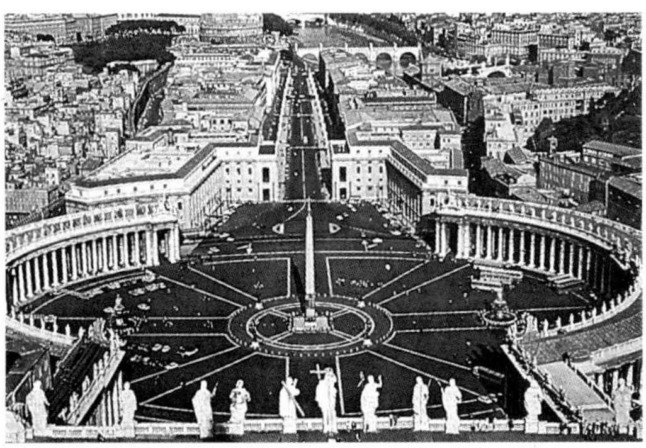

Plaza de San Pedro, Roma

de la basílica, gracias a una columnata adintelada y gigante que forma un tramo recto con brazos divergentes y una dinámica plaza oval que parece envolver al peregrino. Fue, pues, una manifestación del triunfo del catolicismo y una metáfora de la Iglesia acogiendo a todos sus fieles. Recursos escénicos se produjeron en otros programas urbanísticos papales configurando nuevas plazas como la del Popolo o la Piazza Navona.

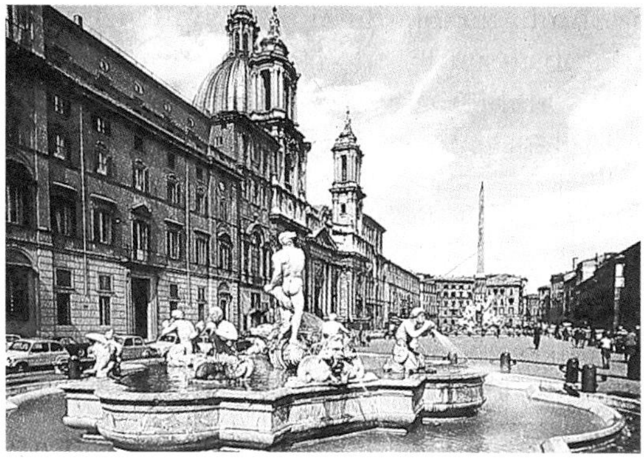

Plaza Navona, Roma

Iglesias del Barroco romano

A lo largo del siglo XVII Roma se llenó de iglesias de tipologías variadas y en las que la fachada resultaba primordial en la articulación de la calle o plaza. Se buscaba además atraer la atención del visitante, algo que ya consiguió Carlo Maderno en la fachada de Santa Susana al introducir una mayor decoración, resaltes y hornacinas. Mayor efecto tuvo el pórtico curvo rematado en frontón que Bernini introdujo en la fachada de San Andrés al Quirinal, una solución que Pietro da Cortona utilizó de forma teatral en la iglesia de San María de la Paz. Pero la mayor originalidad e inventiva corresponde a otro arquitecto contemporáneo: Borromini. Trabajó sobre todo para las órdenes religiosas y sus obras fueron más modestas y de menores dimensiones, aunque sus proyectos sobresalen por su atrevimiento y fantasía. Utilizó complejas plantas centralizadas (en forma de estrella, elipses cruciformes...) y trabajó como si fueran elásticos los muros y fachadas. En San Carlo alle Quattro Fontane la fachada es un continuo juego de formas sinuosas que producen un gran movimiento. En la

Plaza Navona terminó la iglesia de Santa Inés con una efectista fachada de trazado cóncavo-convexo que realzaba una cúpula enmarcada entre dos torres. Su obra más compleja es la iglesia de San Ivo en la que demuestra su interés por las composiciones geométricas: la planta es una estrella hexagonal que continúa hasta la linterna de la cúpula sin ningún tipo de transición.

Bernini escultor

Si la arquitectura nos envuelve en un espacio escénico y persuasivo, la escultura barroca también atrapa al espectador y le hace partícipe de la acción. Inspirándose en la realidad para romper con la estética manierista, los escultores imprimieron movimiento a sus obras, insistiendo en los gestos y actitudes de las figuras. Bernini eclipsó a todos sus contemporáneos desde sus primeras obras. Tanto en el *David* como en el grupo de *Apolo y Dafne* consigue captar la instantánea, el momento justo en que David arroja la piedra o Dafne se convierte en laurel. Ambas obras presentan una nueva relación con el espacio que ocupan; sus escorzos y sus movimientos agitados favorecen fuertes efectos de claroscuros, rasgos que convierten el *Extasis de Santa Teresa* en la Capilla Cornaro en su obra maestra. Aquí Bernini utiliza diversos materiales como hará en los sepulcros papales, monumentos funerarios que inauguran una nueva tipología. En la Piazza Navona realizó la *Fuente de los Cuatro Ríos* frente a la iglesia de Santa Inés, una alegoría que igualmente testimoniaba el poder apoteósico de la Iglesia. Sus retratos o bustos reflejan tanto la psicología como la condición social del retratado. La fama del arquitecto y escultor Gian Lorenzo Bernini traspasó pronto las fronteras. Luis XIV le reclamó y el artista llegó a París para ocuparse del retrato del monarca y de la fachada del palacio del Louvre. Sin embargo, sus proyectos fracasaron por ser demasiado dinámicos ante el contenido y clásico gusto del estilo francés.

El clasicismo francés

La tendencia enfática, la persuasión escénica y la dinámica del barroco romano tuvieron un rechazo categórico en Francia. Allí se prefirió mantener las formas clásicas de la Antigüedad y del Renacimiento para conseguir un arte majestuoso al servicio del Estado. A través de la Academia de Arquitectura, fundada en 1671, se controló la actividad constructiva imponiendo el respeto a los órdenes clásicos, a los tratados del siglo XVI, a la simetría y a la regularidad. El centralismo fue el rasgo esencial del reinado de Luis XIV y éste dirigió, con la ayuda de supervisores y directores, toda la producción artística. En Francia fue el palacio la manifestación más clara del absolutismo y del gusto institucional, sobrio y acorde con los principios clásicos, pero los interiores reflejan un gusto refinado y suntuoso producto también de la supervisión de las Academias y del centralismo, ya que fue la Casa Real la que subvencionó las Manufacturas Reales o talleres de artesanos encargados de toda la producción mobiliaria y decorativa del palacio. Entre los primeros ejemplos destaca el palacio de Vaux-le-Vicomte en donde ya se marca el modelo de arquitectura palatina inserta en jardines regulares; sin embargo la gran empresa estuvo en París, en el palacio del Louvre y en una de sus fachadas. Luis XIV pidió a Bernini varios proyectos para poder finalizar su residencia parisina, pero las soluciones ovales que ideó para el centro de la fachada no gustaron a los franceses. La realización estuvo a cargo de C. Perrault y L. Le Vau que erigieron para la fachada una especie de templo clásico desplegado, con un frontón dominando el centro y una gran galería de columnas pareadas. Tampoco a Luis XIV le satisfizo la estatua ecuestre que le propuso Bernini, a manera de guerrero antiguo con los ropajes henchidos por el viento, y prefirió otra más estática realizada por Girardon. En la arquitectura religiosa destaca la iglesia de los Inválidos de París, con una de las cúpulas más elegantes y airosas de Francia. En ella se repiten también las columnas pareadas en la fachada y en el tambor. Su autor fue Jules-Hardouin Man-

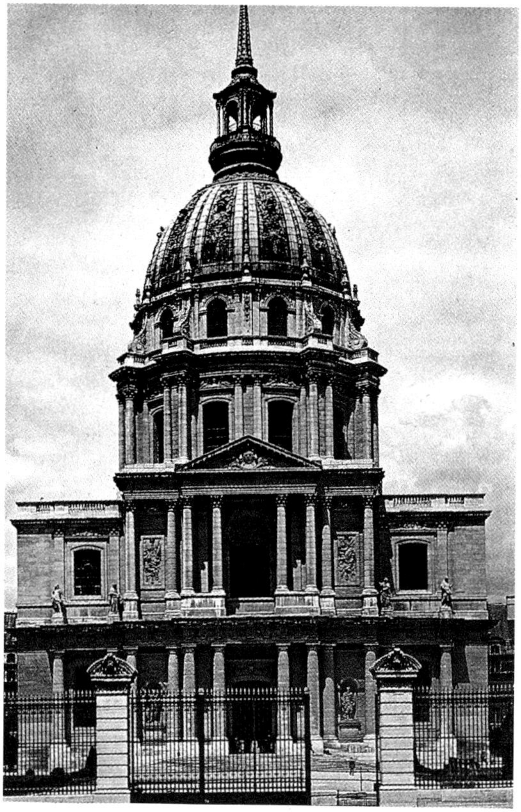

Los Inválidos, París

sart, el artífice que se consagra con la remodelación definitiva del palacio de Versalles tras la decisión de Luis XIV de trasladar la residencia oficial a aquella localidad. Se trata de una perfecta integración de ciudad, palacio y jardines. Estos últimos, obra del jardinero real Le Nôtre, suponen la culminación del modelo de jardín de trazado geométrico, con extensiones que se pierden en el infinito y amplias avenidas radiales. Las esculturas de las fuentes fueron realizadas bajo la dirección de Girardon. El esquema de los jardines y palacio de Versalles fue imitado por el resto de las cortes europeas.

Inglaterra

El espíritu clásico también caracteriza el estilo en Inglaterra. Fue Iñigo Jones, un arquitecto que estuvo en Italia a comienzos del siglo XVII, quien adaptó sus proyectos a los principios de los tratados de Palladio. De esta forma el «palladianismo» se convirtió en un estilo «inglés» que perduró durante más de dos siglos y se difundió por América. En 1666 un incendio destruyó gran parte de Londres. Christopher Wren fue uno de los encargados de la reconstrucción de la ciudad, proyectando numerosas iglesias cuyos exteriores presentan característicos y esbeltos campanarios. La catedral de San Pablo fue su obra más ambiciosa en la que se unen las influencias francesas y las italianas: es una respuesta a la monumentalidad de San Pedro de Roma y una aceptación de los elementos arquitectónicos del clasicismo francés, ambos aspectos bien patentes en la gran cúpula y en los dos órdenes de columnas pareadas de la fachada.

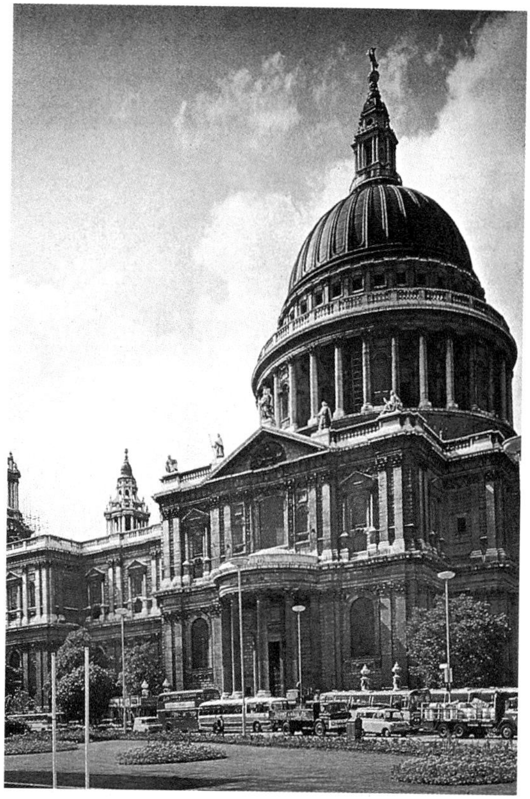

San Pablo, Londres

Italia: Venecia y Turín

Aunque Roma detentó la hegemonía artística de Italia hay que contar con otras ciudades que plantearon soluciones importantes para conocer la evolución del Barroco. En la rica y próspera Venecia Baltasar Longhena levantó la iglesia de Santa María de la Salud, una original estructura de planta octogonal con una gran cúpula rodeada de volutas. Situada en el Gran Canal, determina uno de los perfiles más conocidos de la ciudad. En el Piamonte, sin embargo, se desarrollaron los modelos procedentes de Roma. Guarino Guarini en la capital, Turín, culminó la tendencia de las fantasías de Borromini al proyectar iglesias con plantas y alzados de suma complejidad, como la capilla del Santo Sudario cuya cúpula estrellada recuerda los esquemas hispanomusulmanes.

El barroco centroeuropeo

Gran parte de Centroeuropa quedó devastada tras la Guerra de los Treinta Años. Los nuevos estados quedaron sumidos en una crisis económica y política de la que no se recuperan hasta comienzos del siglo XVIII. A partir de ese momento se inicia una febril actividad constructiva y un renacimiento artístico en los que alternan la influencia francesa con la italiana. Príncipes y prelados rivalizaron entre sí para construir iglesias, monasterios y palacios. Estos últimos manifiestan los dictados versallescos, como el palacio de Nymphenburg en Munich o el de Schönbrunn en Viena, pero una nueva decoración también de origen francés puebla sus interiores. Se trata del denominado *Rococó,* ornamentación de grutas y fuentes *(rocaille)* que pasó a los salones con un vocabulario en el que dominaban el arabesco, las espirales, espejos, cartelas, guirnaldas... y que surgió en los acomodados palacetes de la aristocracia parisina del primer tercio del siglo XVIII. Una de las primeras construcciones religiosas que reflejan la síntesis de los modelos francés e italiano es San Carlos Borromeo en Viena, obra de J. Fischer von Erlach. La fachada, con un repertorio formal clasicista, cuenta con numerosas citas que evocan a Roma: el pórtico de la fachada recuerda al del Panteón, las enormes columnas son derivaciones de la Trajana, los muros cóncavos se inspiran en la iglesia de Santa Inés de Borromini...; el conjunto obliga a considerar a este arquitecto como un auténtico estudioso de la tradición clásica italiana. Las formas borrominescas que potenció Guarini tuvieron su eco en las numerosas iglesias rurales y abadías patrocinadas por las poderosas órdenes monásticas centroeuropeas. Los arquitectos procedían de la tradición gremial y los interiores revelan la importancia de la labor de estucadores, doradores, pintores y carpinteros. La planta de los templos procede del Gesú, pero los muros se curvan en un incensante movimiento y el espacio se transforma en un auténtico esplendor diáfano por el blanco y dorado de los estucos y la fuerte iluminación. Es de destacar, entre otros, el monasterio de Melk sobre el Danubio, de J. Prandtauer, y el santuario bávaro de Dies Wies, obra de D. Zimmermann.

Arquitectura y escultura del Barroco español

En España no hubo interés por las complejas formas y espacios del Barroco romano o centroeuropeo. Durante las primeras décadas del siglo los proyectos estuvieron bajo la influencia de una tradición clasicista y austera, es decir, de la herencia de Juan de Herrera y El Escorial. Una desfavorable situación económica determina un tipo de construcción barata a base de ladrillo, empleándose la piedra para la portada y las zonas más nobles del edificio, así como el uso de una cúpula «encamonada» de entramado falso de madera. Entre los primeros arquitectos del siglo destaca Juan Gómez de Mora, autor de la plaza mayor de Madrid con la que inaugura un modelo que se repetirá en todas las ciudades hasta el siglo XVIII. Aunque las estructuras y espacios dinámicos no tuvieron apenas proyección, sí se introdujo la planta oval de

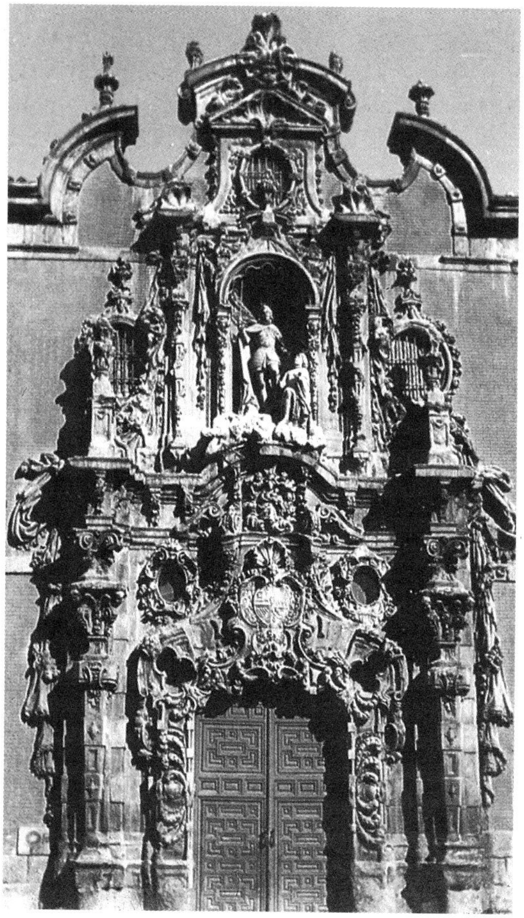

Hospicio, Madrid

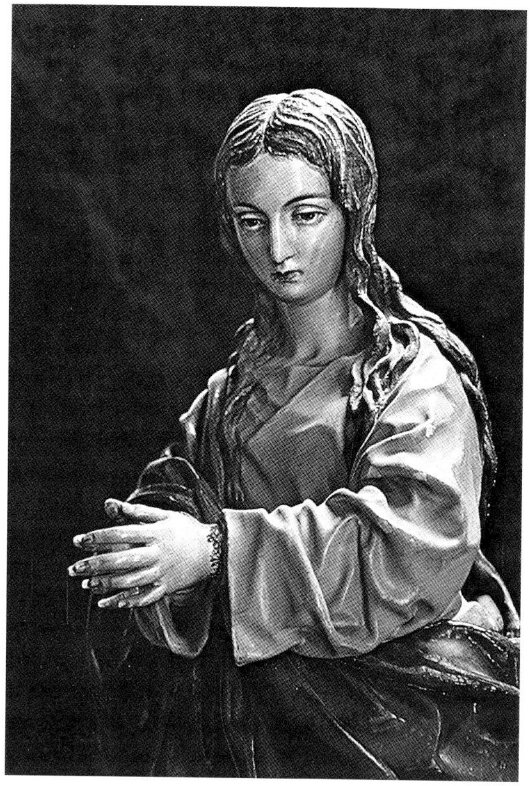

Alonso Cano, Inmaculada

forma excepcional como ocurre en San Antonio de los Portugueses de Madrid, las Bernardas de Alcalá o los Desamparados de Valencia. Algunos arquitectos italianos trabajaron para la corte, como Juan Bautista Crescenci quien realiza el Panteón de El Escorial, o enviaron sus proyectos y trazas como Fontana para la Colegiata de Loyola de los jesuitas. El momento español más original es el último tercio del siglo XVII y primeras décadas del siguiente, cuando la arquitectura, aun conservando las formas y plantas tradicionales, se ve enriquecida por una explosión ornamental sin precedentes. Portadas y retablos muestran esta fantasía basada en la utilización de columnas salomónicas, estípites, ángeles... siendo José de Churriguera y Pedro de Ribera los máximos exponentes de este estilo que culminará con el Transparente de la Catedral de Toledo, obra de Narciso Tomé. En provincias debe señalarse también una tendencia decorativa que se inicia con Cano y Simón de Pineda en Andalucía, mientras que en Galicia el broche final del barroco lo realiza Casas y Novoa con la fachada del Obradoiro de la Catedral de Santiago. En la corte la nueva dinastía de los Borbones impondrá un estilo más internacional, francés e italiano, reflejado en los palacios de La Granja y de Madrid. En escultura apenas existió un desarrollo de temática mitológica y profana a excepción de ciertas producciones del ámbito cortesano. El único promotor fue la Iglesia, por lo que proliferan las obras religiosas, imágenes de devoción que responden a los principios del Concilio de Trento. Por ello, la escultura se caracteriza por un gran realismo. Se continúa la talla en madera policromada, pero sin los dorados del siglo anterior. Entre los numerosos talleres destaca la escuela castellana con Gregorio Fernández y su descarnado realismo, plasmado en Cristos yacentes y Dolorosas; la andaluza representada por Martínez Montañés y Alonso Cano con representaciones de la Inmaculada y, por último, Murcia durante el siglo XVIII donde Salzillo mostró una clara tendencia hacia formas más idealizadas.

Véanse en las páginas 237-241 los comentarios a cinco obras de este período.

Unidad 12

Las imagenes del Barroco

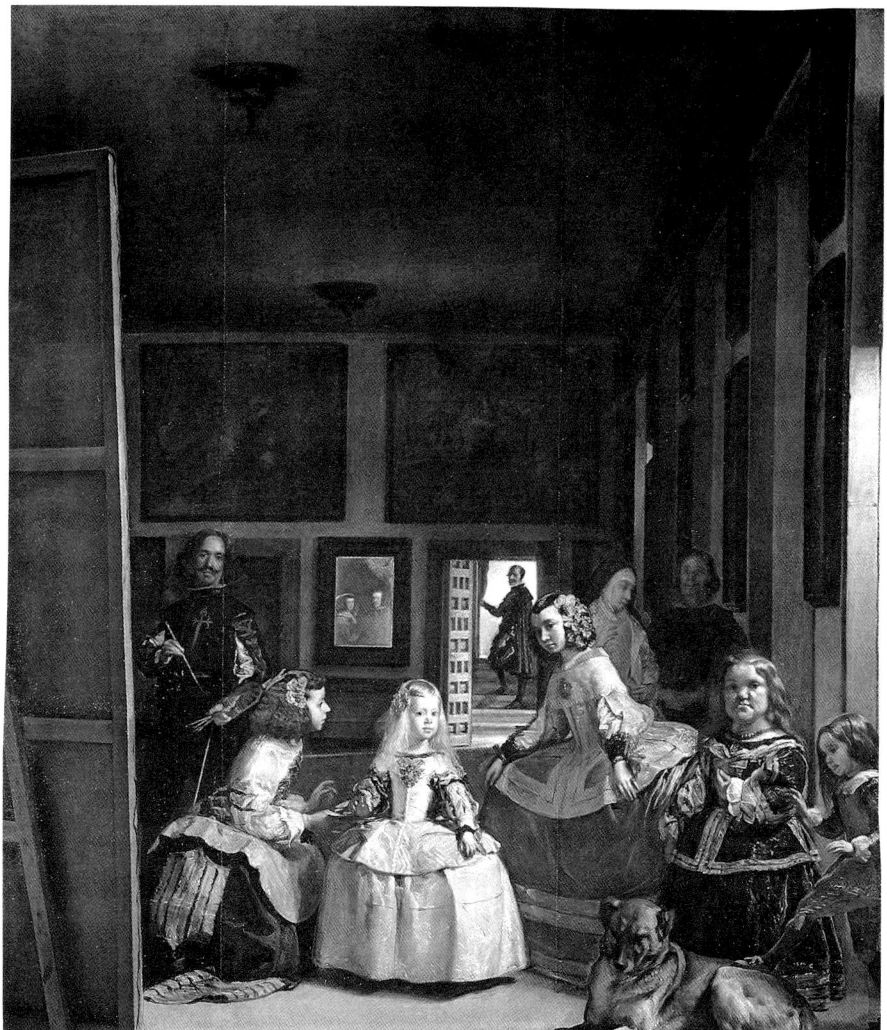

Velázquez, Las Meninas

La Iglesia, la monarquía y la burguesía fueron los tres grandes poderes que promocionaron las diversas tendencias de la pintura barroca; una pintura que se alejó del mundo mítico y heroico del Renacimiento, así como de la idealización exagerada de los pintores manieristas de la segunda mitad del siglo XVI.

Las artes plásticas del Barroco se convierten en el vehículo más idóneo para transmitir las ideas políticas y religiosas, y fue la Iglesia, en gran medida, la responsable de las nuevas imágenes y contenidos que debían reflejar los pintores. Tras el Concilio de Trento se establecieron unos objetivos artísticos orientados a reafirmar las verdades inmutables del catolicismo y para ello se potenció un arte didáctico, comprensible y sencillo, que no necesitara de complejas interpretaciones. Era necesario, pues, volver los ojos hacia la naturaleza para crear un arte realista que llegara clara y directamente al espectador. A este «naturalismo», característica esencial de la pintura barroca, hay que añadir la «nueva iconografía» que promueve la Iglesia con el fin de impactar y conmover al pueblo. En los temas sacros abundan los martirios, las escenas de arrepentimiento y penitencia, los santos en éxtasis y todas aquellas imágenes que indujeran a la meditación de los fieles. Los pintores olvidan las representaciones ideales y el concepto de belleza del siglo anterior y extraen de la realidad tanto los aspectos agradables y bellos como los feos y vulgares. Los temas se pueblan de tipos populares de la realidad cotidiana y, para conseguir un mayor efecto en la sensibilidad del espectador, se utilizan recursos teatrales. Las figuras presentan exagerados gestos y actitudes, pero es la utilización escenográfica de la luz el rasgo más determinante de la pintura barroca, una luz dirigida que origina zonas de luminosidad intensa y fuertes sombras, efectos de claroscuro que dramatizan la composición. Se trata de una pintura persuasiva, que llega a los sentidos, tal y como aconsejó San Ignacio en sus *Ejercicios Espirituales,* y que tuvo una enorme difusión en los países católicos, como Italia, España y Flandes.

Como consecuencia de la observación atenta de la naturaleza surgen nuevos géneros pictóricos, como el bodegón o las naturalezas muertas. El paisaje adquiere una entidad desconocida hasta entonces y el retrato, iniciado en el Renacimiento, se convierte en un excelente ejercicio en donde el pintor demuestra todas sus habilidades, consiguiendo reflejar la psicología y personalidad del retratado además de su categoría y rango social. Tanto en la temática religiosa como en los nuevos géneros se descubre la riqueza cromática de la paleta del pintor, que abandona progresivamente el dibujismo renacentista para dar mayor predominio al color. Las manchas son las que definen las formas y contornos, mientras que las pinceladas en muchos artistas, como Velázquez o Rembrandt, se vuelven cada vez más amplias, fluidas y espontáneas. También se supera el esquema simétrico renacentista en la composición del cuadro. Se prefiere una nueva ordenación a base de diagonales, un desequilibrio compositivo que produce un mayor dinamismo y sugiere una acción más allá de los límites del marco.

El repertorio mitológico del Renacimiento no se abandonó, fue más bien una herencia que los artistas utilizaron para glorificar y ensalzar a la monarquía y la nobleza. Con frecuencia héroes y dioses del Olimpo sirven de referencia para representar el poder y las virtudes de los monarcas, tanto en lienzos como en frescos de techos palatinos. Precisamente, estos frescos decorativos demuestran uno de los grandes logros de la pintura barroca: la conquista de la profundidad o de la tercera dimensión, superando la perspectiva renacentista a través de una continua y graduada sucesión de planos y del estudio de los efectos de luz. También reflejan el rasgo dinámico del Barroco por los reiterados escorzos y el incesante movimiento de las figuras. Los frescos de los palacios e iglesias barrocas son signo del esplendor absolutista y cortesano de la época y del poder de la Iglesia, pero sobre todo testimonian la simbiosis artística del Barroco y la importancia de la integración de la pintura y la arquitectura.

Al igual que la Iglesia, la monarquía monopolizó el mecenazgo artístico y todas las cortes europeas rivalizaron, no sólo por contratar a determinados pintores, sino por reunir las mejores obras de arte. El siglo XVII es el gran momento del coleccionismo y los monarcas, como Felipe IV de España o Carlos I de Inglaterra, atesoraron impresionantes colecciones de pintura. Coleccionar era una forma de ostentación, de demostrar el poder, la riqueza y el prestigio del propietario. Fue además un factor esencial para el desarrollo del posterior mercado de arte, un fenómeno que aparece en una nueva nación, la independiente Holanda, protestante, burguesa y con una economía basada en el comercio. Sus pintores cultivaron todos los géneros y sus bodegones, sus escenas costumbristas e interiores reflejan la riqueza, el confort y el espíritu de libertad de esta república holandesa.

Aunque existen características comunes no puede hablarse, sin embargo, de una tendencia única en la pintura barroca. Cada país y cada escuela presenta opciones distintas. El caso español merece destacarse, ya que, tras el esplendor de los primeros Habsburgo, se inicia el siglo con un declive político, económico y social que sólo afectó al ámbito de la arquitectura. En el campo de las artes plásticas y de la literatura fue, por el contrario, la época dorada y el momento cultural más álgido. No obstante, la pintura profana se redujo casi al retrato y al bodegón y la temática predominante fue la religiosa, consecuencia del poder eclesiástico y de la postura contrarreformista y combativa de los monarcas.

Italia: el punto de partida

El primer pintor que rechazó los ideales clásicos y superó los modelos manieristas fue Michelangelo Caravaggio. Empeñado en representar las cosas tal y como son, incorporó a sus escenas gente y personajes populares, incluso vulgares, que llegaron a escandalizar a sus contemporáneos, como ocurrió en *La muerte de la Virgen* para la que tomó como modelo el cuerpo de una mujer ahogada en el Tíber. Para dar mayor sensación de verosimilitud escogía un momento concreto de la acción, convirtiendo el acontecimiento en un instante, de ahí que las figuras aparezcan casi siempre sorprendidas y gesticulantes, como en la *Cena de Emaús,* que recoge el momento en que los discípulos reaccionan al darse cuenta de que están ante Cristo. Pero la gran aportación se encuentra en el nuevo tratamiento de la luz: un intenso foco lumínico elevado se proyecta en diagonal sobre la escena y resalta las zonas esenciales frente a otras que quedan en penumbra. Estas zonas de sombra se agudizan porque los fondos de los cuadros son oscuros y las figuras parecen que surgen de las tinieblas; ello originó el término de «tenebrismo» para calificar la obra de Caravaggio y de sus numerosos seguidores. Entre su producción cabe señalar el *Santo Entierro, La Conversión de San Pablo,* bodegones e interpretaciones realistas y populares de la mitología, como el *Baco,* pero sobre todo las tres grandes escenas sobre la *Vida de San Mateo* que realizó para la iglesia de San Luis de los Franceses en Roma. Frente a la fidelidad a la naturaleza que demostró Caravaggio, otros pintores italianos adoptaron una alternativa diferente a la hora de reaccionar contra el manierismo. Fue el caso de los hermanos Carracci, quienes prefirieron eliminar los aspectos y elementos vulgares de la naturaleza y realizar una pintura basada en la escultura de la Antigüedad y en el estilo de Rafael y Miguel Angel. Por ello dieron más importancia al dibujo y sus obras fueron un modelo para la enseñanza académica posterior. Los frescos de la Galería del Palacio Farnesio son su obra más ambiciosa: las escenas narrativas se encuentran en cuadros enmarcados independientes dentro de un esquema ilusionista y suponen el punto de partida para el desarrollo de los frescos decorativos del Barroco que, con Pietro da Cortona, alcanzan la culminación en el Palacio Barberini. Cortona pintó la glorificación del Papa Urbano VIII en un techo que funde la arquitectura y la escultura simuladas, con figuras en escorzo suspendidas en un cielo ilimitado. Esta tendencia continúa con la labor de Andrea del Pozzo y Lucas Jordán a finales del siglo XVII.

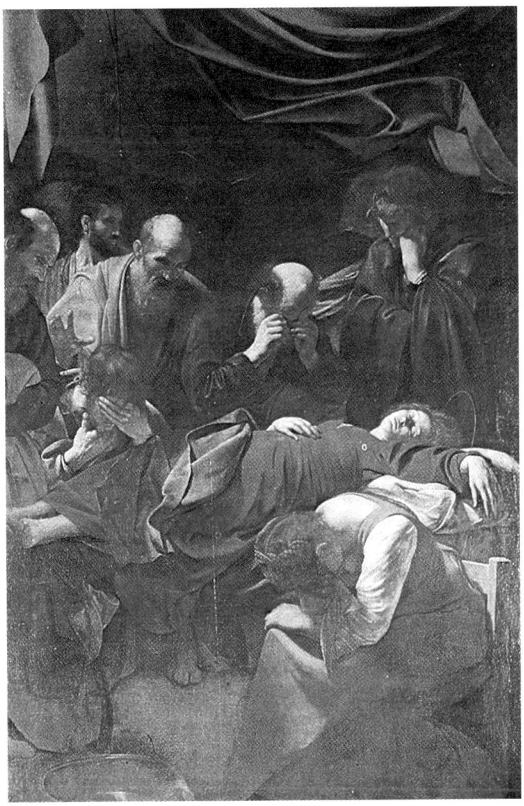

Caravaggio, La muerte de la Virgen

El ideal clásico y el paisaje

Durante el Renacimiento los pintores incorporaron el paisaje como fondo de sus composiciones, pero a comienzos del siglo XVII surge un nuevo tipo de paisaje en el que las

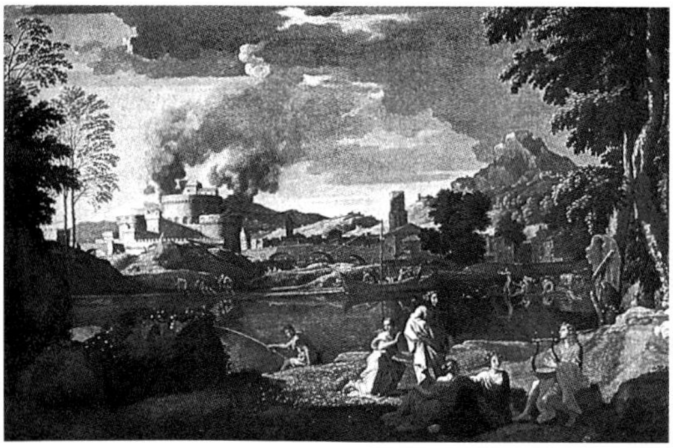

Poussin, Orfeo y Eurídice

figuras desempeñan un papel menos importante. Es el caso de la *Huida a Egipto* de Aníbal Carracci, una obra que inaugura una visión clásica, una evocación ideal de la naturaleza que tendrá una inmediata repercusión. Nicolás Poussin y Claudio de Lorena, dos artistas franceses que residieron gran parte de su vida en Roma, fueron los responsables de la creación del paisaje clásico, de gran lirismo, con ruinas y referencias nostálgicas a la Antigüedad. En ambos pintores se da un perfecto equilibrio entre la idealización y la observación atenta del natural, plasmando unas campiñas cuyos modelos eran los mismos campos que rodeaban Roma, pero transformadas en paisajes soñadores e intemporales. Poussin se sintió fascinado por el colorido veneciano y por la escultura y la mitología clásica; resultado de ello son obras como *Los pastores de Arcadia* o el *Parnaso.* Ejerció una gran influencia en Francia, particularmente en Charles Lebrun, director de la Academia de Artes y responsable de la decoración de Versalles.

Pedro Pablo Rubens

Fue el artista más cosmopolita e internacional de la primera mitad del siglo XVII y el pintor más representativo de la escuela flamenca. Hijo de familia acomodada, vive sus primeros años en Amberes pero pronto marcha a Roma. Allí se forma viajando por toda Italia; conoce y estudia a los artistas italianos, tanto los maestros antiguos como los modernos, y le impacta la pintura veneciana, sobre todo Tiziano y su colorido. Con la influencia de este último y con la herencia cromática de los primitivos flamencos, Rubens se convirtió en el pintor con más dominio del color. Su paleta tiende siempre hacia los colores cálidos, armoniosos y brillantes. A su vuelta a Amberes es nombrado pintor de corte del Archiduque y se encarga de misiones diplomáticas que le obligan a trasladarse a España. Esto le permitió conocer las colecciones de pintura del monarca español y tomar contacto con Diego Velázquez, a quien influye de forma decisiva. Se ocupó de todos los géneros (retratos, pintura mitológica e histórica, así como bodegones y paisajes) y tuvo que dejar en manos de su taller los numerosos encargos que recibía. También trabajó para los jesuitas de Amberes realizando asuntos religiosos. En el *Tríptico del Descendimiento* consigue un gran dramatismo, acorde con las actitudes estéticas contrarreformistas, y se aprecia su interés por integrar en la escena numerosas figuras y componer según

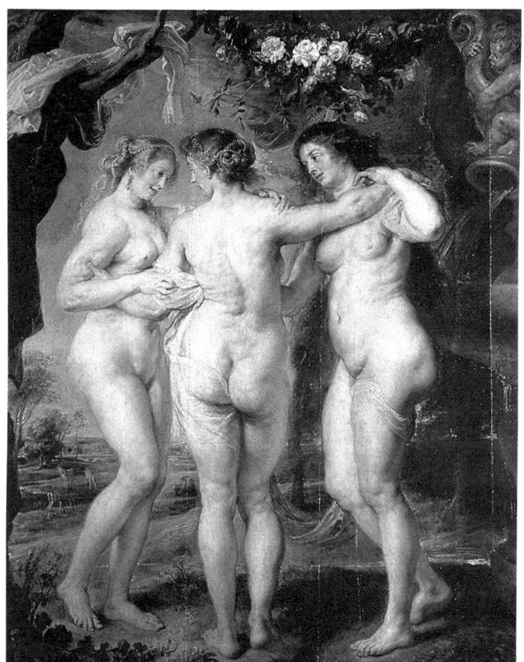

Rubens, Las tres Gracias

un esquema en diagonal. Sin embargo, es en el tema profano en donde se refleja su rasgo esencial: la inclinación optimista por exaltar la belleza y la alegría de la vida a través de un estilo dinámico y de gran colorido. *El jardín del amor* es, en este sentido, una obra bien significativa. Entre su producción destacan las historias mitológicas, como el *Rapto de las hijas de Leucipo,* obra que refleja una composición compleja y sinuosa, *Las tres Gracias* o *Diana y sus ninfas.* Las figuras presentan una gran corporeidad: hombres fuertes y musculosos derivados de modelos miguelangelescos que Rubens transforma con una nueva vitalidad. Repitió un prototipo de belleza femenina, rubia, de formas gruesas, carnosas y de piel nacarada, cuyo modelo se encuentra en sus sucesivas esposas. El esplendor con que trataba los ropajes y joyas se pone de manifiesto en los retratos, muchos para la corte española, como el del *Duque de Lerma,* pero sobre todo en el ciclo que realizó para la reina de Francia, 21 cuadros que glorifican la monarquía francesa. Destaca el *Desembarco de María de Medici en Marsella,* una espectacular mezcla de elementos históricos y mitológicos, pleno de diversas figuras y con un movimiento que alcanza su punto culminante. Toda su obra es un ejemplo de fantasía, de capacidad para asimilar todas las tendencias, consiguiendo unir las tradiciones del norte y del sur de Europa. Tuvo una labor polifacética, ya que se ocupó igualmente de diseños arquitectónicos, decorados para fiestas y cartones para tapices, como los ejecutados para el convento madrileño de las Descalzas Reales. Entre sus colaboradores más directos sobresale A. Van Dyck, artista que se estableció en la corte inglesa como pintor del rey. Su actividad pictórica se cifró en un nuevo tipo de retrato muy alejado del ceremonioso modelo cortesano. Sus retratados, Carlos I y aristócratas, posan de forma natural, con elegancia y distinción, con un refinamiento que tendrá gran influencia en Europa hasta el siglo XVIII.

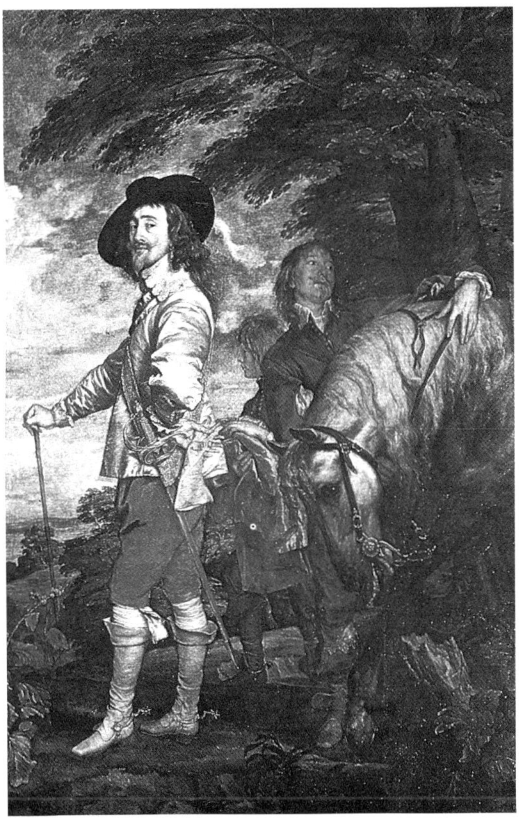

Van Dyck, Carlos I de Inglaterra

La pintura barroca en España

Fue el país que mejor siguió los postulados artísticos derivados del Concilio de Trento: la pintura estuvo al servicio del catolicismo y traduce de forma ortodoxa los dictámenes de la orden jesuita. El bodegón estuvo presente, pero con unos planteamientos absolutamente diferentes a los bodegones flamencos u holandeses tan exhibicionistas y repletos de objetos suntuosos. Sánchez Cotán inició el tipo de bodegón austero y de gran simplicidad, con un realismo minucioso y un tratamiento lumínico que recuerda el estilo de Caravaggio. Este naturalismo y el estudio de los efectos de luz a la manera tenebrista incidió pronto en los pintores españoles. En Valencia destacan Francisco Ribalta y José de Ribera. El primero demostró el dominio de la composición y de la técnica en sus escenas místicas, como *Cristo abrazando a San Ber-*

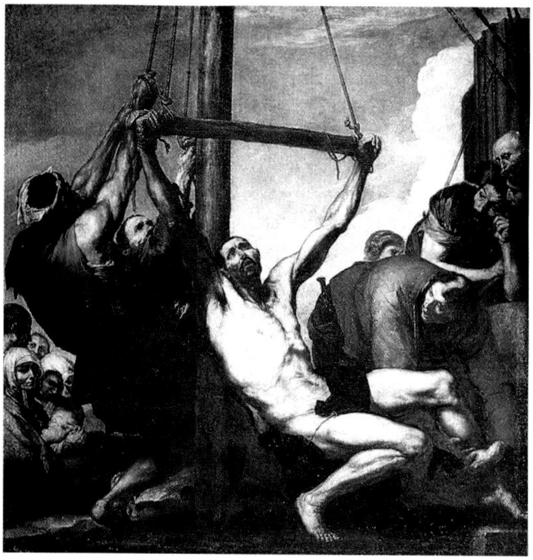

Ribera, El martirio de San Felipe

nardo. Ribera, conocido como el «Spagnoletto», ya que pasó su vida en Nápoles al servicio del virrey español, es el más claro exponente de esta tendencia. En su pintura destacan sus personajes: mendigos, viejos o lisiados que representan siempre santos, penitentes o martirizados, pero siempre tratados con una gran dignidad. En obras como *El martirio de San Felipe* o *San Andrés* demuestra un perfecto dominio de la anatomía. Los cuerpos desnudos son absolutamente dramáticos, demacrados, arrugados, pero reflejan perfectamente las directrices iconográficas y devocionales. Se ocupó de temas mitológicos *(Sileno borracho),* figuras de sabios de la Antigüedad *(Arquímedes)* y no faltan seres monstruosos como la conocida *Mujer barbuda,* obra ejemplar del naturalismo temático de la época. Una visión religiosa diferente la ofrece un pintor extremeño formado en Sevilla: Francisco de Zurbarán. Su pintura resulta ascética y de mayor serenidad, patente en sus bodegones y en sus ciclos monásticos, escenas cotidianas de monjes, realizados con una plasticidad casi escultórica según composiciones sencillas y un colorido llamativo, basado en el blanco de los hábitos. Trabajó en la corte realizando los *Trabajos de Hércules,* un ciclo para el Salón de Reinos del Buen Retiro que glorifica la monarquía española y que fue dirigido por Velázquez, figura cumbre de la pintura del siglo XVIII.

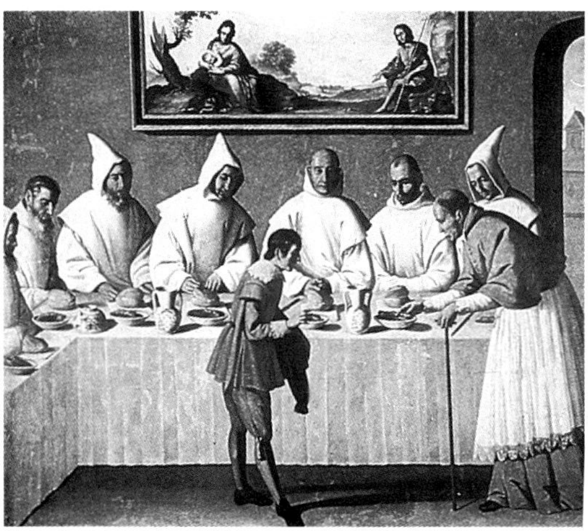

Zurbarán, La cena de los cartujos

Diego Velázquez (1599-1660)

Es la máxima aportación de España al Barroco y el artista con mejor dominio de los recursos pictóricos y efectos lumínicos. Se forma en Sevilla, su ciudad natal, y sus primeras obras, *La vieja friendo huevos* o *El aguador,* traducen una elección por la línea tenebrista y el naturalismo, resultado de la influencia indirecta que ejercía la obra de Caravaggio en España. Son obras que unen la naturaleza muerta con personajes de gran realismo y con una gama cromática de tonos ocres y pardos. Gracias al Conde-Duque de Olivares, viaja a la corte y es nombrado pintor de cámara de Felipe IV. Inicia entonces su labor de retratista, destacando las numerosas series de *Felipe IV,* el *Príncipe Baltasar Carlos,* las infantas, o personajes cortesanos, como el *Conde Duque,* sin olvidar los bufones, como *El Niño de Vallecas* o *El Bobo de Coria,* tratados con enorme respeto y penetrante captación psicológica. Con su entrada en la corte conoce la pinacoteca real y las grandes obras de los maestros venecianos. Los cuadros de Tiziano le inclinan por lo pictórico y lo cromático. En este sentido, fue importante su amistad con Rubens, quien le aconsejó viajar a Italia, lo que hace en 1629. Tras este viaje abandona por completo el tenebrismo inicial por una nueva ingestigación del color, la luz y la perspectiva. De esta época son temas mitológicos, como *La Fragua de Vulcano* o *Los Borrachos,* pensados como escenas de género, con gran ironía e interpretación realista. Fue además aposentador de palacio, encargado de la decoración de las estancias reales. Para el palacio del Buen Retiro encargó una serie de batallas a pintores contemporáneos que debían ornar el Salón de los Reinos y para el que pintó *La rendición de Breda (Las lanzas)* y en la que se aprecia ya una técnica más suelta en la pincelada, un color más claro y brillante y un desarrollo de fondo de paisaje que será muy característico por sus tonos azules y verdosos y que remiten a la sierra madrileña. Tal inclinación por el paisaje es palpable en los dos pequeños lienzos que de *Los Jardines de la Villa Medici* realizó durante su segundo viaje a Italia, en 1649, vistas que otorgan un papel fundamental a la luz y a la evolución de su pincelada, cada vez más fluida, de pequeños toques, considerada como precedente de la técnica impresionista. Excepcional por ser unos de los escasos desnudos del panorama español es la *Venus del Espejo,* pero es en sus últimos cuadros, sobre todo en *Las Hilanderas* y en *Las Meninas,* donde su técnica alcanza una maestría insuperable en la perspectiva aérea y la profundidad, al captar el aire flotante de las estancias. Con *Las Meninas,* cuadro complejo por su simbolismo y su composición, Velázquez refleja algo más que un retrato colectivo. Plasma un instante cotidiano de la corte con la infanta Margarita y sus damas en un interior dominado por suaves y calculados planos de luz y sombra, de aire, y en donde están los reyes, reflejados en un espejo, y el propio Velázquez. Es un artificio que integra de esta forma al propio espectador, pero que además reclama el rango del pintor, su posición en el cuadro lo demuestra, y la categoría de la pintura como arte liberal.

Ultima generación de pintores españoles

Aunque Velázquez no dejó discípulos, el retrato cortesano continuó durante el reinado de Carlos III con Claudio Coello y Carreño Miranda. En Sevilla, Valdés Leal y Murillo representan el barroquismo pictórico. El primero es el exponente de una pintura dramática y tenebrista como muestran sus terribles y moralizantes cuadros para el Hospital de la Caridad. Murillo, por el contrario, plasmó una pintura más colorista, con una temática religiosa más íntima y familiar. Destacan la *Sagrada Familia del Pajarito* y sus conocidas *Inmaculadas.*

La pintura holandesa

Holanda en el siglo XVII es la nación más próspera de Europa. Su economía basada

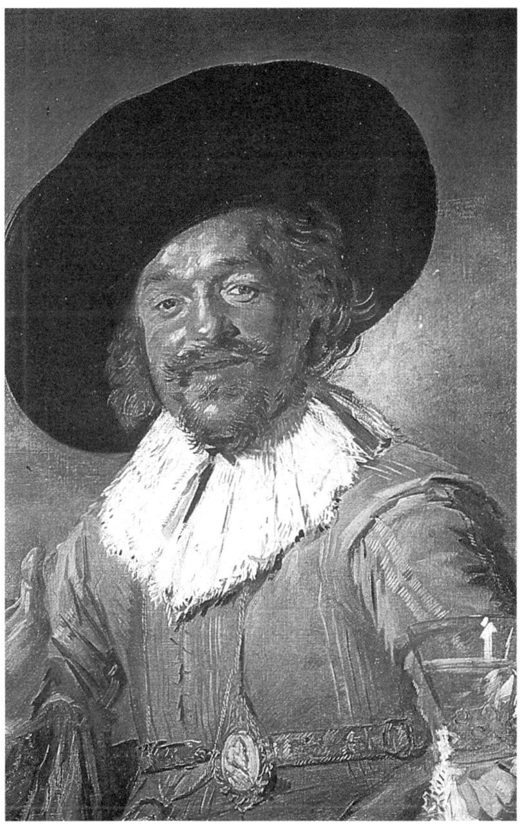

Franz Hals, El alegre bebedor

en el comercio, su estructura social burguesa y protestante determinaron un tipo de pintura muy alejada de la alegoría y lo retórico. A excepción de la temática religiosa, poco frecuente dado que los templos protestantes rehusaron la decoración y las imágenes, los pintores cultivaron toda clase de géneros: bodegones, paisajes, retratos y escenas costumbristas en cuadros de caballete que la burguesía colgaba en las paredes de sus casas. Predomina una temática sobre la existencia cotidiana y un estilo realista, con una preocupación por la luz que plasman de forma magistral. El retrato tuvo mucha importancia y en especial el retrato colectivo ya sea de médicos, oficiales o mercaderes. Franz Hals, el iniciador de la escuela holandesa, estableció este tipo de retrato para las corporaciones de la ciudad de Haarlem en *Las regentes del Hospicio* y sobre todo en el *Banquete de los Oficiales de la Guardia de San Jorge*. En esta obra otorgó a los personajes la misma importancia y los agrupó en torno a una mesa, captando el orgullo de clase y el optimismo holandés en las poses y rostros de los integrantes. Algunos de sus retratos, como *El alegre bebedor* o *La gitana,* definen su capacidad para reflejar el carácter, la psicología y la instantaneidad, con una pincelada espontánea y un colorido luminoso. Rembrandt fue el gran genio de la pintura holandesa y un destacado grabador al aguafuerte. Como otros pintores coetáneos acusó la influencia de Caravaggio que llegó a Holanda de forma indirecta y a través de estampas. Pero los efectos teatrales de la luz y los contrastes del tenebrismo se transforman en su obra en una luz suave y difuminada, con una tonalidad dorada que crea una atmósfera misteriosa; ejemplo de ello es la *Cena de Emaús* donde la figura de Cristo es sólo una silueta de sombra dentro de una estancia semiiluminada. Continuó el tipo de retrato colectivo y consiguió una enorme fama con el encargo de una corporación médica, conocido como *La lección de anatomía*. En *La Ronda Nocturna,* sin embargo, alteró el esquema compositivo para integrar a toda una compañía de soldados, irregularidad que le granjeó ciertas críticas. Hizo numerosísimos retratos individuales, muchos de ellos de sus sucesivas esposas, Saskia y Hendrickje, quienes sirvieron como modelos para escenas de género y temas religiosos. A diferencia de sus compatriotas tuvo predilección por los asuntos religiosos, en particular por las escenas del Antiguo Testamento, que trata con un profundo sentimiento y al margen de la escenografía católica. Son obras de pequeño formato en las que los contrastes lumínicos se disuelven en tonos cálidos, con espesas y densas capas de pintura y una pincelada ligera y libre que se hace casi impresionista. Los personajes van ataviados con trajes y turbantes a la oriental y muchos de sus modelos fueron judíos, pobres o marginados, por quienes sintió gran simpatía. Destacan obras como *La novia judía, Betsabé con la carta de David, Cristo entre los enfermos* o *El retorno del hijo pródigo,*

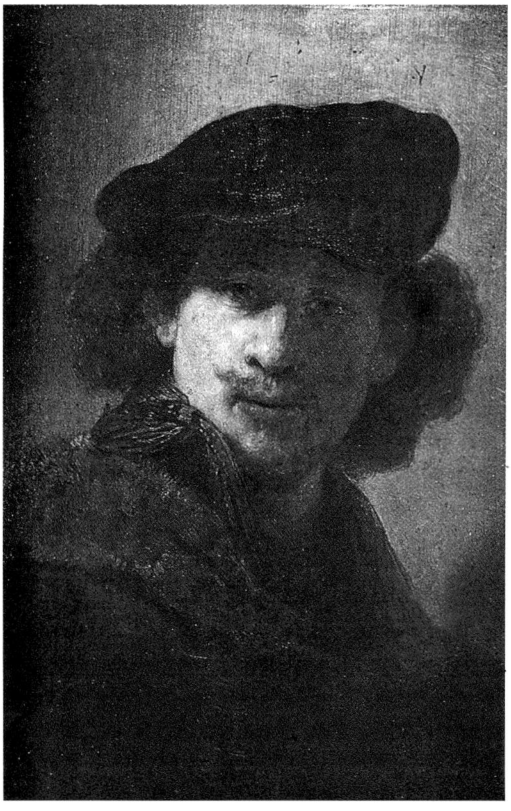

Rembrandt, Autorretrato

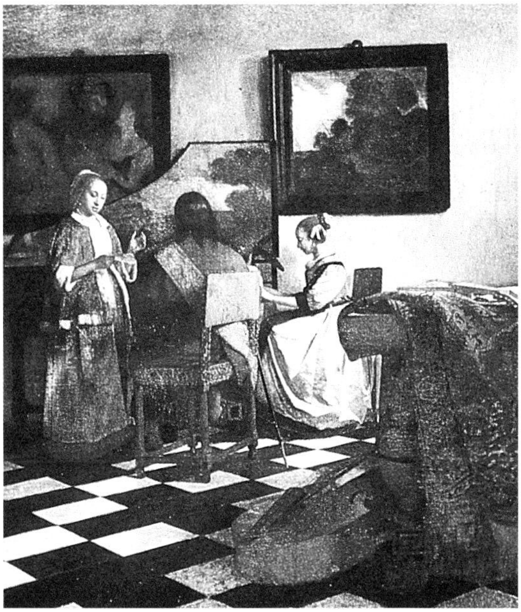

Vermeer, El concierto

una de sus últimas pinturas que plasman su pesadumbre y su personal visión de la religión. Sus últimos autorretratos, muy abundantes a lo largo de su producción, también proyectan su desgracia familiar, su soledad y su ruina económica. Otro artista holandés, Vermeer de Delft, reprodujo con un realismo minucioso escenas de la vida cotidiana y burguesa o ambientes con personajes realizando tareas sencillas. Son casi siempre interiores en los que la luz entra por una ventana e inunda la estancia de forma uniforme. En *La Carta, El concierto, La lechera* o *El pintor en su taller* encontramos reflejado el confort y el gusto de esta sociedad: cuadros, ricos muebles, tapices y objetos suntuosos. Quizá por el calculado estudio de la composición, de los volúmenes y de la luz, estas escenas proyectan una calma y un sosiego que trascienden la realidad y se convierten en intemporales.

Véanse en las páginas 242-246 los comentarios a cinco obras de este período.

Unidad 13

El clasicismo y el arte de la Ilustracion

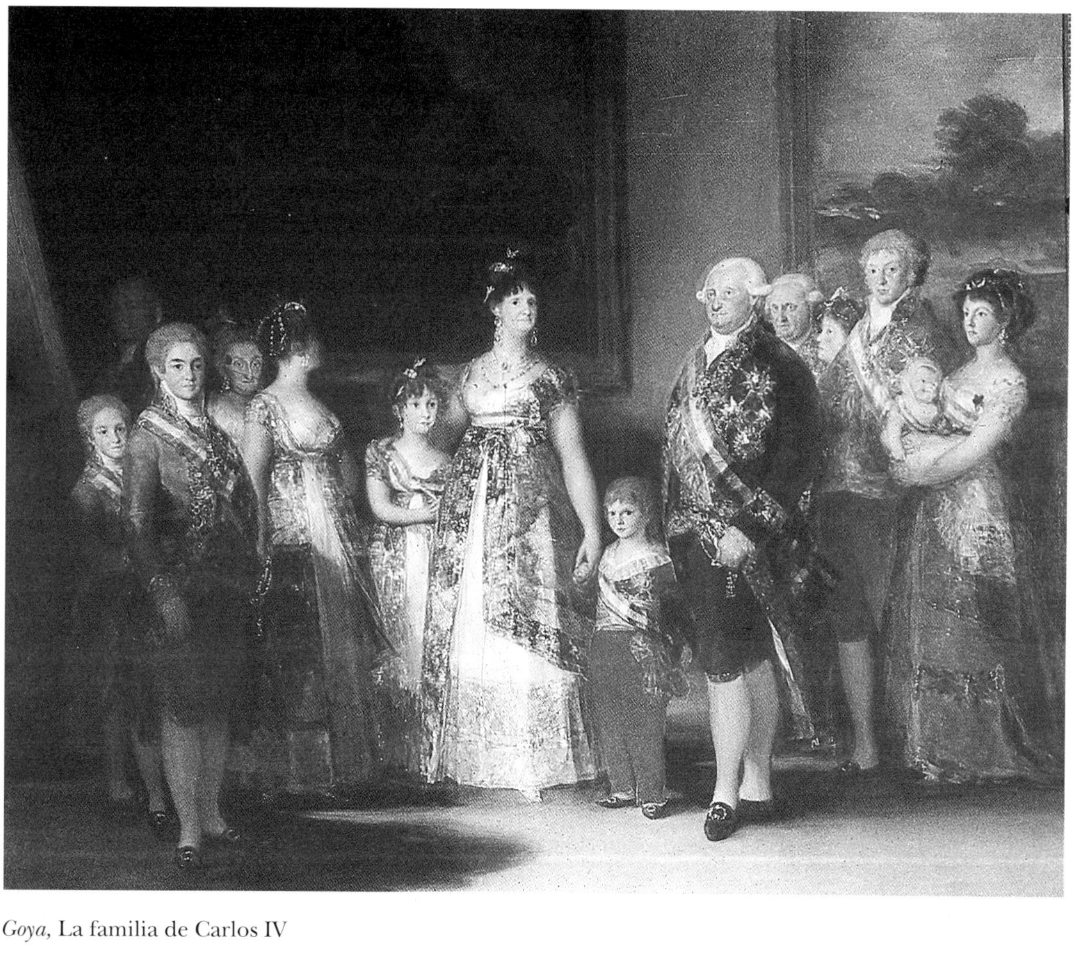

Goya, La familia de Carlos IV

La ciencia, el pensamiento filosófico y los cambios radicales que se producen a lo largo del siglo XVIII determinaron un arte complejo y contradictorio, que va desde la expresión final del Barroco y el Rococó hasta el nuevo estilo racional del Neoclasicismo y las primeras actitudes románticas. Convivieron artistas dispares y opuestos cuya producción reflejaba ideas sociales y políticas incompatibles, desde las que intentaban mantener el viejo orden del Antiguo Régimen hasta las más revolucionarias que proclamaban la igualdad de todos los hombres. En este contexto el mecenazgo artístico sufrió un cambio al pasar a manos de una nueva clase social, la burguesía, dentro de un fenómeno que Hauser definió como «la disolución del arte cortesano», pero que debe ser analizado como el resultado de múltiples factores. Entre otros, el rigor moral de la nueva clase que exigía un arte serio y sobrio, de contenidos puros y verdaderos, frente al carácter caprichoso, frívolo y banal del artistocrático Rococó. La aparición de este estilo, surgido en Francia durante el reinado de Luis XV (1715-1774), supuso ya un trasvase artístico de la corte versallesca a los círculos privados de la nobleza parisina para extenderse rápidamente por gran parte de Europa.

En el Siglo de Luces o de la Ilustración subyace un espíritu optimista acorde con la racionalidad del pensamiento científico y cuya muestra más clara fue la publicación de *La Enciclopedia,* iniciada en 1751, un compendio del conocimiento de la época y un acicate para la crítica al arte y a las ideas del pasado. De forma paralela al rechazo de la estética barroca y rococó por parte de la mentalidad ilustrada, que intentaba imponer un nuevo estilo basado en la simplicidad, surge una admiración por la Antigüedad clásica, especialmente por los restos griegos, que serán analizados desde un punto de vista científico y arqueológico. El punto de partida de las excavaciones arqueológicas se encuentra en Pompeya y Herculano, cuyos restos son rescatados de la lava bajo el patrocinio del rey de Nápoles, futuro Carlos III de España. Los trabajos en Paestum, en la propia Atenas y otros centros permitieron una mejor comprensión del arte helénico dando lugar a numerosas publicaciones y estampas que circularon por las manos de los mejores eruditos y artistas del momento. Por otro lado, se originó una nueva clase de artista y teórico, como Mengs o Winckelmann, que abogaban por una radical imitación de los antiguos griegos. Ellos fueron el apoyo teórico de la vuelta al clasicismo, una propuesta que se fragua a mediados de siglo en Roma, un centro que se convierte en el punto de encuentro de teóricos, anticuarios y viajeros. El nuevo movimiento —posteriormente se le denominará Neoclasicismo— encontró pronto el respaldo de las Academias, la institución artística por excelencia de la Ilustración. Gracias a su labor de control e imposición ante la resistencia de los maestros barrocos, se consiguió la difusión del nuevo estilo por toda Europa. Por otro lado, la aparición de la crítica de arte a través de las opiniones de filósofos y escritores, como Diderot, revela una vena subjetiva de amplias consecuencias a la hora de interpretar la Historia. El creciente interés por esta disciplina fomentará la revalorización de estilos del pasado, incluidos los medievales, que acabarán dando lugar a las primeras manifestaciones neogóticas. Importante aportación del pensamiento ilustrado fue la consideración del arte como valor educativo y pedagógico para el pueblo, hecho que explica la aparición de una nueva tipología arquitectónica como la de los museos.

El siglo XVIII es el siglo de las grandes exploraciones y viajes, pero éstos no se circunscribieron sólo al área del mundo grecorromano y muchos viajeros admiraron Egipto, el norte de Africa y distintas zonas del Oriente. No es extraña, pues, la variedad de alternativas que se producen durante la segunda mitad de la centuria. Junto a los ideales basados en la razón y las tendencias del clasicismo, aparece también una estética basada en la sensación que favorecerá el interés por lo pintoresco, el gusto por lo exótico y la estética de lo sublime, especialmente en Inglaterra. Un sentimiento nuevo hacia la naturaleza, visible no sólo en el nuevo tipo de jardín que surge sino también en los escritos de J. J. Rousseau, y una fascinación sin precedentes por las ruinas, como las que de manera fantástica plasmó G. B. Piranesi, son aspectos sintomáticos del complejo engranaje del arte dieciochesco.

La Revolución Francesa de 1789 fue el hecho decisivo que marca el final del optimismo ilustrado por la fe en la Razón y que se incrementa ante la guerra, el hambre y la desolación que inauguró el período napoleónico. El arte se hizo eco también de lo irracional y del fanatismo a través de nuevas categorías como lo monstruoso y lo onírico. En este sentido puede entenderse un nuevo tipo de artista, bien sea combativo, exaltado o visionario, que preludia claramente el espíritu romántico. Pintores como David, Blake y Goya, o arquitectos como Boullée o Schinkel reflejan no sólo las contradicciones y paradojas sociales y políticas de la época, sino también la ambivalencia estética del propio movimiento neoclásico que albergaba el germen del Romanticismo.

El Rococó y la pintura galante

El Rococó surge en Francia durante el reinado de Luis XV y fue promovido por una aristocracia que, cansada del canon académico y protocolario de la corte de Versalles, prefirió trasladarse a París en busca de una vida más confortable. El Rococó presenta un repertorio formal que puede recordar la acumulación exacerbada del Barroco final; sin embargo los motivos ornamentales son novedosos, caracterizados por las asimetrías de conchas (rocalla), palmetas y formas vegetales. Se trata de un estilo espontáneo y caprichoso, ligero y alegre, que alteraba los rigurosos principios académicos, pero que satisfacía el nuevo tipo de vida de la nobleza al abrigo de salones más íntimos en hoteles o pequeños palacetes. Fue sobre todo en los interiores arquitectónicos, en esas estancias, pero también en el mobiliario donde los elementos decorativos tuvieron un mayor desarrollo. Arquitectos como G. Boffrand, y decoradores como Meisonnier fueron los responsables de ofrecer y difundir unos modelos que pronto se convirtieron en una moda generalizada en el resto de las cortes europeas, siempre deseosas de imitar lo francés. El nuevo gusto de la aristocracia parisina se dirigió igualmente hacia una pintura sensual y colorista, de formato pequeño y cuya temática basada en las fiestas campestres, bailes y aventuras amorosas dio lugar al calificativo de «galante». Entre los pintores destaca Antoine Watteau, quizá el que mejor refleja los ideales de aquella clase social. Gran parte de sus cuadros son «fiestas galantes», danzas y excursiones en parques y jardines, donde las figuras visten exquisitas y refinadas sedas magistralmente captadas por su dominio del color y la pincelada. Obras como la *Peregrinación a Citerea* o *Gilles*, un personaje disfrazado de la *Comedia dell'arte*, son no sólo testimonio del carácter frívolo sino también el contrapunto de la brevedad y transitoriedad de la vieja aristocracia francesa. François Boucher, por el contrario, se caracterizó por una visión sensual y carnal a través de delicados y nacarados desnudos femeninos, en temas mitológicos de «Venus con Cupido» y «Diana en el baño» totalmente alejados de la retórica barroca. El último gran representante de la pintura galante fue J. H. Fragonard, un pintor activo en la segunda mitad del siglo XVIII que mantuvo los escenarios caprichosos del Rococó como demuestra en una de sus obras maestras, *El Columpio*. Fragonard fue coetáneo del nuevo gusto neoclásico que se impuso a finales de la centuria y blanco, por tanto, de las críticas que desde mediados de siglo se lanzaron contra este tipo de pintura y en general contra el estilo rococó. Pensadores ilustrados e intelectuales, como Denis Diderot, atacaron la imagen de vida disipada y frívola que comportaba esta estética, promoviendo por otro lado un nuevo tipo de arte con mayor sentido moral y una pintura aleccionadora, más sencilla y basada en las buenas costumbres, idea que seguirían en la segunda mitad del siglo pintores como Simeon Chardin o Greuze.

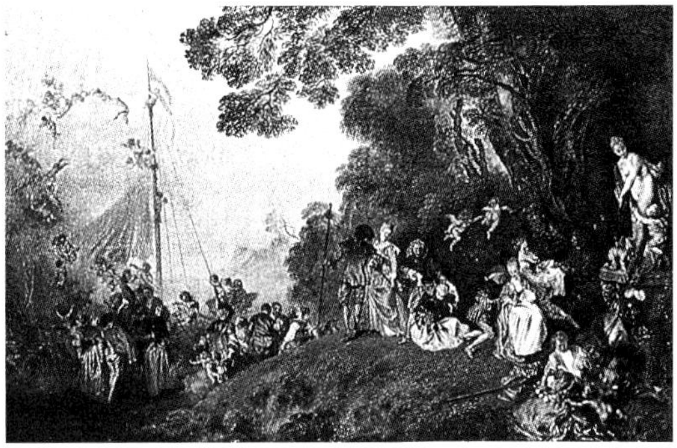

Watteau, Peregrinación a Citerea

Inglaterra

Mientras que el Rococó se extiende por Centroeuropa, Italia y España, en Inglaterra sin embargo aparecen artistas que desde fechas tempranas realizan una pintura de costumbres, irónica y satírica en muchos casos, dentro de los planteamientos morales señalados. Es el caso de W. Hogarth, empeñado en criticar los vicios y defectos de las gentes de su época a través de series como *El matrimonio a la moda* o *La carrera del libertino*. El éxito de su obra responde al gusto de una burguesía que de forma paulatina va adquiriendo un mayor papel en la sociedad. En los retratos un nuevo criterio estético, más natural e intimista, desplaza el antiguo carácter retórico. Los numerosos niños reflejados por J. Reynolds y el lirismo de los personajes de G. Gainsborough son exponentes de la escuela retratista inglesa, caracterizada por dar a las figuras un toque de distinción, elegancia y gran realismo psicológico, integradas siempre en el paisaje. Precisamente el tema del paisaje adquiere en la pintura un notable desarrollo paralelo al amor que los ingleses sienten por la naturaleza. El rechazo a las

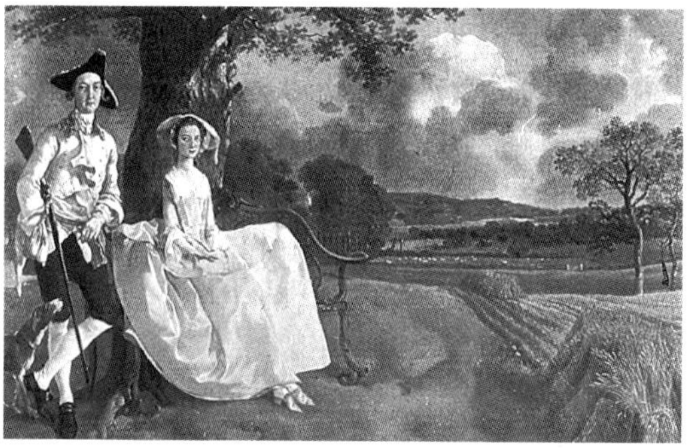

Gainsborough, El Sr. y la Sra. Andrews

exageraciones barrocas, así como la tradicional contención e influencia palladiana servirán para que los arquitectos británicos se incorporen rápidamente al movimiento neoclásico. Pero la peculiaridad inglesa es la residencia campestre en unos jardines nuevos, libres de la regularidad y geometría versallescas, que intentaban imitar la espontaneidad de la naturaleza. Desde mediados de siglo estos jardines paisajistas conquistarán el gusto europeo.

La arquitectura clasicista: una nueva mirada a la Antigüedad

Las primeras críticas hacia la arquitectura barroca se encuentran en los escritos y tratados italianos de mediados de siglo. Los teóricos manifestaban la necesidad de volver a una arquitectura funcional y a soluciones más racionales que terminaran con los abusos ornamentales. En el caso de Italia muchos intentaron seguir los consejos del pensamiento arquitectónico, pero no pudieron dejar de ser barrocos por lo que sus obras se incluyen dentro de lo que se ha denominado el barroco-clasicista. Francia también tomó la iniciativa y desde 1750 aparecen realizaciones que tienden a una mayor claridad formal y clásica inspirada en modelos romanos y renacentistas. J. F. Soufflot, autor de la iglesia de Santa Genoveva en París (convertida en Panteón de Hombres Ilustres desde la Revolución), fue uno de los primeros en conferir a la columna el papel que tuvo en la Antigüedad al proyectar el templo con un peristilo de columnas, así como con gran cúpula a

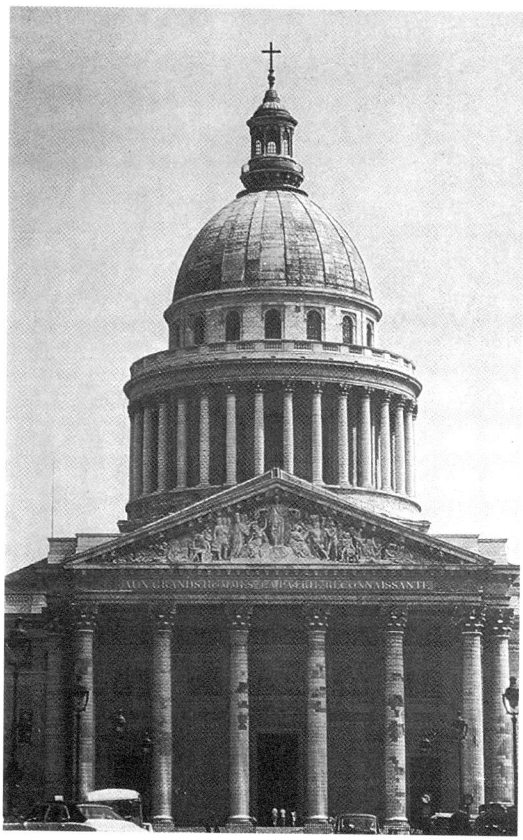

Panteón, París

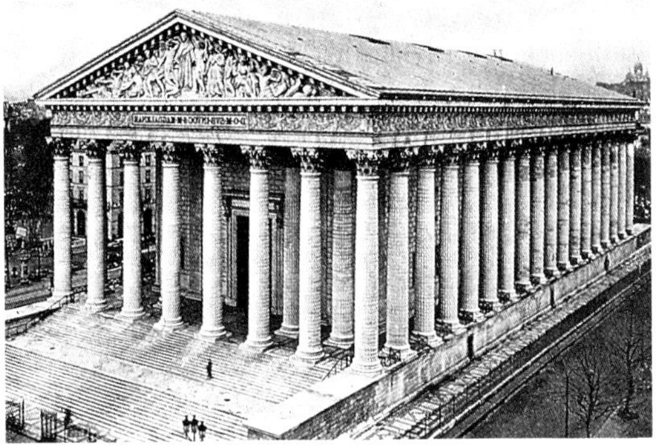

La Magdalena, París

imagen de San Pedro del Vaticano. Sin embargo, será a raíz de la Revolución cuando la arquitectura se proyecte según los rígidos y severos cánones del mundo clásico. Para entonces los viajes, la circulación de estampas de las construcciones grecorromanas, sobre todo *Las Antigüedades de Atenas* de Stuart y Revett, y los estudios de Winckelmann *(Historia del Arte de la Antigüedad)*, abren el camino a una arquitectura que imita y copia los edificios grecorromanos. Las nuevas iglesias van a presentar todo el aspecto de un templo griego, como la Magdalena, obra de P. Vignon, levantada sobre un alto podium, rodeada de columnas corintias, con un frente octástilo y con un frontón poblado de estatuas rememorando al Partenón. Esta nueva arquitectura fue, desde los primeros años del siglo XIX, institucionalizada por Napoleón ya que servía muy bien para conmemorar su política expansionista y parangonarla con la antigua Roma Imperial. Se realizan columnas como las de Trajano y arcos de triunfo, como el Arco del Carrusel o el Arco de la Estrella con un claro sentido propagandista y monumental dentro de reformas urbanas promovidas en París por el emperador. En Alemania el neoclasicismo se difundió con una tendencia hacia lo griego. En Munich, Leo van Klenze realiza la *Glyptoteca* como «un templo del arte» y en Berlín Langhans proyecta la Puerta de Brandemburgo como si fueran los Propileos atenienses. Pero el arquitecto más destacado fue K. F. Schinkel al compaginar el racionalismo clasicista con proyectos de tendencia neogótica.

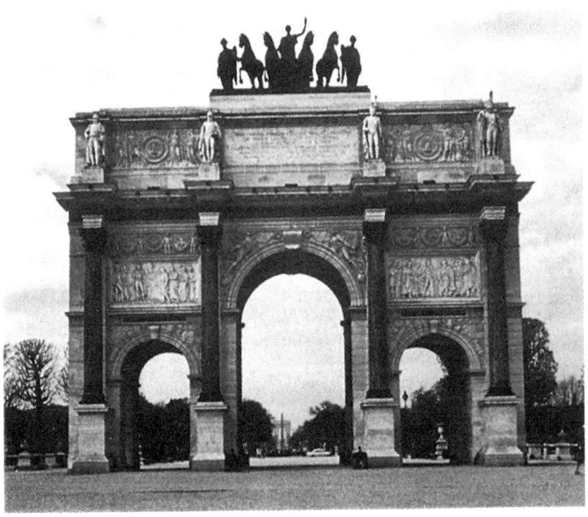

Arco de Triunfo, París

La pintura neoclásica

A diferencia de los arquitectos, los pintores no disponían de ejemplos antiguos para conseguir el auténtico espíritu clásico; sin embargo se inspiraron en la escultura griega y en los relieves. De ella aprendieron la anatomía y el modelado del cuerpo humano, la eliminación de los pormenores y detalles superfluos, así como el absoluto dominio del dibujo. El resultado fue una pintura en la que predomina la forma sobre el colorido y cuyos contenidos reflejan la ideología política del momento a través de los temas más solemnes y ejemplares del mundo antiguo. J. L. David fue la máxima figura de la pintura neoclásica y un artista comprometido con los acontecimientos sociales que le tocó vivir. Su primera obra maestra, *El Juramento de los Horacios,* es una obra de rigurosa composición, calculada y fría, con un tema heroico extraído de la historia de la Roma republicana. Fue un encargo de la corona para elevar la moralidad pública, pero David se convierte en el artista oficial del gobierno revolucionario empeñado en ensalzar la nueva república y sus mártires, como se refleja en *La Muerte de Marat,* o en intentar una reconciliación

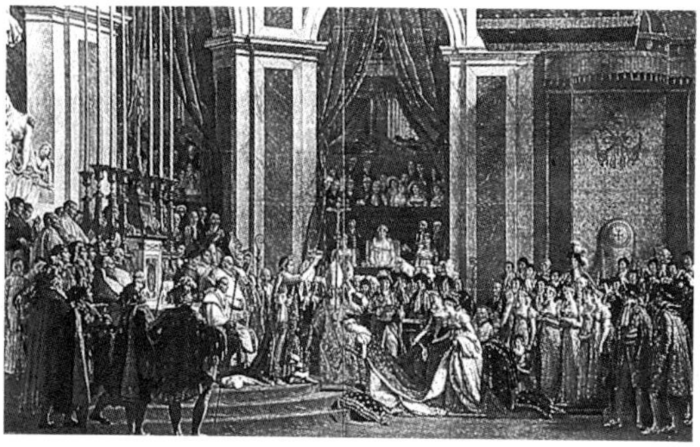

David, La consagración de Napoleón

entre las posturas extremistas de los jacobinos, como en *El Rapto de las Sabinas,* obra inspirada en las formas griegas. Con Napoleón se convierte en pintor de cámara e inicia una etapa encaminada a consagrar la figura del emperador como nuevo héroe; retoma tópicos del pasado y realiza una obra más convencional como *La Consagración del Emperador.* Su discípulo A. J. Gros tuvo una riqueza cromática y una técnica más libre y acomete una pintura de iconografía bonapartista que traduce las campañas militares del emperador, como *Napoleón con los apestados de Jaffa.*

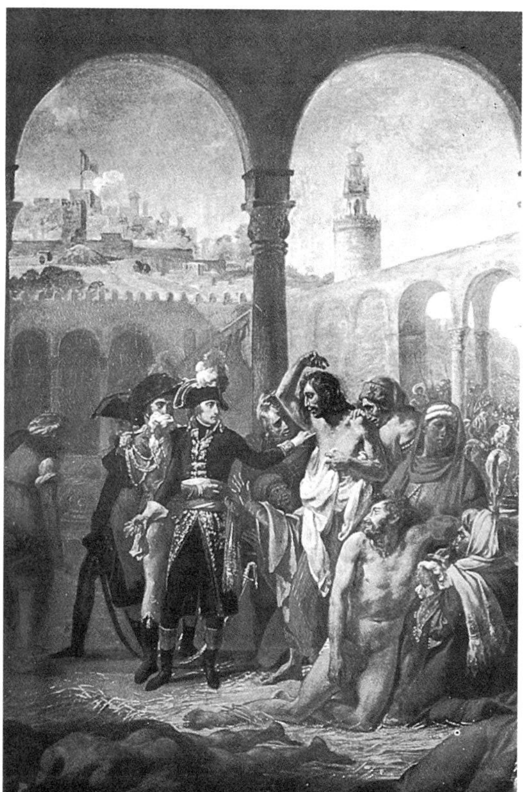

Gros, Napoleón con los apestados de Jaffa, *detalle*

España y Juan de Villanueva

La nueva dinastía borbónica introdujo un aire más renovador y europeo en los palacios reales y la creación de la Academia de San Fernando a mediados del siglo XVIII supuso el instrumento decisivo para frenar y acabar con la tendencia ornamentista del Barroco castizo. La evolución hacia una arquitectura más internacional se produce también gracias a la llegada de figuras extranjeras como Juvarra, Bonavía y J. B. Sacchetti, este último responsable del Palacio Real de Madrid. Entre los españoles destaca Ventura Rodríguez, un arquitecto que, como los anteriores, debe incluirse dentro del barroco-clasicista, evolucionando hacia un mayor rigor en la utilización de los elementos clásicos que culmina en la fachada de la catedral de Pamplona. La actividad arquitectónica y urbana más importante del siglo corresponde al reinado de Carlos III. El monarca promueve una política de mejoras de la capital en la que intervienen F. Sabatini, el arquitecto de la Puerta de Alcalá, y Juan de Villanueva. Este último es la gran figura de la arquitectura neoclásica en España, formado en la Academia y becado en Roma donde conoció las últimas tendencias y asimiló el lenguaje clásico de las construcciones antiguas y del Renacimiento. Entre sus obras destacan las Casitas que realizó en El Escorial para los infantes, el Museo del Prado y el Observatorio Nacional, obras proyectadas con gran racionalismo y pureza, en las que prima la funcionalidad, la claridad y desornamentación en los alzados y la yuxtaposición de volúmenes, utilizando la alternancia de piedra y ladrillo en gran parte de sus obras. Con su intervención en los jardines de Aranjuez Villanueva se muestra como un precursor romántico.

La imitación de los modelos grecorromanos: Canova y Thorwaldsen

Gran parte de la escultura del siglo XVIII mantuvo viva la influencia de Bernini y en el caso concreto español la religiosidad barroca continuó en los talleres dedicados a los pasos procesionales de madera policromada. No obstante, los escritos de Winckelmann y especialmente el texto de *Laocoonte* de Lessing, propiciaron un nuevo sentido plástico en la escultura, basada en una exclusiva imitación de la estatuaria grecorromana. La escultura neoclásica parece tener su epicentro en Roma, donde residieron sus dos máximos representantes: Antonio Canova y Bertel Thorwaldsen. Ambos buscaron su ideal en las esculturas de la Antigüedad e imprimieron una rigidez y una corrección académica que les llevó a conseguir un perfecto dominio de la técnica. Su obra resulta fría y pulida, carente de las características texturas, policromías y claroscuros barrocos. Por el contrario, con ellos retorna el ideal de belleza serena, desapasionada y sin sentimientos; un desnudo que elimina toda carga erótica y un uso generalizado del mármol. Los temas mitológicos se mantienen, pero los retratos asumen los rasgos de dioses del Olimpo. El veneciano Canova eligió un momento de la fábula clásica de Apuleyo para realizar una de sus primeras y más significativas obras: *Amor y Psique*, una composición de dos figuras entrelazadas con tal suavidad que debe mucho a su primera formación barroca. Pero el artista evoluciona hacia una mayor austeridad, inspirándose fundamentalmente en los modelos del mundo romano. En 1802 pasa a trabajar al servicio de Napoleón y le retrata como un personaje del panteón romano, mientras que a Paulina Bonaparte la caracteriza como Venus recostada y semidesnuda. Thorwaldsen, por el contrario, fue el escultor que mejor representa el ideal griego de la escultura neoclásica. Sus *Tres Gracias* o *Jasón con el vellocino de oro* son testimonios del estatismo y la severidad propia de los modelos helénicos. Tanto Canova como Thorwaldsen fueron los primeros en liberar la escultura del marco arquitectónico al concebir algunas de sus obras con un único destino: instalarlas en los museos por su valor educativo, un postulado

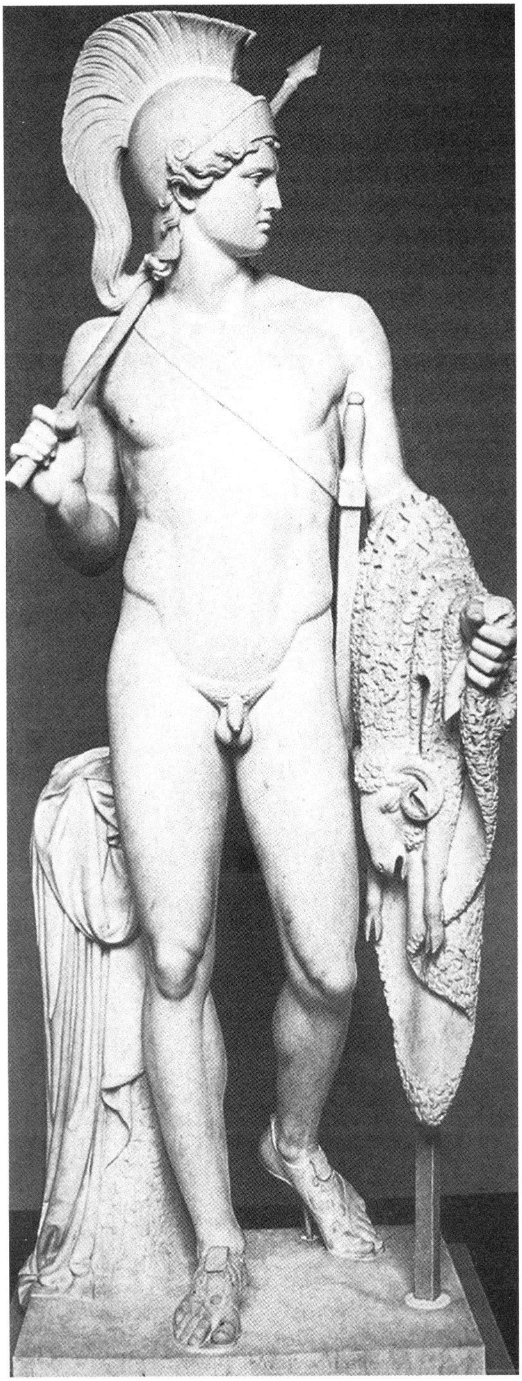

Thorwaldsen, Jasón con el vellocino de oro

pedagógico producto del pensamiento ilustrado.

Goya

Aunque en gran parte de la península se continuaba la tradición pictórica del Barroco tradicional, la primera mitad del siglo XVIII estuvo dominada por la presencia de pintores extranjeros que trabajaron para la corte y que respondían a los gustos artísticos de los Borbones. Sin embargo, la personalidad de Francisco de Goya (1746-1828) eclipsa a todos los demás. Es el exponente del cambio que se produce entre la cultura ilustrada y la nueva mentalidad romántica. Su obra refleja, por otro lado, las radicales transformaciones del contexto histórico social de la España del momento. Sus inicios se sitúan en Zaragoza dentro de una formación barroca, pero su talante y curiosidad le obligan a realizar viajes a Madrid y a Italia donde conoce los ambientes previos al neoclasicismo. En la década de los setenta Goya se traslada a Madrid para trabajar en la Real Fábrica de Tapices e inicia su serie de cartones que reflejan una imagen optimista y alegre de la sociedad madrileña con escenas costumbristas en donde se mezclan el pueblo llano y la clase aristocrática, como *El cacharrero* o festejos populares como *La pradera de San Isidro,* escenas amorosas como *El quitasol,* o juegos como *La gallina ciega.* Se trata de una obra de corte convencional pensada para unos tapices destinados a decorar las estancias de los palacios. Pero en Madrid establece contacto con la nobleza e intelectuales ilustrados iniciando una serie de retratos que pronto llamarán la atención del monarca. Retratos como el del *Conde de Florida Blanca,* la *Condesa de Chinchón* o las populares *Maja vestida* y *Maja desnuda* son sintomáticos de su evolución pictórica en el colorido, cada vez más brillante, y en la soltura de la pincelada. Su amistad con los ilustrados le hará tomar posiciones liberales y una actitud crítica hacia la sociedad, postura que se incrementa cuando en 1790 una enfermedad le deja sordo, dolencia que cambia su visión de la vida y que se refleja en las obras que realiza en la última década del siglo. Después de ser pintor del rey Carlos III se afianza como pintor de cámara. En 1800 pinta el retrato colectivo de *La familia de Carlos IV* en el que deja entrever su poca simpatía hacia la familia cortesana; sin embargo muestra un verdadero dominio en el color capaz de reflejar todas las texturas, brillos y transparencias de los vestidos en una clara emulación de la obra de Velázquez. Goya fue un artista incansable en su afán de experimentar, renovar y crear un estilo muy personal. Destaca especialmente su labor en la serie de grabados conocida como *Caprichos,* estampas que con un breve pero expresivo texto plasman una radical y corrosiva crítica a las supersticiones del pueblo, a la injusticia de los gobernantes y al fanatismo religioso. Su visión negativa y pesimista aumenta con la guerra de la Independencia de 1808, a raíz de la cual comienza otra serie, *Los desastres de la guerra,* un repertorio de estampas que son el reflejo del horror y la violencia. Pero el conflicto bélico también se plasmará en dos grandes lienzos, considerados como sus obras maestras: *La carga de los mamelucos* y *Los fusilamientos del tres de mayo,* este último cuadro de gran expresividad dramática y totalmente alejado del carácter heroico y solemne de la pintura coetánea. Con el absolutismo de Fernando VII el artista se aisló y tomó una actitud introvertida personal que culmina en las *Pinturas negras* que

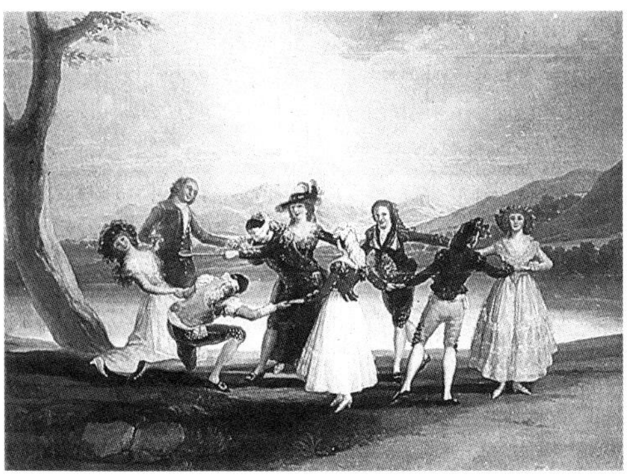

Goya, La gallina ciega

realizó en los muros de su propia casa. Se trata de un conjunto de imágenes fantásticas, monstruosas y demoníacas que revelan el espíritu atormentado de un Goya visionario, obras en las que aflora el subconsciente, pero sobre todo una experiencia formal que se adelanta a su propio tiempo y anuncia las vanguardias contemporáneas. Su trayectoria ideológica le obligó a exiliarse a Burdeos, ciudad en la que muere en 1828.

Véanse en las páginas 247-251 los comentarios a cinco obras de este período.

UNIDAD 14

ACADEMICISMO Y REVOLUCION

El arte del siglo XIX

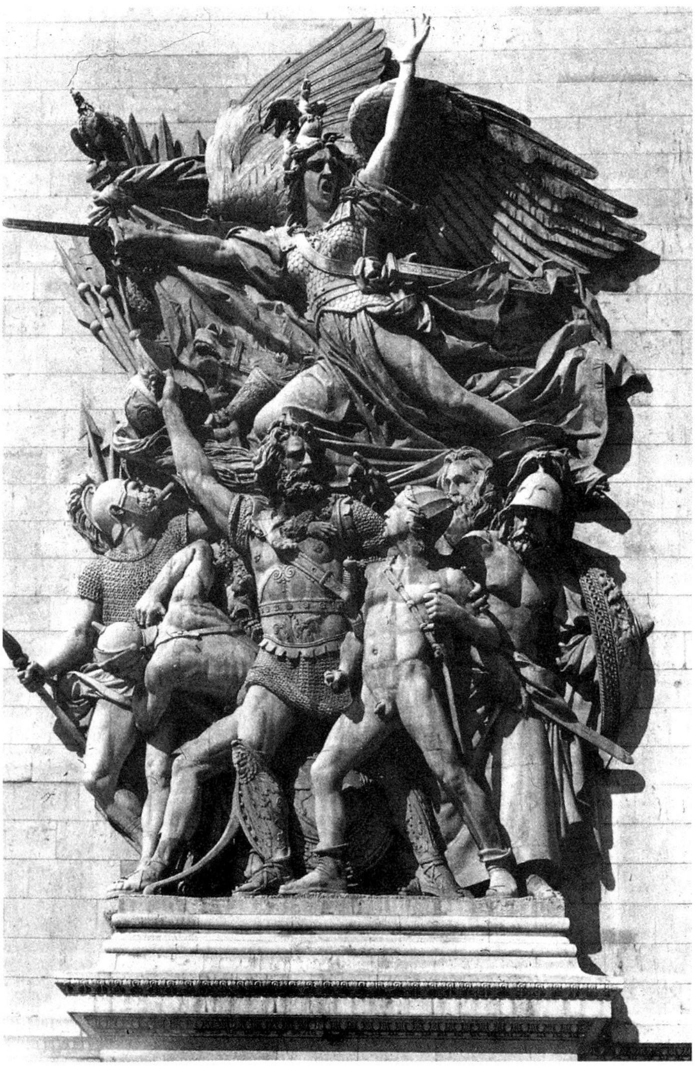

Rude, La salida de los voluntarios

La Revolución Francesa de 1789 supuso, sin lugar a dudas, el final de una época y el comienzo de otra completamente distinta. Entre otras cosas, el arte dejó de ser una profesión más, cuyos conocimientos se transmitían, desde tiempos inmemoriales, de maestro a discípulo, y empezó a convertirse en una forma de visión y pensamiento que debía ser enseñada en unas Academias que, nacidas en el siglo XVIII, en el XIX se fundarán en todos los países occidentales, aunque siempre bajo patronazgo real.

Sin embargo, durante todo el siglo, quizás fue menos importante la enseñanza en las Academias que el nacimiento de algo completamente nuevo: el mercado del arte tal y como lo entendemos hoy en día. Perdidos los que habían sido hasta entonces los mecenas tradicionales, es decir, la Iglesia y el Estado, los artistas no tenían más remedio que buscar personas que estuvieran dispuestas a adquirir cuadros o esculturas contemporáneas y, para conseguirlo, las mismas Academias empezaron a organizar exposiciones anuales de las obras de sus miembros. El resultado fue una moneda de dos caras. Por un lado, ningún patrón podría ya imponer sus exigencias a unos artistas que valoraban su individualismo por encima de cualquier otra cosa, pero, por otro, los pintores tenían que trabajar, si no querían morir de hambre, para triunfar en una exposición a la que podía acudir todo el mundo (es decir, un público en teoría menos «preparado» que la tradicional nobleza), y en la que eran susceptibles de una crítica cada vez más floreciente en los periódicos y revistas de la época.

A la larga esto llevará a un inevitable enfrentamiento entre el artista y el público, pero, de momento, su efecto más inmediato, será que los pintores y escultores se pusieron a buscar temas nuevos. En este sentido, la tradición va a servir de ayuda y de obstáculo al mismo tiempo. En primer lugar, la radical ruptura con toda la tradición clásica va a abrir un campo ilimitado en el que escoger, y la recuperación de la Edad Media como un pasado propio (que en cada país es distinto y que, por tanto, otorga una identidad cultural a los diferentes nacionalismos), va a ser fundamental en este sentido. La importancia de la imaginación y del sentimiento frente a la omnipotente razón ilustrada, que será uno de los puntos principales del Romanticismo, tendrá, entre sus consecuencias inmediatas, un serio renacimiento de la religiosidad y, con ella, una nostalgia de la Edad Media perdida, de su fresca y pura espiritualidad, de su fantasía copiosa y alegre, que conducirá a una idealización de esos siglos que poco antes se habían calificado de oscuros.

Pero también, el enfrentamiento con la tradición, desde muy distintos puntos de vista, va a producir uno de los rasgos más característicos de la contemporaneidad. Ya nunca más volverán a existir estilos periódicos definidos en el arte y, en su lugar, hallaremos una continuidad distinta: la de los sucesivos «ismos» que, sin lograr mantener su dominio en lugar alguno durante demasiado tiempo, compiten o se entremezclan entre sí formando un diseño perpetuamente cambiante.

Sin embargo, el problema de todos ellos seguirá siendo que su gusto coincida con el del público, porque si no, el artista, que de ninguna manera está dispuesto a hacer «concesiones» a los burgueses, a los «filisteos», corre literalmente el peligro de tener que vivir en una miseria que llegó a convertirse en parte de la leyenda de la «bohemia». Inevitablemente se empezó a abrir un abismo entre aquellos artistas dispuestos a satisfacer la demanda del público, por muy vulgar que ésta pudiera ser, y los que, aislados, sintiéndose una élite aparte, seguían su propio camino dando forma a una incipiente «vanguardia». Los «creadores», en una postura quizás algo exagerada, se dejaron crecer la barba y los cabellos, y se vistieron de terciopelo o pana, con sombreros de ala ancha y corbatas anudadas de cualquier modo, extremando su desprecio por todos los convencionalismos de la «gente respetable». A pesar de todo, esta situación también tuvo sus ventajas y, por primera vez, llegó a ser verdad que el arte era el medio perfecto para expresar el sentir individual. Porque, desde luego, nada fue tan importante para un romántico como el individualismo, el subjetivismo y la sinceridad. A partir de ahora los artistas se considerarán «creadores», en el más amplio sentido de la palabra, con unas obras que tienen que poner de manifiesto una sinceridad incorruptible y, por tanto, incapaces de perseguir únicamente efectismo.

Y es aquí donde jugarán un importante papel conceptos que como «sublime» o «pintoresco» habían nacido en el mundo de la literatura y fueron aplicados luego a la visión romántica de la naturaleza. Porque en el fondo la finalidad de los románticos siempre fue abandonar todos los artificios de la tradición que impedían un auténtico «retorno a la naturaleza». En su nombre rindieron culto a la libertad, al poder, al amor, a la violencia, a todo aquello que encontraba eco en ellos, es decir, a la emoción con un fin en sí misma.

El triunfo del eclecticismo

La revolución industrial, que tendrá una importancia fundamental para la economía y la sociedad de todo el siglo, marcará profundamente al conjunto de las artes pero, de un modo especial, a la arquitectura. Lo cierto es que la cantidad de edificios construidos durante el siglo pasado es enorme (fue la etapa de gran extensión de las ciudades en Europa y en Estados Unidos) pero esta época no llegó a tener un estilo natural propio, y el eclecticismo, capaz de convertir en presente cualquier estilo del pasado, se convirtió en la palabra clave. Los arquitectos podían diseñar con igual soltura un edificio gótico, en árabe, en estilo Renacimiento e incluso como un capricho oriental (véase, si no, el Royal Pavilion de Brighton de John Nash en 1815-1818), dependiendo siempre de la función a la que el edificio se destinaba (las iglesias eran góticas mientras que los ministerios o

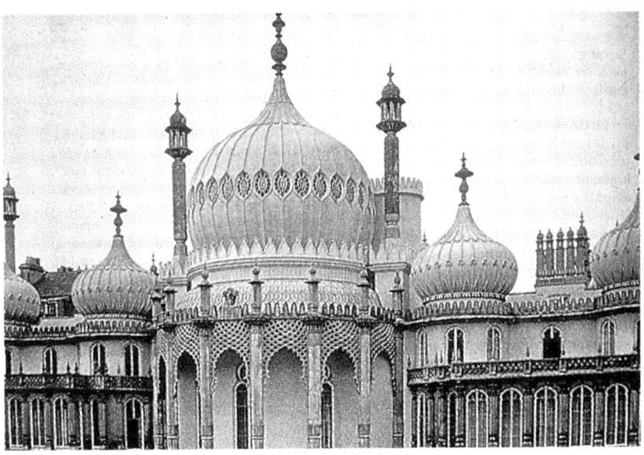

Royal Pavilion, Brighton

los palacios se construían según el Renacimiento italiano) y del gusto de la persona o del grupo de personas que lo encargaban.

El problema es que, aunque muchos arquitectos aún seguían convencidos de que las normas transmitidas en los libros de Palladio garantizaban el estilo «correcto», otros empezaban a sentirse incómodos en semejante limitación y a plantearse otras ofertas históricas. En este sentido, el renacer gótico que había empezado en Inglaterra en el siglo XVIII, va a tener una importancia sin rival, con un sentido marcadamente simbólico y nacional, desde la terminación de la catedral de Colonia, a arquitectos como Pugin en Inglaterra, que mirará el mundo gótico más emocional que racionalmente, o Viollet Le Duc en Francia, para quien la investigación estructural y constructiva va a primar sobre lo literario y que empezará a emplear en sus estructuras los nuevos materiales de fundición.

Y cuando, a mediados de siglo, el Renacimiento primero y el Barroco después, volvieron a gozar del aprecio general puede decirse que el movimiento ecléctico había alcanzado su plenitud. Esta fase final de la arquitectura romántica, que llegó incluso hasta 1900, tiene su mejor exponente en la Opera de París, un proyecto neobarroco de Charles Garnier (1825-1898) absolutamente plagado de escultura y ornamentación.

Desde luego, hubo buenos arquitectos en el siglo XIX, e incluso algunos consiguieron construcciones que como el Parlamento de Londres, se han convertido en puntos centrales de las ciudades donde se elevan, pero casi ninguno de ellos supo responder a las demandas prácticas de la era industrial, es decir, a las exigencias de las fábricas, almacenes y viviendas urbanas que constituían el volumen de la construcción. Será allí donde encontremos la introducción gradual de nuevas técnicas y nuevos materiales que, como el hierro, se convertirán en el elemento fundamental de los grandes espa-

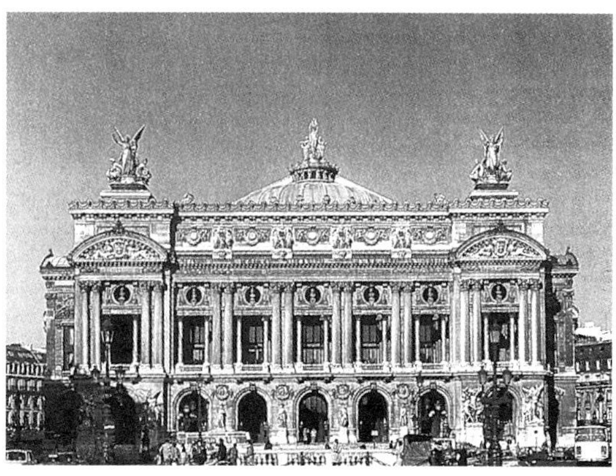

Opera, París

cios que reclamaban las estaciones ferroviarias, las salas de exposiciones y las bibliotecas públicas. Edificios como el Crystal Palace de Paxton para la Exposición Universal de Londres en 1851 o la Biblioteca de Santa Genoveva de París, de Henri Labrouste (1801-1875), se convertirán en los auténticos predecesores de la arquitectura del siglo XX.

La historia y el paisaje

Pero será la pintura, sin duda, el máximo logro del Romanticismo en la esfera de las artes plásticas, en parte porque se prestó mejor al importante individualismo del artista romántico y, aunque no fue esencialmente ilustrativa, hay que reconocer que la literatura, pasada y presente, se convirtió en una fuente fundamental de inspiración para los pintores porque supo suministrarles toda una nueva gama de motivos y emociones. Sin embargo, la historia de la pintura en el siglo XIX se polarizará en dos grandes temas: la pintura de historia y el paisaje.

París se convirtió en la capital artística del mundo, relegando a una Roma anclada en el academicismo a un papel casi secundario, y muchos artistas acudían allí no sólo a estudiar con los grandes maestros, sino, sobre todo, a intervenir en las discusiones que desde los cafés de Montmartre iban a forjar toda una concepción artística nueva. El más destacado pintor tradicionalista fue Jean-Auguste Dominique Ingres (1780-1867), un alumno y seguidor de David que insistió en la necesidad de una disciplina de precisión absoluta en el estudio del natural y combatió obsesivamente la improvisación, aunque en cuadros como sus «Odaliscas», por ejemplo, con sus anatomías imposibles, o en algunos de sus más famosos retratos, se conceda a sí mismo una extraña libertad que hace olvidar el tema y, por primera vez, da a la pintura en sí, a los colores y las formas en el lienzo, una autonomía de la realidad que hasta ahora no había tenido. Muchos artistas, Degas incluido, envidiarán hasta el final de siglo su seguridad técnica, pero también otros muchos se sentirán cansados de tanta perfección.

Este es el caso de Théodore Géricault (1791-1824), el ejemplo más destacado del Romanticismo actual, vivo y dinámico, y de su más brillante seguidor, Eugène Delacroix (1798-1863). Hombre de compleja personali-

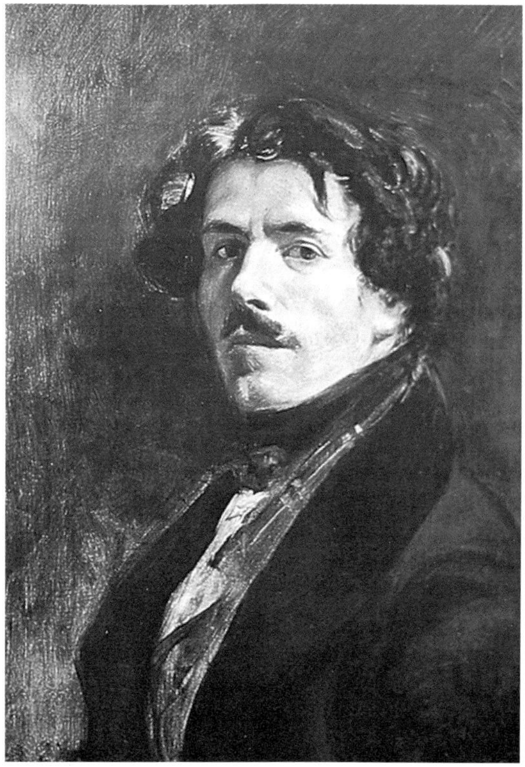

Delacroix, Autorretrato

dad, como deja entrever en sus hermosos diarios, los objetos de su interés fueron múltiples y variados. Nunca pudo aceptar las normas de la Academia y no soportaba la insistencia de Ingres respecto a la corrección del dibujo. Por el contrario, siempre defendió el color, y, por encima de todo, la imaginación. Cuadros como *La matanza de Quíos* o *La Libertad guiando al pueblo,* siempre ideológicamente comprometidos, con su profundo sentimentalismo, darán la pauta de una nueva manera de pintar, más libre, de pincelada suelta, colores vivos y una afición a la re-

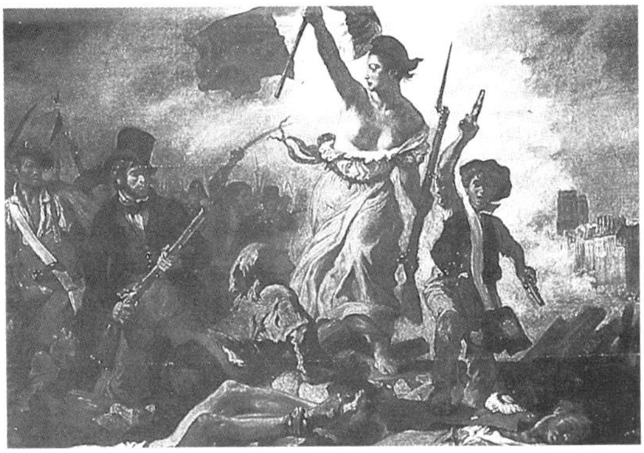

Delacroix, La Libertad guiando al pueblo

alidad, bella o fea, que el «ideal» clásico había evitado hasta entonces.

A su alrededor muchos artistas se dedicaron con verdadera eficacia a elaborar una pintura de historia cuyo propósito principal fuera reconstruir las escenas del modo más fiel posible, y, tras una labor de auténticos investigadores en lo que se refería a detalles tan significativos como el vestuario o el mobiliario, presentar obras que la mayoría de las veces tenían además un paralelo ideológico con algún acontecimiento importante contemporáneo. De hecho, este tipo de cuadros no deben ser sistemáticamente despreciados porque ningún tipo de arte fue más influyente durante el siglo XIX y, desde luego, para sus contemporáneos, debían ser bastante más significativos de lo que nunca había sido la iconografía de Grecia y Roma.

Por otro lado, tanto en Alemania como en Inglaterra, el paisaje será el logro más bello de toda su pintura romántica. Hasta ahora el paisaje había sido considerado como una rama menor del arte, pero esta actividad va a cambiar lentamente y durante el siglo XIX grandes artistas intentarán elevar este género a una nueva dignidad.

En Inglaterra conviven dos paisajistas muy diferentes: J. M. W. Turner (1775-1851) y John Constable (1776-1837). Turner fue desde muy pronto un artista de éxito extraordinario obsesionado, por un lado, por el problema de la tradición y que, al mismo tiempo, tuvo visiones de un mundo fantás-

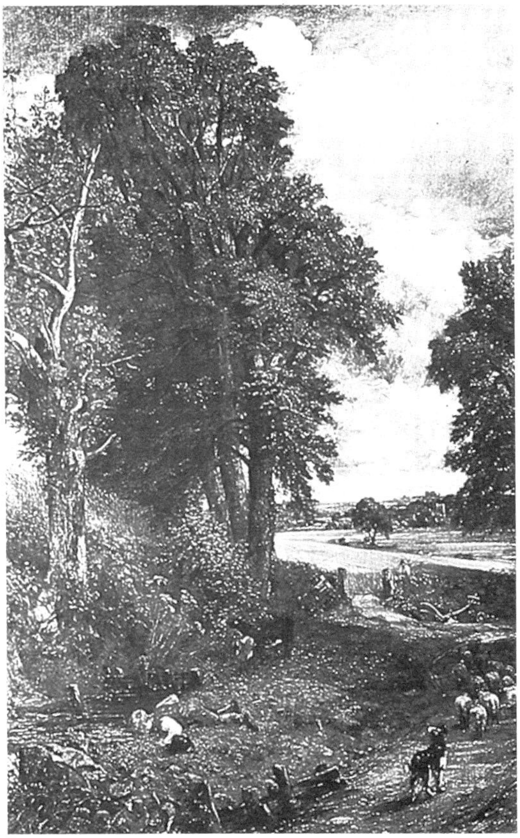

Constable, El campo de trigo

tico de movimiento bañado en luz con una espectacularidad deslumbradora y con una libertad de ejecución que no ha podido por menos que impresionar a muchos artistas del siglo XX. Las ideas de Constable fueron muy distintas y para él la tradición apenas significaba nada. No deseaba lo pintoresco, ni lo trágico, ni lo espectacular. Sólo quería pintar lo que conocía, lo que veía con sus propios ojos, la verdad. Su influencia sobre los pintores franceses, empezando por el propio Delacroix y terminando con algunos de los impresionistas (Monet, por ejemplo), será fundamental para el desarrollo del paisaje como un género verdaderamente innovador a final de siglo.

Mientras tanto, en Alemania, Caspar David Friedrich (1774-1840), con sus paisajes religiosos, impersonales y minuciosos, representará el estado de ánimo característico de la lírica romántica de su época.

Las dificultades de la escultura

A caballo siempre entre el peso de la estatuaria clásica y el enorme coste que suponía la realización de sus obras, la evolución de la escultura romántica fue bastante menos atrevida que la de la pintura. Su única virtud, su realidad sólida y tridimensional, no se avenía con el temperamento romántico, y los ímpetus individualistas del Romanticismo podían hallar mejor expresión en bocetos a pequeña escala que rara vez se traducían en monumentos permanentes y terminados.

De hecho, el único camino posible que encontró la escultura fue la vuelta a un barroco declaradamente teatral. Auguste Préault (1809-1879) fue quizás el escultor más atrevido de la época y cuando su extraña obra *La matanza* fue mostrada al público en 1834 halló pocos admiradores. Sin embargo, a uno de ellos, François Rude (1774-1855), le inspiró su propia obra maestra, la magníficamente retórica composición titulada *La Marsellesa,* situada sobre una de las columnas del Arco del Triunfo de París. Su verdadero sucesor fue Jean-Baptiste Carpeaux (1827-1875), cuyo célebre grupo *La Danza,* para la fachada de la Opera de París, encaja a la perfección en la arquitectura de Garnier.

A pesar de todo, la crisis de la escultura no pudo ser superada hasta finales de siglo, cuando Auguste Rodin (1840-1917), el primer escultor de genio desde Bernini, se convirtió en un maestro reconocido. Después de estudiar la escultura clásica y la de Miguel Angel, Rodin supo, como señala Gombrich, ser nuevo sin provocar un conflicto fundamental entre él y el arte tradicional. Lo más importante es que fue el primero que convirtió el «inacabado» en un principio estético tanto en lo que se refiere al tratamiento de las superficies como a la forma conjunta de la obra (muchas veces esculpe sólo fragmentos). Y al hacerlo rescató la escultura de su mayor problema: la verosimilitud mecánica. En 1879 le encargaron la entrada del Museo de Artes Decorativas de París y Rodin ideó las *Puertas del infierno* con un programa simbólico que se inspiraba en el *Infierno* de Dante. No llegó nunca a terminarla, pero el encargo le sirvió de fuente para muchas composiciones menores que como *El pensador* o *El beso* acabaron convirtiéndose en tallas independientes. Sin embargo, serán obras como su imponente *Balzac* o *Los burgueses de Calais* las que pondrán a Rodin en el umbral de la escultura contemporánea.

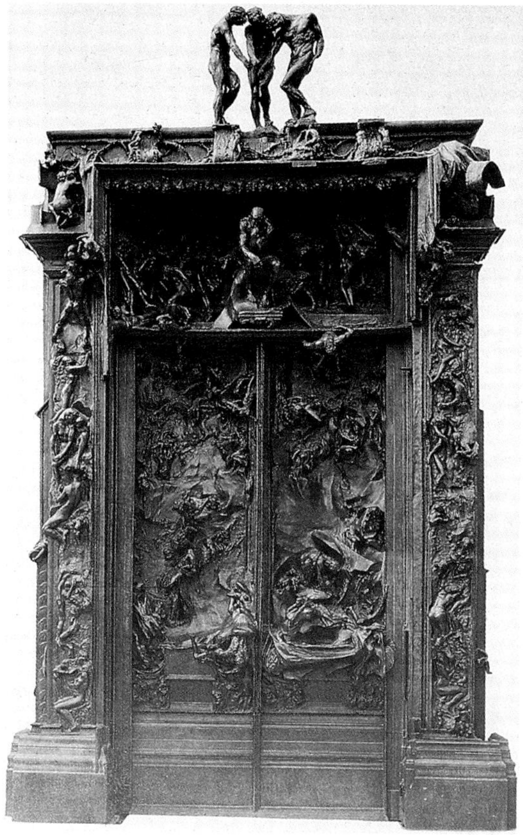

Rodin, Las puertas del infierno

Pintura y realidad

La siguiente revolución que tuvo lugar en el campo de la pintura se dirigió sobre todo contra los convencionalismos que gobernaban los temas. El público seguía pensando que los cuadros importantes debían representar figuras y hechos importantes y que temas como los obreros y los campesinos sólo eran adecuados para la pintura de género en la línea de la tradición holandesa del siglo XVII y siempre presentados de un modo idealizado. Sin embargo, durante la Revolución de 1848, un grupo de artistas empezó a pensar que el proletariado rural y campesino, mostrado tal y como realmente era, podía ser un tema idóneo para un tipo de pintura socialmente comprometida. Cuando Gustave Courbet (1819-1877) inauguró una exposición individual de sus obras en una barraca de París en 1855 y la tituló *El Realismo,* dio nombre al movimiento. Orgulloso de su origen rural y socialista por sus ideas políticas, Courbet había llegado a la conclusión de que el sentimentalismo romántico no era más que una evasión de las realidades de la época que, mostradas en lienzos como *Los picapedreros* o el *Entierro en Ornans,* eran las únicas merecedoras de un lugar en la pintura. Su contemporáneo François Millet (1814-1875) se propuso igualmente pintar escenas de la vida de los campesinos sin nada anecdótico, sin ninguna historia, mostrando únicamente la gravedad del trabajo y su noble significación.

Edouard Manet (1832-1883) y sus amigos, una generación más tarde, supieron aceptar muy seriamente el programa establecido por Courbet y llevarlo a sus últimas consecuencias. En su empeño en pintar únicamente lo que veían, lo que tenían ante sus ojos, los impresionistas pensaban que el arte tradicional, con sus habituales modelados y sus gradaciones de luz y sombra, había olvidado algo tan sencillo como que al aire libre el ojo humano no percibe semejantes matices. Al confiar en su vista y no en ideas preconcebidas, los pintores impresionistas realizaron los más sugestivos descubrimientos, aunque en principio fueron considerados por el público y por la crítica como extravagantes herejes. En 1863 no consiguieron acceder al Salón oficial pero las autoridades les permitieron mostrar sus obras en una exposición especial que recibió el nombre de Salón de los Rechazados y que se convertirá en el primer movimiento de una batalla por la aceptación general que durará casi treinta años.

Pero la pintura de Manet, con su afirmación del privilegio del pintor de combinar en el cuadro todos los elementos que quiera sólo con miras al efecto estético, no es impresionista en el sentido en que lo será la de Claude Monet (1840-1926), por ejemplo. De hecho, fue Monet el que impulsó a Renoir o a Sisley a abandonar definitivamente el estu-

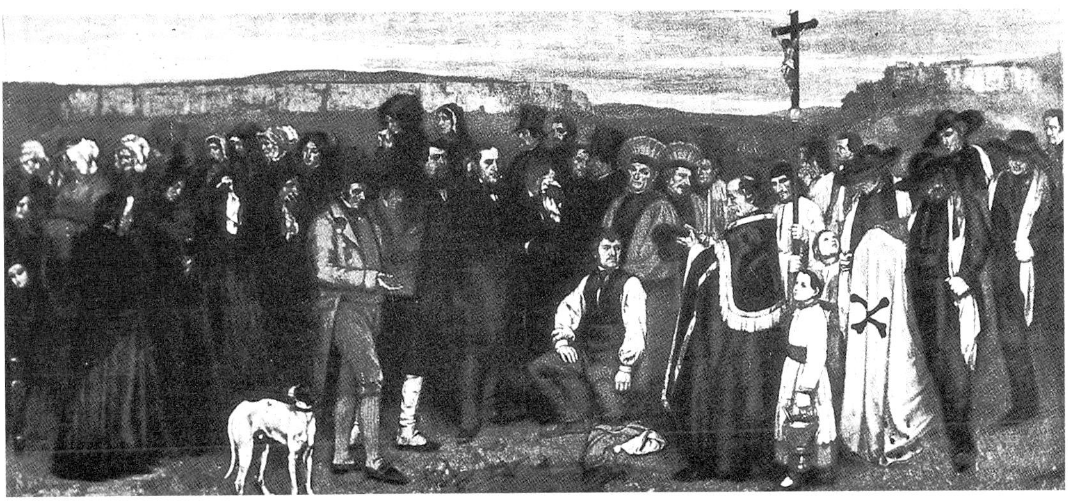

Courbet, Entierro en Ornans

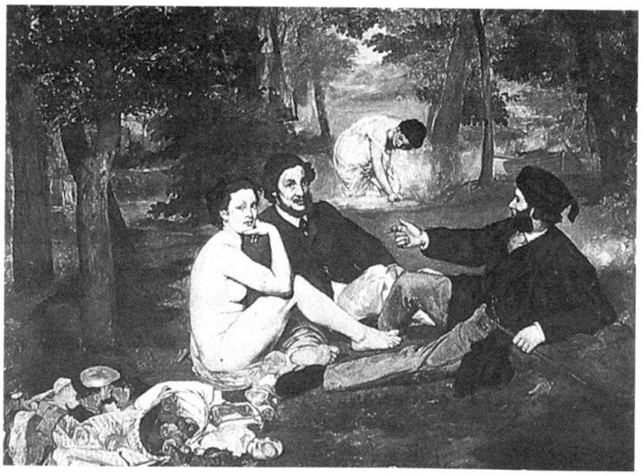

Manet, El almuerzo sobre la hierba

dio y a no dar ni una sola pincelada sino delante del natural, y, como el aspecto de la naturaleza cambia a cada minuto, si el pintor quiere conseguir el efecto verdadero, tiene que depositar los colores directamente sobre la tela en pinceladas rápidas preocupándose menos de los detalles que del efecto general del conjunto.

Pero tampoco debemos olvidar la influencia de los grabados japoneses en el mundo impresionista, de su audancia compositiva y de sus temas populares, en pintores que como Edgar Degas (1834-1917) se alejarán del Impresionismo preocupándose más que ninguno de sus compañeros por el dibujo y la composición, dos problemas que inevitablemente heredará la siguiente generación.

El final del siglo

Al final del siglo muchas personas empezaron a darse cuenta de que la arquitectura y las formas del arte aplicadas a ella, con su mezcolanza de estilos, estaban llegando a un callejón sin salida. Sobre todo en Inglaterra, pensadores y artistas como John Ruskin o William Morris ambicionaron e intentaron llevar a cabo una completa reforma de las artes y los oficios que se difundió con rapidez por toda Europa. Su consecuencia más llamativa fue el último de los estilos internacionales, el Art Nouveau, gracias al cual los arquitectos tantearon nuevos tipos de adornos y nuevos materiales. Porque aunque el Modernismo se desarrolló con bastante seguridad en todos los terrenos de las artes aplicadas (orfebrería, vidriera, gráfica, cristal, etc.) fue en la arquitectura donde mejor cristalizó la creación de un estilo ornamental propio con diseños que como los del belga Victor Horta (1861-1947) o los del catalán Antonio Gaudí

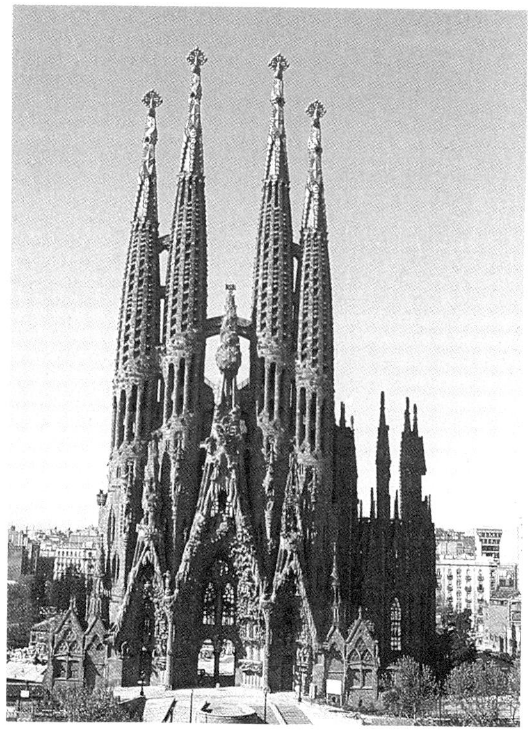

Sagrada Familia, Barcelona

(1852-1926), lograron, a pesar de sus evidentes innovaciones, un triunfo inmediato.

Sin embargo, esta conciencia de crisis no se limitó únicamente a la arquitectura e incluyó a unos pintores muy cansados ya de las rutinas que les habían enseñado, y de los que van a derivar, finalmente, las diversas tendencias que hoy denominamos «arte moderno». Quizás en este sentido el artista más destacado sea Paul Cézanne (1839-1906), quien, retirado en su ciudad natal de Aix-en-Pro-

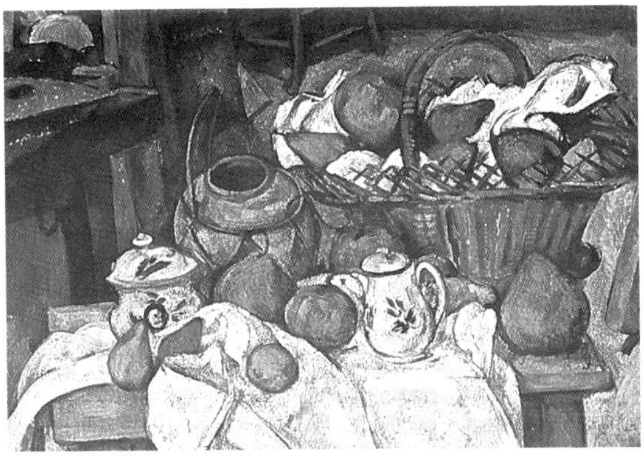

Cézanne, La mesa de cocina

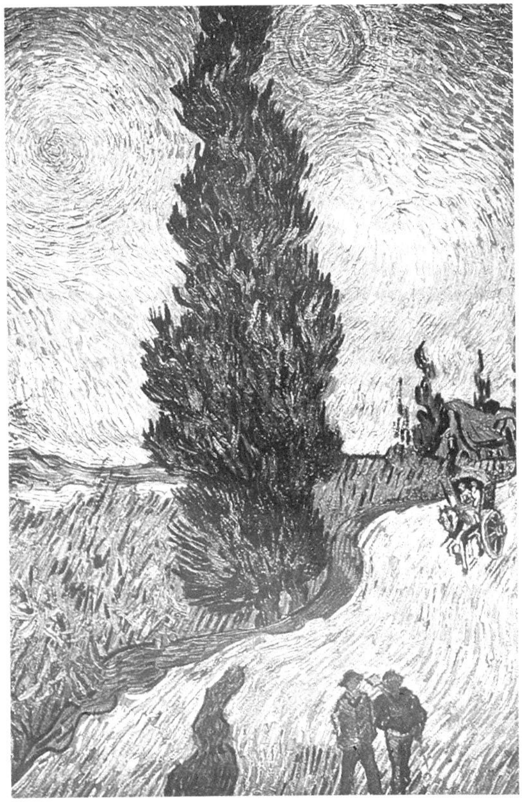

Van Gogh, Carretera con ciprés y cielo estrellado

vence, disfrutó de una cierta independencia económica y pudo consagrarse a resolver los innumerales problemas artísticos que su época le planteaba. Lo que pretendió fue «llevar el Impresionismo a los museos», es decir, hacerlo consistente, estructurado y sólido, sacándolo del callejón sin salida al que había llegado. Desde luego, él había admirado, en contra de la pintura académica, los nuevos procedimientos de los impresionistas, pero no le parecían suficientes porque necesitaba además la composición, la simplicidad y el equilibrio perfecto que había caracterizado a los grandes maestros del pasado, del mismo modo que Vincent Van Gogh (1853-1890) necesitaba que el cuadro expresara algo de su propia subjetividad. Profundamente religioso desde su juventud, Van Gogh eligió la soledad en el pequeño pueblo de Arlés, al sur de Francia, para llevar a cabo su obra. Su carrera de pintor no duró más que diez años y todos los cuadros sobre los que descansa su fama fueron pintados en la última época, constantemente interrumpida por unas crisis mentales y espirituales que acabaron llevándole al suicidio. A pesar de todo, lo cierto es que ningún otro artista antes de él había empleado la pincelada para expresar su propia agitación con tal consistencia y efecto.

Su amigo Paul Gauguin (1849-1903) era muy distinto. Orgulloso y ambicioso, fue prácticamente un autodidacta convencido de que el arte estaba en peligro de volverse rutinario porque había perdido lo más importante: la intensidad y fuerza en el sentir y la manera espontánea de expresarlo. Buscando soluciones viajó a Tahití y allí realizó un arte exótico y «primitivo», de contornos simplificados y grandes manchas de fuertes colores.

Precisamente lo que nosotros denominamos «arte moderno» surgió del sentimiento de insatisfacción de estos tres artistas y las diversas soluciones que persiguieron se convirtieron en los ideales de algunos de los movimientos más importantes del siglo XX: el cubismo y el expresionismo.

Véanse en las páginas 252-256 los comentarios a cinco obras de este período.

Unidad 15

Las vanguardias y el movimiento moderno

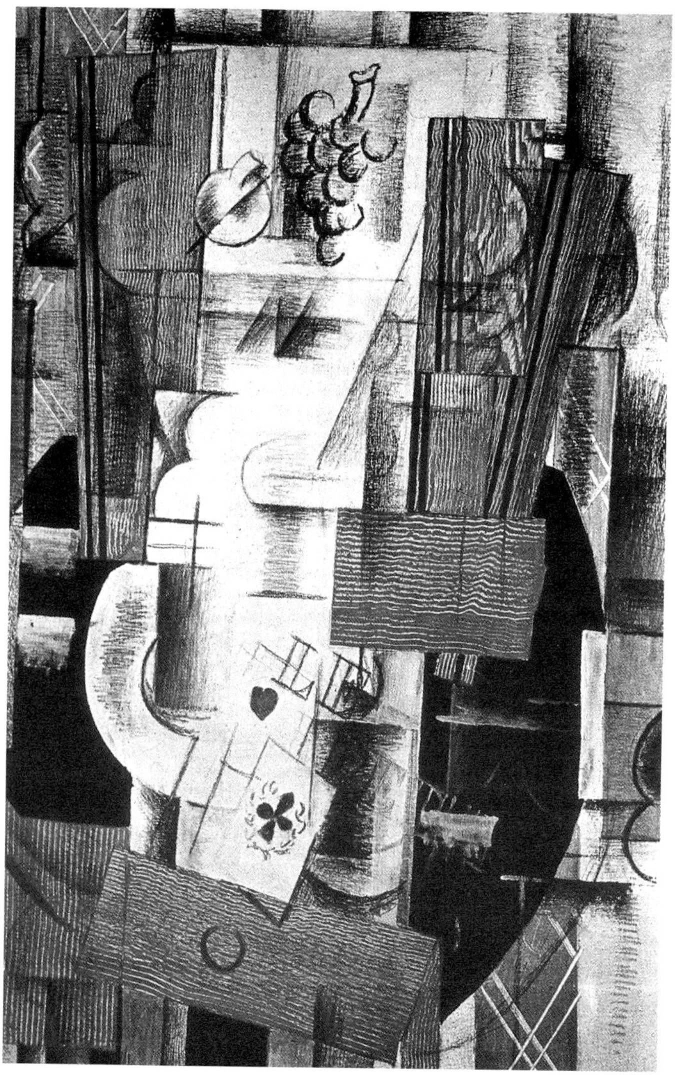

Braque, Naturaleza muerta con naipes

Es imposible comprender el arte de nuestra época sin tener en cuenta los enormes cambios experimentados tanto por las ideas como por los estilos de vida, cambios que han hecho del siglo XX algo completamente diferente a cualquier época anterior. Por ejemplo, en lugar de seguir considerando la arquitectura como una de las «bellas artes», los arquitectos más jóvenes empezaron a rechazar de plano la decoración y se empeñaron en volver de nuevo a su tarea básica, a la luz de la finalidad específica de ésta y ayudados por las nuevas técnicas y los nuevos materiales. Quizás por eso se puede afirmar que la arquitectura moderna empieza en los rascacielos que, a finales del siglo XIX, se estaban construyendo en Chicago. Simplemente hubiera sido una incongruencia recubrir estos edificios con decoraciones historicistas procedentes de libros de modelos europeos. Chicago quedó casi completamente destruida por un incendio en 1871. Su reconstrucción, vacilante en un primer momento, supondría al final una audaz experimentación de sistemas de construcción completamente nuevos. Arquitectos como Le Baron Jennev (1832-1907), Burnham (1846-1912) o Louis Sullivan (1856-1924) son capaces de construir edificios sorprendentemente elevados en parte gracias a algunas innovaciones técnicas como la estructura de esqueleto en acero, los nuevos sistemas de cimentación en piedra o el ascensor. Toda una nueva forma de ver la arquitectura que exige ser juzgada con diferentes criterios formales. Sus principios se hallan ahora tan firmemente establecidos que pocos serían los que se atrevieran a discutirlos seriamente.

No se puede decir lo mismo de la pintura y la escultura. Ya hemos visto cómo la ruptura con la tradición heredada había empezado en el siglo XIX, pero será ahora, en el XX, cuando se abra ante los artistas todo un abanico de posibilidades. Por ejemplo, un pintor podía utilizar el color tradicional o usar uno completamente inesperado que para él tenía un significado especial, podía mostrar un paisaje o una naturaleza muerta en el cuadro del modo habitual o podía fragmentar el tema y recomponerlo de una manera completamente diferente; podía, en fin, representar la imagen distorsionada por sus sentimientos o, incluso, prescindir del tema reconocible, como harán los abstractos. Todo eran posibilidades. Los artistas del siglo XX escogerán y elaborarán conscientemente algunos de estos elementos simples convirtiéndolos en principios fundamentales de su arte.

La búsqueda de las formas

El Cubismo, el primero de los movimientos del arte del siglo XX, cambió radicalmente el modo de representar el tema de una pintura. En 1904 tuvo lugar en París una gran exposición de la obra de Paul Cézanne (que ya había experimentado un sistema diferente de la perspectiva renacentista para representar el mundo tridimensional sobre el lienzo) que produjo un gran impacto en los pintores jóvenes y los animó a experimentar en el mismo sentido, al mismo tiempo que brotó un nuevo interés por el arte africano y por las primitivas pinturas rupestres buscando en ellas, no «curiosidades», sino inspiración y renovación.

El primer cuadro cubista lo pintó Pablo Picasso (1881-1973). Picasso había comenzado su carrera como un pintor tradicional con una formación de dibujante. En su primera «época azul», muy simbolista, utilizó este color para expresar las penalidades y la pobreza; en la «época rosa» sus figuras se hicieron más redondeadas y esculturales, aunque sus temas, arlequines y colombinas, producen todavía una cierta sensación de melancolía; en 1907 pinta *Las señoritas de Avignon,* una obra que escandalizó a cuantos la vieron, una escena de burdel que se convirtió en el origen de toda la pintura cubista. Cuando Georges Braque la vio pintó *Casas de L'Estaque.*

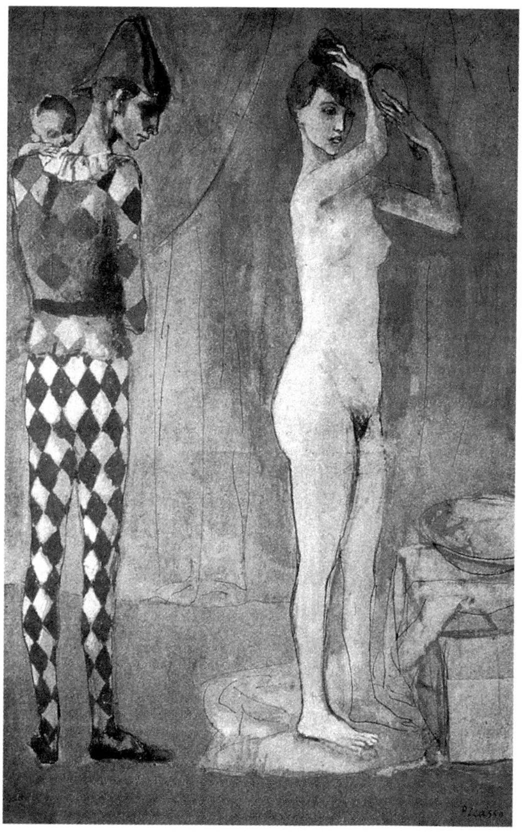

Picasso, La familia del arlequín

Lo que estaban intentando Picasso y Braque era sustituir la perspectiva tradicional y su ilusión tridimensional por un espacio mucho más plano. Con el tiempo decidieron que su enfoque podía desarrollarse mejor escogiendo un tema, como una naturaleza muerta, en un espacio cerrado. Como no querían que el color distrajese introdujeron una severa paleta de grises, negros, marrones y ocres. Una vez decidido el tema, concibieron la idea de observarlo desde todos los lados, y de agrupar después todas estas facetas simultáneamente en una vista única. En teoría este procedimiento tenía que presentar lo más posible el tema pero en la práctica dificultó mucho el reconocimiento de los objetos de sus naturalezas muertas. El Cubismo fue, por tanto, un tratamiento especial del tema, una manera de desmenuzarlo, de analizarlo, de relacionar de diferentes maneras una parte con otra; en definitiva, de abolir la pintura de tema como mera imitación. Sus consecuencias fueron de gran importancia. En unos pocos años Picasso y Braque habían roto con todas las tradiciones del arte occidental, ofreciendo a los artistas la libertad y la inseguridad de pintar sin normas.

Aparte de las propias obras de Picasso, el primer escultor que participa activamente en el movimiento cubista es Alexander Archipenko (1887-1964), al iniciar con *Mujer andando* una serie de obras de formas geometrizadas con alternancia de planos triangulares y formas curvas, de superficies cóncavas y convexas, con lo que la realidad de las formas vacías queda destacada por la proximidad de las formas llenas. Es decir, Archipenko, junto con escultores como Henry Laurens (1885-1954) y Jacques Lipchitz (1891-1973), da los primeros pasos hacia el uso del hueco como material escultórico y convierte el vacío pasivo en un elemento activo a la vez que lo transforma en uno de los materiales más significativos de la escultura contemporánea.

Directamente ligado al Cubismo se desarrolla en Italia, entre 1909 y 1916, el Futurismo, un movimiento de gran relevancia que se convierte en el vehículo de modernización de una vida y una cultura italianas todavía demasiado ancladas en su glorioso pasado. En 1909 Filippo Tomasso Marinetti (1876-1944) publicó el *Manifiesto Futurista* que, con un lenguaje provocador e insultante, afirmaba la plena belleza de lo moderno: de los barcos, las locomotoras, los automóviles y, sobre todo, la velocidad. «Un automóvil de carreras es más bello que la Victoria de Samotracia». Pronto se unieron a él pintores como Balla, Boccioni, Carrà, Russollo y Severini, además del arquitecto Sant'Elia. El problema era la plasmación de su propio estilo porque, evidentemente, no podían acudir a los procedimientos pictóricos tradicionales para representar la nueva realidad. Les interesaban las formas dinámicas y la expansión de los cuerpos en el espacio, es decir, el objeto en movimiento, y para hacerlo realidad, en obras como *Las manos del violinista* de Giacomo Balla (1912), recurrieron a la técnica divisionista del color y al uso simbolista de las formas lineales, además de utilizar la fragmentación y estructuración espacial tras haber conocido las experiencias cubistas.

También para los artistas rusos el encuentro con el Cubismo supuso un paso previo al desarrollo de un estilo absolutamente particular. Pero la situación es muy diferente. De hecho, para comprender el significado del Constructivismo, su grado de abstracción y el importante papel desempeñado en la evolución del arte contemporáneo, es necesario hacer una breve referencia a la situación histórica del pueblo ruso. Un pueblo que tan sólo en una generación pasó del feudalismo a la revolución industrial, al capitalismo y al socialismo con el triunfo de la revolución proletaria, y que en el mundo del arte evolucionó, en el mismo tiempo, desde el academicismo decadente a la abstracción más osada, para terminar con el arte al servicio del Estado. El Constructivismo es un arte destinado no a la consecución de transformaciones artísticas, sino a organizar los sentimientos del proletariado al crear al hombre nuevo y a satisfacer sus necesidades materiales acudiendo incluso a la producción mecánica. Vladimir Tatlin (1885-1953) es quizá el mejor representante de este nuevo tipo de artista porque proyecta obras como el *Monumento a la Tercera Internacional* (1918-1920)

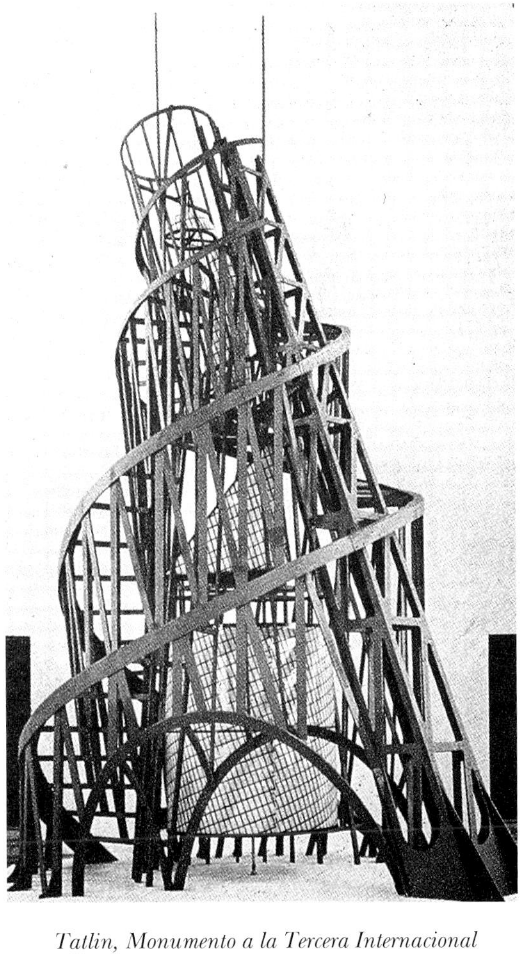

Tatlin, Monumento a la Tercera Internacional

que responde plenamente a los principios constructivistas por ser radicalmente nueva, útil, simbólica y propagandística, aunque no pasara de ser más que una maqueta.

La revolución del color

La otra forma de experimentación de la pintura del siglo XX se iba a aplicar al uso del color. El primer grupo que trabajó en este sentido fueron los *fauves* («animales salvajes») que expusieron en el Salón de París en 1905. Su líder era Henri Matisse (1869-1954), y los demás miembros, entre ellos pintores como Derain, Vlaminck y Dufy, procedían de grupos muy distintos. Lo que tenían en común era un interés por el color brillante y puro utilizado, no sólo para describir algo, sino fundamentalmente para dar placer. En *Madame Matisse con una franja verde* la posición de la cabeza y de los hombros es bastante convencional pero no lo son ni el modelado ni la formación de los rasgos. De entrada, ya no hay profundidad alguna; todo está en la superficie. Desde luego, hay una calculada utilización del color, pero el resultado, muy atractivo, no se debe a una teoría de los colores como la que hemos podido ver en Seurat o en los impresionistas, sino más bien a una afirmación personal del pintor de las cualidades vivaces y vitalistas del color.

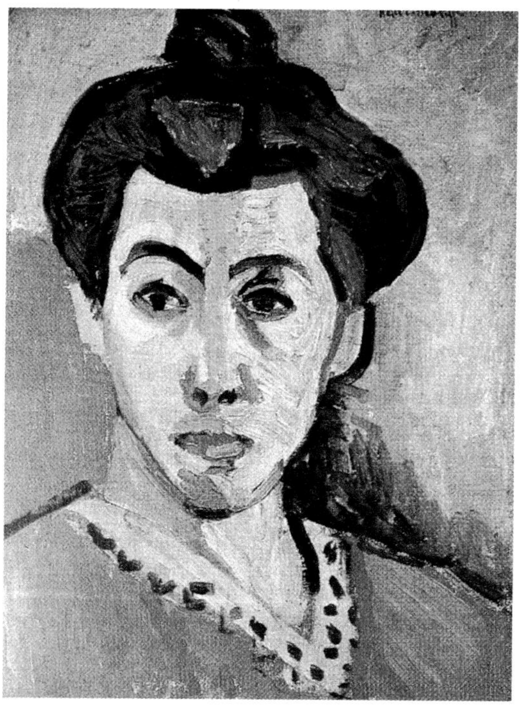

Matisse, Madame Matisse con una franja verde

La utilización libre del color también fue fundamental para los expresionistas, pero éstos trabajaron en una línea muy diferente a la de los *fauves.* Por expresionistas se entienden en el arte del siglo XX las pinturas que, como *El grito* de Munch, adoptan como tema del cuadro estados mentales representados con tanta fuerza que la apariencia normal de las cosas queda distorsionada. Los dos primeros grupos que trabajaron en este sentido fueron alemanes: «Die Brücke» y «Der Blaue Reiter». «Die Brücke» (El Puente) se formó en Dresde en 1905 gracias a cuatro estudiantes de arquitectura: Ernst-Ludwig Kirchner (1880-1938), Erich Heckel (1883-1970), Fritz Bleyl y Karl Schmidt-Rottluff (1884-1976), que pronto se dedicaron a la pintura, la litografía y el grabado en madera por considerar que con estos materiales podían expresar mejor sus sentimientos. De hecho, en obras como *Cinco mujeres en la calle* de Kirchner, utilizaban el tema del cuadro para comunicar sus sentimientos intensos y no dudaban en deformarlo hasta que conseguían el efecto buscado.

«Der Blaue Reiter» (El Jinete Azul) fue en realidad un almanaque fundado en 1911 por Kandinsky y Marc que dio nombre a todo un grupo de pintores porque, hasta 1914 en que se disuelve, se les unieron Macke, Jawlensky, Kubin, Klee y el músico Schönberg. Kandinsky, el alma del grupo, propugnaba que el arte era ante todo una cuestión espiritual y no un problema formal. Descubrió que las formas coloreadas presentan propiedades expresivas propias, desconectadas de los objetos, y creyó, como se puede ver en su libro *De lo espiritual en el arte* (1912), que la tarea real del artista consiste en ofrecer la realidad de la experiencia interior antes que la experiencia sensible. El camino hacia la abstracción, hacia la pintura «no figurativa», estaba abierto.

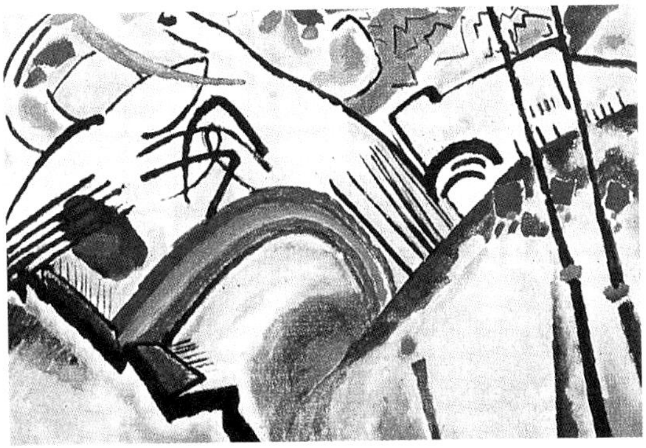

Kandisky, Batalla

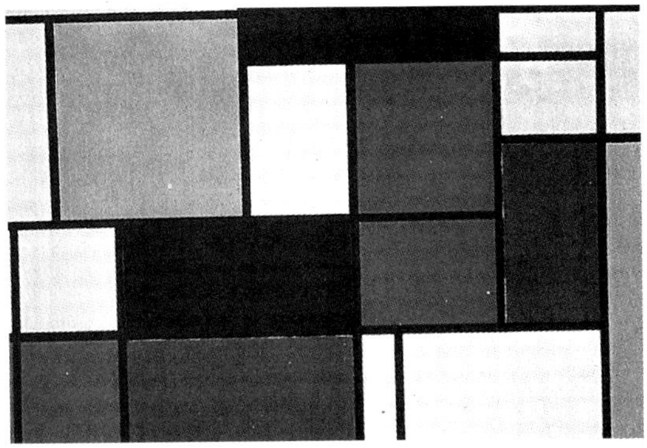

Mondrian, Sin título

En 1910 Kandinsky pintó *Batalla,* una pintura en la que todavía hay algunas formas reconocibles, como las montañas o el arco iris, pero han quedado tan simplificadas y subordinadas a la composición que ya no tenemos conciencia de ellas y lo único que vemos son una serie de planos formados por líneas diagonales, con una diversidad de formas y colores que van desde líneas negras marcadas hasta las pinceladas confusas de colores blandos.

Pero cuando Kandinsky regresó a Rusia en 1914 se encontró con que pintores como Larionov o Gontcharova habían estado también pintando en abstracto desde 1911. Da la impresión de que en diversos puntos de Europa varios pintores llegaron a la abstracción por caminos diferentes en aproximadamente el mismo momento. El caso de Paul Klee y de Piet Mondrian es muy significativo. Paul Klee (1879-1940) había aprendido del Cubismo nuevas posibilidades de relacionar las formas y, decidido a crear un nuevo lenguaje pictórico, bajó hasta la simplificación máxima de todas las cosas para, convertidas en auténticos signos, poder reutilizarlas luego en la elaboración de una obra absolutamente renovadora. Por otro lado, los primeros cuadros de Piet Mondrian (1872-1944) demuestran que, en el fondo, él perseguía lo mismo que Cézanne, es decir, lo que permanece constante más allá de los accidentes de la apariencia. Pensaba que cada cosa individual tiene una esencia subyacente y que esas esencias, a pesar de lo que pueda parecer, se hallan en armonía. El objeto del artista era revelar en sus pinturas esa armonía universal y, para ello, tenía que destacar las imágenes particulares en favor de las universales. Muchos de los profesores que contrataría la futura Bauhaus vendrán, como Kandinsky, Klee o Mondrian, de este campo de la pintura.

Todo esto podía fácilmente desembocar en otro tipo de abstracción más radical: el Suprematismo, iniciado en 1913 por Kasimir J. Malevich (1878-1935) y basado en la creencia de que una pintura permitía captar formas y color, pero no evocaba asociaciones ni sentimientos. En obras como *Blanco sobre blanco,* Malevich pretendía expresar estados «puros» de conciencia e inconsciencia no alterados por pensamientos reales por lo que elegía siempre formas geométricas y llegó a prescindir incluso del color.

La «Bauhaus» y los nuevos caminos de la arquitectura

En 1903 el pintor y arquitecto belga Henry Van de Velde fundó una Escuela de Artes y Oficios en Weimar. Con el tiempo se consideró la posibilidad de fusionarla con la Escuela de Bellas Artes que ya existía en esta ciudad y Van de Velde pensó que el arquitecto alemán Walter Gropius sería un buen director. Así, en 1919 se fundó la «Bauhaus» cuyo nombre significa «casa de construcción» y que desde el principio centró su enseñanza en el diseño y la construcción de edificios. En realidad, la Bauhaus había nacido para demostrar que el arte y la ingeniería no tenían por qué seguir separados. Las teorías que la escuela defendió se condensan con frecuencia bajo el nombre de «funcionalismo», es decir, la creencia de que si algo se proyecta para que responda a unos fines peculiares y se proyecta bien, podrá parecer bello por sí mismo, sin necesidad de ningún tipo de adorno. En cambio, en la visión de la arquitectura era radical. Por eso el objetivo de un estudiante de la Bauhaus era hacer cosas adecuadas a su función, con una total libertad de sus capacidades individuales, y precisamente por eso pronto desvió el interés del trabajo artesanal hacia el diseño industrial, reconociendo en la máquina el medio moderno del diseño. Como la escuela tuvo desde el principio un enfoque internacional que en absoluto se adaptaba a los puntos de vista del nacional socialismo vigente en Alemania, fue clausurada en 1933 y muchos de sus profesores tuvieron que irse a Estados Unidos.

A pesar de que en algunos países de Europa, como la reciente Unión Soviética, la arquitectura experimental gozó de una situación ventajosa, será en Estados Unidos donde se produzcan las principales innovaciones. Fue allí donde un arquitecto consiguió persuadir a sus clientes de que aceptaran un tipo de vivienda radicalmente heterodoxo: Frank Lloyd Wright. Pronto se dio cuenta de que lo importante en una casa eran las habitaciones y no la fachada; si era cómoda y estaba bien proyectada por dentro, adaptándose a las necesidades de su propietario, con toda seguridad ofrecería también un aspecto aceptable por fuera. Este punto de vista, desde luego revolucionario, le llevó a desdeñar sistemáticamente todas las consignas referentes a la edificación, en especial la exigencia tradicional de una perfecta simetría. Sus «Casas de la Pradera», construidas en barrios residenciales de Nueva York, y su famosa «Casa de la Cascada», le convirtieron

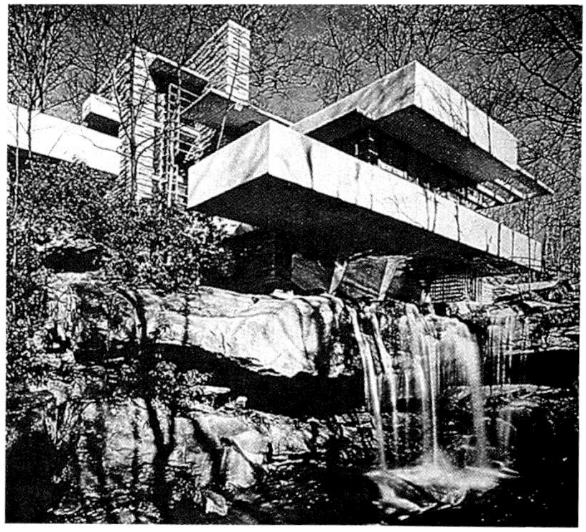

Wright, Casa de la Cascada

en la figura dominante de la arquitectura americana. A pesar de ello, sus edificios tienen mucho en común con las nuevas ideas arquitectónicas europeas, y con el tiempo, algunos arquitectos del Viejo Continente, hicieron también aportaciones fundamentales. El caso de Le Corbusier (1887-1965) es muy significativo porque supo enfrentarse con las tradiciones de la arquitectura francesa sin perder de vista las relaciones con el movimiento internacional. Probablemente el mejor arquitecto del siglo XX, actúa siempre imponiendo la calidad de su ingenio inventivo pero compromete su talento en el campo de la razón y la comunicación general consi-

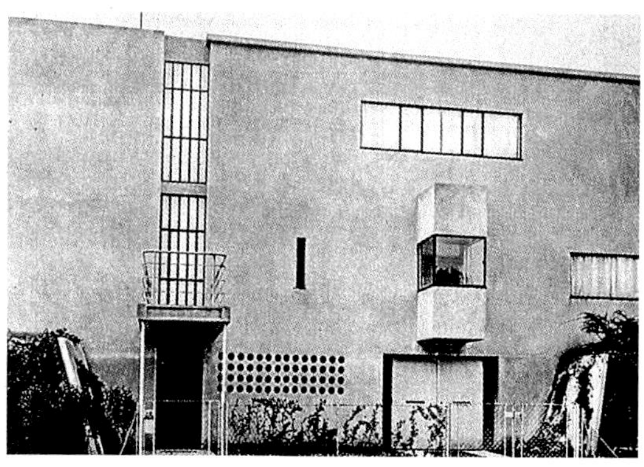

Le Corbusier, Casa Ozenfant, Vaucresson

guiendo una arquitectura no sólo interesante y sugestiva, sino también útil y aplicable universalmente.

La fantasía y el subconsciente

Después de la Primera Guerra Mundial muchos intelectuales empezaron a creer que una sociedad capaz de producir una catástrofe semejante era una sociedad malvada, cuya cultura debía destruirse totalmente, ya que estaba social y moralmente en bancarrota. Con estas ideas se desarrolla entre 1915 y 1922 el movimiento Dadá, fundado por el pintor Hans Arp, el poeta Tristan Tzara y otros escritores en el Café Voltaire de Zurich. Aproximadamente al mismo tiempo Marcel Duchamp, Man Ray y Francis Picabia fundaron en Nueva York un grupo semejante. En 1918 los dos grupos se reunieron en Lausanne y publicaron un Manifiesto. Lo que se proponían los dadaístas era destruir de todos los modos posibles el arte establecido. Por eso se burlaban de los objetos artísticos que habían sido venerados durante siglos en los museos y eran capaces de coger cosas de uso cotidiano y exponerlas presentándolas como objetos artísticos. Marcel Duchamp presentó un urinario como pieza escultórica y lo tituló «Fuente» afirmando en definitiva que el arte establecido ya no significaba nada y que la simple casualidad tenía mucho más sentido que el arte de una sociedad podrida. En la misma línea, el pintor y poeta Kurt Schwitters hizo collages (Merz) con objetos encontrados casualmente. Desde luego, Dadá consiguió provocar el escándalo, pero también hizo que la gente mirara las imágenes de una manera distinta. Hacia 1922 muchos artistas Dadá se comprometieron con el Surrealismo.

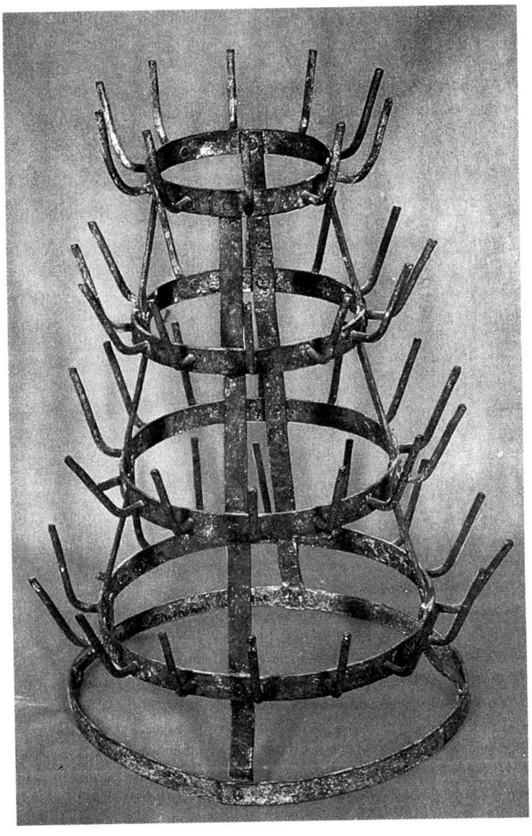

Duchamp, Botellero

El Surrealismo, que comenzó en 1924 y continuó durante la década de los años treinta siempre de la mano del escritor André Breton, surgió tanto de la pintura metafísica de Giorgio de Chirico, como de Dadá, con su insistencia en la ordenación casual de los objetos, y desde el principio le interesó más explorar e ilustrar la mente inconsciente que destruir el arte establecido. Por eso, el Surrealismo no se limitó a ofrecer una alternativa más a la crisis de los lenguajes artísticos, tal y como habían hecho las opciones vanguardistas que le precedieron desde principios de siglo, sino que fue concebido como una actitud vital. Los surrealistas pensaban que la tradición grecolatina que ha configurado la cultura occidental también ha mutilado al ser humano al dar primacía a su componente racional y lógico, por lo que se proponen reivindicar el sentimiento y el instinto como parte sustancial de su personalidad. En su nueva concepción del hombre, los surrealistas toman como punto de partida las investigaciones realizadas por Sigmund Freud, quien, a través del psicoanálisis, había puesto al descubierto esa zona oscura del deseo y su conflictivo enfrentamiento con la realidad. A partir de tal declaración de principios no debe extrañar que los surrealistas orientaran su actuación hacia la exploración de ámbitos hasta entonces desdeñados, como el subconsciente, el azar, la locura, los estados alucinatorios y los fenómenos parapsicológicos, al mismo tiempo que demostraba un interés creciente por las manifestaciones artísticas de los niños, enfermos mentales y pueblos primitivos, por cuanto en ellas creían hallar formas de expresión libres, al margen de la tradición artística europea y de la formación académica.

Lo que sorprende es que un movimiento con tales principios dé cabida al mismo tiempo a pintores tan diferentes como Dalí, Magritte y Tanguy, por un lado, y Miró o Max Ernst, por otro. Pero, en realidad, todos ellos son las dos caras de una misma moneda. Salvador Dalí (1904-1989) se propuso sobre todo plasmar en sus cuadros las imágenes de la irracionalidad con una técnica minuciosa que recupera toda la tradición realista de la pintura. Por su parte, Joan Miró (1893-1983), un pintor mucho más afin a nuestra sensibilidad contemporánea, aportó al Surrealismo una libertad de espíritu y una inocencia que no ha tenido parangón, y en cuadros como el *Interior holandés* recreó un precioso universo personal poblado de estrellas, notas musicales y pequeños animales para, en lugar de servirse del lenguaje del pasado, crear un nuevo lenguaje que nos ayude a mirar el mundo con ojos diferentes.

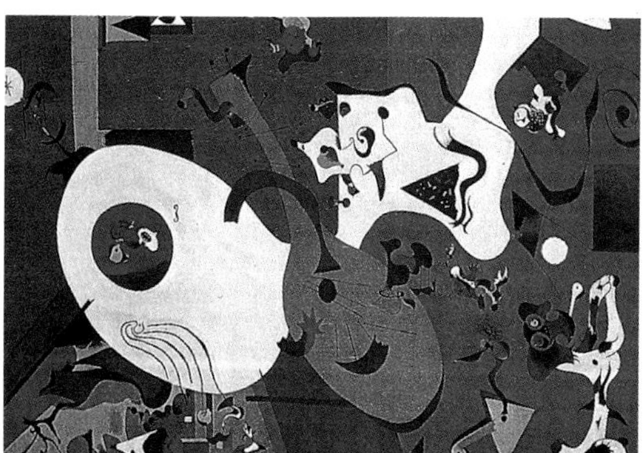

Miró, Interior holandés

El sueño americano

Después de la Segunda Guerra Mundial, Europa parece moral e intelectualmente agotada. Serán los Estados Unidos los que, desde el otro lado del Atlántico, cojan la batuta económica y política, pero también cultural. Allí nace, de la mano de unos pintores nuevos, empeñados en liberarse de toda la tradición europea y en crear un «arte americano», el Expresionismo Abstracto, fundamentalmente

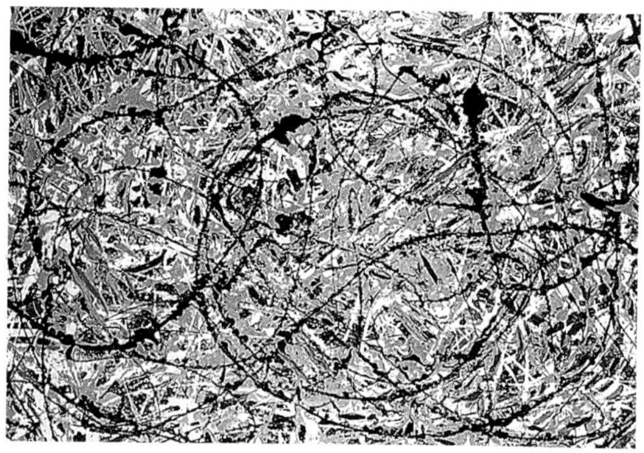

Pollock, Senderos ondulados

gracias a Jackson Pollock (1912-1956). Pollock, que empezó admirando a Picasso y a Kandinsky, pronto se dio cuenta de que los pintores americanos se estaban equivocando al seguir la pintura europea y a finales de los años cuarenta empezó a pintar grandes cuadros de composición continua que al final cortaba donde mejor le parecía delimitando así el lienzo definitivo. El interés se centraba fundamentalmente en que la obra era una pintura y, en definitiva, se produjo una exageración de todos los signos pictóricos. Da la impresión de que el único contenido de sus pinturas es la afirmación de que, a falta de otra certeza, al menos la acción del pintor es real.

Pero no podemos pensar lo mismo en relación a la obra de otro expresionista abstracto. Mark Rothko (1903-1970), de origen soviético. En su estilo de madurez, sus pinturas consisten en variaciones sobre unas cuantas formas simples como rectángulos de colores suspendidos sobre espacios coloreados, pero estas formas debían tener un contenido religioso.

Sin embargo, este tipo de abstracción radical se fue alejando cada vez más del espectador. Hacia los años sesenta la moda se había trasladado del *action painting* a una pintura abstracta fría e impersonal que fue etiquetada como «abstracción postpictórica» y que parece hecha a máquina con un color plano, brillante y ordenado. En la obra de artistas como Frank Stella y Kenneth Noland, o de escultores como David Smith, la cualidad agresiva de la *action painting* ha dado lugar a algo mucho más reservado, con unas tensiones mucho más sutiles. En Europa, pintores como Bridget, Riley o Victor Vasarely llegan, por este camino, al *op art* o «arte óptico» con la única finalidad de crear una desorientación visual, un juego para la vista.

La reacción no se iba a hacer esperar y en los mismos años sesenta algunos artistas volvieron a la figuración realizando imágenes de objetos muy cotidianos con técnicas de cine, de publicidad televisada y de los periódicos y revistas. El Arte Pop pretendía así reflejar la vida urbana de tanta gente, mantenerse al día y convertir en arte la vida misma. La pintura de Andy Warhol (1930-1985), por ejemplo, estaba plagada de cosas «super-reales» que bombardeaban nuestra vida a diario. A pesar de que su primera intención de derribar las fronteras entre la vida y el arte no se consiguió llevar a cabo, lo cierto es que gran parte de la pintura y la escultura posteriores al Pop Art es, todavía, heredera directa suya.

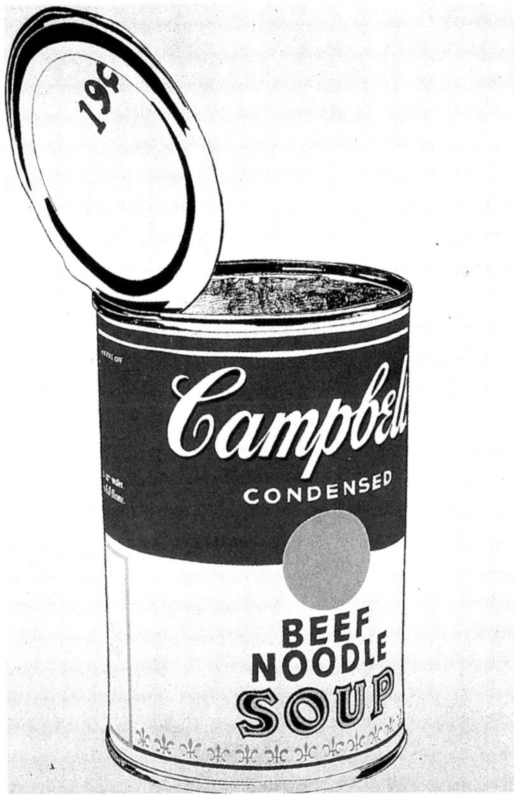

Warhol, Gran lata de Sopa Campbell

Véanse en las páginas 257-261 los comentarios a cinco obras de este período.

Bibliografía

Es importante advertir, en primer lugar y dado el carácter introductorio del presente volumen, que la cantidad de estudios generales sobre la historia del arte occidental que se han publicado, nos han obligado a reducir el repertorio bibliográfico presentado a los más imprescindibles. Como libros de carácter general son aconsejables tanto la *Historia del Arte* de Ernst H. Gombrich, publicada en Madrid por Alianza Forma en 1989 (15.ª edición), como los cuatro volúmenes de la *Historia general del arte* de H. W. Janson, también en Alianza, 1990, y el estudio de H. Honour y J. Fleming *Historia del Arte* (Barcelona, Reverté, 1986). Por otro lado, resulta sumamente útil, sobre todo como repertorio de láminas, *El arte y el hombre,* dirigido por René Hugue y editado por Planeta en tres volúmenes.

COMENTARIO DE OBRAS

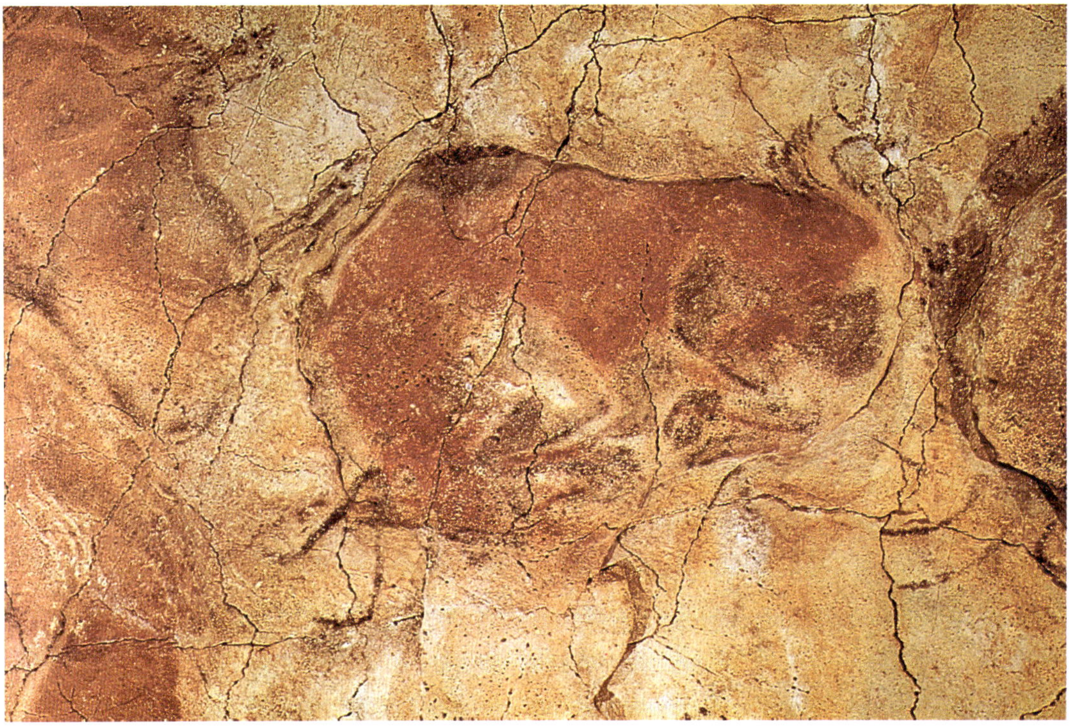

Bisonte de la cueva de Altamira

Se trata de una pintura rupestre prehistórica perteneciente al período magdaleniense, el último del Paleolítico, y que puede incluirse dentro de la escuela conocida como francocantábrica. Estamos ante un detalle del conjunto más importante de Altamira: la sala de los bisontes que, en las más diversas actitudes, cubren la bóveda de la cueva. Para ello, coincidiendo con las características generales de la pintura de la escuela francocantábrica, el artista paleolítico aprovecha las formas naturales de los salientes de las bóvedas y consigue representar a los animales con un relieve, en parte, real. Grabado su perfil, y delimitado normalmente con una línea negra, el interior de la figura es polícromo y se rellena con colores entre los que podemos apreciar el rojo, el violáceo y el amarillo. El aglutinante es casi siempre sangre o grasa animal. Las figuras de los bisontes no llegan, desde luego, a formar escenas (como ocurrirá más tarde en la escuela levantina) y aparecen simplemente yuxtapuestos pero, en sus trazos seguros y con su sombreado equilibrado dando bulto y relieve a las formas, demuestran una aguda observación de la naturaleza, por otro lado fundamental si tenemos en cuenta el carácter mágico de las representaciones. Es importante que la figura se parezca en la mayor medida posible a la realidad porque, para el artista paleolítico, la representación de un objeto, en este caso un bisonte (cuya caza era fundamental para su supervivencia) propiciaba la posesión de ese mismo objeto.

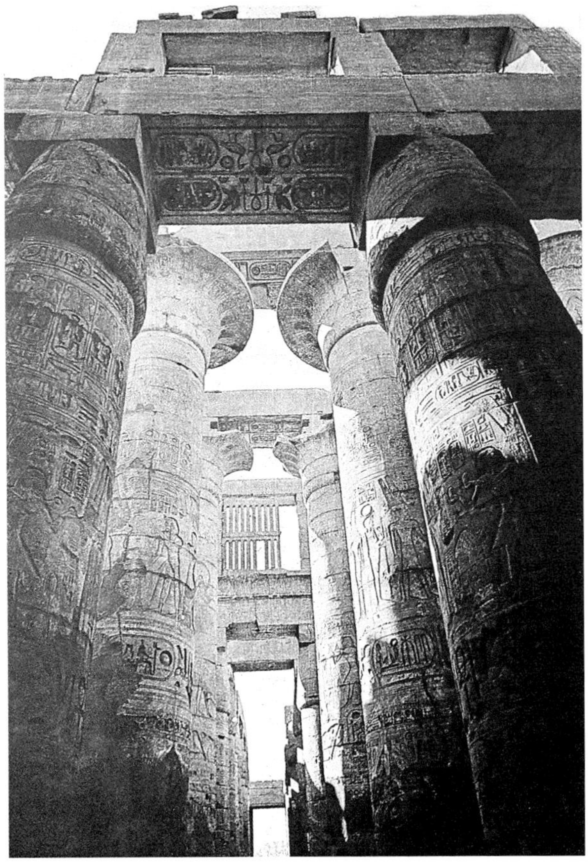

Templo de Amón (Karnak)

Arquitectura egipcia. Estamos ante una vista de la sala hipóstila del Templo de Amón en Karnak, uno de los templos más grandes e impresionantes de Egipto, terminado durante el Imperio Nuevo. En él podemos apreciar el carácter colosal que caracteriza a toda la arquitectura de esta civilización, siempre de tipo adintelado, fabricada a base de enormes piedras y con muros de gran grosor. Las columnas, que aparecen profusamente en las salas interiores de los templos y tumbas, son también de grandes proporciones, con superficie lisa o fasciculada, basa en forma de disco y capiteles inspirados en la naturaleza egipcia. En este caso se trata de columnas campaniformes abiertas en la nave central y cerradas en las laterales, con decoración fundamentalmente jeroglífica (se aprecian bien, por ejemplo, los sellos del faraón). La sala hipóstila de Karnak, con su nave central más alta que las demás y con claraboyas en el desnivel, es sólo una de las partes que forman un templo egipcio cuyo recorrido longitudinal es siempre de la luz a la oscuridad, favorecido por el progresivo cerramiento de los vanos y la disminución de la altura del techo. Se empieza en una avenida de esfinges que llega a la fachada del templo, formada por dos pilonos, una puerta adintelada y el consiguiente obelisco delante; en el interior aparece primero una sala hípetra o patio abierto con columnas, una sala hipóstila como ésta que vemos de Karnak y, al final, un sancta sanctorum donde está el dios propiamente dicho y al que sólo pueden acceder el faraón y los sacerdotes.

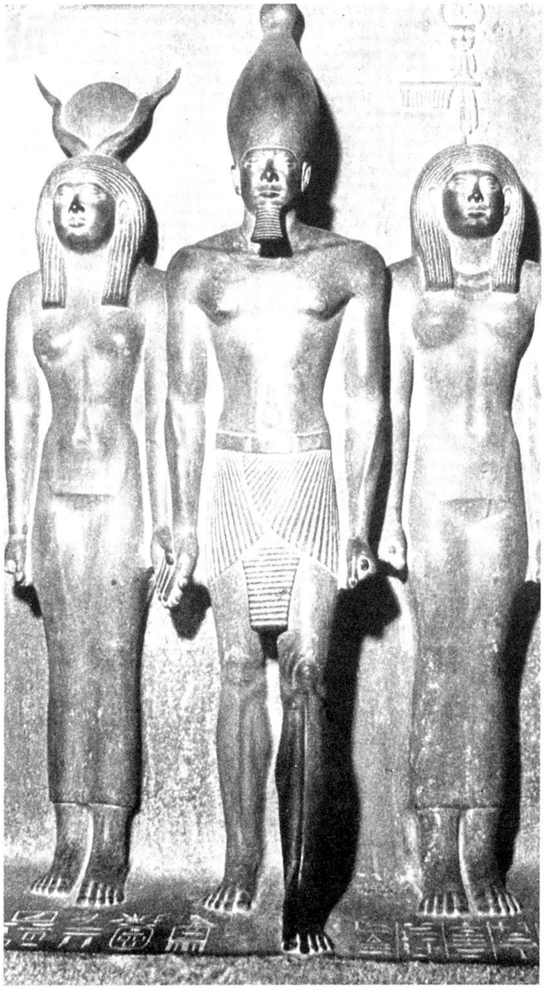

Micerinos con la diosa Hathor y una provincia

Escultura egipcia perteneciente al Imperio Antiguo, aunque hay que decir que las características de esta escultura se mantienen bastante estables hasta incluso el Imperio Nuevo. Se trata, sin duda, de un faraón, acompañado de una diosa y una representación de una provincia, que aparece en actitud muy rígida contrastando, por ejemplo, con las esculturas de personajes de una escala social más baja (como los escribas) que suelen aparecer representados con un mayor naturalismo. Es una pieza monumental, un altorrelieve tallado en una gran piedra, en las que las figuras aparecen en actitud muy estática, con los brazos pegados al cuerpo, los puños cerrados, la mirada fija en el frente y un pie adelantado, todo dominado por una ley de la frontalidad que no permite la más pequeña torsión en ninguna parte del cuerpo. La diosa y la provincia aparecen con sus consiguientes emblemas (el de la diosa Hathor es un globo solar enmarcado entre dos cuernos de vaca, que también aparece en los que se han conocido con el nombre de capiteles hathóricos) y el faraón está representado con el faldellín característico y la corona troncocónica típica del Bajo Egipto.

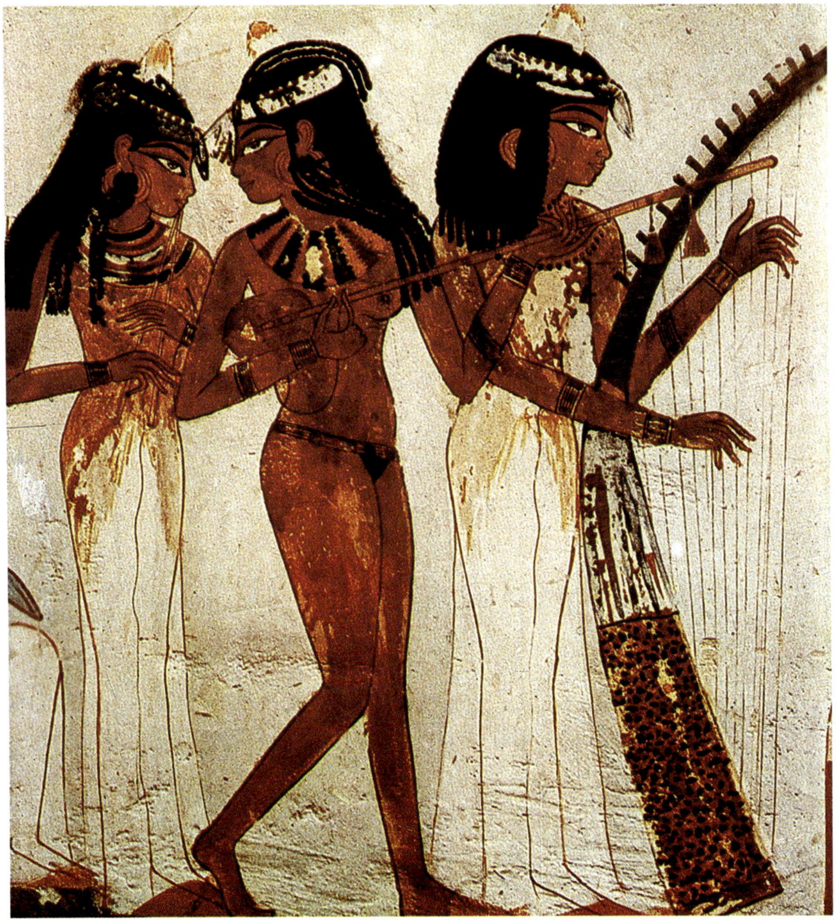

Músicas de la tumba de Nakht

Pintura egipcia que representa a tres músicas tocando diferentes instrumentos en un banquete. Aparece en una tumba, probablemente del Imperio Nuevo. Tanto las tumbas como los templos egipcios estaban totalmente decorados con pinturas y bajorrelieves polícromos que representaban temas referentes, bien a la vida de ultratumba, bien a las ocupaciones habituales del difunto, por lo que a través de ellas podemos conocer muchos aspectos de la vida cotidiana de los egipcios. Como se pensaba que el difunto, en su vida en el más allá, iba a tener las mismas necesidades que había tenido en ésta, se solía representar, en forma de pinturas o de pequeñas esculturas haciendo todo tipo de labores propias de los sirvientes, cualquier cosa que se creía pudiera necesitar, alimentos, ropas o distracciones. En esta pintura que estamos viendo las figuras no aparecen demasiado estáticas porque, al tratarse de personajes secundarios, el pintor se permite mayores libertades. En cualquier caso, sigue manteniendo los colores planos, de carácter fundamentalmente decorativo, la silueta marcada fuertemente en negro y la famosa ley de la frontalidad que nos muestra a los personajes, de cintura para arriba de frente (con la excepción de la cabeza de perfil y el ojo de frente) y de cintura para abajo de perfil (aunque, por ejemplo, el dedo gordo del pie lo veamos de frente y siempre en primer plano).

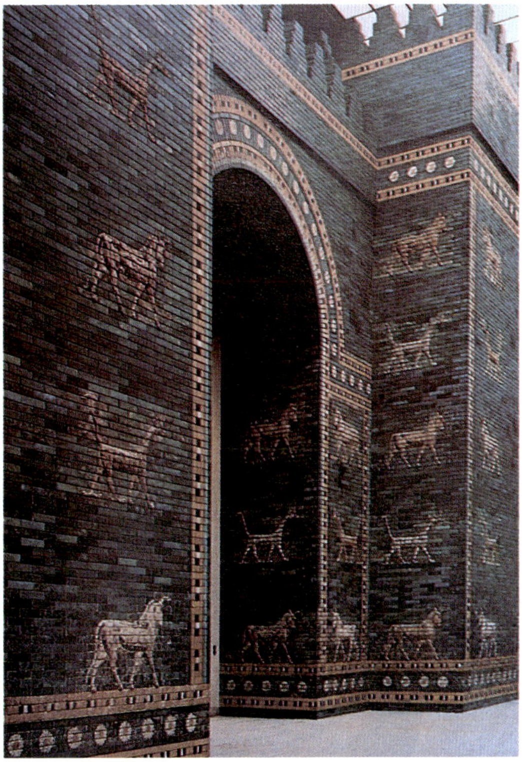

Puerta de Istar en el Palacio de Babilonia

Arquitectura mesopotámica con decoración de cerámica vidriada (un arte que tuvo un gran desarrollo en Mesopotamia). Se trata de una de las puertas del Palacio de Babilonia. Los palacios de estos pueblos (sumerios, babilonios y asirios), construidos normalmente en ladrillo (adobe secado al sol) porque en el país del Tigris y el Eúfrates escasea la piedra y la madera, suelen ser amurallados con torres de refuerzo en las esquinas y con una serie de puertas monumentales flanqueadas por grandes torreones, como vemos en este ejemplo, y, a veces también, por gigantescas estatuas de toros alados. Su interior, que incluye no sólo el templo con el zigurat o torre escalonada, sino también una serie numerosa de diferentes dependencias (patios, salones de recepción...), da origen a un nuevo tipo de edificio que se convertirá en el precedente no sólo del palacio romano sino también del palacio medieval, fundamentalmente del árabe y del bizantino. En esta puerta vemos, además, en cerámica vidriada sobre fondo azul, una decoración a base de grandes animales en relieve (en realidad cuadrúpedos imaginarios con cuerpo de escamas, cabeza de serpiente, manos de león y patas de ave de rapiña) que avanzan hacia la entrada en una procesión de estilo grave y solemne también muy característica de esta civilización.

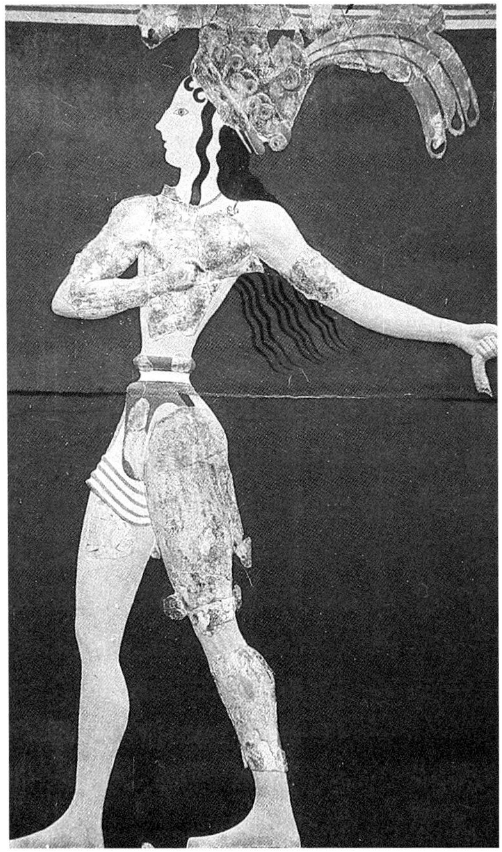

El príncipe de los Lirios

Fresco cretense perteneciente al Palacio de Cnossos o de Minos. La mayor parte de estos frescos se pueden datar entre el 1600 y el 1450 a. C., poco antes de la ruina definitiva de los palacios cretenses, y de ellos, sólo se conservan unos pocos restos aunque, gracias a esto, se han podido reconstruir en su mayoría. Las pinturas al fresco, combinadas muchas veces con bajorrelieves de estuco, como en este caso, nos permiten ver la faceta más brillante del arte prehelénico. Ante la imposibilidad de señalar una rigurosa evolución en el siglo y medio que abarca su desarrollo, los historiadores han tenido que agrupar sus restos atendiendo a la naturaleza de los temas. En este sentido los pintores, como los ceramistas, disfrutaban de una libertad sin trabas, como si la faena de decoración no se viese sometida a las directrices de un monarca semidivino. Otra cosa es que su lenguaje formal mantenga los arcaísmos propios del arte agipcio, entre ellos, la ley de la frontalidad (y en esta figura podemos ver como sigue teniendo la mitad superior del cuerpo de frente y la mitad inferior de perfil, con la cabeza también de perfil) o los colores planos, aunque en este caso muy vivos. Lo que vemos es una figura juvenil de un Rey Sacerdote que lleva a modo de insignias el cetro y el collar y que camina sobre un jardín de lirios sobre los que se remonta una mariposa, dibujada con unos trazos caligráficos casi idénticos a los de las flores y a los adornos que envuelven la gorra de plumas del príncipe.

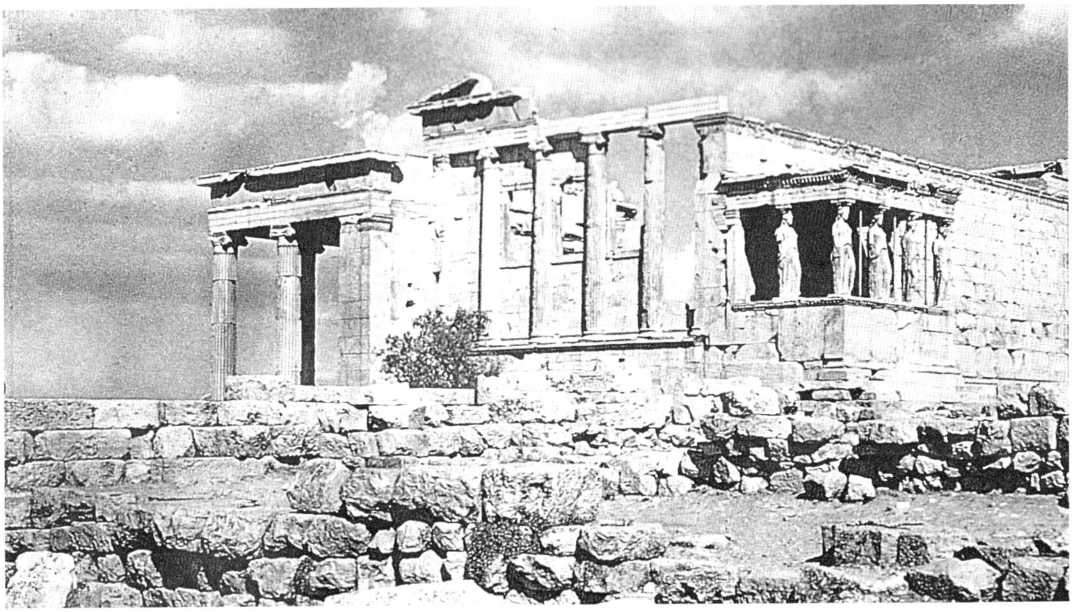

El Erecteion (Atenas)

Arquitectura clásica griega. Es uno de los edificios construidos en mármol en la colina sagrada de Atenas, la Acrópolis, después del año 480 a. C. (cuando los persas destruyeron todas las edificaciones anteriores). Estamos, pues, en la segunda mitad del siglo V, en época de Pericles, el tiempo en que Atenas muestra todo su esplendor político y cultural. El Erecteion está situado en el borde norte de la Acrópolis, justo enfrente del Partenon. El edificio se adapta magistralmente a un suelo irregular y muy inclinado que fue elegido por una serie de asociaciones entre el terreno y la mítica fundación de Atenas. Se trata, por tanto, de la construcción de un santuario relicario con diferentes funciones religiosas. De hecho, su nombre deriva de Erecteio, un legendario rey de Atenas, el aposento oriental estaba dedicado a Atenea, la diosa protectora de la ciudad, y es muy posible que ocupara el lugar donde se creía se desarrolló la disputa entre Atenea y Poseidón. Se trata de un templo diferente. En vez de una fachada occidental, el Erecteion tiene dos pórticos adheridos a sus flancos: uno, muy grande, oriental al Norte, y otro, pequeño, de cara al Partenon. El primero es uno de los mejores ejemplos conservados del orden jónico clásico (con basa ornamentada, fuste delgado y capitel con gran espiral doble o voluta entre el equino y el ábaco) y el segundo es el célebre Pórtico de las Cariátides: su tejado descansa sobre seis estatuas femeninas (cariátides), situadas a lo largo de una alta baranda, en vez de sobre columnas ordinarias. Exceptuando las cariátides, la decoración escultórica del Erecteion se reducía al friso (del que ha sobrevivido muy poca cosa) porque el frontón quedó desnudo, tal vez por falta de fondos, al término de la Guerra del Peloponeso.

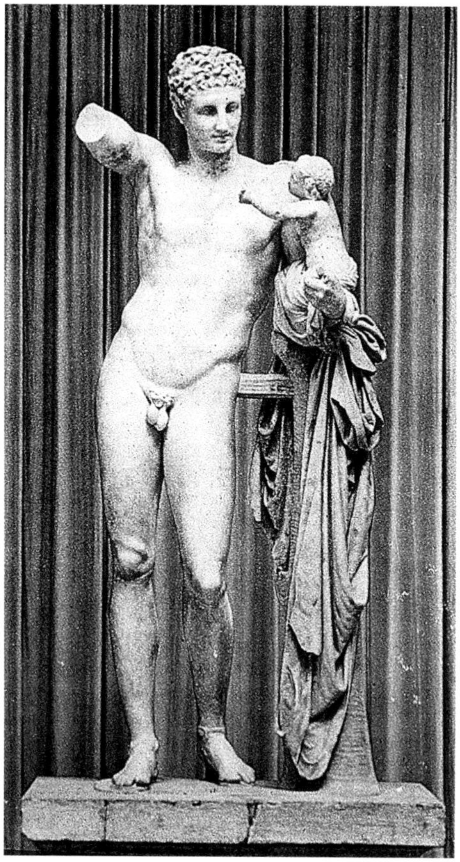

Praxíteles, Hermes con Dionisos niño

Escultura griega del período clásico. Siglo IV a. C. El Hermes es la más completa de las estatuas praxitelianas que conocemos por sus esbeltas proporciones y su precisión en las formas anatómicas, su juego de suaves curvas y su estudiado equilibrio en una impresión de completo reposo realzada por el empleo de un soporte exterior en el que se apoya el cuerpo. Desde Luego, estamos muy lejos del mundo arcaico. En la escultura ya no rigen la ley de la frontalidad y la simetría. La diferenciación entre la mitad izquierda y derecha del cuerpo puede verse en cada músculo y está claramente acusada por una muy especial utilización del contrapposto, que en el caso de Praxiteles es tan marcado y característico que, para definir el perfil de sus figuras, se ha hablado de la «curva praxiteliana». El grupo representa a Hermes sosteniendo a Dionisos niño jugando con él en una postura relajada aunque, desde luego, Praxiteles no olvidó mostrarnos todos los puntos de flexión del cuerpo poniéndolos de manifiesto con tanta claridad y precisión como lo fue posible. Hallada en la misma Olimpia en el siglo XIX, se pensó desde el principio que era un original del autor, pero no podemos estar seguros. Puede que sea solamente una fiel copia en mármol de una estatua de bronce producida unos tres siglos más tarde. De hecho, la mayor parte de las esculturas griegas las conocemos por copias romanas hechas para coleccionistas y turistas como adornos de sus jardines y baños.

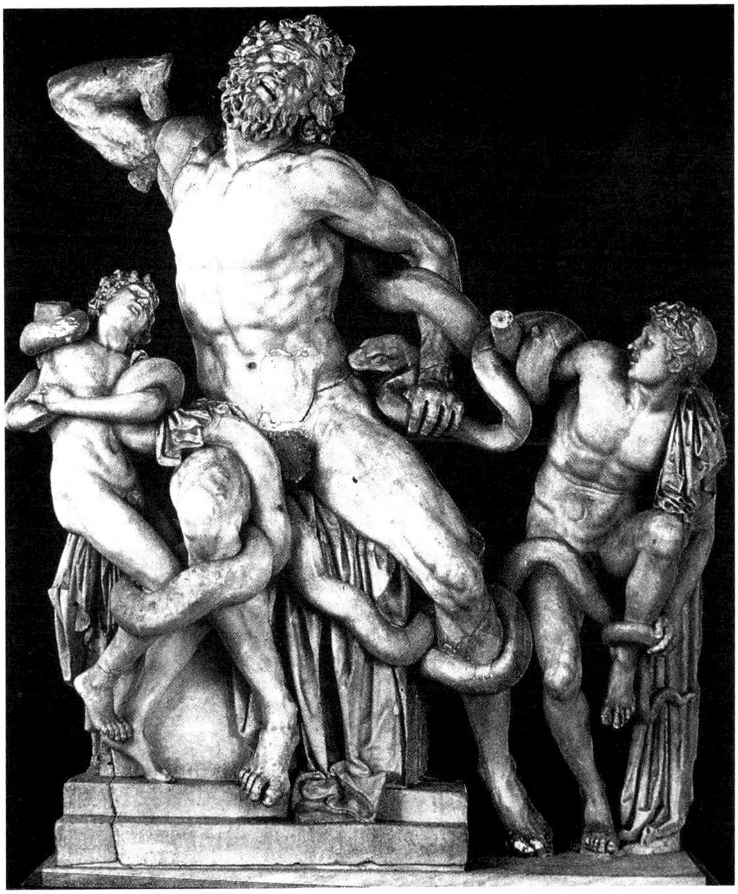

Laocoonte

Escultura griega realizada en época helenística, aproximadamente hacia el 250 a. C. Está en el Museo Vaticano y se encontró en Roma en 1506 impresionando mucho por su fuerza y dinamismo a escultores como Miguel Angel, por ejemplo. Durante mucho tiempo se consideró que era un original pero en realidad es una copia romana. El grupo representa la terrible escena que, además de Homero, también fue descrita por Virgilio en la Eneida: al sacerdote troyano Laocoonte, durante el asedio de Troya, exhortó a sus compatriotas a que rechazarán el gigantesco caballo de madera en el que se ocultaban los griegos. Los dioses favorables a éstos últimos, al ver impedidos sus planes de destruir Troya, enviaron dos gigantescas serpientes de mar para que se apoderaran del sacerdote y de sus dos infortunados hijos y los asfixiaran entre sus anillos. Pero lo que llamó la atención de la escultura es la manera como los músculos del tronco y los brazos de las figuras acusan el esfuerzo y el sufrimiento de la desesperada lucha, la expresión de dolor (tan anticlásica) en el rostro del sacerdote, el desvalido retorcerse de los muchachos y el modo tan magistral de paralizar este instante de agitación y de movimiento en un grupo permanente. Todo ayuda a que la escultura sea un verdadero alarde de virtuosismo técnico, desde el complicado juego de pesos y contrapesos hasta el minucioso acabado de la superficie.

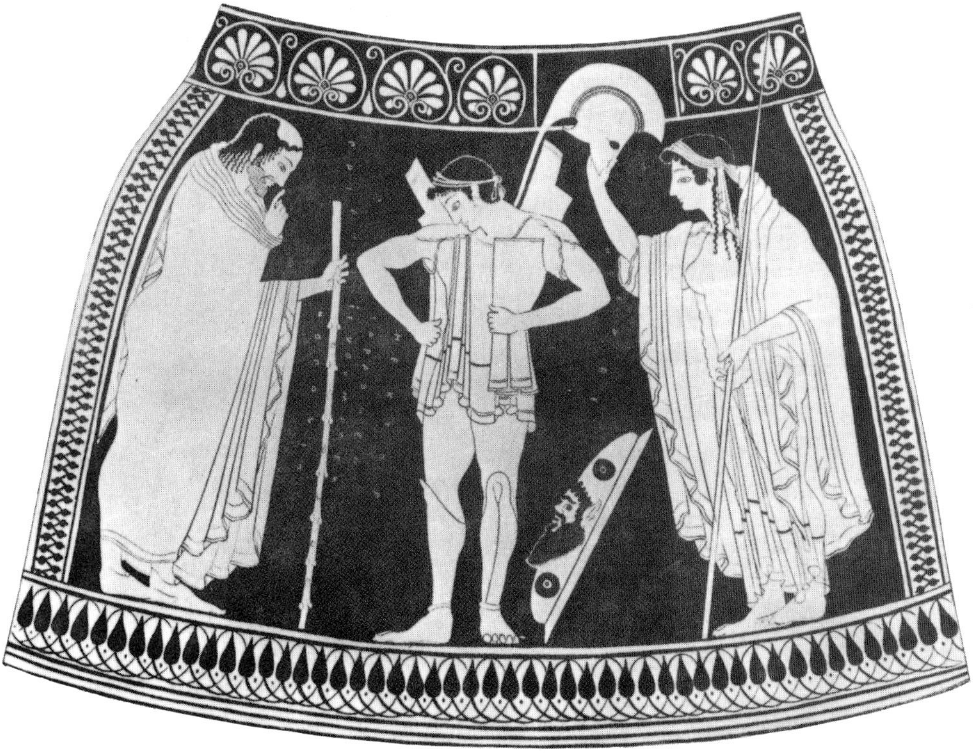

Vaso griego firmado por Eutímides

Vaso griego de hacia el 500 a. C. que se guarda en el Museo de Munich y pertenece al estilo «de las figuras rojas». En su pintura mantiene todavía determinados arcaísmos (dos de las figuras están representadas de perfil y con los ojos vistos de frente), pero los cuerpos ya no están dibujados al modo egipcio. El pintor ha tratado de imaginarse como aparecen realmente dos personas que estuvieran en esa actitud, abandonando la creencia de que todo lo que él sabía que pertenecía a la realidad debía ser mostrado. Por ejemplo, no se ven completos los pies de las figuras o los dedos de las manos. Una vez quebrantada esta antigua norma tuvo lugar una verdadera revolución. Los pintores descubrieron el escorzo y se aventuraron por primera vez en la historia a pintar un pie visto de frente. Vemos un guerrero ajustándose su armadura para el combate: sus padres que, a uno y otro lado, le ayudan, están representados de perfil. En el centro, la cabeza del joven también está representada de perfil y el pintor no encontró demasiado fácil encajarla en el cuerpo, que está visto de frente. Pero lo más importante es que el pie izquierdo aparece escorzado: vemos sus cinco dedos como una hilera de cinco pequeños círculos. E inmediatamente junto al pie mostró todo su propósito al dibujar el escudo del joven guerrero, no en forma circular, sino visto de lado y como apoyado en la pared. El arte antiguo había pasado. Pero no nos engañemos. Las lecciones del arte egipcio no fueron descartadas y superadas con tanta facilidad. Los artistas griegos siguieron tratando de siluetear sus figuras tan claramente como les fue posible, aunque sin violentar su apariencia. La vieja fórmula seguía siendo su punto de partida, pero el artista ya no consideraba sagrada la representación en cada uno de sus pormenores y, teniendo en cuenta el punto de vista, empezó a sacrificar la realidad en favor de la apariencia.

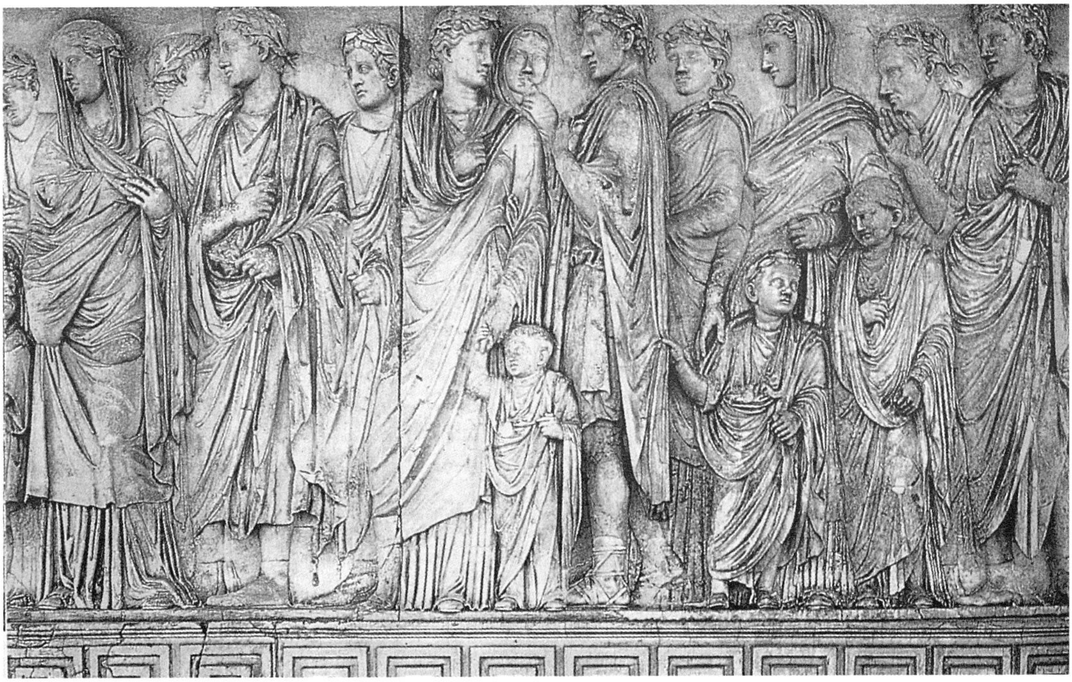

Relieve del Ara Pacis de Augusto (Roma)

Mientras los griegos reflejaron los mitos eternos en los relieves de sus templos, Roma prefirió plasmar los acontecimientos históricos de su poderoso Imperio. Estos relieves históricos se labraron sobre todo para las arquitecturas conmemorativas, como el pequeño altar al aire libre que se realizó en el Campo de Marte. Su función era ser de ara para las ofrendas anuales en recuerdo de la paz tras las Guerras de las Galias e Hispania en el año 13 a. C. La reproducción ofrece una de las planchas de mármol que se encuentran en el recinto murado rectangular que rodea al altar. Se trata del relieve continuo de una solemne y austera procesión, un acto público y religioso en el que intervinieron el propio Augusto, su familia y colaboradores políticos. El estilo de estos relieves, como de gran parte de la estatuaria de la época de Augusto, procede de los patrones clásicos griegos, pero ya no hay jóvenes idealizados como en el relieve procesional del Partenón. Por el contrario, algunos personajes son identificables, son retratos (Augusto, Livia, Agripa...) y las actitudes y gestos, los pormenores y anécdotas, como el niño que reclama la atención de los mayores, la charla entre ellos o la figura femenina que impone silencio en un último plano, indican el nuevo espíritu del escultor romano, interesado fundamentalmente por lo real y por el presente. Es decir, se recoge un momento específico en el tiempo y un hecho que ocurrió. La profundidad ha sido conseguida por el grado de relieve dado a las figuras: las más próximas al espectador son casi de bulto redondo, mientras que las más alejadas apenas sobresalen del mármol.

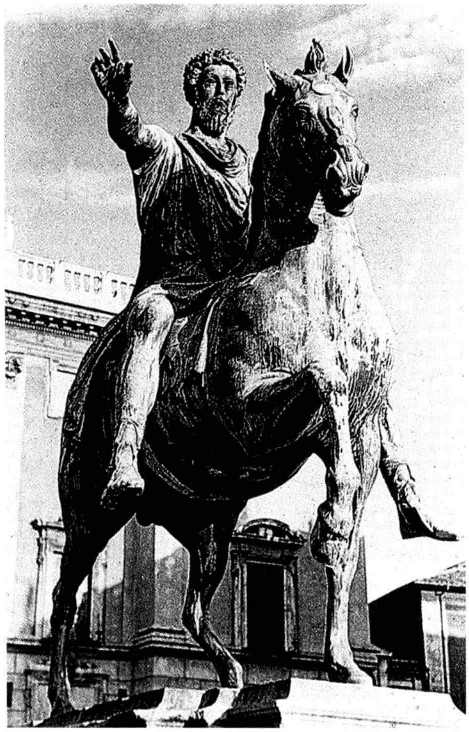

Estatua ecuestre de Marco Aurelio (Roma)

La imagen refleja dos de los rasgos más innovadores de la plástica romana. Por un lado la plasmación de lo específico e individual de la persona: el retrato. Por otro la exaltación de la figura imperial: la estatua ecuestre, una práctica artística que proliferó en Roma desde la época de Julio César. A finales del Imperio había más de una veintena repartidas por la ciudad realizadas en bronce, una técnica que los escultores romanos recibieron de los estruscos. La mayoría desaparecieron fundidas a lo largo de la Edad Media. La única conservada es la de Marco Aurelio, aunque durante mucho tiempo se creyó que representaba a Constantino como portador de la fe cristiana. Marco Aurelio aparece caracterizado como caudillo victorioso sobre los bárbaros, uno de éstos aparecía encogido (hoy desaparecido) bajo el casco levantado del caballo. No lleva armas ni armaduras, sino la toga romana y es más un héroe que trae la paz. El jinete es de un gran realismo, presentándose como un auténtico retrato que identifica al emperador. Su rostro se aleja del convencional idealismo griego; su gesto y su postura, con el brazo derecho extendido en actitud de saludo, transmiten a la vez sensación de autoridad y una gran naturalidad. La talla del pelo y la barba corresponde al uso del retrato imperial impuesto durante la dinastía de los Antoninos, cuidadosamente rizado para conseguir efectos de claro oscuro, de luces y sombras, que constrasten con el modelado más uniforme del rostro. La importancia de la conservación de esta obra estriba en que fue el único modelo de las posteriores estatuas ecuestres que se realizaron desde la Edad Media hasta el Barroco. Tuvo su repercusión también en el ámbito urbanístico cuando en el siglo XVI Miguel Angel, al remodelar la Plaza del Capitolio, la colocó en el centro de la misma.

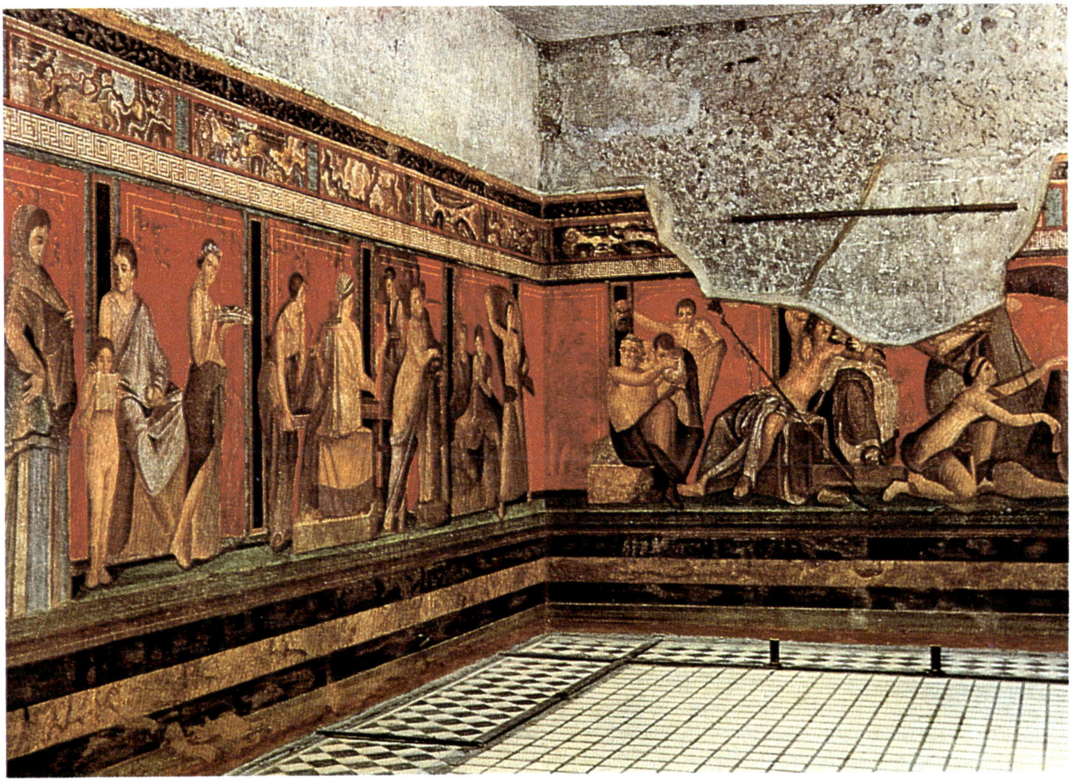

Pintura de la Villa de los Misterios de Pompeya

La mayoría de las obras pictóricas romanas se han perdido, pero la erupción del Vesubio en el año 79 d. C. permitió la conservación de este género al dejar enterradas bajo la lava las dos ciudades de Pompeya y Herculano. A través del texto de Vitruvio y del estudio de los restos arqueológicos se comprobó que los romanos concibieron la decoración mural de distintas maneras. Por ello, la pintura se clasificó en cuatro estilos, denominados pompeyanos, que evolucionan desde los zócalos de mármoles simulados, sigue con una pintura que emplea elementos arquitectónicos, como la que refleja la imagen, continúa con una ornamentación arquitectónica de carácter fantástico y finaliza con un estilo escenográfico que recuerda las decoraciones teatrales. Cualquiera de estos estilos revela el interés por plasmar lujo y suntuosidad en el interior de las casas, disimulando así la pobreza de materiales de muchas de las *domus* y reproduciendo, como en este caso, refinados diseños arquitectónicos. En otros ejemplos combinaban bodegones, escenas de paisajes o mitológicas, a través de simulados cuadros o ventanas, con una gran maestría de la perspectiva, utilizando a menudo el *trompe l'oeil.* El origen de esta pintura romana hunde sus raíces en Grecia, en la pintura helenística, tanto en el estilo, en la temática como en la técnica. De esta última hay que indicar que era fundamentalmente pintura al fresco que se aplicaba a un muro humedecido con agua y previamente preparado con cal, arena y polvo de mármol; sin embargo la mayoría de estos frescos revelan que se aplicó también pintura al temple y que los colores quedaron cubiertos con una capa de cera grasienta (encaústica) que explica la inalterabilidad de muchas pinturas y su característico brillo, como los ejemplos de Pompeya.

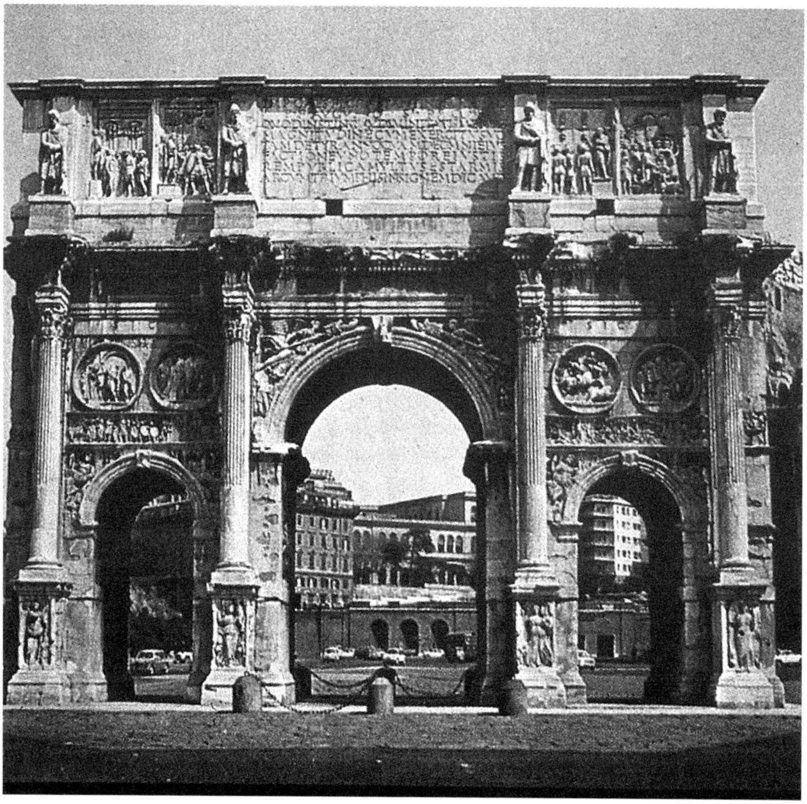

Arco de Constantino (Roma)

Los arcos de triunfo fueron los ejemplos más claros de la arquitectura conmemorativa y de la propaganda política que los romanos imprimieron en sus construcciones. Se trata de una puerta monumental aislada, fuera de su contexto arquitectónico, una verdadera innovación que sirvió además de soporte para el relieve histórico. Por lo general enaltecían las victorias militares y recordaban la entrada triunfal de algún general victorioso. El arco de la imagen se levantó en Roma en el 312 para conmemorar la ascensión al poder de Constantino, el emperador que, un año después, permitió la libertad de culto para los cristianos. Es el prototipo de arco triunfal de tres vanos entre gruesos pilares, con columnas adosadas en las dos fachadas y un poderoso ático. El relieve asume un papel esencial, pero supone el final de la evolución plástica de este género. Para decorar la enorme puerta se utilizaron medallones de la época de Adriano (s. II d. C.), extraídos de otros monumentos, que contrastan con los frisos de la época de Constantino, es decir, de los talleres de principios del s. IV d. C. Estos son de talla más tosca y han olvidado los logros de la escultura clásica, perdiendo el procedimiento técnico para alcanzar la profundidad o la perspectiva, el movimiento de las figuras, su naturalidad, etc... Aunque este arco es todavía uno de los símbolos arquitectónicos del poder del Imperio, sus relieves escultóricos son buen ejemplo del final de la plástica romana, del estilo escultórico del denominado Bajo Imperio que anticipa muchos de los rasgos y de las características (la desproporción de las figuras, frontales, hieráticas, de talla tosca y marcada isocefalia) del arte bizantino y del medioevo.

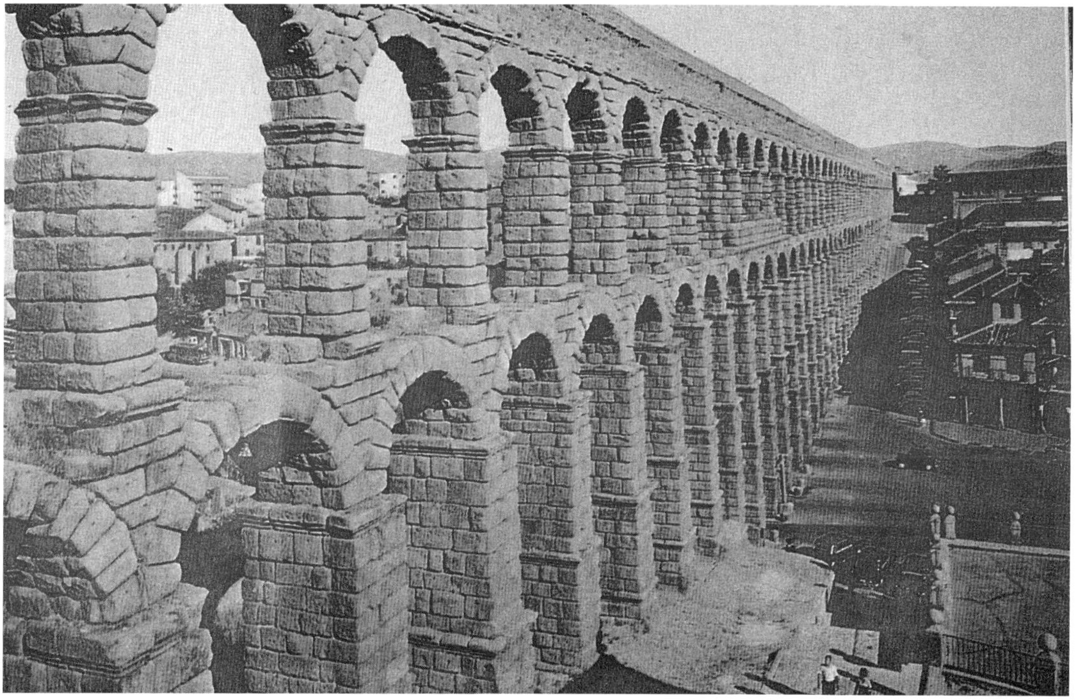

Acueducto de Segovia

La primacía de lo utilitario, especialmente de la ingeniería de las obras públicas, es lo que mejor ejemplifica el espíritu práctico de los romanos. Como civilización urbana que requiere el abastecimiento de agua para termas, fuentes, jardines, palacios y cisternas, Roma necesitó pronto de acueductos. El perfeccionamiento conseguido tiene su reflejo en uno de los capítulos de la obra de Vitruvio sobre «De los modos de conducir el agua», pero resulta más palpable en los muchos restos conservados. Se trata de estructuras de gran envergadura que salvaban desniveles del terreno y recorrían kilómetros para transportar el agua desde un lago, pantano, manantial o pozo... hasta la ciudad. Su trayectoria estaba siempre marcada por una ligera pendiente para que discurriera el agua sobre un pequeño canal, de barro o de plomo, colocado en la cima de la arcada superior. Cuando llegaba a la ciudad el agua se almacenaba en los *castella,* depósitos de depuración y distribución. Algunos, como el de la imagen, se utilizaron hasta el siglo pasado, hecho que demuestra la solidez constructiva de la arquitectura romana en el empleo del arco y de los nuevos materiales. Como todos los acueductos, el de Segovia presenta un tramo de arquerías superpuestas que descansan sobre altos y sólidos pilares. Sin embargo y a diferencia de otros ejemplos que utilizan ladrillo, piedra y núcleos de hormigón, como el de Mérida, éste se realizó con grandes sillares de piedra *(opus quadratum)* colocados a hueso, es decir, sin ningún tipo de argamasa o mezcla. Fue construido en el siglo I d. C. y la belleza de sus líneas reside en un sabio equilibrio entre las verticales de sus pilares y los arcos que los cortan de forma horizontal.

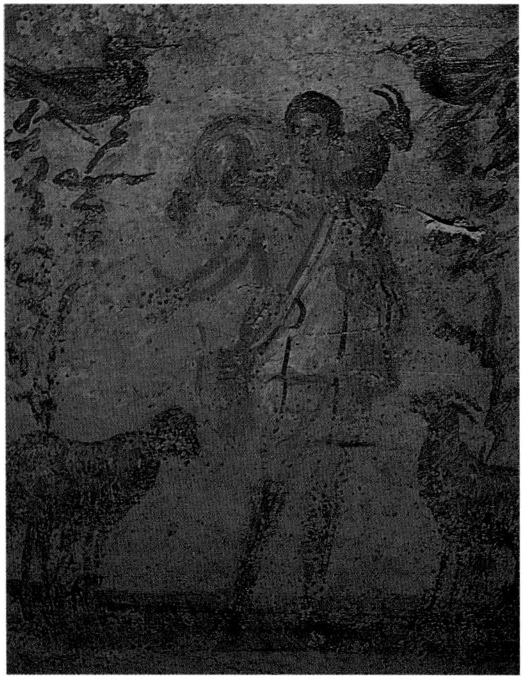

El Buen Pastor de San Calixto (Roma)

Obra en las catacumbas de Roma que data del siglo III, antes de la conversión de Constantino y de la legitimación del Cristianismo en el Edicto de Milán. Por eso aparecen ocultas en los lugares de enterramiento habituales de la comunidad cristiana, entonces todavía perseguida por Roma. En la pintura se ve una absoluta despreocupación por el mundo exterior y una absoluta obsesión por el interior. Por eso, como en este caso, no les importa tomar las formas del arte pagano atribuyéndoles un nuevo alcance. Se trata del Hermes Crióforo visto ahora como el Buen Pastor, una imagen nueva de Cristo guiando y cuidando a sus fieles. Desde luego formalmente las pinturas también imitan el estilo pictórico romano contemporáneo (lo vemos en el cuidado por la simetría y la proporción o en la forma de tratar los pliegues de la túnica, por ejemplo), pero en algunas ocasiones introducen rasgos nuevos y anuncian el arte cristiano del porvenir. Algunas de las obras de las catacumbas tienen una ligereza de toque y una elegancia de dibujo que pueden recordar a los mejores ejemplos de Pompeya y Roma, pero las escenas empiezan a reducirse a los personajes y a los accesorios indispensables. En ningún momento se busca un efecto de paisaje o de pintoresquismo, los elementos del sistema decorativo son extraordinariamente sencillos, y desde el principio se descartan los temas dramáticos. Hay una desnudez y una intensidad espiritual que son la expresión misma de la fe nueva.

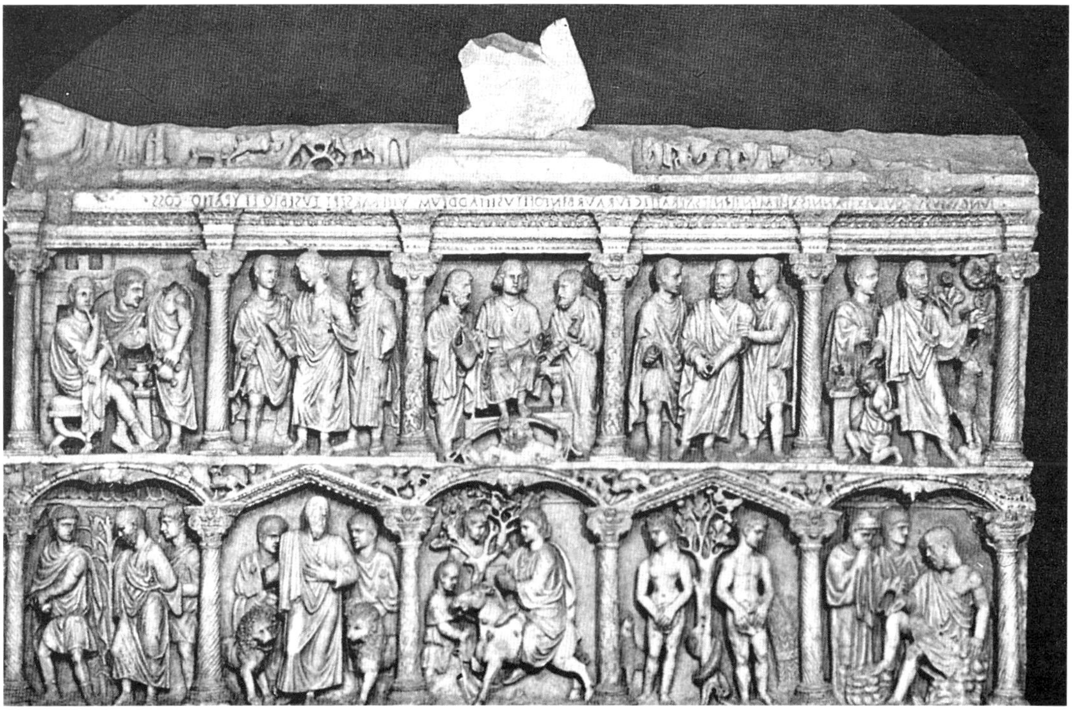

Sarcófago de Junius Bassus

Sarcófago paleocristiano del siglo IV, posterior al Edicto de Milán. Presenta, en su cara frontal, una sucesión de escenas evangélicas, separadas por columnas y arcos que forman pequeños tabernáculos, y en las que la figura de Cristo ocupa un lugar destacado en casi todos los episodios. En realidad es una mezcla de escenas del Antiguo y del Nuevo Testamento: en la fila superior aparecen el sacrificio de Isaac, la detención de San Pedro, Cristo entre Pedro y Pablo y Cristo ante Pilatos (ocupando dos compartimentos); en la inferior están la miseria de Job, la caída del hombre, la entrada de Cristo en Jerusalén, Daniel en la cueva de los leones y San Pablo conducido al martirio. El sarcófago muestra una de las primeras representaciones de Cristo pero, en lugar de la figura barbada a la que estamos acostumbrados por las ilustraciones posteriores, vemos un Jesucristo juvenil sentado en un trono entre un San Pedro y San Pablo que aparecen respetables filósofos griegos, en el centro de la parte superior. Además hay un detalle que nos revela cuán estrechamente se halla relacionada todavía una representación semejante con los métodos paganos del arte helenístico: para indicar que Cristo tiene su trono sobre el cielo, el escultor ha hecho que su pie descanse sobre el dosel del firmamento sostenido por el antiguo dios del cielo. De hecho, el sarcófago parece francamente clásico. Comparado incluso con el estilo anticlásico del Arco de Constantino, los personajes revelan un cierto intento de recuperar la tradición griega. Pero hay un carácter extrañamente sereno y pasivo en unas escenas que reclamarían mayor acción dramática. Los acontecimientos y los personajes con que nos enfrentamos, por primera vez en el arte occidental, no tratan de contarnos su propia historia sino de dirigir nuestra atención a un significado simbólico más elevado.

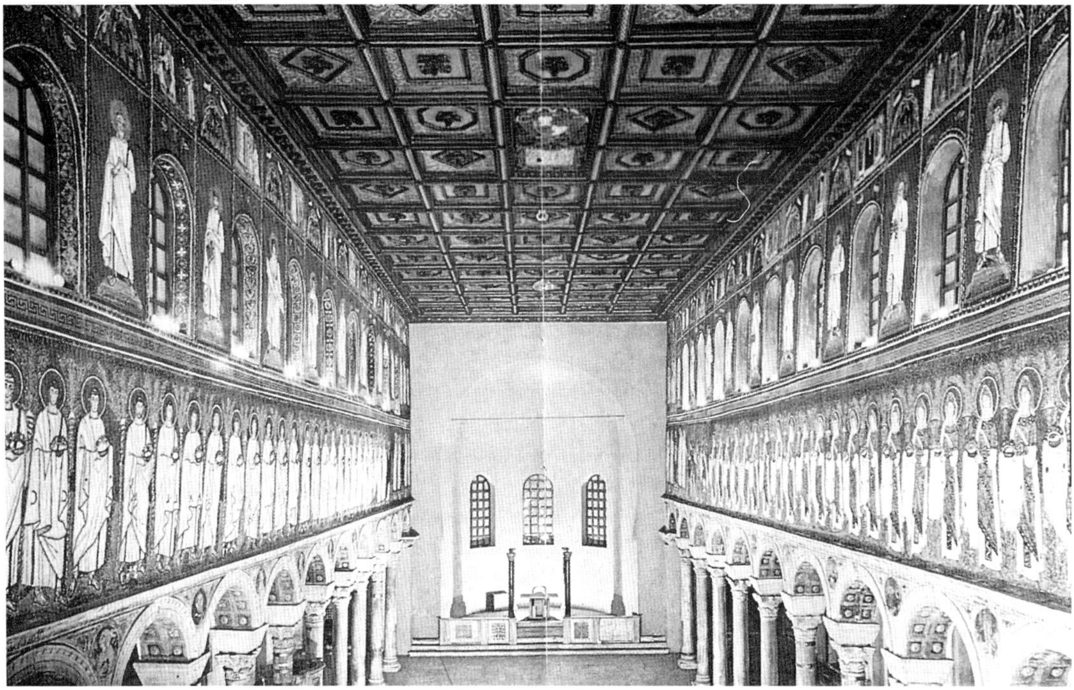

San Apolinar il Nuovo (Rávena)

Basílica paleocristiana del siglo VI d. C. Presenta la estructura típica de estos edificios. El estrado semicircular del fondo se empleaba como altar mayor hacia el que se dirigían las miradas de los fieles situados en las tres naves, central y laterales, cuya diferencia de altura servía para abrir ventanas. En la mayoría de las basílicas la nave alta estaba sencillamente cubierta con techo de madera, dejando sus vigas al aire, y las laterales con techo generalmente plano. Las tres naves se separaban con columnas a menudo muy decoradas. Ninguna de las basílicas primitivas se ha conservado tal y como se construyó, pero a pesar de las alteraciones y renovaciones aún podemos formarnos una idea del aspecto general de tales edificios. En ellos, el tratamiento ascético y antimonumental del exterior contrasta enormemente con la riqueza desarrollada en el interior. San Apolinar il Nouvo se halla decorada con importantes mosaicos bizantinos. Perdidos los absidiales quedan los de la nave mayor. En uno de los lados se desarrolla una procesión de santos, que van a ofrecer la corona de su martirio al Señor, sentado en un trono y escoltado por cuatro ángeles. Los santos, que han partido de la ciudad, representada por el palacio imperial en primer término y las murallas al fondo, desfilan por una pradera florida. Todos guardan idéntica actitud pero el vestido y los rostros tienen una nota de diversidad. En el lado opuesto, las santas vírgenes, que han salido de la ciudad portuaria, ofrecen también sus coronas a la Virgen, entronizada y acompañada por el Niño. En primer término, los Reyes Magos le ofrecen sus presentes.

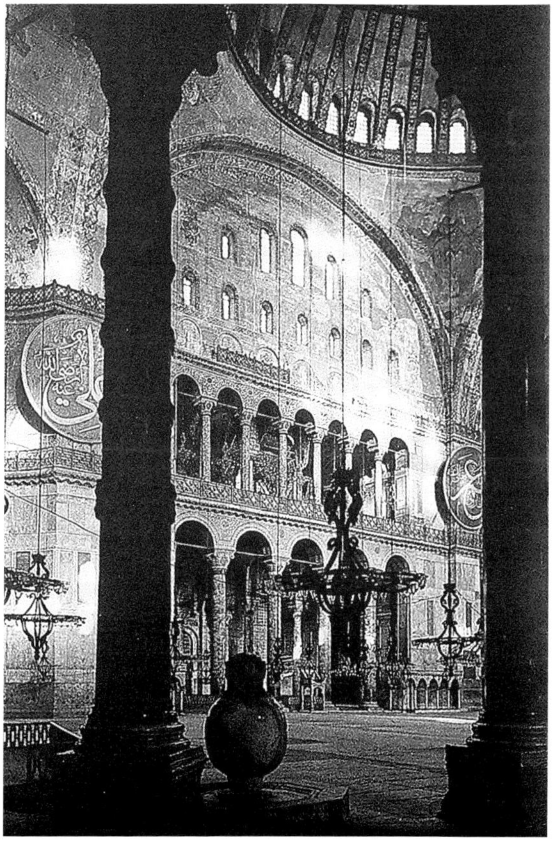

Santa Sofía (Constantinopla)

Santa Sofía no es sólo el mejor ejemplo de la arquitectura bizantina de la Primera Edad de Oro, sino que es también la obra arquitectónica más importante de la época y una de las mejores construcciones de todos los tiempos. La mandó levantar Justiniano para sustituir a la basílica constantiniana destruida en un incendio y fue construida por Antenio de Tralles e Isidoro de Mileto. El edificio presenta el eje longitudinal de una basílica cristiana pero la parte central de la nave principal es un cuadrado coronado por una enorme cúpula sobre pechinas reforzada en sentido longitudinal por dos semicúpulas y éstas, a su vez, por otras dos. En sentido transversal descansa sobre unos grandes arcos que transmiten el peso a los enormes pilares de los ángulos del cuadrado. Este magnífico sistema permite, por una parte, la construcción de una enorme cúpula de gran altura, y por otra, unos muros, bajo los arcos, que no ejercen ninguna función de soporte, unos muros cortina en los que pueden abrirse sin peligro hileras de ventanas. Si tenemos en cuenta la importancia simbólica de la luz en el arte bizantino, nos encontramos en un interior, recubierto de mosaicos, mármoles y planchas de cobre, absolutamente mágico, dinámico, aparentemente frágil y fuertemente sólido. Por otro lado, Santa Sofía encarna un tipo de iglesia de corte que será transferido a Occidente. El edificio estaba unido al palacio imperial y presenta una tribuna alta desde la que los miembros de la corte pueden observar el lugar sagrado, el altar, en uno de cuyos lados se situaba el emperador.

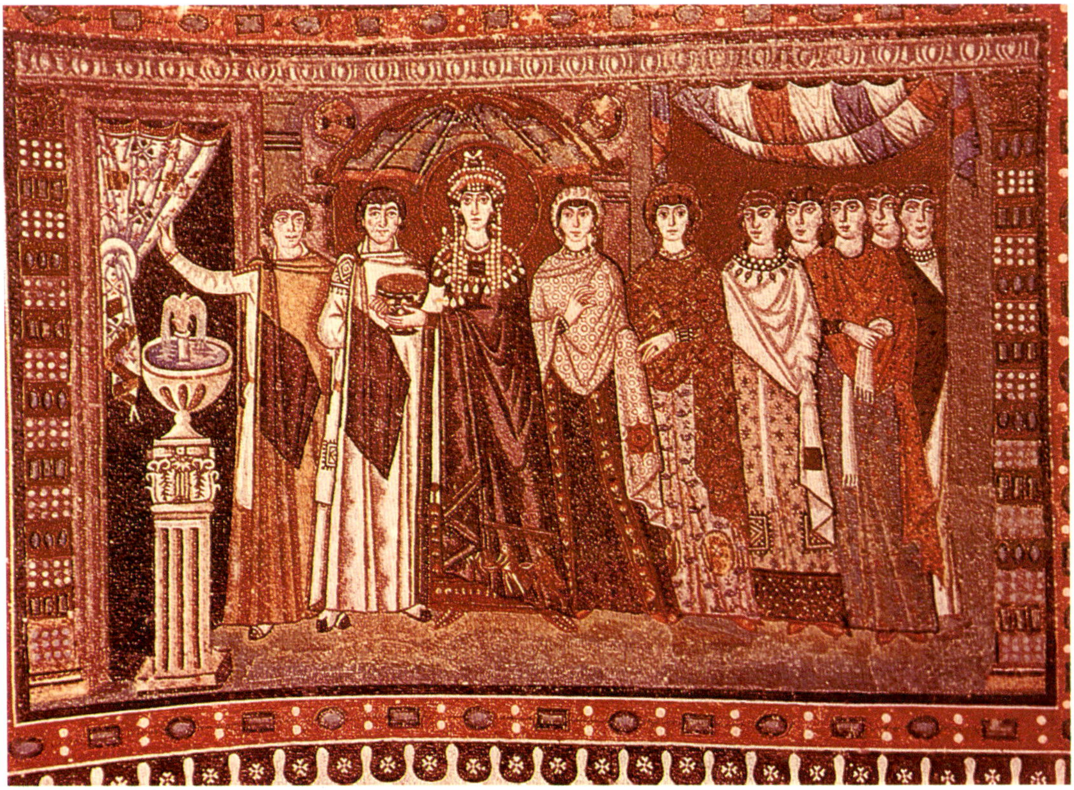

Mosaico de Teodora en San Vital (Rávena)

Mosaico bizantino en Rávena, uno de los enclaves más importantes, en tiempos de Justiniano, en Italia. Justiniano está obsesionado por un Imperio Romano que se empeña en resucitar. De hecho, él habla latín y no griego, y usa el latín para sus códigos, profundamente romanos, aunque, por otro lado, toda la pompa de su corte aumente una orientalización inaugurada mucho antes por sus predecesores en Roma. La misma mezcla hallaremos en todo el arte que patrocina y, especialmente en Rávena, el elemento bizantino tendrá que actuar sobre un lúcido precedente romano y paleocristiano. San Vital es una rica iglesia de planta central con cúpula, construida en mármoles polícromos y profusamente decorada con mosaicos. Aquí estamos viendo el mosaico de Teodora con su séquito llevando las ofrendas al templo. El de Justiniano estaría colocado enfrente, en el presbiterio. Ambos son absolutamente fundamentales para el arte bizantino. Nunca hasta este momento se había visto el nuevo ideal imperial en toda su integridad. Son personajes frontales, extraordinarimente esbeltos, de diminutos pies, pequeñas caras ovaladas dominadas por grandes ojos de mirada fija y cuerpos que sólo parecen capaces de lentos movimientos ceremoniosos, ataviados con ricos ropajes de magníficos dibujos. Fasto y rigidez. Toda insinuación de movimiento o cambio ha sido eliminada cuidadosamente. La luz irreal y las teselas doradas ayudan a crear una atmósfera celestial, intemporal. Es la «realeza divina» del emperador. De hecho, se nos está invitando a ver a Justiniano y a Teodora como análogos a Cristo y a la Virgen. Por eso en el manto de Teodora aparecen los Tres Reyes Magos (los mismos de los mosaicos de San Apolinar) llevando los presentes al Niño y Justiniano se halla rodeado de doce acompañantes equivalentes a los doce apóstoles.

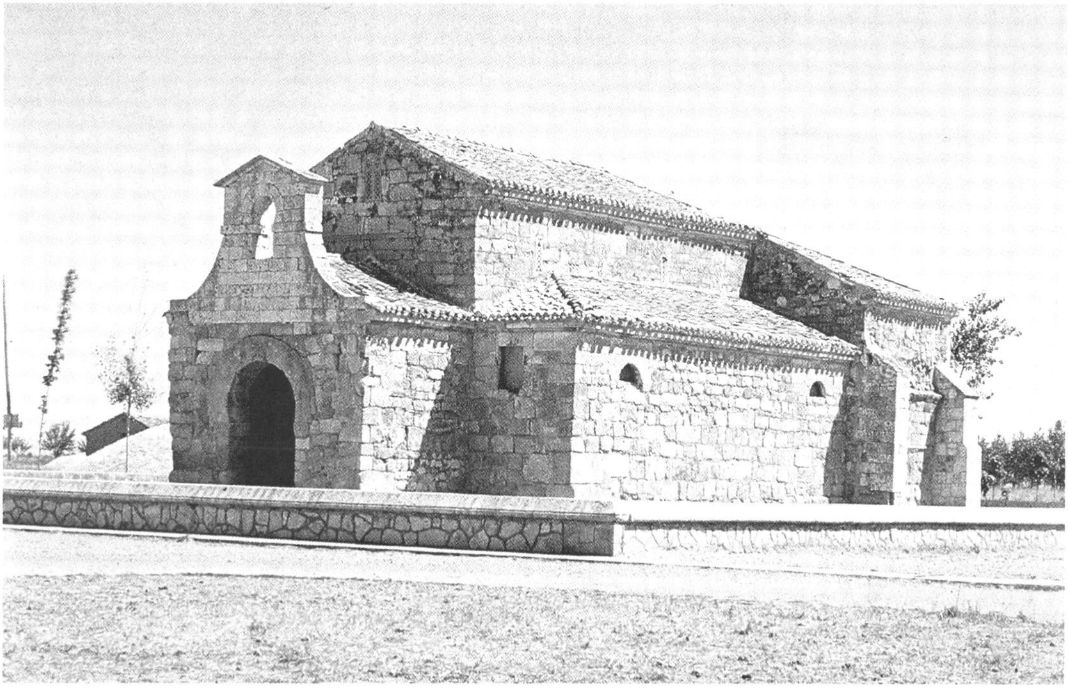

San Juan de Baños (Palencia)

De la iglesia de San Juan de Baños poseemos unos datos seguros acerca de su construcción, algo de lo que carecemos para otros templos visigodos. Sobre el arco del ábside se conserva la inscripción fundacional, según la cual fue concluida el año 661 por Recesvinto y dedicada a San Juan Bautista. En el conjunto de iglesias visigodas, conservadas en espacios rurales, San Juan de Baños destaca por ser obra realizada por el impulso regio posiblemente, como se ha apuntado, con la intervención en su construcción de maestros del ámbito real. Se trata de una iglesia de tres naves, la central más alta y ancha, con cabecera recta alterada posteriormente a su construcción. El ábside central se cubre con una bóveda de cañón y la separación de las naves se realiza mediante cuatro arcos de herradura a cada lado sobre columnas. A los pies se halla un pórtico con arco de acceso de herradura. Para algunos de los elementos decorativos, como columnas y capiteles, se utilizaron piezas de procedencia romana, según una práctica habitual en la arquitectura visigoda. Un tema decorativo que se repite en diversas partes del edificio —como por ejemplo, en el arco de la puerta del porche, el ábside y otras zonas del interior—, está constituido por un contario y cuatro hojas formando un cuadrado inscritas en un círculo. El modelo es el mismo que hallamos en algunas obras de orfebrería, como en la corona de Recesvinto, procedente del Tesoro de Guarrazar (Madrid, Museo Arqueológico Nacional). Lo cual pone de manifiesto que los motivos ornamentales de obras de metal, lo más original del arte visigodo, tuvieron una proyección en el campo de la arquitectura, en la que las técnicas y elementos constructivos eran esencialmente de tradición romana.

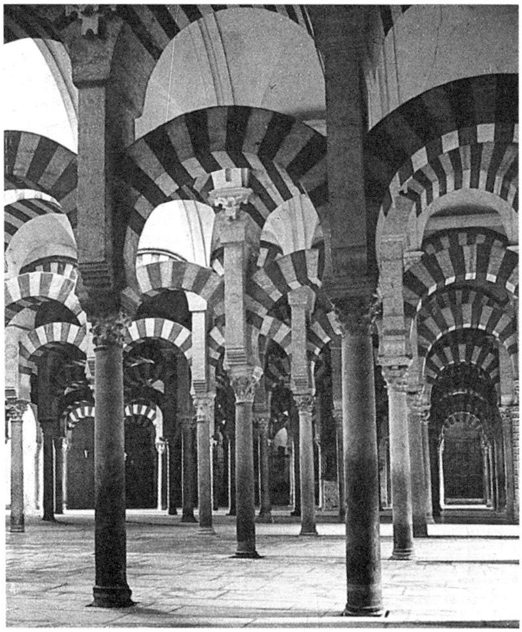

Mezquita de Córdoba

La construcción de la mezquita de Córdoba refleja con claridad una forma particular de entender la arquitectura, y la idea y función que los soberanos musulmanes tenían de sus programas artísticos, tanto en el campo de la arquitectura religiosa como en el de la palaciega: cada soberano quería levantar su propia mezquita y su propio palacio. Este fenómeno suponía la necesidad de desarrollar una arquitectura capaz de ser erigida con una cierta rapidez, lo cual requería materiales poco costosos y fáciles de trabajar para realizar los elementos estructurales, y una labor de revestimiento, que incluso cuando el edificio se construía con sillería era sistemáticamente utilizado. En la mézquita de Córdoba se aprecia cómo las sucesivas ampliaciones de la primera mezquita construida por Abd-al Rhaman I, emprendidas por Abd - al Rhaman II, Al Haken II y Almanzor, consistían en la multiplicación de un mismo tipo de nave y tramo desarrollado por un sistema de arquería modular. Es este un aspecto que define el sentido del ritmo, del espacio y de la proporción musulmanes como algo muy distinto de la ordenación de los edificios cristianos. El módulo es una unidad repetible que, como la decoración abstracta, puede multiplicarse hasta el infinito sin comprometer la coherencia del conjunto. En el caso de la mezquita de Córdoba, se han tomado como modelos soluciones romanas —la arquería se ha visto como una adaptación a nuevas exigencias del acueducto de los Milagros de Mérida— para atender unas nuevas necesidades. En la mezquita, junto a la serialidad de las naves, sólo destaca un espacio privilegiado, el *mihrab* y la *maksura* que le precede, destinado al soberano. Aunque en las partes construidas por los distintos soberanos se observan diferencias en las columnas, y especialmente en los capiteles, todo el conjunto aparece caracterizado por la serialidad. Desde el principio fue un edificio articulado en torno a un eje central, marcado por la nave central que conduce al *mihrab* cuya simetría solamente fue alterada durante la última intervención de Almanzor al ampliar la mezquita no hacia el Sur, como sus predecesores, sino hacia el Este.

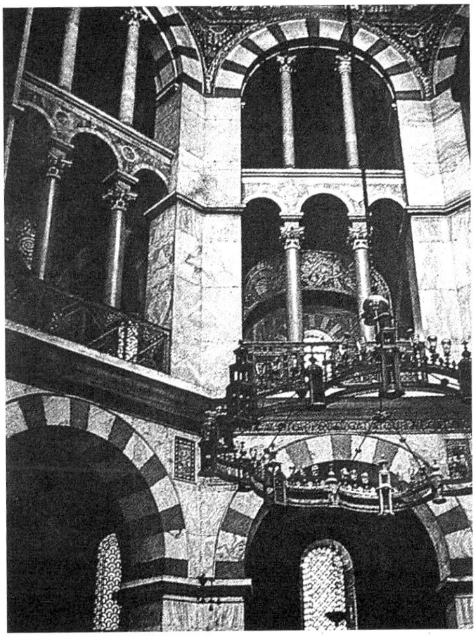

Capilla Palatina (Aquisgrán)

La Capilla Palatina de Aquisgrán es el edificio conservado más representativo del carácter imperial de las empresas artísticas de Carlomagno. La construcción se inició el año 796 por Eudes de Metz y bajo la supervisión de Eginardo, que era asesor del emperador. Respecto a los artesanos que intervinieron en su construcción y, basándose en la noticia transmitida por los textos, se ha supuesto que es muy probable que vinieran de Italia debido a la pervivencia de las técnicas constructivas de la Antigüedad, que eran las que precisamente se querían emular. Las obras se concluyeron en 798 y en 805 se procedía a su consagración. La capilla de Aquisgrán ha llegado a nosotros con transformaciones importantes. Apenas nada queda de los edificios palatinos que la rodeaban. Y lo mismo cabe decir de la capilla situada al Este, que fue sustituida posteriormente por otra gótica de mayores dimensiones. La capilla de Aquisgrán es un edificio de estructura centralizada cuyo núcleo compositivo principal es un octógono central, —formado por ocho gruesos pilares sobre los que voltean arcos de medio punto—, cubierto con cúpula, en torno al cual se articula un deambulatorio anular de menor altura de ocho tramos rematado por una tribuna. Al Oeste existe un vestíbulo flanqueado por dos torres. Con la construcción de la Capilla Palatina de Aquisgrán se planteaba la idea de establecer una continuidad con el Bajo Imperio romano. Su estructura es una clara evocación de San Vital de Rávena. A este respecto no debe olvidarse que las columnas de la galería de la capilla de Aquisgrán proceden de Rávena. Sin embargo, esto no debe hacer pensar que la capilla de Aquisgrán sea una copia literal de este edificio. En Aquisgrán los pilares transmiten la idea de que son una «porción» de muro, en contraste con la finura de los de Rávena. La diferencia fundamental de la capilla de Aquisgrán, transmitida por todos los componentes arquitectónicos, es la sensación de solidez y peso. Por otra parte, la capilla de Aquisgrán no deriva solamente de la iglesia de San Vital de Rávena, sino que presenta estrechas analogías con la iglesia de los Santos Sergio y Baco de Constantinopla.

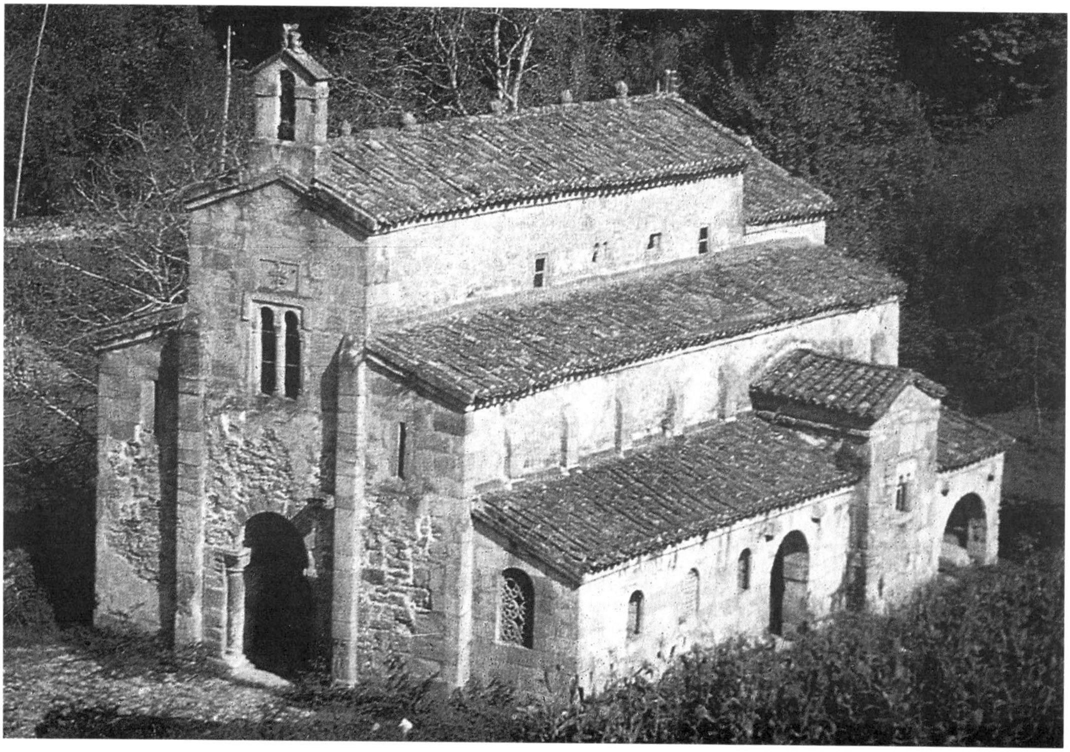

San Salvador de Valdediós (Asturias)

Con frecuencia ha llamado la atención la belleza de los lugares escogidos para la construcción de la mayoría de las iglesias prerrománicas asturianas. Lo cual es debido, en parte, a que muchas de estas iglesias se construyeron en lugares en los que habían existido anteriormente *villas*. La construcción de San Salvador de Valdediós, el *conventín* en un lugar apartado, inicia la costumbre de los soberanos de construir iglesias y residencias situados lejos de la corte. San Salvador fue construida por Alfonso III y deriva del modelo de iglesia regia desarrollado en San Miguel de Lillo. Se trata de una iglesia de tres naves, cubiertas con bóvedas de cañón separadas por pilares. A los pies en alto tiene tribuna real que condiciona una acentuada sobreelevación de la nave central y que obligó a elevar las naves laterales para servir de contrarresto, al igual que el «retorno» al empleo de los pilares. La cabecera es tripartita, según el tipo usual asturiano, correspondiéndose con el atrio y estancias laterales de los pies de acuerdo con un sistema de composición *bilateral*. En el lado sur se construyó un pórtico. La presencia de arcos de herradura en algunas ventanas del edificio debe interpretarse, más que como ecos mozárabes, como consecuencia de lo que se ha denominado la «revelación de lo visigodo». La iglesia de San Salvador de Valdediós constituye el ejemplo más completo conservado del modelo de iglesia regia asturiana con tribuna a los pies, desde la que el soberano asistía oculto a los oficios, determinando una sobreelevación de las naves que creaban *una iglesia sobreelevada* en la que se establecía una comunicación directa entre lo regio y lo divino.

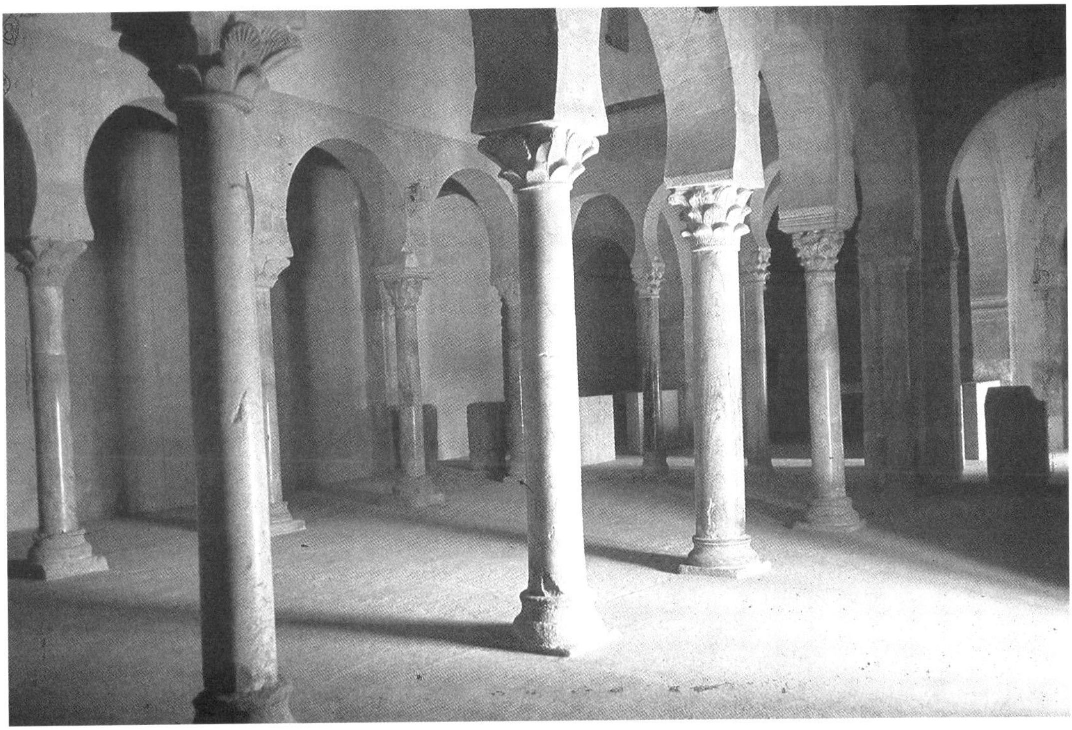

San Miguel de la Escalada (León)

Constituye uno de los ejemplos más representativos del *arte de repoblación*. La iglesia de San Miguel de la Escalada, consagrada en el año 913, es lo que ha llegado a nosotros de un monasterio erigido por mozárabes procedentes de Córdoba. Tiene planta rectangular de tipo basilical con iconostasis y tres naves separadas por arquerías, formadas por arcos de herradura sobre columnas. La cabecera tripartita es recta al exterior y con ábsides de planta de herradura al interior. La nave central, más ancha y alta, tiene en la parte superior —sobreelevada sobre las naves laterales— una serie de ventanas para la iluminación. Ahora bien, esta arquitectura no se caracteriza solamente por el empleo de determinados elementos constructivos, sino que configura una forma original de concebir el espacio. El empleo de los elementos constructivos mencionados, especialmente la utilización de columnas en lugar de pilares, crea en San Miguel de la Escalada una diafanidad espacial que contrasta con la organización interior de las iglesias asturianas, respondiendo, más bien, a soluciones formuladas por la arquitectura cordobesa. Poco después de construida la iglesia, se erigió en el costado sur un pórtico con arcos de herradura que transmite al exterior la esbelta y aérea concepción del interior. Un pórtico del que existe el precedente asturiano de Valdediós y que tendrá un amplio desarrollo en la arquitectura románica posterior.

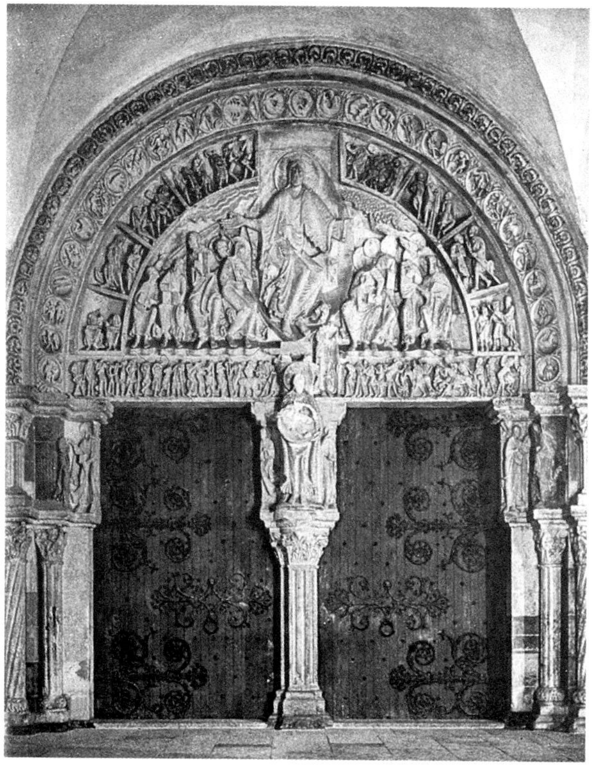

Santa Magdalena de Vézelay

Entre las grandes innovaciones del arte románico está la del florecimiento de la escultura en piedra y su aplicación a la arquitectura, sobre todo en las portadas de ingreso a las iglesias. A comienzos del siglo XII el pórtico románico había adquirido ya su forma característica. La puerta está concebida como un gran arco de medio punto enmarcando un tímpano semicircular que descansa sobre un dintel y cuenta con una columna de apoyo o parteluz. El arco se enriquece con otros arcos adosados y resaltados, arquivoltas, que requieren también unas columnas de apoyo o jambas. La portada principal de la iglesia abacial de Vézelay es reflejo de este enriquecimiento arquitectónico. La escultura se encuentra en los capiteles, en el parteluz, en el dintel y en las arquivoltas, pero es el tímpano el espacio esencial para desarrollar el tema iconográfico, la superficie que debe atraer la atención de los peregrinos. A pesar de que los monjes del Románico prefirieron las representaciones terribles y apocalípticas, en el tímpano de Vézelay se labró un tema poco usual: la Misión de los Apóstoles. Cristo en el centro despliega con sus manos extendidas rayos de su influjo divino hacia las cabezas de los apretados y retorcidos discípulos. Ellos son los encargados de transmitir las enseñanzas cristianas y la fe por todo el mundo y a todos los pueblos de la tierra, pueblos que aparecen en el dintel como tipos extraños, monstruosos y fantásticos (hombres con cabeza de perro y largas orejas, con turbantes, enanos, etc...) reflejo de la influencia oriental, de la miniatura, de las leyendas de la época y de los relatos de viaje de un momento en que las Cruzadas a Oriente cobraron un especial significado. Otros motivos que evocan el mundo profano se encuentran en las arquivoltas, como los signos del Zodiaco y los trabajos agrícolas para simbolizar los meses del año.

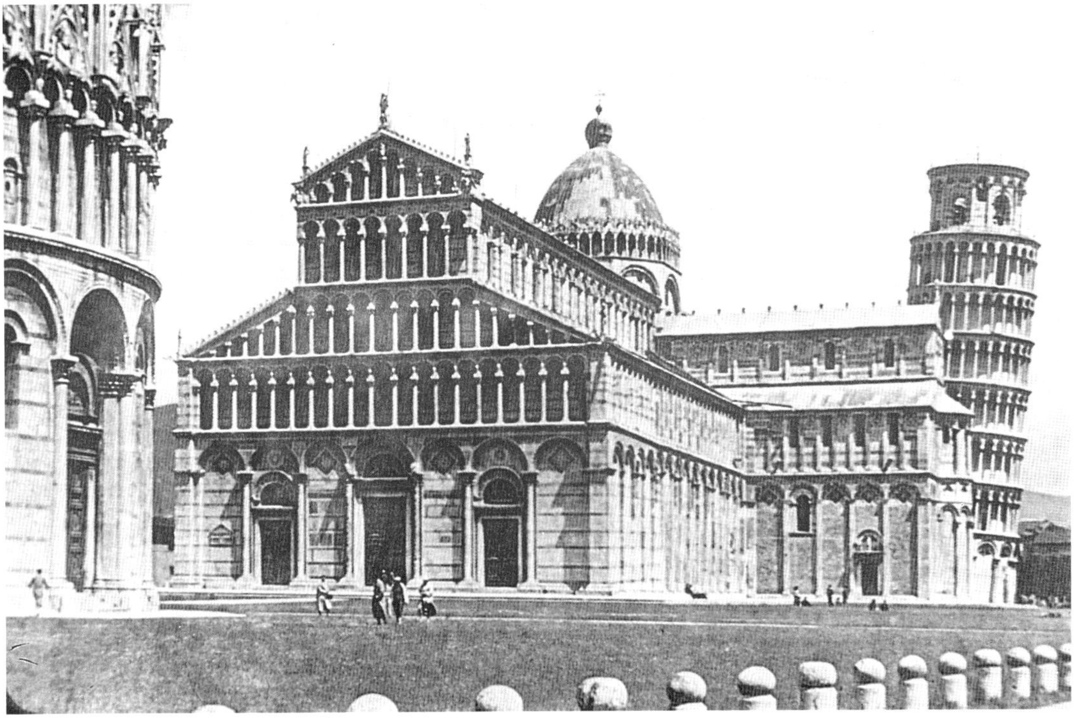

Catedral, baptisterio y *campanile* de Pisa

El famoso conjunto arquitectónico de Pisa es un ejemplo revelador de como el Románico supo adaptarse a las peculiaridades locales y a las influencias heredadas de cada zona, manteniendo su tradición constructiva. A diferencia de Francia o Alemania, en Italia se separó del cuerpo de la iglesia el *campanile* y el baptisterio como edificios independientes, un rasgo que procede de la tradición paleocristiana y que se refleja también en la planta basilical de cruz latina de la iglesia con una cabecera sin girola. Parte de las cubiertas son de madera con artesonados planos y tan sólo el crucero queda marcado al exterior por una cúpula. Pero lo que mejor refleja la idiosincrasia del Románico italiano es su pervivencia clásica, algo que estuvo arraigado durante toda la Edad Media. Siguiendo la práctica de los monumentos de la Roma antigua, sus iglesias y catedrales se revistieron de mármol, sobre todo en la zona de la Toscana donde, desde la época de Augusto, se explotaban las canteras de este material. La utilización de la columna responde también a esa presencia del mundo clásico. En el interior cumplen una función sustentante y al exterior se presentan en galerías decorativas de pequeños arcos que imprimen al conjunto pisano un marcado rasgo de horizontalidad. La catedral fue iniciada en la segunda mitad del siglo XI bajo la dirección de los maestros Buscheto y Reinaldo, cuando la ciudad se convierte en una poderosa república; la obra del baptisterio y del *campanile* se continuó a lo largo de los siglos XII y XIII pero dentro ya de un estilo gótico.

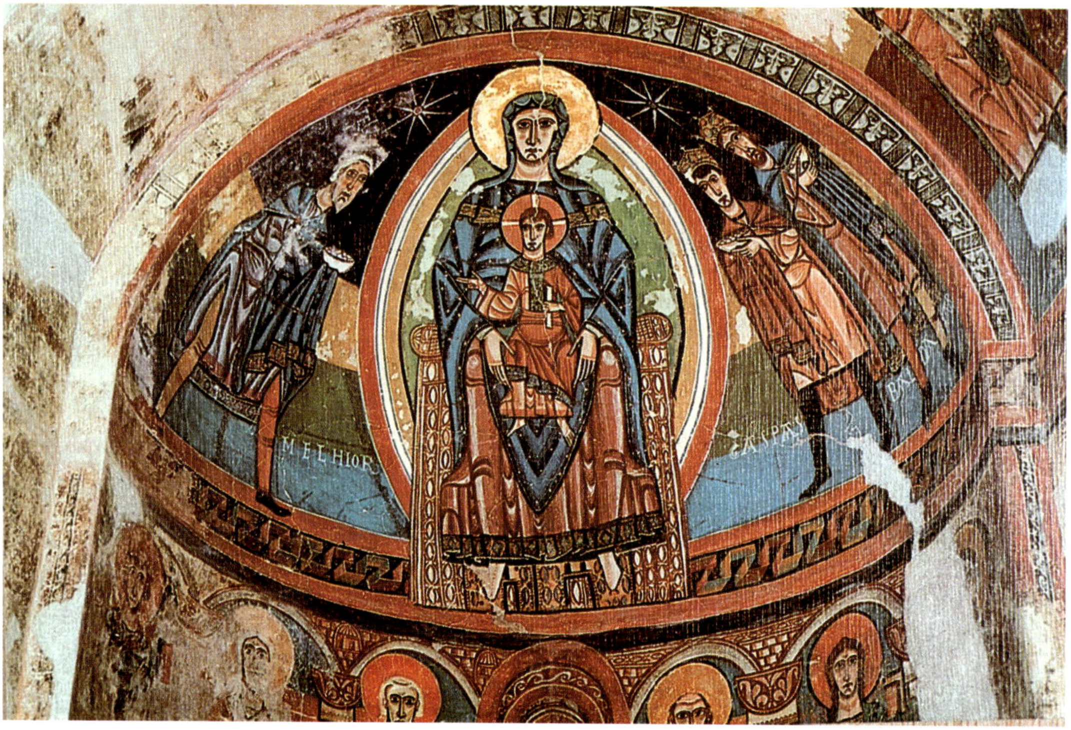

Santa María de Tahull

Como ocurre con la escultura, la pintura cumplió un papel docente e ilustrativo de los temas bíblicos. Si el escultor concentraba sus esfuerzos en los pórticos exteriores y en los capiteles de los claustros, la pintura pasó al interior de numerosas iglesias, pero ocupando cada escena un lugar determinado. El ábside central se reservaba para la figura de Cristo en majestad o para la representación de la Virgen, mientras que los ábsides laterales se dedicaban a escenas de la vida de algún santo. Modelos de esta ordenación pictórica fueron las iglesias pirenaicas de Tahull. En la zona catalana la estética bizantina tuvo una influencia decisiva como demuestra la Virgen de la imagen: el hieratismo, la posición rígida, la convierten en mero trono de la divinidad del Niño. Como en el Pantócrator, la Virgen está rodeada por la mandorla, pero en este caso el casquete del ábside permitió al pintor incorporar el tema de la Adoración de los Magos. Un factor que debe ser tenido en cuenta a la hora de valorar estas obras es la rapidez de ejecución que impone la técnica de la pintura al fresco, pero el carácter antinatural de las figuras y de la composición vuelve a recordarnos que la plástica románica es antinaturalista por su propio objetivo. Se trata de representar creencias o símbolos que evoquen y recuerden al pueblo los hechos y personajes bíblicos y para ello se abstraen y se esquematizan las formas reales. Hay un predominio cromático de rojos, verdes, azules, ocres y blancos, pero son colores puros, sin mezcla, que evitan cualqueir intento de luz o profundidad. Todo queda silueteado por un trazo negro, un dibujo que separa cada porción de color, un trazo que sirve también para marcar los rasgos del rostro consiguiendo unas imágenes absolutamente expresivas que impresionan tanto por su solemnidad como por su ingenuidad.

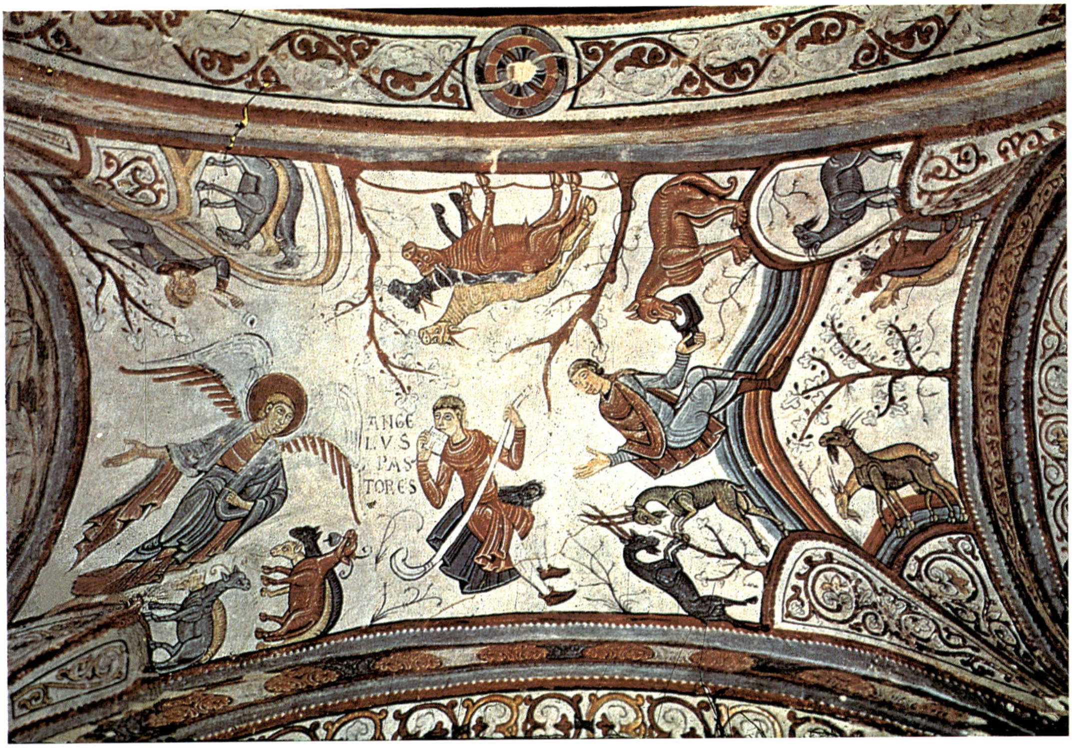

La Anunciación a los pastores (San Isidoro de León)

Se trata sin duda del mejor conjunto de frescos del románico español y un ejemplo que permite subrayar las evidentes diferencias entre la pintura castellana y la del foco catalán. La anunciación del Angel a los pastores es una de las seis escenas que decoran las bóvedas de arista capialzada de la cripta de San Isidoro de León, conocido como Panteón de Reyes por ser el lugar de enterramiento de los monarcas castellano-leoneses desde el siglo XI. Esta pintura mural al fresco seco se realizó en la segunda mitad del siglo XII, presentando una serie de avances en el colorido, en la agilidad y elegancia de las figuras, en la tendencia hacia un naturalismo que se separa claramente de la simbología y rigidez bizantinas características de las pinturas murales de las iglesias de Tahull. Aquí el Angel se dirige a unos pastores inmersos en una escena bucólica, con arbustos y animales, en un intento de plasmar un paisaje y olvidando, por tanto, la geometría y el hieratismo. Frente a la solemnidad, fórmulas y gravedad de los Pantócrator y Vírgenes de la pintura catalana, el pintor que trabajó en León consiguió unas imágenes expresivas, pero por su interés en lo espontáneo. Un pastor toca un instrumento, otro da de beber a un perro, dos cabras se enfrenta y luchan mientras que otras comen de uno de los arbolillos. Ya no hay yuxtaposición de escenas o figuras, ni un adosamiento al marco arquitectónico. Es una escena narrativa y se ha conseguido no sólo un ambiente pastoril, sino un espacio pictórico al margen del espacio arquitectónico. La flexibilidad y vitalidad de las figuras posiblemente están inspiradas en la miniatura de la época, pero con toda certeza es un conjunto que anuncia la nueva sensibilidad de la pintura gótica posterior.

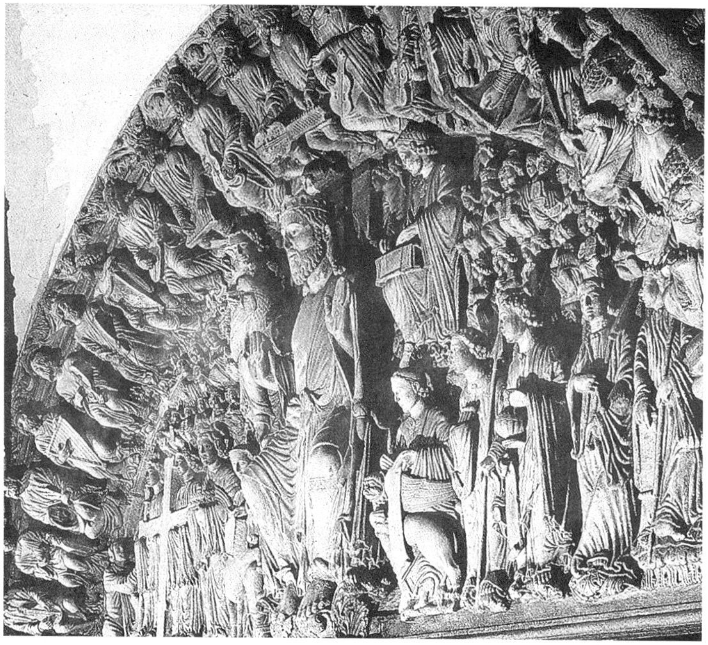

Pórtico de la Gloria (catedral de Santiago de Compostela)

Culminación de la escultura románica, el Pórtico de la Gloria puede considerarse como una obra de transición al estilo gótico. Es la mejor muestra de cómo el escultor románico, partiendo de una técnica muy primaria y tosca, sujeto al marco arquitectónico, con figuras rígidas y frontales, evolucionó hacia formas más naturalistas y humanas. Por ello, las figuras de este Pórtico anuncian la estética gótica: los apóstoles y profetas presentan ya un movimiento, tanto en su postura como en los pliegues de los ropajes, sonríen, parece que charlan o se comunican entre ellos e, incluso, sus rostros están individualizados. Realizado en su mayor parte por el maestro Mateo, durante el último cuarto del siglo XII y comienzos del siguiente, se distribuye en tres puertas que se apoyan sobre pilares revestidos de columnas (jambas) con los profetas y apóstoles. El arco central reviste un tímpano sostenido por una columnilla o parteluz con la figura del Apostol Santiago en actitud sedente. El tema del pórtico pertenece a la iconografía característica del Románico: una visión apocalíptica. En el centro del tímpano aparece un Cristo en majestad, rodeado del Tetramorfos, con la representación simbólica de los cuatro evangelistas y de ángeles con instrumentos de la Pasión. En la arquivolta se acoplan los 24 Ancianos del Apocalipsis, la mayoría de ellos con instrumentos musicales. La obra se realizó en piedra granítica y mármol, y los restos de pintura que todavía se conservan reflejan una posible costumbre de la época: la de revestir con vivas gamas cromáticas estos conjuntos escultóricos. El Pórtico es también un perfecto ejemplo de ese mundo zoomórfico y fantástico que pobló la arquitectura de los siglos XI y XII. En los zócalos, basas del parteluz y de los pilares se encuentra una fauna simbólica que deriva del mundo oriental y de la tradición antigua, así como de las miniaturas de los Beatos. Es, en definitiva, la síntesis y el punto final del tema apocalíptico del Juicio Final tan característico de las portadas románicas, pero el estilo y la originalidad del Pórtico que dirigió y ejecutó el maestro Mateo anticipan la llegada de un estilo más solemne y con una temática más humana: el Gótico.

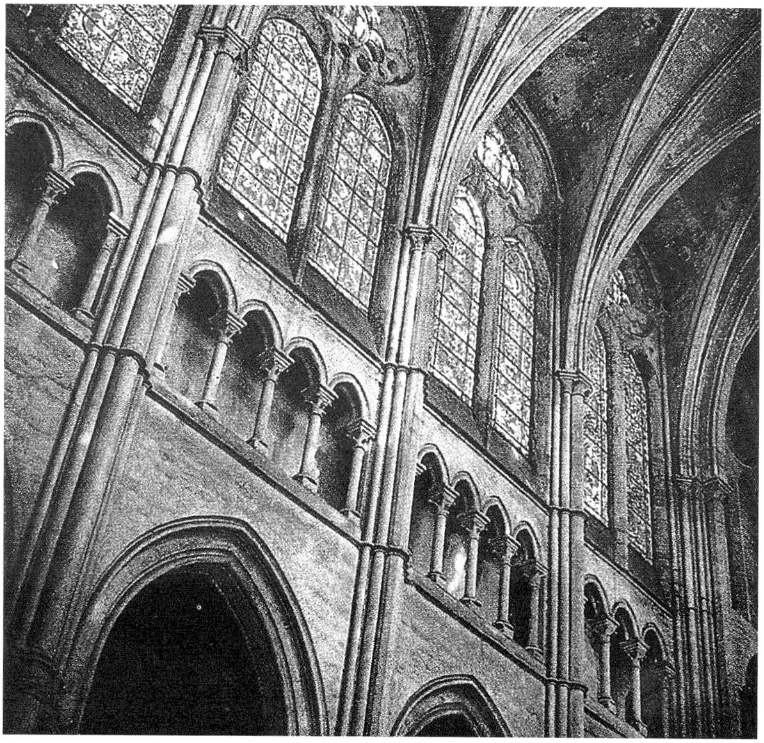

Catedral de Chartres, nave central

La catedral de Chartres constituye el modelo en el que se plasmó por primera vez, en el período de ensayos de la arquitectura francesa que discurre desde finales del siglo XII hasta 1260, uno de los prototipos posibles de catedral gótica. Lo cual, en parte, fue posible debido a que su construcción se llevó a cabo en un breve período de tiempo. En 1194 un incendio destruía la anterior catedral románica; inmediatamente se emprendió la construcción de un nuevo edificio del que lo principal estaba construido hacia 1220. En 1260, en que tuvo lugar su consagración, estaba completamente terminada. El muro de la nave central muestra ya articulada, de una forma coherente y sistemática, la composición de la que arrancan las experiencias en relación con esta estructura del Gótico clásico. El muro se halla dividido en tres cuerpos: la *arquería* de separación de las naves, un *triforio* angosto que sustituye las antiguas tribunas de las iglesias románicas utilizadas todavía en algunas de las realizaciones iniciales del Gótico, y el *claristorio*. Todavía en este último puden apreciarse algunos aspectos arcaizantes, si bien su composición preludia las nuevas soluciones que se desarrollarán en las grandes catedrales del siglo XIII. En primer lugar, el espacio que ocupa el claristorio es reducido y los vanos aparecen todavía «perforados» en el muro, sin alcanzar la unidad que desarrollarán en otros edificios en los que el claristorio se convierte en un *muro traslúcido*. Con todo, en la catedral de Chartres se concreta un modelo de ventanal del que arrancan las formulaciones posteriores de este elemento. Cada ventanal, formado por dos lancetas rematadas en forma de arco apuntado, se corona por un rosetón. Aunque todos los vanos que forman este ventanal se ofrecen como perforaciones en el muro, existe, sin embargo, un sentido de la composición que ordena y regula las distintas partes del ventanal: el rosetón y las lancetas.

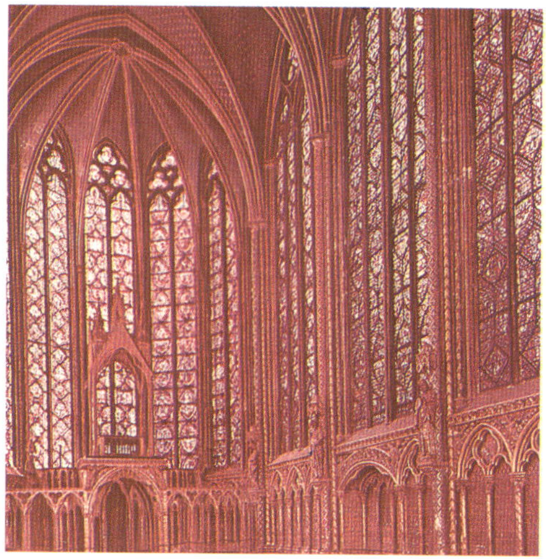

La Sainte-Chapelle (París)

El 18 de agosto de 1239 llegaba a París, acompañada de un gran ceremonial, la corona de espinas adquirida por San Luis, rey de Francia, y era depositada en la Capilla de San Nicolás, próxima al palacio real de la Cité. Algo después, el 14 de septiembre de 1241, llegaban otras reliquias —parte de la Vera Cruz, trozos de la Santa Lanza, del manto de púrpura, de la esponja santa, etc.—, compradas igualmente por San Luis. Fue entonces cuando surgió la idea de construir un nuevo edificio más adecuado para su conservación que la Capilla de San Nicolás, construida a mediados del siglo XII. En 1244 los trabajos se hallaban ya iniciados y, el 26 de abril de 1248 tenía lugar la consagración del edificio. Este había sido proyectado con una gran simplicidad estructural: dos pisos de nave única, con contrafuertes al exterior y cubiertos por bóvedas de crucería, el superior dedicado a la Santa Cruz y a la Corona de Espinas, y el inferior a la Virgen. Aunque no existe ningún testimonio seguro, tradicionalmente se ha venido atribuyendo el proyecto y la dirección de las obras del edificio a Pierre de Montreuil, uno de los arquitectos más importantes de París durante los años en que se construyó la capilla y que intervino en Saint-Germain-des-Prés y Notre-Dame de París. No obstante, la autoría del edificio no es un problema resuelto, habiéndose propuesto también el nombre de Thomas de Cormont, el segundo arquitecto de la catedral de Amiens. La Sainte-Chapelle pertenece a la amplia serie de capillas palatinas de larga tradición en Occidente, construidas para cumplir una función de relicario. Su estructura y el sentido cromático, introducido por las vidrieras de grandes dimensiones del piso superior, refuerzan este aspecto, hasta el punto de que la estructura de la capilla ha sido pensada precisamente para desarrollar un cerramiento formado por un muro traslúcido de vidrieras. Las vidrieras de la Sainte-Chapelle, pese a las restauraciones sufridas, constituyen uno de los conjuntos más relevantes de la historia de esta especialidad. Está formado por quince ventanales del siglo XIII y un rosetón del XV que suman más de 618 m^2 de vidrieras o, mejor dicho, de *muro traslúcido*. En ellas se desarrolló un programa iconográfico claramente diferenciado de los habituales en las grandes catedrales de la época, debido a que se dedicó a exaltar la Pasión de Cristo, cuyas reliquias se hallaban debajo del altar. Esto confiere a las vidrieras un claro sentido narrativo, desarrollado con un sistema de representación expresivo y desvinculado del rígido «estilo monumental» anterior que no impide el desarrollo de su efecto configurador del espacio y del simbolismo sagrado de la luz.

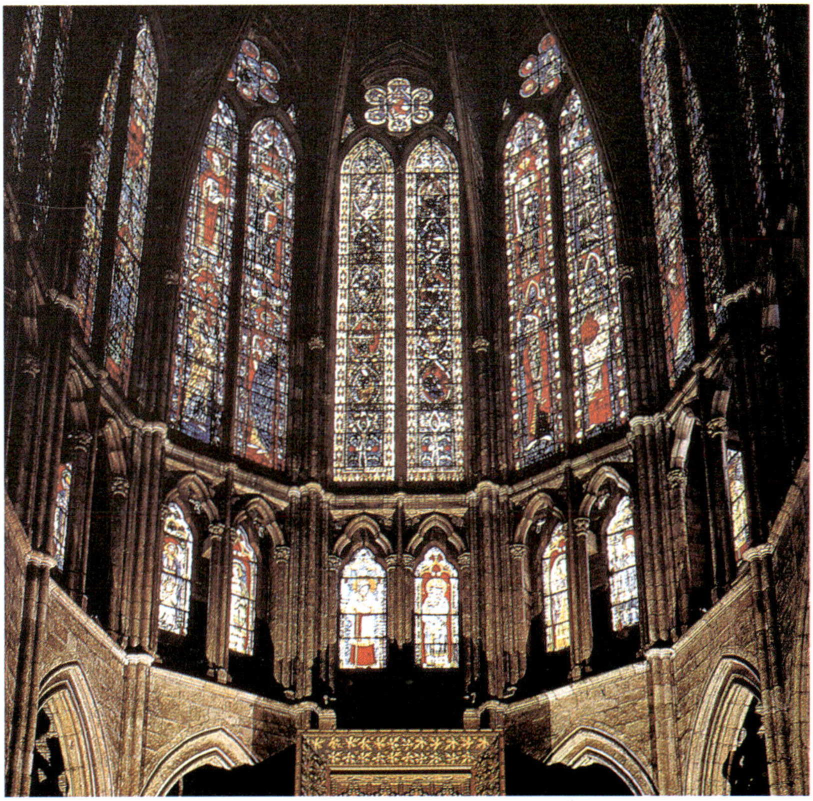

Vidrieras (ábside de la catedral de León)

Las vidrieras de la catedral de León constituyen uno de los conjuntos más importantes de Europa y, sin duda, el primero de España, a pesar de la profunda restauración sufrida en el siglo XIX. Su realización, debida al impulso de los constructores de la catedral, el obispo Martín Fernández y el rey Alfonso X el Sabio, se inició a medida que las obras de construcción del edificio lo permitían. La serie más antigua, y una de las más perdidas y alteradas, fue la realizada en los ventanales de las capillas que se abren a la girola y en las que puede comprobarse la fascinación de los promotores por el gótico francés. Los primeros vidrieros que trabajaron en la catedral de León fueron sin duda franceses, desarrollando un programa en consonancia con la disposición habitual en las catedrales góticas del siglo XIII: vidrieras con pequeñas escenas en las capillas y grandes figuras en los ventanales altos de la nave central, crucero y capilla mayor. Actualmente, en la vidriera central de la capilla mayor, se representa un *Arbol de Jesé* del siglo XIII que fue trasladado a este emplazamiento durante la última restauración. Las diferentes figuras se ordenan en registros superpuestos, enmarcando toda la lanceta una bordura a la manera habitual de la vidriera gótica del siglo XIII. Desde un punto de vista cromático, los colores empleados corresponden plenamente a la paleta utilizada por los vidrieros de esta centuria: vidrios de color azul, rojo, verde, blanco y amarillo, pintados con grisalla cocida al fuego. Sin embargo, la tonalidad actual difiere mucho de la original debido a la suciedad y, sobre todo, a la corrosión que afecta a los vidrios por su cara exterior.

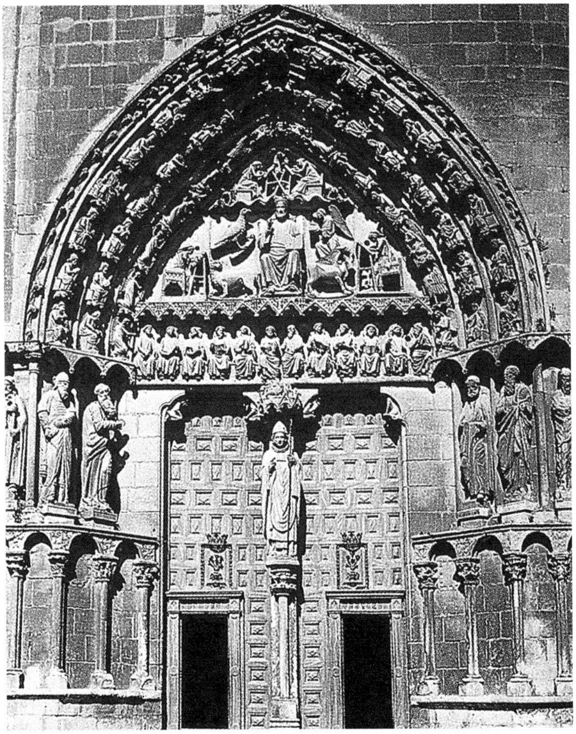

Portada del Sarmental (catedral de Burgos)

La catedral de Burgos constituye uno de los ejemplos más representativos de la importación de la arquitectura gótica francesa. La formación e intenciones de sus promotores explican el porqué de esta influencia francesa. El edificio fue erigido a instancias del obispo Don Mauricio. Comenzado en 1222, refleja la intención de emular las grandes catedrales francesas, conocidas directamente por Don Mauricio, amante de la nueva arquitectura. Se trata, pues, de un arte de importación claramente diferenciado de los edificios románicos contemporáneos. Su relación con lo francés se refleja además de en la tipología del edificio, que presenta relaciones con Bourges y con soluciones desarrolladas en otras catedrales góticas francesas, en sus aspectos escultóricos. Originalmente la catedral de Burgos tuvo tres portadas, correspondientes a la fachada occidental y hastiales del crucero, de las que han llegado a nosotros las dos últimas, llamadas de la *Coronería* (hastial norte) y del *Sarmental* (hastial sur). La ejecución de esta última se sitúa entre 1230 y 1240 y constituye la primera portada realizada en España según el esquema compositivo y las formas del nuevo sistema de representación gótico. No ha de extrañar por ello que sus autores, franceses con toda seguridad, proyectasen las soluciones de los talleres de los que procedían, concretamente de los de las catedrales de Reims y Amiens. Desde un punto de vista iconográfico la portada presenta un cierto tradicionalismo, debido probablemente a imposiciones del comitente, al haberse representado en el centro del tímpano la figura de Cristo en Majestad rodeado del Tetramorfos, grupo que contrasta con el naturalismo con que han sido representados los evangelistas. En el friso se ha representado el apostolado y en el parteluz un obispo que se ha supuesto probablemente Don Mauricio.

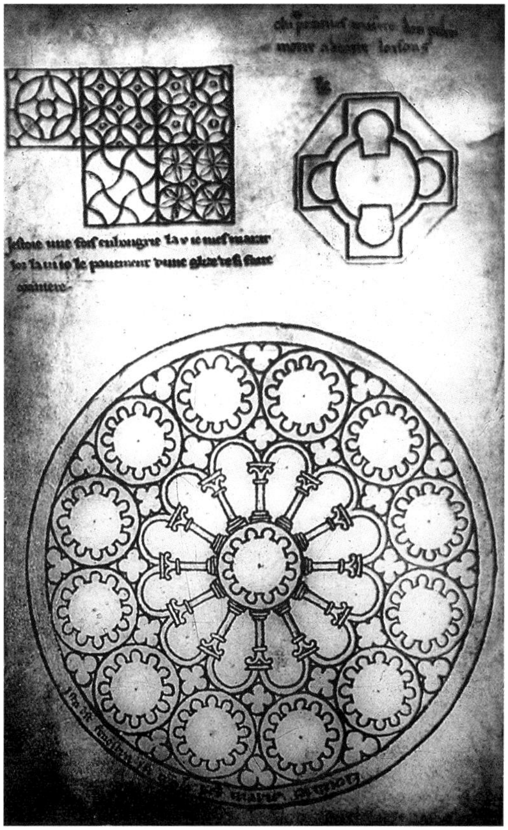

Album de Villard d'Honnecourt

En las catedrales góticas, debido a sus dimensiones, a los problemas económicos y a las diversas peripecias de su construcción, los tiempos de ejecución fueron, con frecuencia, dilatados. Esto determinó que los artistas que trabajaron en su construcción —arquitectos, canteros, escultores, vidrieros y pintores— desarrollaran una labor itinerante, según hemos comprobado al señalar la presencia de maestros franceses en la ejecución de la portada del Sarmental de la catedral de Burgos. Este carácter itinerante de los artistas se pone claramente de manifiesto en el *Album* de Villard d'Honnecourt, realizado hacia 1230 y conservado en la Biblioteca Nacional de París. Este arquitecto, natural de Picardía, recogió en un cuaderno de trabajo dibujos de edificios de Francia, Alemania, Suiza y Hungría. El *Album* consta de numerosos dibujos, algunos de edificios que han podido identificarse como la cabecera de Cambrai y la catedral de Reims. Si el *Album* constituye un testimonio elocuente de la forma de trabajo y recopilación de modelos de los arquitectos del siglo XIII, como el rosetón que reproducimos, también, pone de relieve un aspecto importante en relación con el nuevo sistema de representación. El naturalismo, la nueva preocupación por la representación de la realidad, generó un nuevo sistema de reproducción que hizo posible, a su vez, el desarrollo de estos cuadernos de trabajo o *repertorios,* que formarían parte de una práctica habitual, con soluciones y elementos de un vocabulario cuya rápida difusión pronto se convertiría en un lenguaje común.

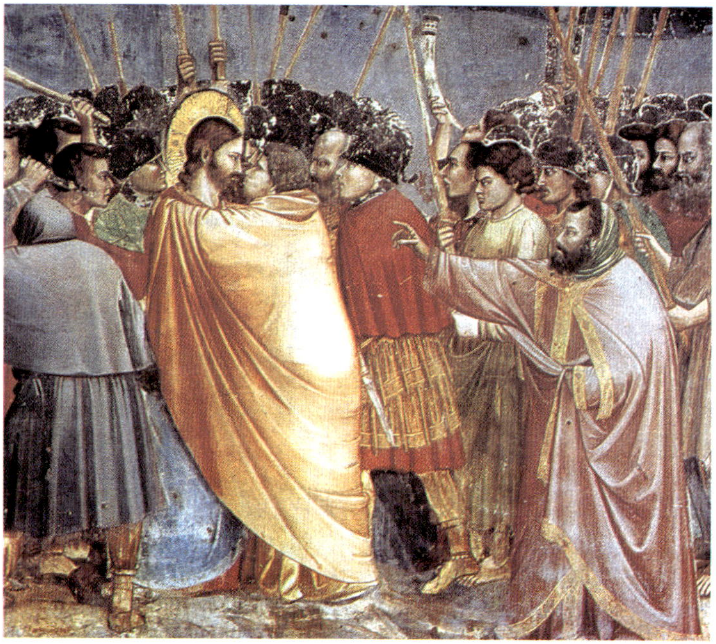

Giotto, *El prendimiento*

Los frescos de la Capilla de los Scrovegni en Padua, conocida también como de la Arena por la proximidad del anfiteatro romano, fueron realizados por Giotto entre 1304 y 1306. Se trata de uno de los conjuntos más importantes de pintura mural de todos los tiempos, que contiene diversas composiciones de formato rectangular dedicadas a las Historias de Joaquín, de la Virgen y de Cristo dispuestas en registros horizontales. Sin duda los frescos son una de las realizaciones de la madurez del pintor, en la que se muestran perfectamente elaborados los componentes de su pintura. *El prendimiento,* una de las composiciones del registro inferior de los paramentos laterales, es una de las obras más conocidas del artista y constituye un paradigma de su estilo y las novedades de su pintura. Lo primero que destaca, si lo comparamos con la obra de otros pintores florentinos, anteriores y contemporáneos, es el valor conferido al espacio y la forma de lograr su representación. Giotto ha utilizado la escala de las figuras, la gradación de los colores, la disminución de los volúmenes para lograr una composición en profundidad. Pero, además de esta representación del escenario, Giotto ha conferido al volumen de las figuras una dimensión espacial. Para ello se ha servido del claroscuro, iluminando más aquellas partes del objeto que se hallan más próximas al foco de luz y ensombreciendo las que se encuentran más distantes. Junto a ello, ha concebido las figuras con una escala monumental que crea una clara sensación de clasicismo. Existe otro aspecto, además, que constituye una de las aportaciones más importantes de la obra de Giotto a la pintura de su tiempo: el nuevo sentido de la composición. A diferencia de sus predecesores, que situaban las figuras independientes y aisladas en el marco de la composición, Giotto articula el conjunto de figuras sometiéndolas a una rigurosa unidad compositiva. Centradas por la figura de Judas y Cristo, existe una clara unidad con todas las restantes marcada por el momento dramático del acontecimiento. Unidad de acción, unidad espacial y del tiempo en que se produce el acontecimiento, unidad y coherencia compositiva que confirman a Giotto como el iniciador de la pintura moderna.

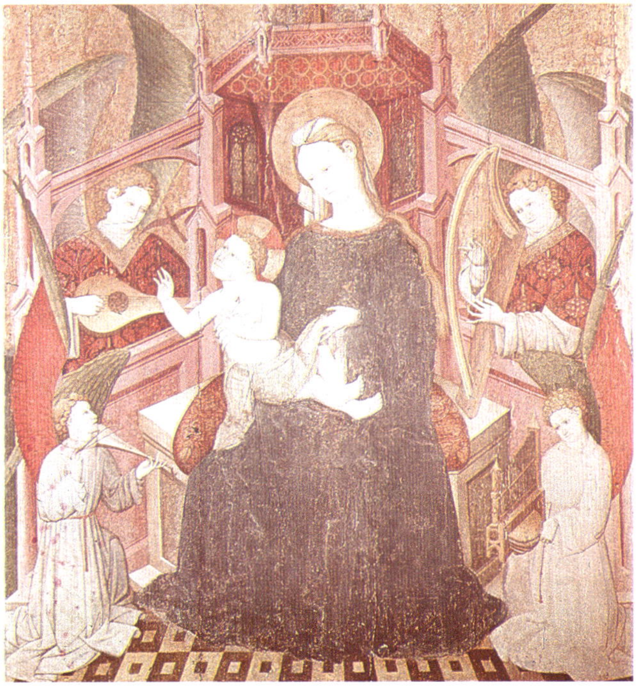

Nicolás Francés, *Virgen con el Niño*

La actividad del pintor Nicolás Francés se desarrolló entre 1434 y 1468, año de su muerte, realizando trabajos en León y otras villas de la región, como el retablo de La Bañeza. Nicolás Francés es uno de los más claros representantes de la tendencia del Gótico Internacional en tierras castellanoleonesas. Este pintor, de quien existen abundantes noticias documentales, desarrolló una amplia labor que desborda los límites de la pintura, pues a él se deben algunas vidrieras de la catedral leonesa. Su pintura le acredita como un artista que tiene un conocimiento directo de las soluciones paradigmáticas del Gótico Internacional. *La Virgen con el Niño en el trono rodeada de ángeles músicos,* la tabla central del retablo de la Bañeza (León), es un ejemplo representativo de su estilo y de las soluciones del Gótico Internacional. En el banco del retablo se representan apóstoles y profetas, escenas de la vida de San Francisco en la calle izquierda y temas de la infancia de Cristo (la Anunciación, la Natividad, el Anuncio a los pastores, San José entra en el portal de Belén y la Purificación en el Templo) y la Crucifixión en el remate de la central. El trono, concebido como un templo abierto y realizado con una gran espacialidad en la ordenación de sus componentes, presenta una coloración híbrida y desleída como es característico de la pintura de esta corriente. Igualmente, la estilización de las figuras, sus actitudes cadenciosas y melancólicas, la palidèz de los rostros y el aspecto refinado y cortesano de los modelos, son una muestra clara de los ideales plásticos del Gótico Internacional. Y lo mismo sucede con la perspectiva, determinada por la estructura arquitectónica del trono y el solado —formado por un ajedrezado— y proyectada desde varios puntos que crean un efecto de ambigüedad, propio de esta tendencia, entre representación e irrealidad.

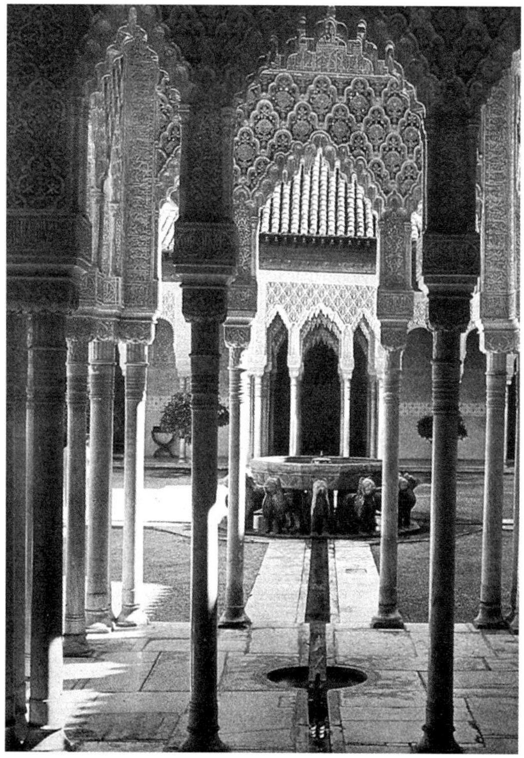

Patio de los Leones de la Alhambra (Granada)

En la arquitectura nazarí, el patio es el elemento que aglutina los distintos núcleos de que se compone el edificio. Como otros patios de la Alhambra, el Patio de los Leones, cuya construcción se debió a Muhammad V (1354-1391), es de planta rectangular pero tiene, excepcionalmente, cuatro pórticos frente a los dos que habitualmente se erigieron en los lados menores de otros patios. No obstante, los templetes sobresalientes en sus lados menores recuerdan la axialidad habitual en esta tipología. En los lados menores se abren la sala de los Mocárabes y la sala de los Reyes y, en los mayores, la sala de las dos Hermanas y la sala de los Abencerrajes, en las que la fragmentación de los componentes arquitectónicos y el juego fugaz de la luz y la sombra convierten a estas estancias en paradigmas de un microuniverso mágico. El trazado de las arquerías del patio configura efectos de perspectivas cambiantes y huidizas, habiendo sido trazado en consonancia con un elaborado proyecto de análisis de composición geométrica. Las columnas han sido aplicadas con unos criterios figurativos distintos a los de su mera función sustentante, eludiendo ostentar esta función para no obstaculizar la mencionada sensación de fugacidad. Su finura y su disposición «irregular» producen el efecto óptico de elementos suspendidos, no sustentantes. A este respecto crean una ficción con respecto a las dimensiones reales del patio; por su carácter aéreo e inconmensurable parecen no obeceder a las leyes de la gravedad, produciendo un aumento óptico de las dimensiones del patio. La arquitectura se comporta como un medio de representación de un espacio que en ningún momento nos remite a la idea de una porción de realidad acotada.

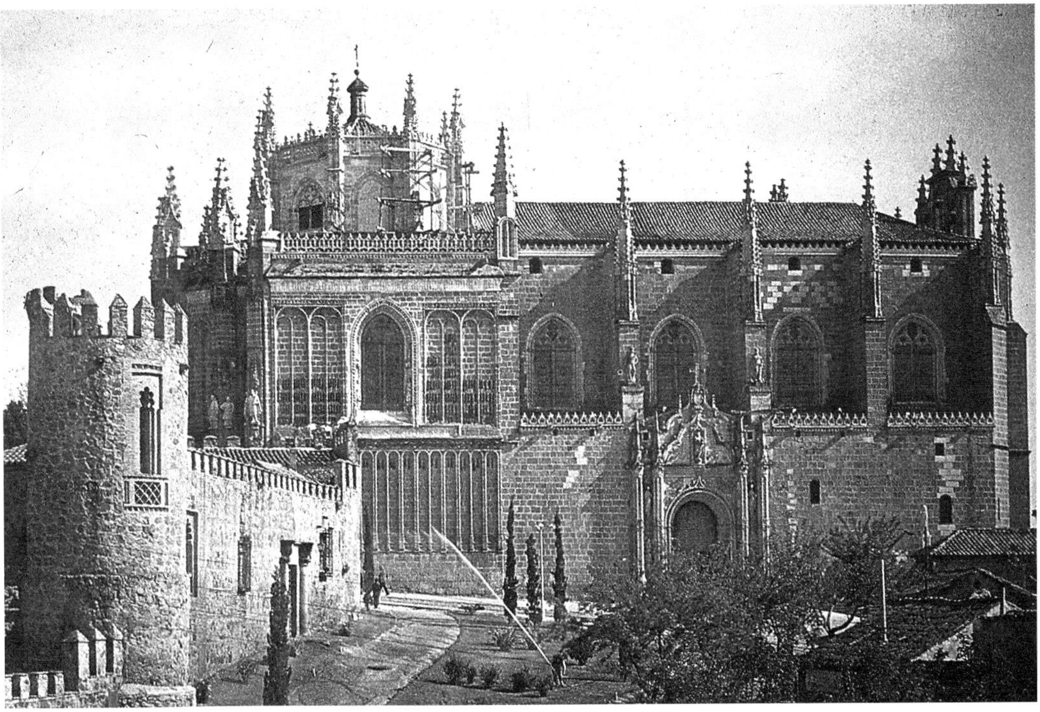

San Juan de los Reyes (Toledo)

Bajo los Reyes Católicos se desarrolló una arquitectura que, utilizando los elementos constructivos góticos —arcos apuntados, bóvedas de crucería, contrafuertes—, adquiere una nueva formulación estilística. Desde el punto de vista tipológico, la iglesia desarrolla un modelo uniforme y fácilmente repetible hasta el punto de que llega a convertirse en un estándar. De dimensiones reducidas, si se compara con las catedrales góticas, la iglesia de los Reyes Católicos tiene planta de nave única y capillas entre contrafuertes. La iluminación se produce mediante ventanales aislados en cada tramo, abiertos en el muro que sobresale por encima de las capillas prolongándose a esta altura por el crucero y la capilla mayor. El crucero, que no suele sobrepasar la línea de cierre de las naves, crea con la capilla mayor, recta o poligonal, un espacio central en la cabecera del templo. Junto a esta estructura de gran simplicidad compositiva, en las iglesias góticas de los Reyes Católicos se utilizaron otros elementos que individualizan cada una de estas iglesias. En las bóvedas de crucería abundan las nervaturas con un trazado que asume una función decorativa de primer orden. Por otra parte, la abundante decoración escultórica, en la que son evidentes los elementos de procedencia musulmana, convierte a estas iglesias en obras cargadas de una filigrana que las presenta como edificios-relicarios concebidos a escala monumental. San Juan de los Reyes constituye un paradigma de esta tipología. El monasterio, construido en acción de gracias por la victoria de Toro y dedicado a San Juan Bautista, se comenzó poco después de 1477, correspondiendo las trazas y dirección de la obra a Juan Guas, cuyo proyecto se siguió después de su muerte, en 1496. Su estructura responde a la tipología de iglesia comentada, con cimborio sobre el tramo central del crucero. Es una de las iglesias de los Reyes Católicos que presenta una mayor riqueza decorativa y en la que los elementos heráldicos y epigráficos adquieren un notable protagonismo, subrayando el carácter regio de la fundación.

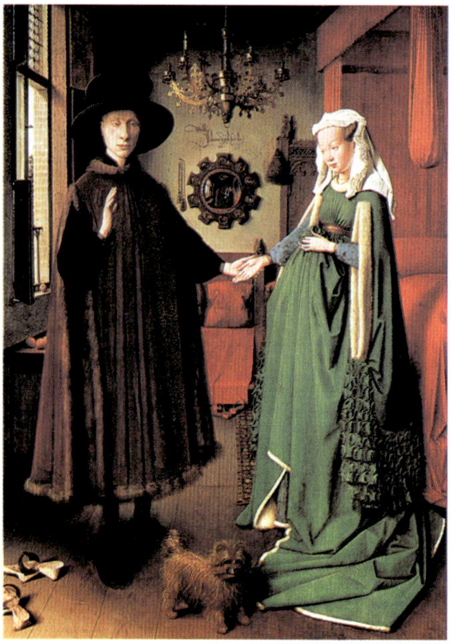

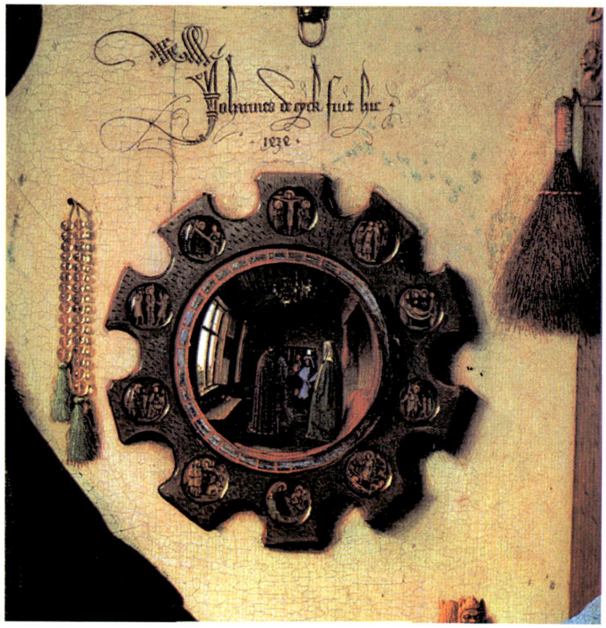

Jan Van Eyck, *El matrimonio Arnolfini*

La pintura constituye, en todos sus aspectos, uno de los paradigmas del nuevo sistema de representación flamenco, de sus sentidos espacial y perspectivo, de la forma de entender la representación de la realidad, del virtuosismo en el empleo de la técnica al óleo y de la forma de expresar los ideales de una nueva mentalidad burguesa y laica. Jan Van Eyck pintó el cuadro en 1434, según consta en la inscripción que se halla en la pared sobre el espejo: *Johannes de Æyck fuit hic 1434* (Juan de Eyck estuvo aquí 1434). Lo cual, junto al tono general de la obra, ha dado lugar a pensar que la composición representaría el rito nupcial entre el mercader Giovanni Arnolfini y su esposa Giovanna Cenami. En el espejo se ven las dos figuras del matrimonio de espaldas y otras dos, que estarían situadas en el plano externo, representarían al pintor y otro personaje que actuarían como testigos. Desde un punto de vista pictórico destaca la capacidad del pintor para individualizar a los personajes, logrando uno de los retratos dobles más conseguidos de la historia de la pintura. Junto a ello, Jan Van Eyck ha articulado la representación espacial como prolongación del espacio real en el que se halla el espectador, sirviéndose de los elementos lineales del entarimado y el techo, de los juegos de luz y sombras de la pared y de la ventana de la izquierda y el lecho situado a la derecha. Pero junto a esto, el pintor pone de manifiesto una preocupación por la representación de la realidad en la que todos los componentes están tratados con una misma escala de valores: los personajes y sus indumentarias, el perro, la calidad de la madera del suelo, los frutos que se hallan junto a la ventana, la lámpara y el espejo del fondo. Junto al retrato de los personajes, el pintor ha realizado también un retrato de la estancia y los objetos que se hallan en ella, poniendo de manifiesto las posibilidades del nuevo sistema de representación como instrumento de aprehensión de lo circundante captado desde un punto de vista estático, el ojo del pintor, desde el que se plasma, en una visión monofocal e instantánea, un fragmento de realidad.

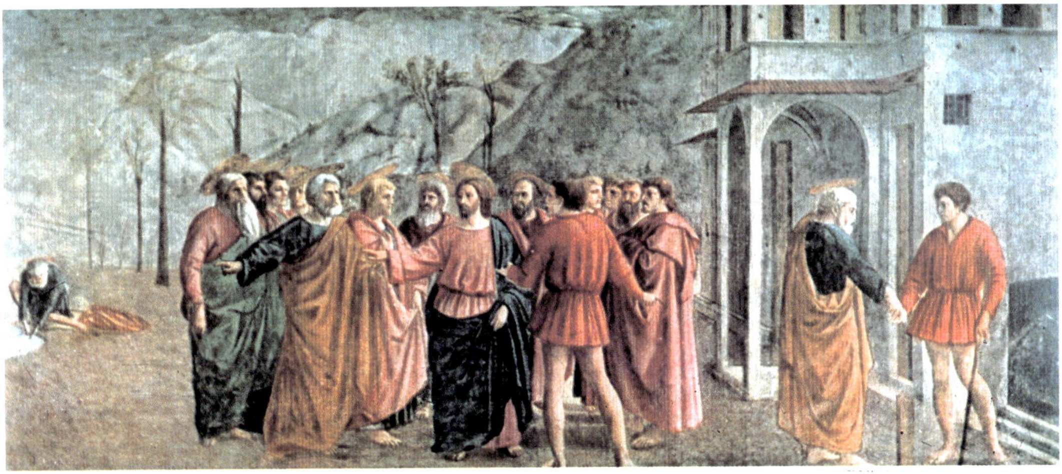

Masaccio, *El Tributo*

Masaccio es el creador de la pintura renacentista. Tras una serie de obras en las que paulatinamente fue reafirmando el valor de lo clásico y desprendiéndose del influjo de los convencionalismos del Gótico Internacional, Masaccio, en los frescos de la capilla Brancacci, definió los principios del nuevo lenguaje. El comienzo de los trabajos tuvo lugar en 1424, año en que inició su colaboración con Masolino, pintor que también participó en la realización de algunos frescos de la capilla. Masaccio trabajó en ellos hasta 1428, año de su muerte. Los frescos fueron encargados por Felice Brancacci, miembro de la familia propietaria de la capilla, importante comerciante de sedas y cónsul del mar en 1421, año en que se creó este cargo. En este sentido, la dedicación a San Pedro, patrón de los marineros, y algunos aspectos iconográficos de varias composiciones como *El Tributo,* se han puesto en relación con este cargo desempeñado por el promotor. A la izquierda, en un plano alejado de la composición principal, San Pedro obtiene del pez el tributo con el que pagar al recaudador, poniendo de manifiesto la identidad entre la riqueza y el mar. Desde antiguo, *El Tributo* se ha considerado una de las composiciones más notables de los frescos de la capilla por ser una de las que muestran un desarrollo más coherente de los principios de la nueva pintura. Para los modelos y rostros de algunas figuras Masaccio ha recurrido a la escultura clásica como fuente de inspiración y como recuperación de los modelos de la Antigüedad, en contraste con el rostro de Cristo, situado en el centro de la composición, que fue pintado por Masolino. El espacio del escenario está logrado mediante la combinación de diferentes elementos, como las arquitecturas de la derecha, desarrolladas de acuerdo con un esquema perspectivo, la sutil gradación de los contornos, más definidos en las figuras más próximas al espectador y difuminadas en las más alejadas; y la utilización de los colores, dejando para el fondo difuminado de paisaje los de gama fría. Mediante la combinación de todos estos elementos, además de la luz modelando e interponiéndose entre las figuras, Masaccio logra una nueva representación espacial perspectiva captada desde un solo punto estático: el ojo del pintor.

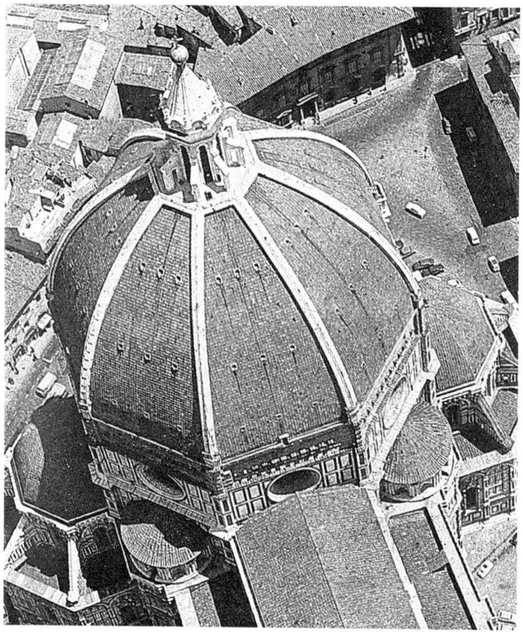

Filippo Brunelleschi, Cúpula de Santa María de las Flores (Florencia)

La aportación a la nueva cultura artística del Renacimiento realizada por Brunelleschi, aunque también fue escultor, se desarrolló fundamentalmente en el campo de la arquitectura. Una de las principales obras realizadas por él, no sólo por sus aportaciones constructivas sino por su carácter representativo y emblemático, fue la cúpula de Santa María de las Flores. La idea de cubrir con una cúpula esta parte del edificio ya se había planteado con anterioridad. Pero fue Brunelleschi quien logró darle su configuración definitiva planteándola como un auténtico manifiesto de la nueva arquitectura renacentista. Aunque presentó un modelo al concurso de 1418 para su realización, Brunelleschi no se ocupó plenamente de su construcción hasta 1423; en 1434 su estructura estaba concluida y en 1436 se colocó la linterna del coronamiento. Lo que realmente ha convertido a Brunelleschi en el primer arquitecto moderno fue su capacidad para imaginar de principio a fin el proyecto, sin dejar ningún elemento que fuera resuelto de forma empírica en el curso de la construcción. Los diversos elementos de la cúpula establecen una nueva definición del lenguaje arquitectónico y del empleo del vocabulario constructivo. Brunelleschi ha jugado conscientemente con el contraste del color blanco de las nervaturas y el rojo de las tejas del cerramiento. De esta manera, los elementos constructivos «dibujan» y «representan» la composición arquitectónica convirtiendo la cúpula en una realización planteada desde un esquema «figurativo». La linterna, en la que confluyen los distintos nervios, centraliza la composición desarrollando un esquema monofocal a la manera de los planteados por la pintura y el relieve renacentistas. La cúpula, por sus grandes dimensiones se convirtió, desde el momento de su construcción, en un objeto destacado de la ciudad. Una ciudad esencialmente medieval, en la que las intervenciones de la nueva arquitectura tardarían mucho en alterar, no ya su entramado, sino simplemente su escenografía. La cúpula de Brunelleschi cambió sustancialmente la imagen y el significado de Florencia al introducir la referencia y el mito visibles del nacimiento de una nueva edad de la Historia.

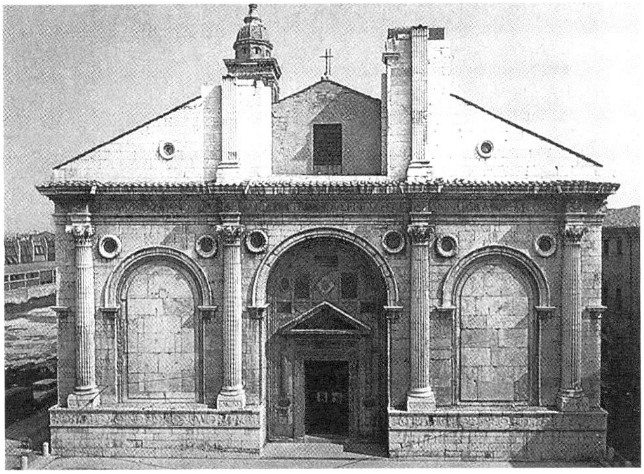

L. B. Alberti, Templo de Segismundo Malatesta (Rímini)

La asimilación de la nueva cultura del Renacimiento se produjo en la arquitectura de Brunelleschi de una forma práctica e intuitiva. Brunelleschi era un arquitecto y escultor, pero no un humanista con capacidad para indagar en los textos antiguos, para comprender el tratado clásico de Vitrubio o para establecer comparaciones y verificaciones entre su contenido y el testimonio de las ruinas y los monumentos antiguos. Y menos aún para teorizar. Fue Leon Battista Alberti quien desarrolló esta labor a través de su tratado *De re Aedificatoria* y quien ordenó y sistematizó los principios de la nueva arquitectura convirtiéndolos en un sistema constructivo normativo, regular, transmisible y, por lo tanto, académico y repetible. Alberti fue un teórico antes de emprender el proyecto y la construcción de su primer edificio. Su preocupación fundamental se orientó a la recuperación de los órdenes clásicos y a la definición de un sistema de proporciones. En 1450, Segismundo Malatesta le encargó la remodelación del templo de San Francisco de Rímini. El proyecto unía la idea de exaltar la grandeza del duque con una finalidad concreta: que sirviera de panteón para él y su familia. Al igual que Santa Maria Novella de Florencia, cuya fachada había concluido, se trataba de remodelar un templo gótico, pero aquí Alberti realizó un intento de recuperación de la arquitectura de la Antigüedad mucho más literal. En este sentido, el templo de Rímini constituye un jalón intermedio entre los tanteos de Santa Maria Novella de Florencia y la formulación del nuevo clasicismo de sus obras posteriores de Mantua. Aunque se trata de una obra inacabada, constituye un claro ejemplo de la voluntad clasicista de Alberti y de su preocupación por desarrollar una composición arquitectónica sometida a las leyes de proporción. Dado que se trataba de un templo ya construido, Alberti concibió un envoltorio que ocultase las formas góticas e hiciese ostentación de las clásicas, coronando el conjunto con una cúpula que no llegó a construirse y que afirmaría el carácter funerario del edificio, evocando el Panteón de Roma. Ahora bien, esta envoltura fue un revestimiento, desvinculado del ritmo y la proporción del templo gótico, que se proyectó desde el sentido de proporción de un nuevo clasicismo. Para ello Alberti recurrió a la «cita» de monumentos antiguos, concibiendo la fachada como un arco de triunfo a la romana con relaciones con el arco romano de Rímini. Dicho elemento cumple en el templo malatestiano una función doble: recuperar una tipología de la Antigüedad para que, utilizada como fachada de una iglesia-panteón, confirmase la idea de triunfo.

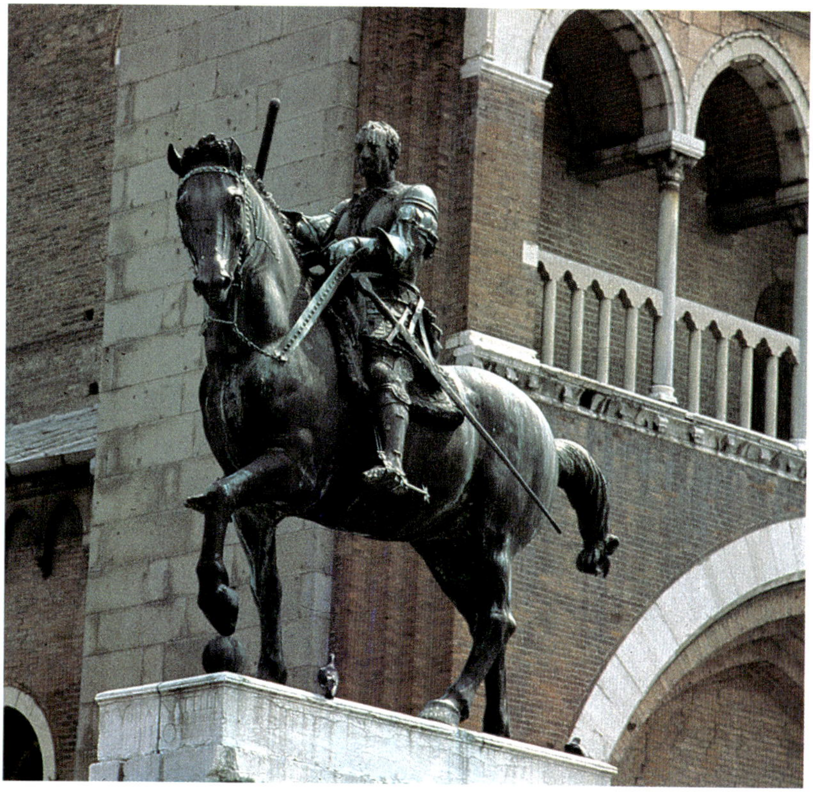

Donatello, Monumento a Gattamelata (Padua)

Los escultores del Renacimiento, a diferencia de lo que les sucedió a los pintores, dispusieron en todo momento de modelos de la Antigüedad para realizar sus obras. Lo cual explica el hecho de que mientras en la pintura fue necesario reinventar un nuevo sistema de representación, en la escultura solamente se tratase de experimentar las posibilidades de un sistema redescubierto. En este sentido, no solamente los escultores tuvieron una clara apoyatura para el estudio del sistema de representación clásico de la escultura, sino también para el conocimiento de su temática y de sus tipologías. Con la escultura ecuestre de Gattamelata, realizada entre 1443 y 1453, Donatello desarrolló la recuperación de una de las tipologías escultóricas más prestigiosas de la Antigüedad que tuvo una amplísima repercusión posterior en toda la escultura monumental de carácter urbano y palaciego. En el monumento a Gattamelata se recupera la tipología del paradigma clásico del Marco Aurelio, que en la centuria siguiente sería instalado en la Plaza del Capitolio de Roma. Su instalación en un espacio público de Padua comportaba un doble sifnificado. Por una parte, introducía, en una ciudad en la que el Renacimiento no era una cultura dominante, una referencia que establecía una alteración, visual y significativa, del entorno urbano. Por otra, constituía un claro ejemplo de las nuevas funciones de prestigio y representación asumidas por la obra de arte. La escultura ecuestre se afirma aquí como un instrumento para reforzar la exaltación del poder. Es más, muchos de los atributos e ideas establecidas en torno al poder se plantearon a través de las imágenes creadas por la escultura ecuestre.

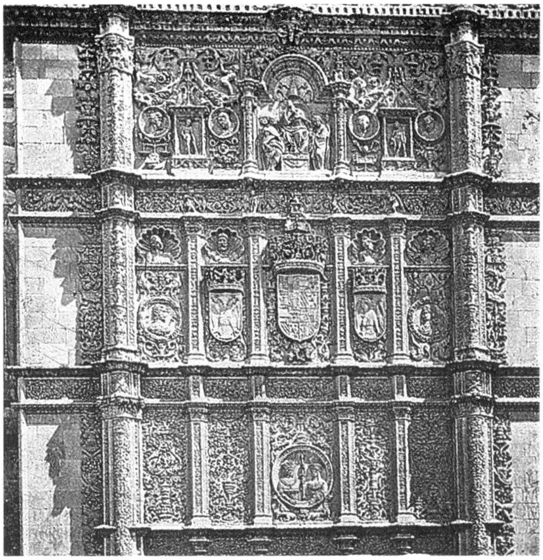

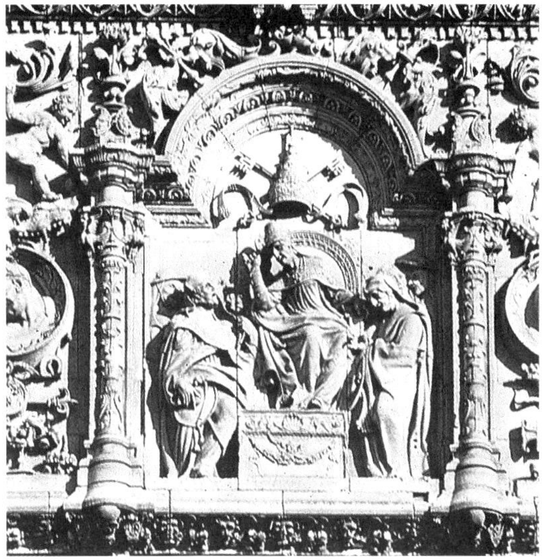

Universidad de Salamanca, fachada

Desde finales del siglo XV, las formas del Renacimiento italiano comenzaron a dejar sentir su presencia en los diferentes países europeos. Muchas veces se trataba de obras labradas en Italia que fueron importadas por comitentes entusiasmados por la cultura italiana. Otras, fueron artistas italianos los que realizaron en diferentes países las primeras obras renacentistas. Pero junto a esto, poco a poco, los artistas locales fueron asimilando las formas italianas a través de su conocimiento directo, mediante grabados o a través de obras importadas. En todo caso, se trataba de maestros que, formados en las tradiciones constructivas y decorativas góticas, incorporaron los nuevos repertorios sin seguir unos criterios coherentes y rigurosos de selección, con el consiguiente empleo indiscriminado de formas y soluciones. La arquitectura del Renacimiento no supuso solamente un cambio de formas, sino toda una manera nueva de entender el hecho arquitectónico desde un conjunto de planteamientos teóricos. De ahí que no pueda ser sólo comprendida desde la simple práctica arquitectónica. Uno de los ejemplos más claros de la asimilación de las nuevas formas, desde el planteamiento de la práctica y de lo puramente decorativo, lo constituye la fachada de la Universidad de Salamanca, una de las obras paradigmáticas del llamado *plateresco*. Tipológicamente sigue la tradición de las fachadas-estandartes de la época de los Reyes Católicos pero, salvo los arcos de las puertas inferiores, carece de elementos góticos. Una tipología tradicional se ordena a la manera de un retablo, con formas decorativas italianas. El resultado es un fenómeno híbrido, en el que la composición arquitectónica no se desarrolla de acuerdo con unos principios clásicos, a pesar de que sus formas ornamentales sean renacentistas. En esta ornamentación se desarrolla un argumento, pensado en función del significado del edificio, como exaltación de la Universidad y como referencia a la protección de los Reyes, a los estudios de teología y griego y como un *exorcismo* protector contra la ignorancia. El enunciado general se concentra en la representación de las efigies de los Reyes Católicos sosteniendo un cetro con la inscripción en griego en el borde del medallón: «Los reyes para la universidad y la universidad para los reyes». Lo cual se relaciona con un texto del *Libro de la Sabiduría:* «Si os complacéis, pues, en los tronos y en los cetros, reyes de los pueblos, estimad siempre la sabiduría para que reinéis siempre».

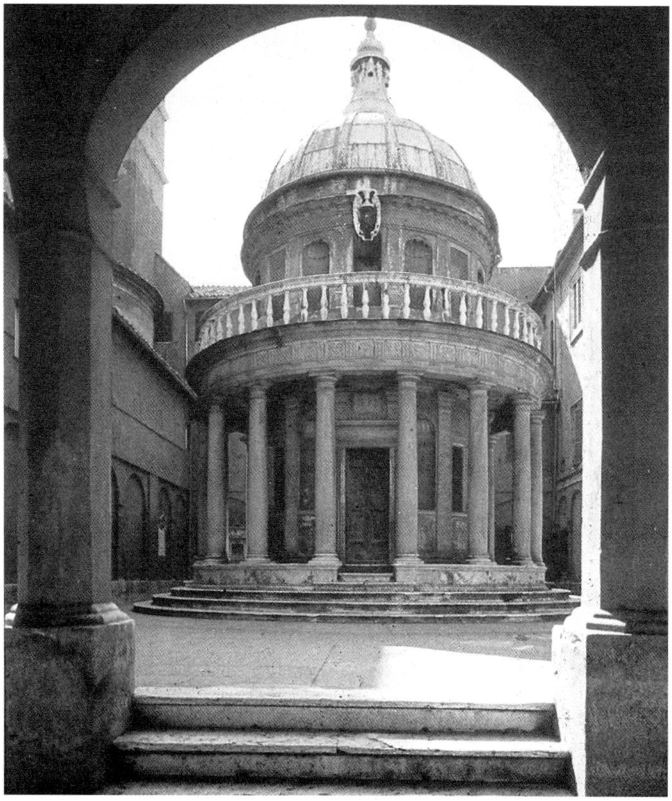

Bramante, San Pietro in Montorio (Roma)

Cuando en 1499 Bramante abandona Milán y se traslada a Roma, su arquitectura sufre una transformación radical. Durante su estancia en Milán, Bramante había ido experimentando y depurando un concepto monumental de la arquitectura, entendiendo el edificio de acuerdo con la armonía y juego de proporciones de un nuevo clasicismo. En Roma, el contacto con los modelos clásicos le orientó hacia planteamientos mucho más radicales basados en formas constructivas de un clasicismo esencial. Una de las obras en las que se aprecia esta transformación es el templete de San Pietro in Montorio (iniciado en 1502), que irrumpe como el manifiesto de la nueva orientación de Bramante y de toda la arquitectura del quinientos. Surgido en el lugar en que se creía que fue crucificado San Pedro, se proyectó como símbolo de la Iglesia fundada por Pedro reconstruyendo el tipo de templo centralizado clásico. Con ello Bramante ensaya una tipología ideal del humanismo. Con una selección rigurosa de los componentes del lenguaje arquitectónico, Bramante proyecta un edificio de planta circular, rodeado por una columnata y cubierto con una cúpula. El templete se corresponde con representaciones de este tipo de estructuras ideales desarrolladas por los pintores, como el que aparece en *Los Desposorios de la Virgen* (Milán, Galería Brera), pintado por Rafael dos años después. La planta circular, la composición centralizada, aparecen como un modelo en el que se establece un complejo entramado de relaciones de proporción que hacen del edificio una de las expresiones modélicas de la arquitectura del clasicismo.

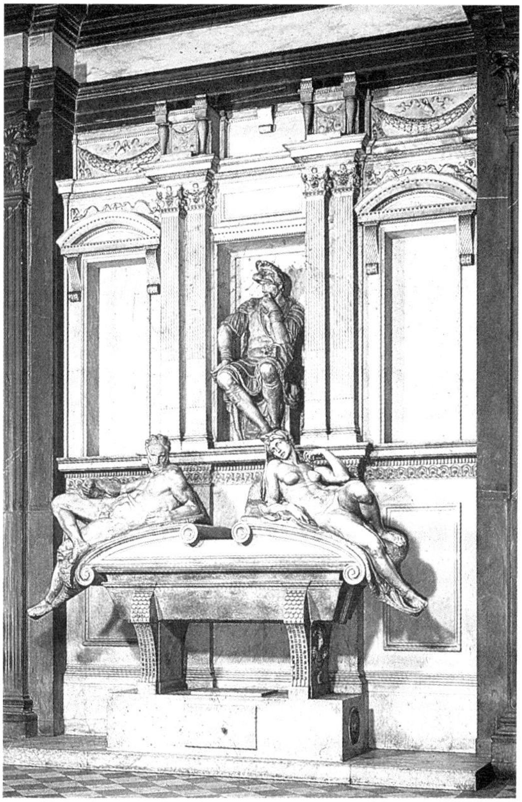

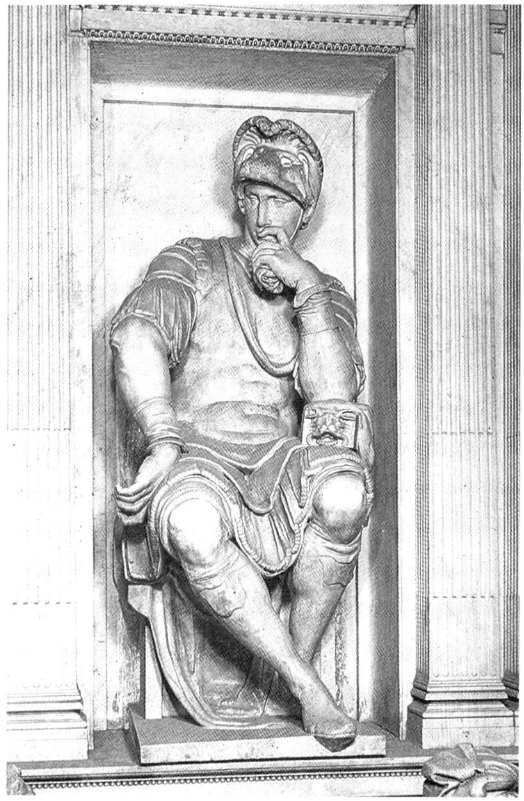

Miguel Angel, Tumba de Lorenzo de Médicis (Florencia)

En 1520 se comenzó, bajo la dirección de Miguel Angel, la construcción de la capilla funeraria de la familia Médicis en la iglesia de San Lorenzo de Florencia. La realización de las tumbas se empezó dos años después, en 1524. La tumba adosada al muro desarrolla una tipología que difiere sensiblemente de los modelos florentinos anteriores hasta el punto de que, en su conjunto, se muestran con un trazado arquitectónico similar al de la fachada de un edificio. Miguel Angel ha desarrollado el conjunto de escultura y arquitectura como una unidad indivisible de acentuado carácter alegórico-simbólico subrayado por la arquitectura organizada en tres zonas: la de las almas en la zona baja, la terrestre en la intermedia y la esfera celeste en la parte de la cúpula. Lorenzo de Médicis aparece sentado, en actitud pensativa, en el nicho central de la parte superior. En la inferior, con una actitud que produce un efecto de fugacidad, se hallan las alegorías de *El Crepúsculo* y *La Aurora,* compañeras de *El Día* y *La Noche* del sepulcro de Giuliano de Médicis. Miguel Angel ha seguido aquí un esquema compositivo ya ensayado en los frescos de la capilla Sixtina, cuando representó una composición central flanqueada por dos *ignudi.* Como ha señalado Tolnay, la composición de las tumbas simboliza la liberación del alma humana, después de la muerte, del carácter terrenal del cuerpo. La figura del duque aparece mirando a la Virgen, al igual que la de Giuliano, situada en otro de los muros de capilla. Miguel Angel rompe aquí con el tipo de sepulcro convencional introduciendo, a través de las esculturas, un diálogo con lo divino creador de una tensión emocional que se ve acentuada por el efecto inquietante de la arquitectura.

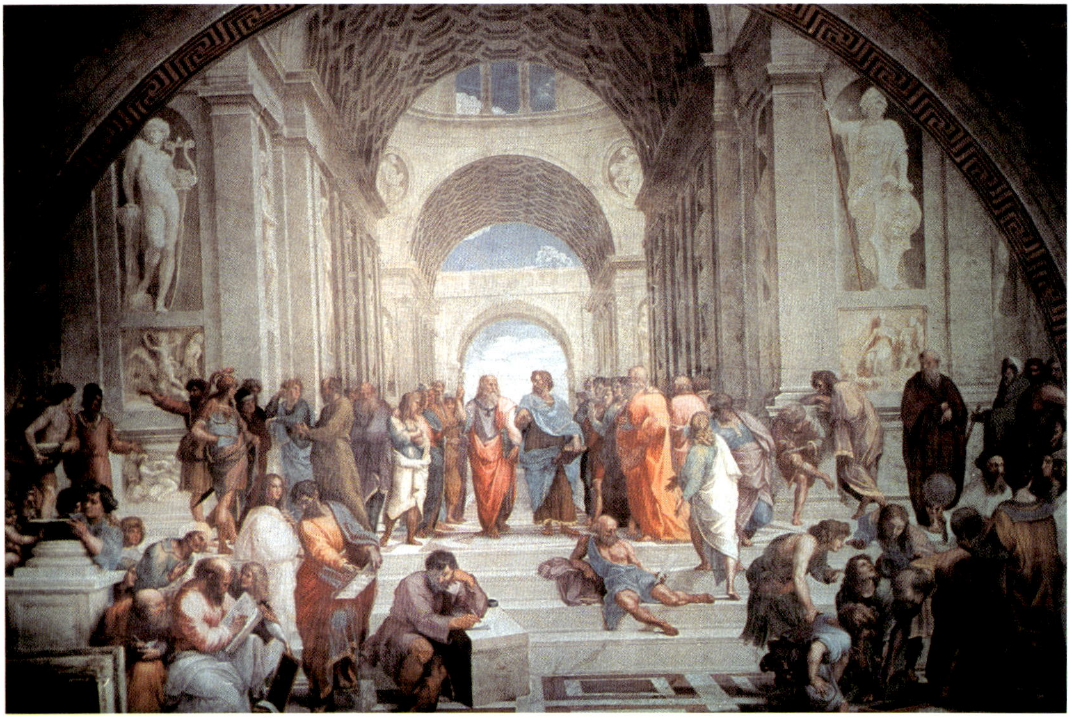

Rafael, *La Escuela de Atenas*

Bajo el pontificado del papa Julio II se desarrollaron varias empresas artísticas que configuran uno de los programas más ambiciosos del Renacimiento: construcción de la nueva basílica de San Pedro proyectada por Bramante, sepulcro de Julio II y pinturas de la capilla Sixtina por Miguel Angel y decoración de las estancias vaticanas por Rafael. Se trataba, sin duda, de uno de los primeros programas en los que se establecía una valoración del clasicismo como arte oficial de la Iglesia. En estas realizaciones se pone de manifiesto la existencia de una *concordatio* entre clasicismo, cultura clásica y cristianismo. Una de las obras donde mejor se pone de manifiesto esta intención doctrinal es *La Escuela de Atenas,* realizada por Rafael en 1509-1510 para la estancia de la Signatura. Como en otras obras del período romano, Rafael ha abandonado las deudas con la tradición quattrocentista y ha optado por un clasicismo equilibrado y monumental. El escenario está formado por un edificio en construcción, una clara referencia a la basílica de San Pedro que se construía por entonces. En la composición las figuras se ordenan simétricamente y en distintos planos, en un sentido clásico y ordenado. Rafael ha presentado a los sabios, científicos y pensadores de la Antigüedad. Pero lo ha hecho como una representación teatral en la que los principales personajes de la Antigüedad aparecen figurados por sus correspondientes del presente. Así Platón, que figura en el centro de la composición sosteniendo el *Timeo,* es Leonardo, Heráclito, el personaje del primer término apoyado sobre un bloque de piedra, es Miguel Angel, Euclides es Bramante. Es decir, no existe contradicción entre el pasado clásico y el presente cristiano, sino una íntima unidad. Incluso se establece un parangón entre la categoría de los filósofos y sabios de la Antigüedad y los artistas del presente.

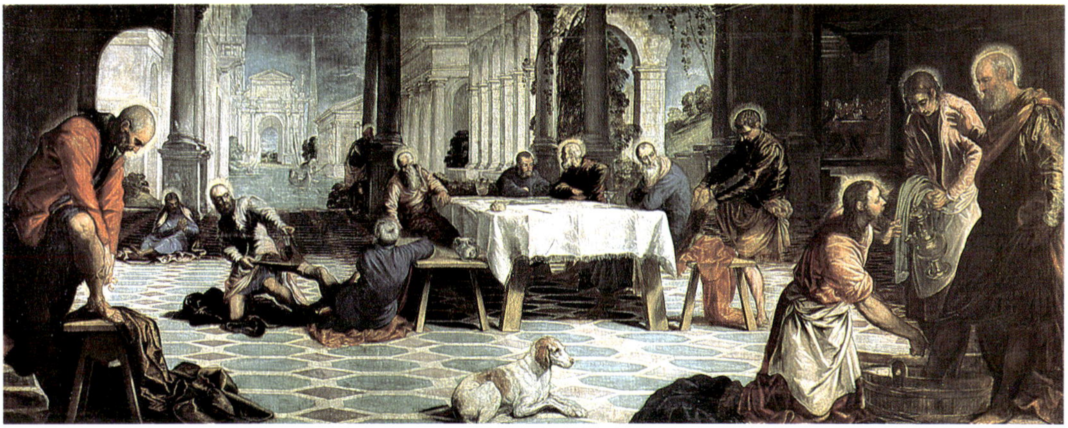

Tintoretto, *El Lavatorio*

En Venecia, desde finales del siglo XVI, la pintura siguió una trayectoria propia y distanciada del resto de Italia. Aunque el desarrollo de un clasicismo y la reacción manierista se plantearon al unísono, la forma de entender el problema de ambos lenguajes fue completamente distinta. El clasicismo tuvo en Venecia, con la obra de Giorgione y Tiziano, una dimensión inédita basada en el equilibrio armónico de la composición, el valor de las proporciones y el intenso protagonismo del color. En el clasicismo veneciano, a diferencia del florentino, el color predominó sobre el dibujo. Sin embargo, este fenómeno no supuso que se abandonasen por completo los presupuestos de un sentido contenido de la forma. Fue en el Manierismo cuando, a través de la obra de Tintoretto, se logra una exaltación de ambos principios: la distorsión de la forma y la expresividad de la pintura y del color. En este sentido, se trata no sólo de una ruptura con los principios del clasicismo, sino de una clara oposición a la actitud equilibrada de los pintores venecianos de esta tendencia. Tintoretto fue uno de los pintores que mejor definen esa exaltación límite de los principios de la pintura del Manierismo veneciano. En una de las obras tempranas de su madurez, *El Lavatorio,* realizado en 1547 para el presbiterio de San Marcuola, se observan ambos principios. Por un lado, el sentido dinámico de la composición, las tensiones creadas por las figuras y los juegos escenográficos de la perspectiva. Por otro, la exaltación del color por encima de la contención lineal del dibujo. Tintoretto desarrolla en esta composición una imagen religiosa de carácter expresivo, orientada a conmover al espectador y a promover una acción piadosa en él. Lo cual no es inconveniente para que el pintor imagine en la escenografía del fondo una Venecia clásica, inspirándose en las ilustraciones del tratado de Serlio. Una Venecia clásica que no deja de ser un sueño imposible proyectado en las escenografías representadas por los pintores para sus composiciones.

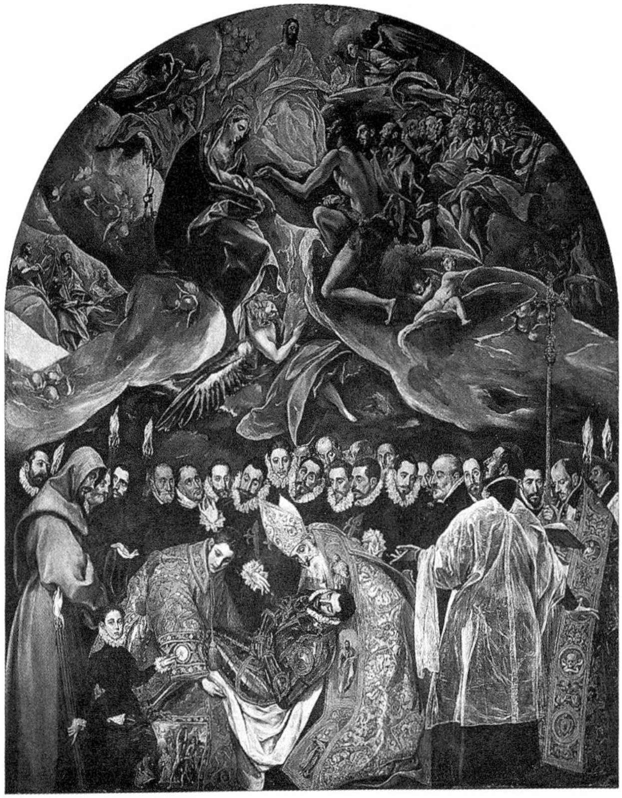

El Greco, *El entierro del señor de Orgaz*

En el contexto español, las soluciones manieristas alcanzaron un desarrollo singular. Un claro exponente de las orientaciones seguidas por la imagen religiosa lo constituye la obra de El Greco, pintor que se forma en Venecia y cuya obra experimentó en España una transformación radical. En este sentido, El Greco fue uno de los artistas que mejor acertaron a formular las exigencias que la Iglesia requería de la imagen religiosa. La deformación y estilización de las figuras de sus composiciones religiosas constituyen un ejemplo de la idea de trascender la realidad en el ámbito de la imagen religiosa. *El entierro del señor de Orgaz,* pintado por encargo del párroco de la iglesia de Santo Tomé de Toledo, don Andrés Núñez, entre 1586 y 1588, es una pintura en la que puede apreciarse con precisión este aspecto. Representa el entierro de don Gonzalo Ruiz, antiguo bienhechor de la iglesia, en el momento de ser enterrado por San Agustín y San Esteban. El grupo de los asistentes constituye un excelente retrato de grupo, uno de los mejores del siglo XVI. Esta zona «terrestre» contrasta con la *gloria* de la parte superior, en la que se ha representado el tema de la *deesis* bizantina —la Virgen y San Juan implorando a Cristo por las almas de los hombres— y al propio rey Felipe II. Ahora bien, los celajes y las figuras de esta parte de la pintura han sido pintados con otro «estilo». La concreción de lo real dominante en la zona terrestre ha cedido su lugar a unas formas espirituales y desmaterializadas, alusivas a un medio trascendente y sagrado. Lo cual pone de manifiesto el uso intencionado de diferentes opciones linguísticas según las exigencias de la imagen.

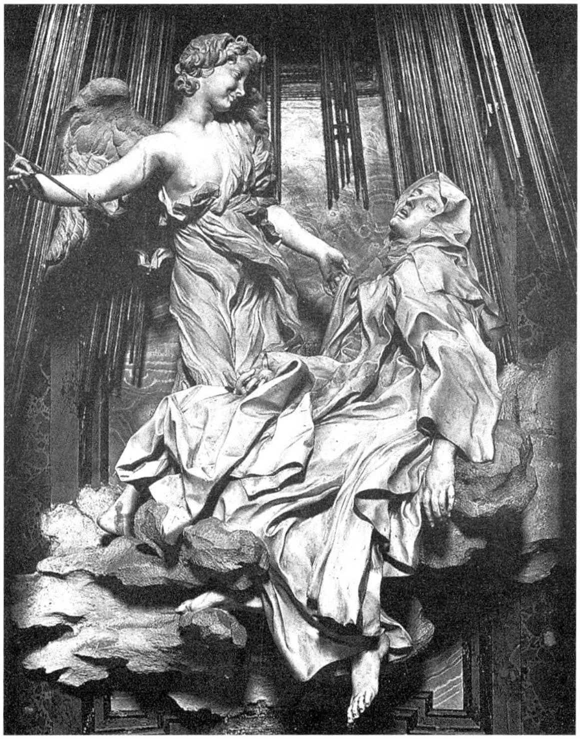

El éxtasis de Santa Teresa (Capilla Cornaro, Roma)

Bernini con su intervención en la Capilla Cornaro nos ofrece todas las características de la escultura barroca romana. El mismo tema sigue las normas postconciliares en cuanto a la iconografía religiosa y, en particular, las recomendaciones de San Ignacio que aconsejaban asuntos de santos, martirios y éxtasis para conmover al creyente e incitar la piedad del pueblo. El escultor se basó en la propia confesión de Santa Teresa, según la cual un ángel le atravesó el corazón con una flecha de oro, y plasmó el clímax de esta experiencia mística en el mismo momento en que la santa cae desfallecida. Esta imagen instantánea marca una composición en diagonal y un movimiento típicamente barrocos, a los que se añaden los múltiples efectos de claroscuro, originados por los profundos plegados de los paños. Las figuras en mármol blanco pulido contrastan con las nubes de tonos más oscuros y con los rayos dorados que caen desde arriba, consiguiendo una calidad pictórica y riqueza cromática a través del uso de distintos materiales. Pero la gran novedad de este grupo escultórico es su absoluto carácter escenográfico. Bernini colocó el grupo sobre el altar, en una hornacina proyectada hacia el espectador, y bajo una ventana oculta que esparce una luz irreal, teatral, que desmaterializa las figuras y las hace flotantes, como suspendidas en un auténtico escenario. Para aumentar esta sensación el escultor labró, en los costados de esta capilla, las efigies funerarias de la familia Cornaro sobre auténticos palcos teatrales, como si estuvieran presenciando el éxtasis de la santa. La pintura del techo, una gloria con ángeles y nubes, incrementa más aún unos efectos espaciales destinados a borrar los límites de la propia arquitectura. Sin lugar a dudas Bernini fue el gran maestro de la integración de las artes, de la simbiosis entre la arquitectura, la escultura y la pintura, uno de los rasgos más renovadores de la estética del Barroco.

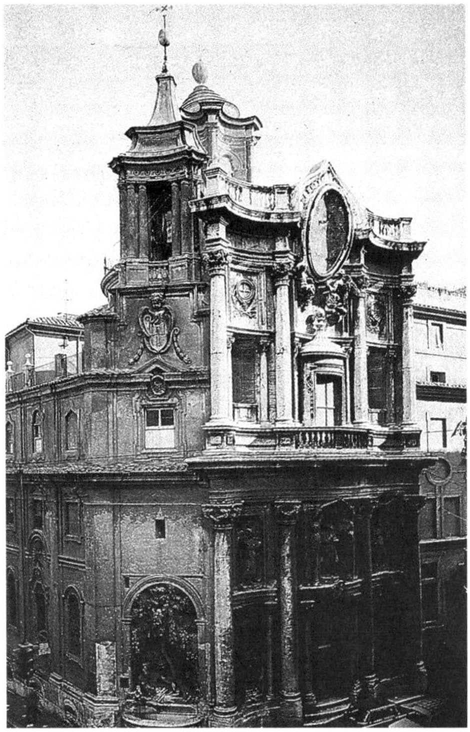

Borromini, San Carlo alle Quattro Fontane (Roma)

La fisonomía de la Roma barroca se produjo gracias a los programas urbanísticos del mecenazgo papal. Pero además de los príncipes de la Iglesia hay que contar con las numerosas órdenes religiosas que promovieron la construcción de nuevas iglesias con soluciones arquitectónicas variadas y originales. Muchas de ellas debían acoplarse a solares pequeños e irregulares del viejo casco romano, como le ocurrió a Borromini cuando recibió el encargo de proyectar la iglesia trinitaria de San Carlos. El incómodo y estrecho emplazamiento quedó magistralmente resuelto por este genial arquitecto, contemporáneo de Bernini: modificó el tradicional espacio arquitectónico del cruce de dos calles al biselar las esquinas e incorporar cuatro fuentes y demostró también que se podían conseguir efectos escénicos y persuasivos para una clientela más modesta económicamente. La imagen de esta fachada es uno de los ejemplos más significativos para entender la transformación del vocabulario clásico tras el período renacentista. Las curvas en muros y frontones que se proyectan hacia la calle, las formas cóncavas y convexas, finalizan el equilibrio del período anterior y provocan un gran movimiento y dinamismo. La verticalidad de la fachada, la original articulación de los dos cuerpos, los nichos con esculturas entre potentes columnas, el remate del gran medallón oval y la torre campanario no sólo alteran las normas y proporciones de la composición renacentista, sino que atraen inevitablemente, por el ritmo y la tensión de todo el conjunto, la mirada del viandante. La obra de Borromini, con su atrevimiento y continuos juegos de curvas y contracurvas, con sus efectos elásticos por las formas cóncavas y convexas y con su genial capacidad para enaltecer cualquier rincón de la ciudad, es una razón más para calificar al Barroco de una cultura esencialmente urbana.

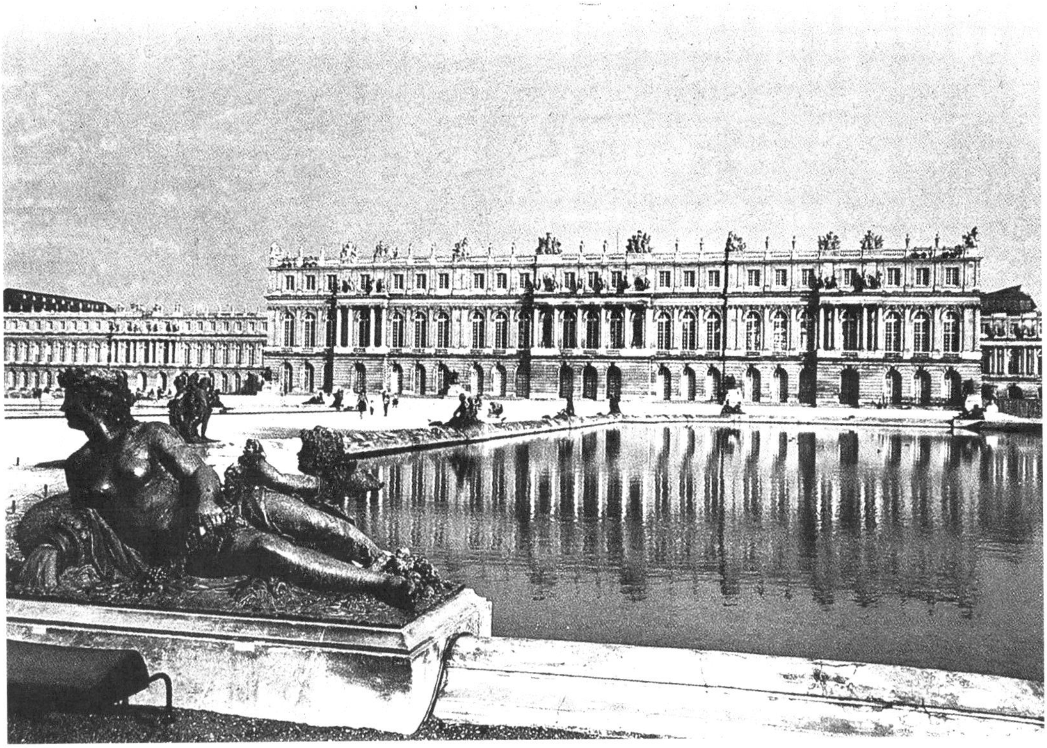

Palacio y jardines de Versalles

Se trata de la empresa arquitectónica más ambiciosa de la Francia de la segunda mitad del siglo XVII y un perfecto reflejo del centralismo absolutista de Luis XIV. El monarca trasladó la corte y toda la administración política a Versalles, un antiguo refugio de caza que quedó convertido, gracias a la dirección de los arquitectos Le Vau, Hardouin Mansart y Le Nôtre, en un espléndido conjunto de ciudad, palacio y jardines. La rigurosa geometría y el trazado radial que presiden este lugar ponen de manifiesto el contrapunto francés al Barroco italiano, con una tendencia claramente normativa, mesurada y clasicista, palpable en la gran fachada del palacio y en cuyo centro se situaba la misma habitación del «Rey Sol», como símbolo de su absoluto control sobre sus súbditos. Toda la realización del conjunto, así como las decoraciones interiores, expresan también cómo el arte francés de la época no era otra cosa que un asunto de estado que depende directamente del poder real, a través de funcionarios o equipos artesanos que trabajan bajo el control de directores e inspectores artísticos. Estanques, parterres, terrazas y fuentes con grupos escultóricos constituyen los elementos esenciales de los jardines, unos jardines que caracterizan el rasgo ostentoso, exhibicionista y teatral propio del Barroco al convertirse en testigos del fasto de la monarquía absoluta más poderosa de Europa y ser escenario de ceremonias y grandes fiestas. El Palacio y jardines de Versalles se convertirán en el modelo que seguirán todas las cortes europeas de la primera mitad del siglo XVIII, tanto en España (jardines de La Granja), como en Italia (palacio de Caserta) o Centroeuropa (palacio de Schönbrunn en Viena) e, incluso, en la lejana Rusia.

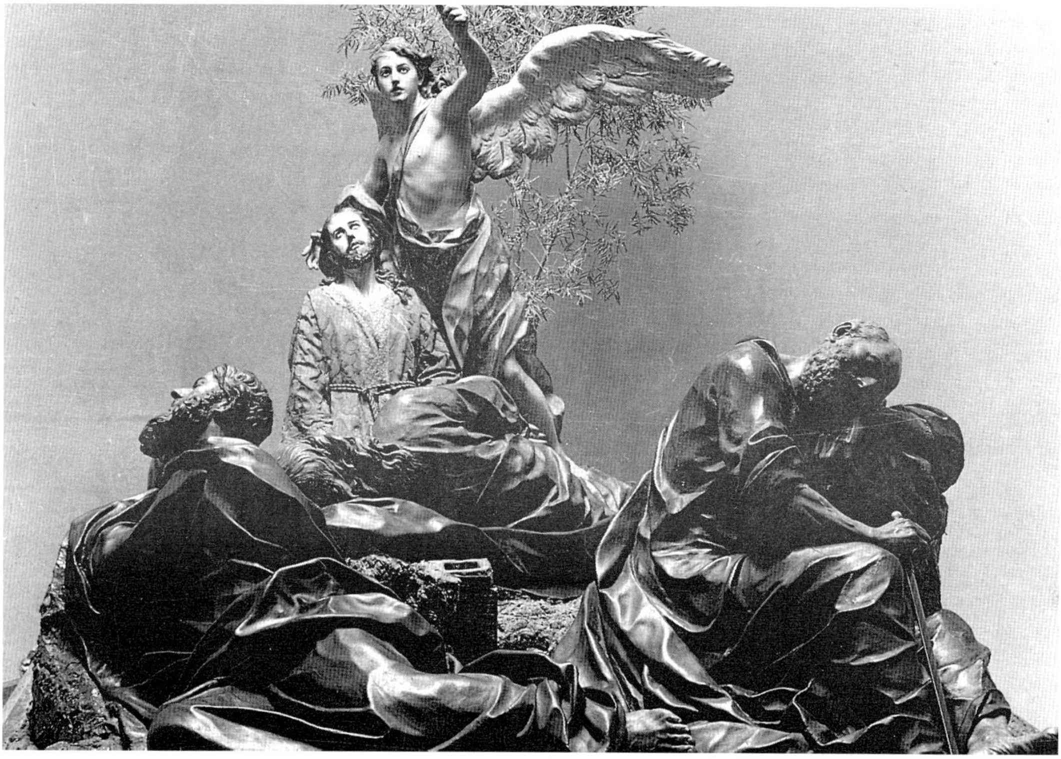

Francisco Salzillo, La Oración en el Huerto

Si España apenas desarrolló una escultura de temática mitológica como en Francia, sí que fue prolífica en esculturas religiosas. Como en el resto de las artes plásticas la Iglesia fue el principal cliente de los talleres artísticos, pero en este caso hay que subrayar la importancia de las Cofradías y Hermandades ciudadanas interesadas en imágenes y grupos escultóricos, denominados «pasos», relativos a la Pasión de Cristo, ya que eran esculturas destinadas a formar parte de una de las manifestaciones más singulares del Barroco español: los desfiles procesionales de Semana Santa y de otras festividades. Se trata de acontecimientos de remota tradición que fueron potenciados por la ideología contrarreformista. Por ello se favoreció una escultura realista y sobre todo expresiva que pudiera conmover a los devotos espectadores. Como ya era característico en España, Francisco Salzillo talló sus obras en madera para luego policromarlas. *La Oración en el Huerto* constituye uno de los grupos más logrados de su producción: el artista abandona el realismo descarnado que había caracterizado los grupos y pasos realizados por la escuela castellana y plasma unas figuras más elegantes, de rostros más suaves y con ciertos rasgos de melancolía. Su interés por reflejar una mayor belleza no le impide organizar toda la composición de una forma escenográfica, siguiendo un esquema de pirámide y en la cual la cabeza del ángel mirando al cielo representa el vértice superior. Recurso barroco es también el tratamiento de los paños o ropajes de los apóstoles durmiendo: los acentuados pliegues muestran el carácter pictórico y fuertes efectos lumínicos. La obra de Salzillo se localiza en Murcia y pertenece a una etapa avanzada (siglo XVIII), cuando la ciudad adquiere una gran prosperidad económica.

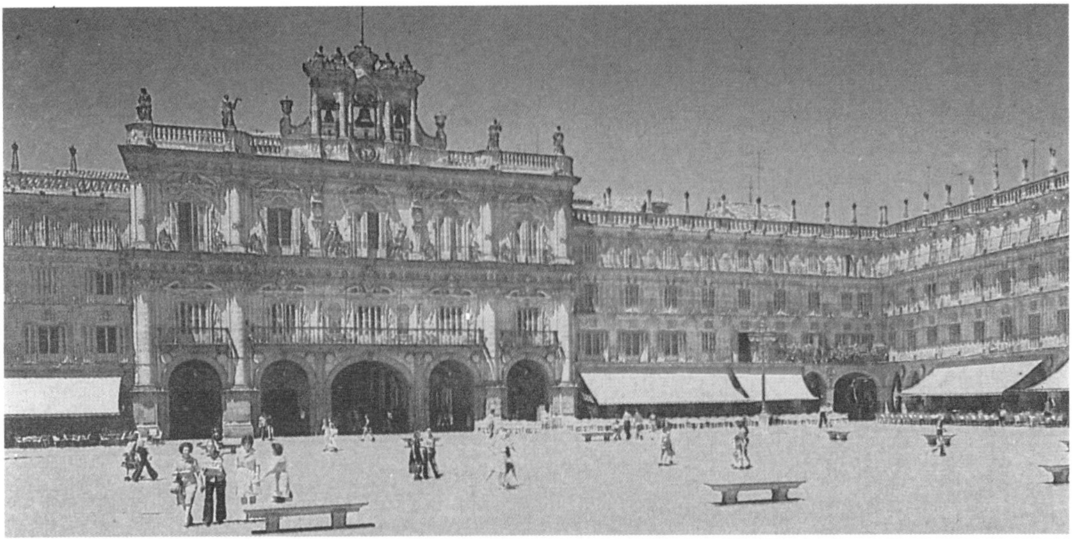

Plaza Mayor de Salamanca

Las plazas mayores fueron la gran novedad urbana del Barroco en España y las únicas intervenciones que pudieron modificar el trazado de las ciudades. Sin embargo, apenas adquieren el sentido escenográfico de las plazas romanas y difieren de los modelos franceses. Se trata, como muestra la imagen, de un recinto regular, cerrado y con soportales, es decir, zonas de tránsito cubiertas que permiten el paso bajo las inclemencias del tiempo. En estos conjuntos se sometían todos los edificios a un criterio de unidad, así como al predominio de una de las fachadas que, por lo general, solía ser la del Ayuntamiento. El esquema se inicia en Valladolid, modelo que se extiende a otras ciudades, como la de Madrid, proyectada por Juan Gómez de Mora, y que culmina con la de Salamanca, sin duda una de las plazas mayores más bellas de España. Fue encargada a Alberto de Churriguera para que cumpliera varios objetivos: regularizar parte del caserío y del entramado de la ciudad, rivalizar con las demás plazas públicas de la época y, sobre todo, conseguir un lugar para concentrar y albergar al pueblo durante las fiestas y conmemoraciones. Desde siempre estas plazas tuvieron una función múltiple: fueron lugar de reunión de los ciudadanos, del mercado y el escenario de las más dispares manifestaciones de la época, desde autos de fe, ajusticiamientos, procesiones hasta el lugar donde se celebraban las proclamaciones reales. Churriguera diseñó una plaza de gran elegancia por sus proporciones, su ornamentación en las superficies de la fachada, a base de placas, pilastras, molduras y medallones con las efigies de los monarcas hispanos, y por su característica piedra rosada.

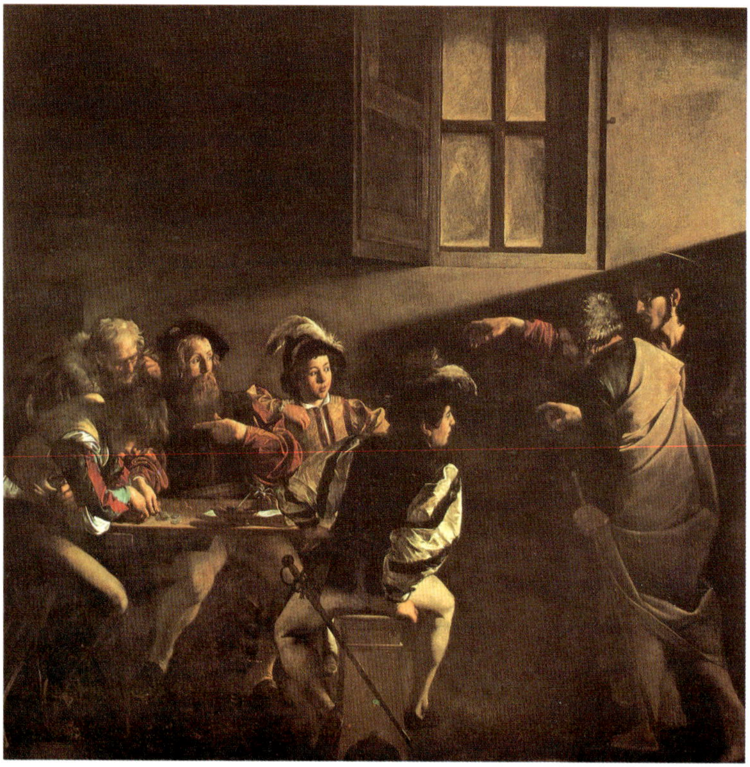

Caravaggio, *La vocación de San Mateo*

La interpretación realista y la diagonal de luz que resalta tan sólo lo que interesa de la escena resulta palpable en esta obra, una de la tres pinturas que Caravaggio realizó para la Capilla Contarelli de la iglesia romana de San Luis de los Franceses. Refleja el momento en que Cristo y un apóstol se dirigen a Mateo, el recaudador de impuestos. El lugar de la acción no queda definido, pero puede entenderse como un lugar verosímil, una taberna, un interior de la época en el que todos los personajes, lejos de cualquier idealización, están sacados de la realidad cotidiana y asisten al desenlace de un misterio. El tratamiento realista de un tema sacro fue una novedad revolucionaria que abrió una de las tendencias pictóricas más importantes del Barroco. Como en casi todas sus obras Caravaggio adoptó un punto de vista bajo para aumentar la profundidad y proyectó un foco de luz en diagonal que acentúa las expresiones de rostros, gestos de manos y perfiles, dejando en la sombra y en los fondos oscuros otras partes del cuerpo. Se trata de una luz también simbólica, en relación con el asunto representado, ya que parece emanar de la mano de Cristo y dirigirse a Mateo, a manera de luz divina, que llega más a los sentidos que al intelecto, tal y como postulaba San Ignacio, y que triunfa sobre las tinieblas y transforma la vocación del santo. Con todo ello y a pesar de que escandalizó en algunos ambientes, Caravaggio conseguía un impacto, una reacción y un estímulo en los espectadores, quienes entendían mejor la veracidad de este tipo de imágenes que cualquier simbolismo de épocas anteriores. Aunque murió joven y no tuvo ningún discípulo directo, su obra, su fidelidad a la naturaleza y su estilo, conocido como tenebrismo, tuvieron una amplia repercusión en toda Europa.

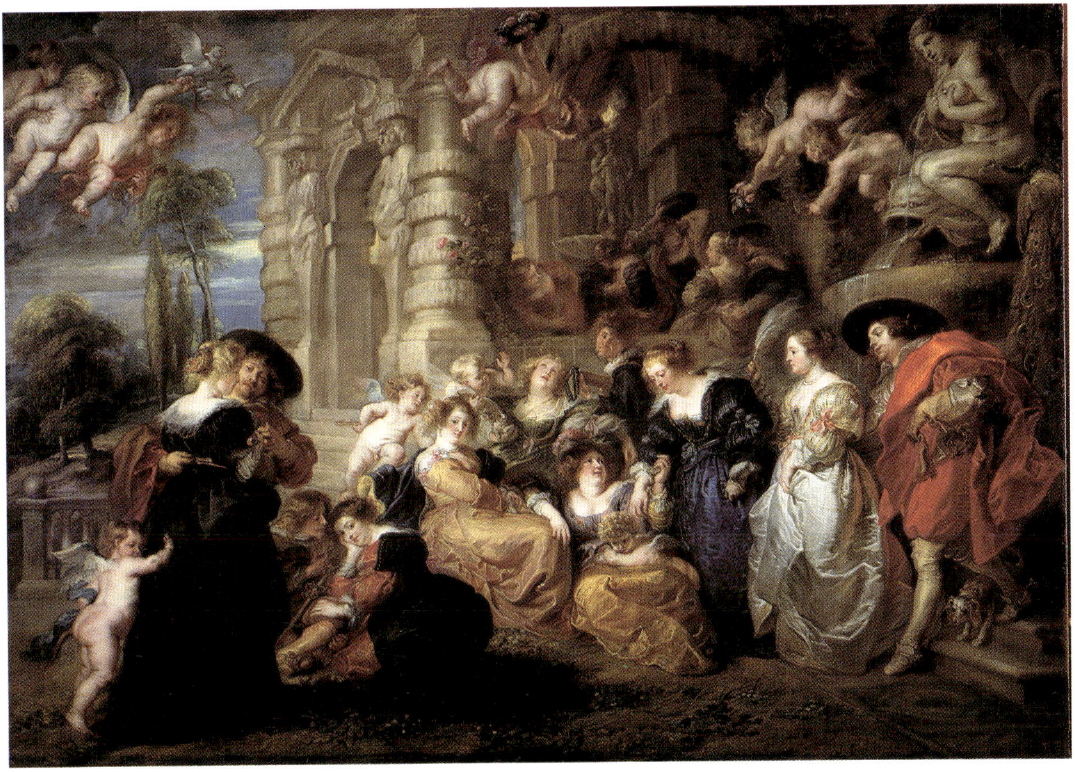

Rubens, *El Jardín del Amor*

El optimismo es uno de los rasgos que mejor caracterizan la pintura flamenca y Rubens el pintor barroco que mejor supo exaltar los placeres de la vida, tal y como muestra *El Jardín del Amor*. Como en todas sus obras, numerosas figuras pueblan la composición: traviesos cupidos asaltan a damas y caballeros que, en las más diversas posturas, celebran el amor y la belleza en un claro esquema triangular y arremolinado, muy característico de sus composiciones. El lugar, posiblemente relacionado con la finca rural cerca de Amberes que adquirió gracias a su alta posición social, presenta un ambiente de trazos fantásticos, una arquitectura propia de un jardín con sus fuentes y orden rústico que permite vislumbrar un fondo de paisaje. La escena es una alegoría que puede recordar pinturas con celebraciones semejantes inspiradas en la mitología clásica, pero Rubens plasma a sus personajes con vestidos de la época, mezclando de esta forma el mito con la realidad, la alegoría con la vida misma. Los voluminosos y ricos vestidos, el brillo de las sedas y joyas son una propuesta consciente a favor de lo festivo y la opulencia, con un colorido intenso y brillante en el que predominan los tonos cálidos, rojos, ocres y dorados, de indudable influencia veneciana que Rubens recogió de su formación inicial en Italia, pero sobre todo de su viaje a la corte española donde pudo admirar y estudiar las colecciones de pinturas de Felipe IV. Las mujeres representadas responden al ideal femenino del pintor, exuberantes, de formas y perfiles generosos que, aunque son un signo más de vitalidad y lujo, así como de los dictámenes de la moda del Flandes del momento, fueron inspirados probablemente por sus respectivas esposas, en particular por su segunda mujer, Elena Fourment.

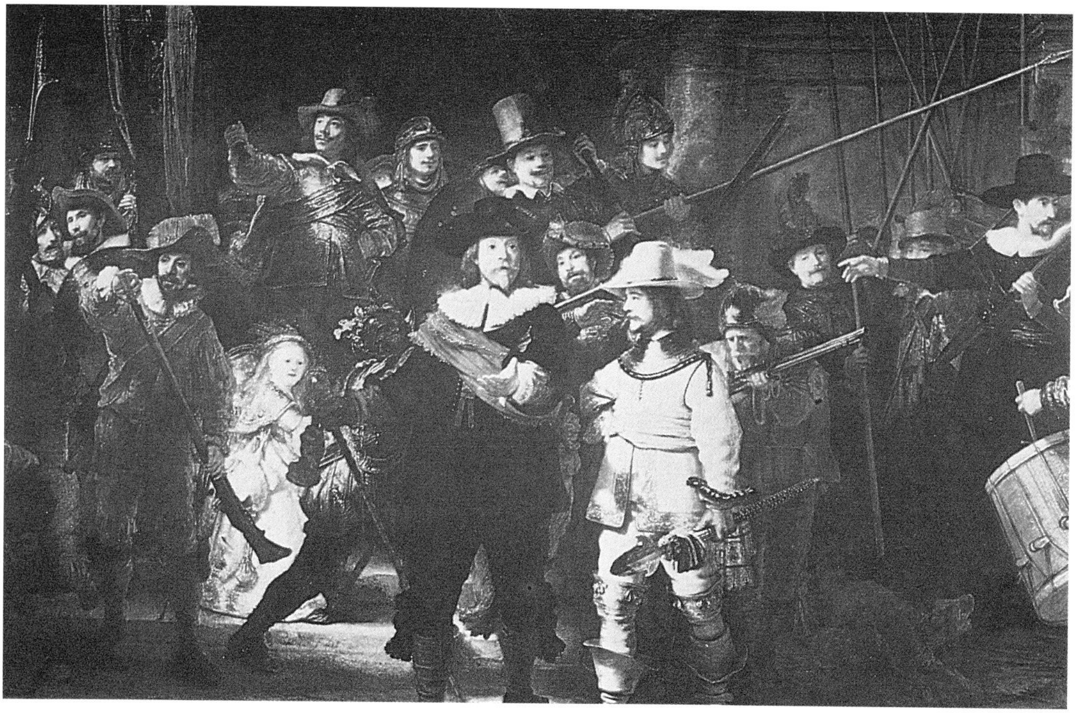

Rembrandt, *La ronda nocturna*

El título de *La ronda nocturna* surgió siglos después de que Rembrandt realizara este gran cuadro, debido a la suciedad que cubría y oscurecía toda la obra. La escena, pues, no es nocturna ni representa una ronda, sino que se trata de un retrato colectivo, una modalidad típicamente holandesa y una forma de encargo público destinado a ser expuesto en alguna institución oficial. En este caso fue el cuerpo de milicianos, la compañía del capitán Cocq, el grupo interesado en inmortalizarse para dejar bien clara su posición y su servicio a la sociedad. Estas compañías militares fueron creadas con el fin de proteger a los ciudadanos de las tropas españolas y pervivieron hasta mediados del siglo XVII, por lo que para algunos historiadores el cuadro es ante todo una metáfora del triunfo de la república holandesa. Sin embargo, es el nuevo esquema compositivo que ideó Rembrandt el aspecto más destacable, ya que se alejó del procedimiento habitual para retratar a un colectivo de profesionales, tal y como hiciera él mismo en su *Lección de anatomía* o como Franz Hals estableció en *Los Oficiales de la Guardia de Haarlem*. Mientras que en estos ejemplos todos los retratados aparecen ordenados, visibles y con la misma importancia, en *La ronda* no hay tal regularidad ni ordenación y los personajes no gozan de la misma consideración, quedando algunos en la penumbra mientras que al capitán se le concede una mayor importancia. Aunque lógicamente esto no gustó a los interesados, el cuadro tuvo un enorme éxito por su audacia y novedad. El grupo aparece en una composición en zig-zag; la luz es teatral y marca contrastes de claroscuro. Es, por tanto, un ejemplo magistral del Barroco en cuanto a luz y movimiento, así como del colorido que destaca por sus contrastes: el uniforme negro del capitán con su banda naranja al lado del blanco amarillento de su ayudante. La escena transcurre en un exterior y probablemente el momento escogido sea el inicio de un desfile conmemorativo que se celebró con motivo de la recepción y entrada triunfal en Amsterdam de la reina de Francia, María de Médicis.

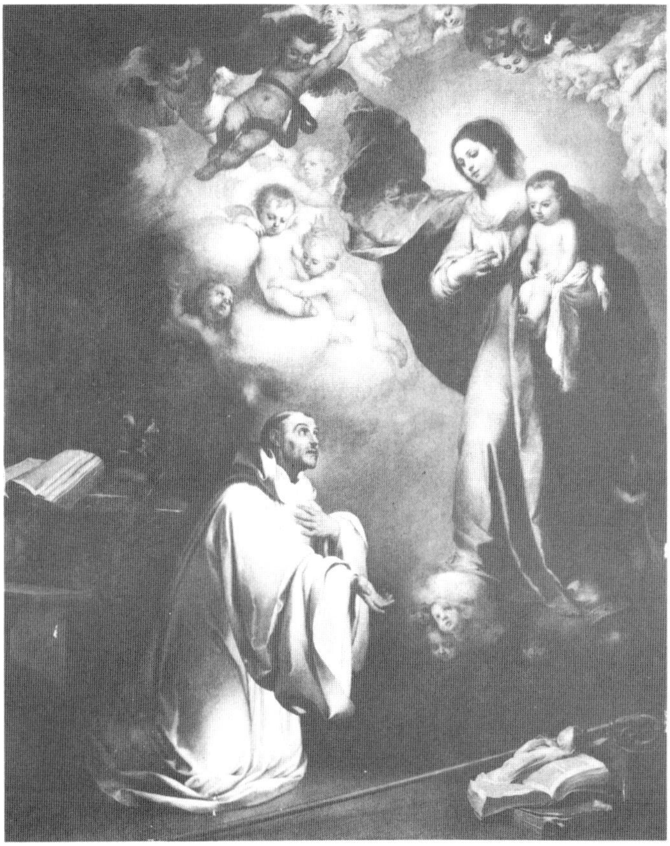

Murillo, *La Virgen con el Niño ante San Bernardo*

El fervor y el ambiente religioso español prolongó durante la segunda mitad del siglo XVII el predominio de una pintura de temática contrarreformista, como la que realiza Bartolomé Esteban Murillo y como refleja en esta aparición o visión mística. Aquí plantea una composición en dos planos contrapuestos, terrenal y realista, celestial y etéreo, para dar mayor verosimilitud a un hecho sobrenatural. La mirada del santo, los gestos de las manos y la invasión de nubes en un interior aumentan el carácter escenográfico de la escena, un rasgo que se agudiza durante la última fase del Barroco pictórico. Sin embargo, han desaparecido muchos elementos dramáticos y desagradables propios de las primeras tendencias y Murillo, en este sentido, es el exponente de una versión religiosa más amable y seductora. Su Virgen con el Niño recuerda a sus numerosas Inmaculadas que siguen un ideal femenino de formas suaves y gráciles, y que responden igualmente a un momento álgido de aceptación oficial del dogma concepcionista. En torno a las nubes aparecen sus característicos angelotes revoloteando en diversas posturas y captados siempre en escorzos; son una prueba más del carácter tierno, familiar y un tanto superficial de la obra de Murillo, una visión dulce que puede explicar el gran éxito y la enorme difusión de sus modelos. Aspecto importante de su pintura es el nuevo colorido, de mayor riqueza y calidez, con un predominio de tonos pastel y suaves, blancos, rosas y celestes, que marcan progresivamente la superación de la técnica tenebrista de su primera etapa.

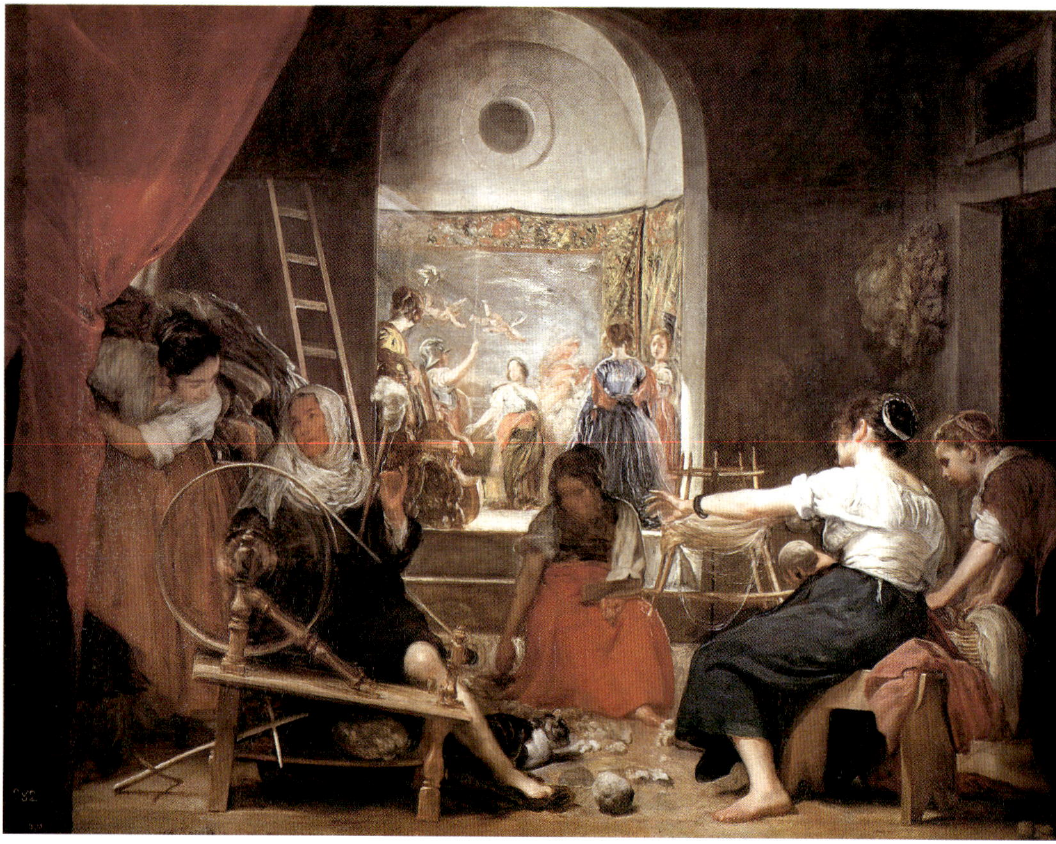

Velázquez, *Las hilanderas*

Aparentemente Velázquez representó una escena de género en donde cinco mujeres trabajan en un taller de hilado, una escena habitual y cotidiana llena de realismo, con un colorido cálido y rico en contrastes: rojos, verdes y blancos se equilibran entre el gran cortinaje del lado izquierdo y la vestimenta de las mujeres. En este primer plano el genial artista demuestra que se encuentra en la cima de su carrera: no sólo ha enriquecido su gama cromática y ha dado ligereza a su pincelada, sino que ha conseguido mantener eternamente la velocidad de una rueda girando a través de una sutilísima técnica de transparencias. Hay varios planos de luces y sombras, suaves penumbras que alternan con zonas luminosas para destacar dos figuras principales: una muchacha vuelta de espaldas y una anciana que con su pie hace girar la rueca. Sin embargo, esta sencilla escena sólo puede ser explicada por el plano del fondo: otra estancia más iluminada en la que varias damas, posiblemente de la corte, contemplan un tapiz que cuelga de las paredes. Un haz de luz entra fuertemente por la ventana iluminando esta habitación. Aquí Velázquez consigue de nuevo demostrar su dominio de la perspectiva aérea y producir sensación de aire. El tema del tapiz es con toda seguridad una de las historias recogidas por Ovidio en sus *Metamorfosis:* La Fábula de Aracne o de Ariadna, una joven conocida por su habilidad en tejer que reta a la diosa Palas. Esta la amenaza por su soberbia, momento que refleja el tapiz, pero al no conseguir disuadirla se disfraza de vieja, acepta el reto y gana a la joven que, como castigo, se convierte en araña. Ambas aparecen representadas en el primer plano, en las dos figuras sentadas a derecha e izquierda.

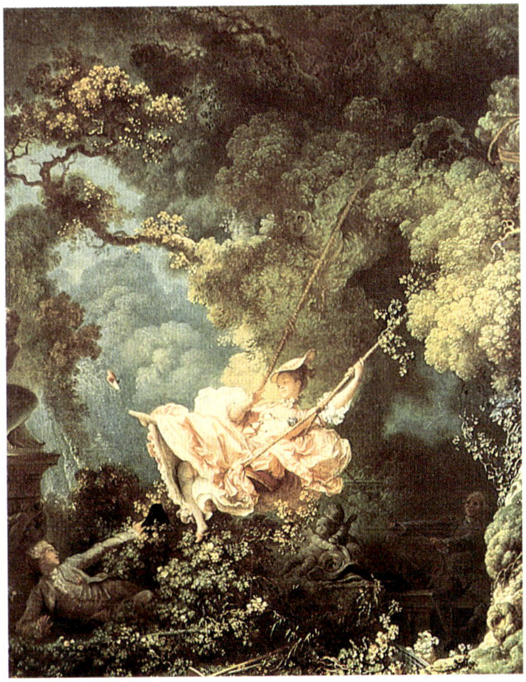

Fragonard, *El columpio*

Fragonard demostró con esta obra su conocimiento y dominio en el tema del paisaje, así como su visión personal a la hora de interpretar un tema galante. La escena representa un curioso encuentro amoroso en el que un hombre maduro empuja e impulsa el columpio de una dama, mientras que ésta lanza su zapato y enseña sus encantos a un personaje más joven escondido entre los arbustos. Toda la composición rebosa vivacidad, dinamismo y sensación de inestabilidad por la fuerte diagonal que marca el columpio y la figura femenina. Las rosas y carmines del vestido destacan en el frondoso y descuidado parque y en el que tan sólo los Cupidos pétreos del jardín son testigos de la ambigua cita amorosa. A pesar de las numerosas críticas que tuvo este tipo de pintura, Fragonard alcanzó un gran éxito en su época; su técnica, libre y espontánea, refleja increíbles contrastes cromáticos y sutiles transparencias, una característica que le sitúa como un precursor romántico. La sensación etérea y vaporosa que consigue es un rasgo significativo de la finalidad decorativa que tuvo la producción de la mayoría de los pintores galantes. Se trataba de encarnar los ideales estéticos de la clase aristocrática, así como de reflejar, en este caso concreto, su tipo de vida lujoso, su moral corrompida y sus costumbres caprichosas, siempre dentro de un tono alegre y desenfadado. Considerado como el artista que cierra la pintura galante (su actividad se sitúa en la segunda mitad del siglo) y una de las grandes etapas del arte dieciochesco francés, *El columpio* ha sido visto también como un ejemplo crítico y representativo a la vez: no es más que el espejo de una nobleza que, en su último impulso, terminaría lanzada al patíbulo de la Revolución.

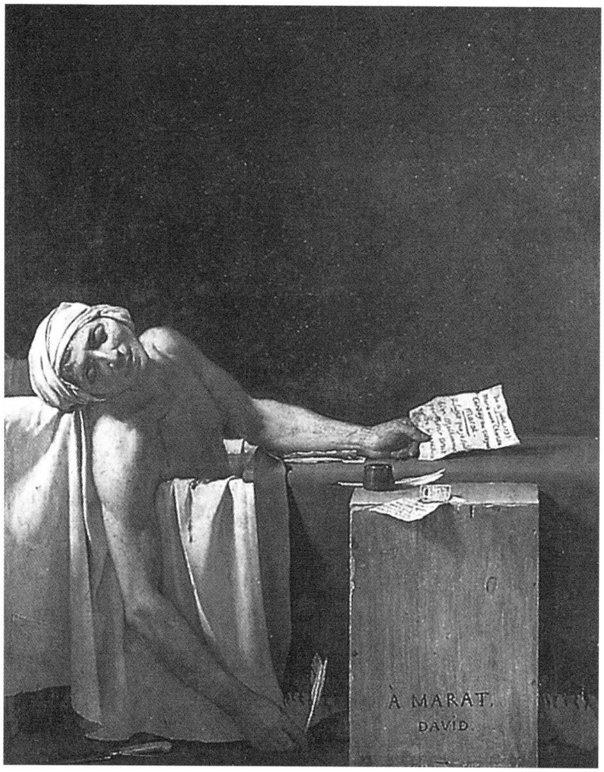

David, *La muerte de Marat*

El asesinato de uno de los dirigentes más radicales de la Revolución por parte de Charlotte Corday el 13 de julio de 1793 fue un hecho real que David elevó a la categoría de emblema. Como otros muchos artistas consideraba que los acontecimientos contemporáneos eran tan dignos de ser pintados como los episodios de la historia de Grecia y Roma. Reprodujo el suceso tal y como ocurrió: Marat se encontraba en la bañera y realizaba su labor de periodista escribiendo para el pueblo, pero lo representa muerto, inerte y solo. De esta forma dignificaba un asunto que objetivamente podía parecer trivial y carecía de la gravedad y nobleza requerida en la pintura. Para inmortalizar a Marat prescindió de cualquier detalle accesorio o anecdótico, a excepción de las huellas del crimen: el cuchillo y la engañosa carta de Charlotte. Como era de rigor en la nueva pintura neoclásica se mantuvo sobrio en la aplicación del color y demostró su admirable dominio del dibujo, características que recogerán todos los pintores neoclásicos. La simplicidad también se encuentra en el esquema compositivo. Toda la atención se concentra en la mitad inferior del cuadro donde la horizontalidad predominante es rota por la diagonal del brazo caído hacia el suelo. La mitad superior, por el contrario, representa un vacío, un espacio neutro que destaca el dramatismo de la soledad de esa única figura y la frialdad del suceso. Pero Marat aparece ennoblecido e idealizado; se ha convertido en un mártir y en un héroe de la revolución. Con esta obra David demostraba que era un artista que asumía los compromisos políticos con la época, un compromiso desconcertante que le llevó a la cárcel en 1794, a trabajar al servicio de Napoleón y, finalmente, al exilio en Bruselas.

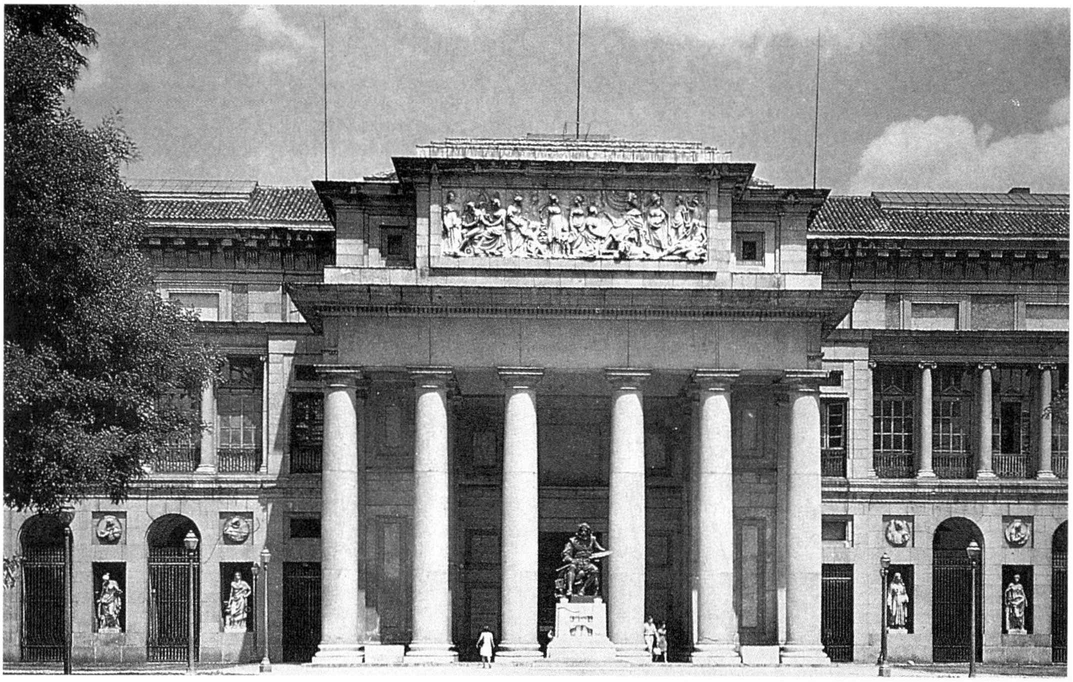

Juan de Villanueva, Museo del Prado (Madrid)

El actual edificio del Museo del Prado fue proyectado como Museo o Gabinete de Historia Natural dentro de los programas urbanísticos tan característicos de las monarquías ilustradas. Carlos III se empeñó en reordenar y mejorar la zona del madrileño paseo del Prado con la incorporación de un gran salón porticado en forma de circo romano, fuentes con grupos escultóricos, un jardín botánico y un observatorio astronómico. De ahí que el edificio de Juan de Villanueva deba ser visto, no como un edificio aislado, sino como parte integrante de un conjunto urbano y en un contexto de clara significación científica. Pero para el panorama español se trata del primer museo *ex profeso* y una de las mejores realizaciones de arquitectura neoclásica por su funcionalidad, sus proporciones y la sobriedad a la hora de utilizar el lenguaje clásico. El edificio se articula mediante cinco cuerpos interdependientes. Los dos cuerpos extremos quedan unidos al central, que recuerda la forma de un templo, mediante dos alas de galerías. Esta yuxtaposición crea un efecto exterior rico en escorzos, juegos de volúmenes y contrastes lumínicos de luces y sombras, incrementados por la utilización de ladrillo que alterna con la piedra. En el alzado exterior destacan las columnas dóricas de orden gigante en el gran pórtico de la fachada principal, ideado a la manera de un templo clásico, mientras que las alas presentan en la parte superior una columnata jónica y en la inferior nichos para albergar estatuas. La obra, iniciada en 1785, fue seriamente dañada durante la Guerra de la Indepedencia y este «templo» o museo de la Ciencia se convirtió, por decisión de Fernando VII, en la primera y gran pinacoteca del Estado español.

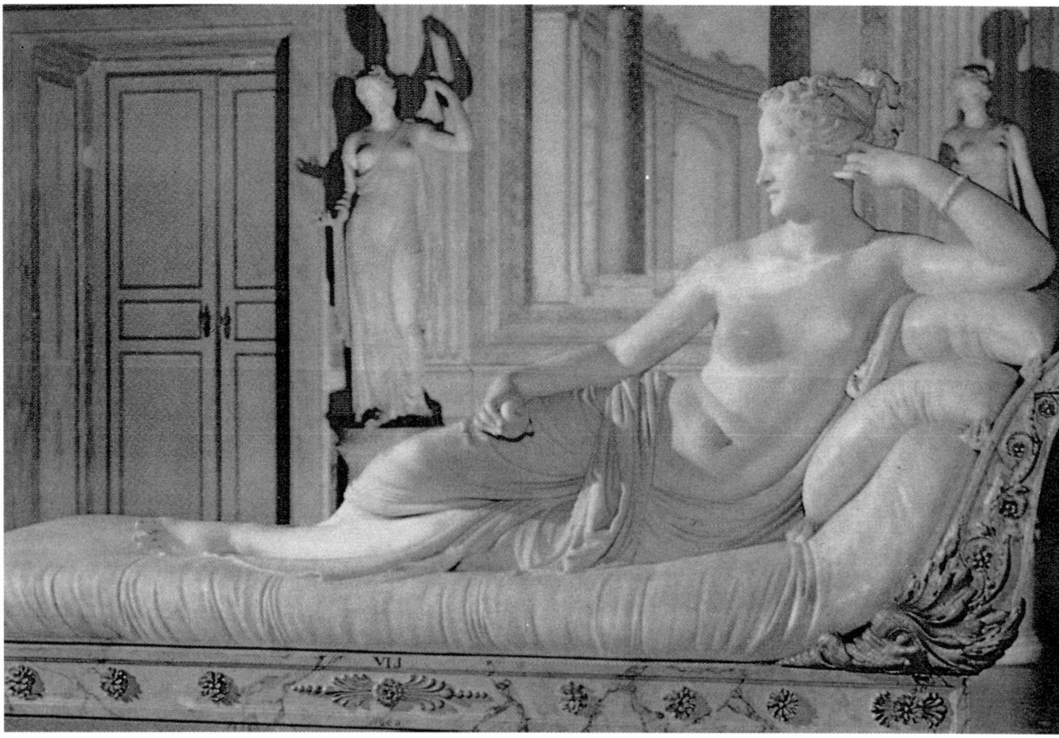

Canova, Estatua yacente de Paulina Bonaparte

Antonio Canova fue uno de los más representativos maestros de la escultura clasicista de finales del siglo XVIII y principios del siguiente. Estudió y copió la estatuaria de la Antigüedad conservada en Roma y se inclinó por los temas mitológicos. Como todo escultor neoclásico figuró a sus retratados como auténticos personajes y dioses del Olimpo, ataviados en muchos casos con los ropajes y túnicas adecuadas. En 1802 se traslada a París para trabajar al servicio de Napoleón, a quien no duda en retratar desnudo como Marte o un Dios de la Guerra. Pero para la hermana del emperador, Paulina Bonaparte, prefirió una personificación de Venus Victoriosa, desnuda y lánguidamente recostada, posiblemente inspirándose en el retrato de Madame Recamier que, varios años antes, realizara el pintor David. Canova, no obstante, permitió una contemplación más amplia, ideando una estatua yacente que se puede admirar frontal y dorsalmente y favoreciendo la tendencia general de separar la escultura de su marco arquitectónico. A pesar de la frialdad academicista que comporta la estatuaria neoclásica, Canova nunca perdió cierta gracia y encanto a la hora de ocuparse de la figura femenina, siempre idealizada pero con rostros que presentan ciertos rasgos distintivos e identificadores, como en este caso. El pulimento del mármol permite que resbale la luz y origina suaves efectos que finalizan con los contrastes del Barroco; el dominio de la anatomía responde al canon clásico y el carácter estático no es más que un intento de buscar el equilibrio y la serenidad que dominaban los escultores de la Antigüedad. Se trata, en definitiva, de las características que compartieron todos los escultores neoclásicos y que Antonio Canova aprendió en Roma con la ayuda y dirección de Winckelmann.

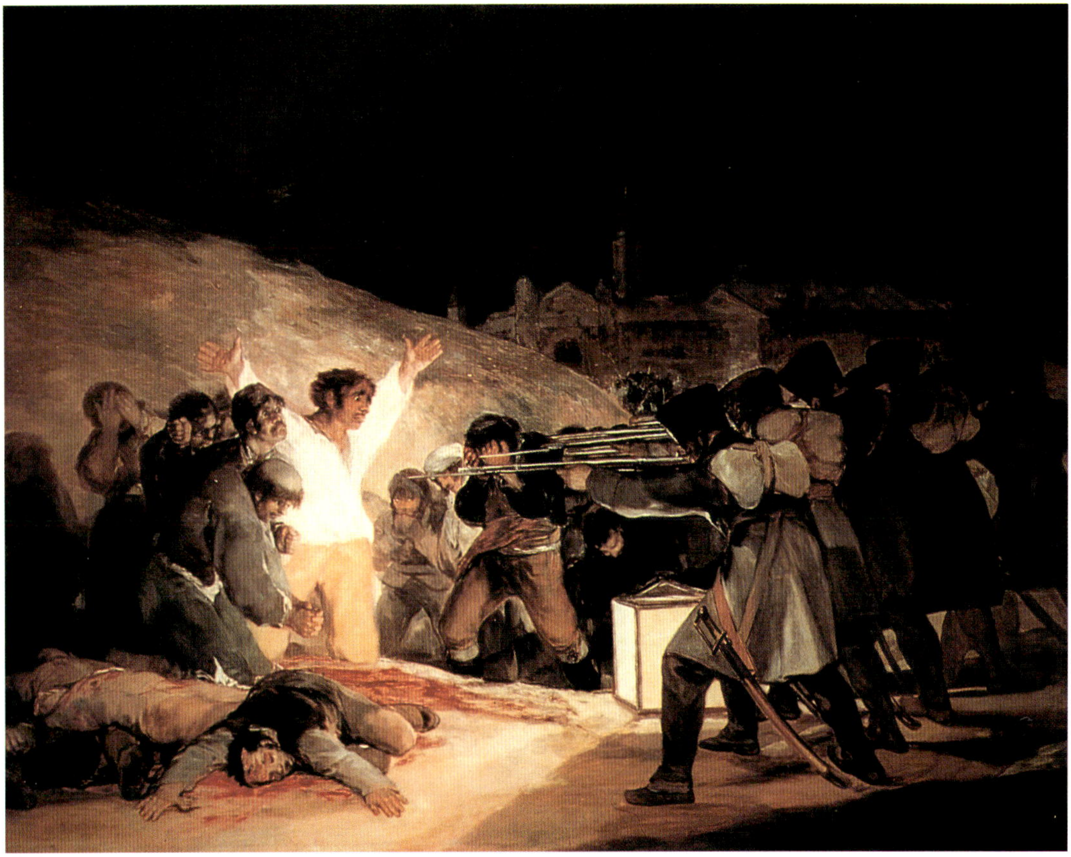

Goya, *Los fusilamientos del tres de mayo*

Goya dejó diversos testimonios pictóricos sobre la Guerra de la Independencia. Este cuadro es, quizá, el más representativo de todos por su peculiar forma de interpretar la historia y las libertades técnicas que anticipa. Aunque la escena representa los fusilamientos del Madrid de 1808, fue realizado con posterioridad, en 1814, para conmemorar la deseada liberación y retirada de los franceses. Es difícil que Goya fuera testigo de los hechos, pero reflejó el lugar donde ocurrió la matanza, en la montaña del Príncipe Pío y en un ambiente nocturno. La forma en que el artista acomete un tema histórico contemporáneo le separa radicalmente de la pintura coetánea de David. Mientras que éste solemniza los hechos y sus figuras se convierten en grandiosos héroes, Goya no idealiza, sus figuras son más bien antihéroes que reflejan su impotencia y su terror. Frente a los personajes individuales de David, en estos fusilamientos prevalece el anonimato, tanto en los reos como en los soldados vueltos de espalda. Goya da más valor a lo pictórico que al dibujo y la luz está admirablemente captada. Es una luz blanca, fría y expresiva que procede del punto central de la composición: un farol que ilumina desde abajo y dramáticamente a muertos y condenados, resaltando los gestos y las expresiones de los rostros. La oscuridad del cielo, en la que sólo destaca la torre de una iglesia, incrementa el dramatismo de la escena. Su técnica, abocetada e intencionadamente libre, le convierte en un pintor absolutamente moderno cuya obra será fuente de inspiración para la pintura europea de los siglos XIX y XX.

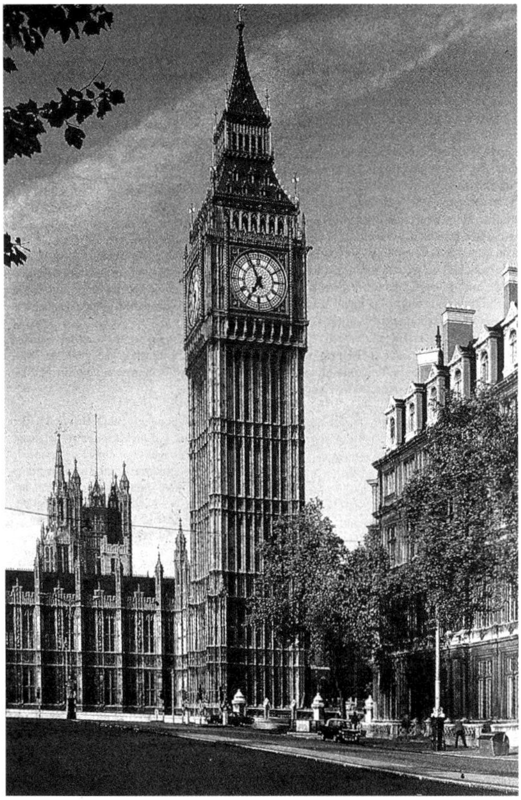

El Parlamento de Londres

Comenzado en 1835, la historia de este edificio es característica del eclecticismo que dominó la arquitectura de la primera mitad del siglo XIX y de las dificultades con que tuvieron que trabajar los arquitectos de la época. Cuando se quemó la Vieja Cámara en el año 1834, se organizó para reconstruirla un certamen al que se presentaron varios proyectos. La decisión del jurado recayó sobre la idea de Sir Charles Barry (1795-1860), un arquitecto hasta entonces especializado en el Renacimiento, estilo en el que se pensó reconstruir el edificio. Sin embargo, pronto surgieron problemas y se consideró que algo tan unido al propio edificio como eran las libertades civiles inglesas descansaban sobre los fundamentos de la Edad Media, y que lo lógico entonces era construir en estilo gótico, en el neogótico que florecía en aquel tiempo por todos los países de Europa. Por otra parte, lo cierto es que este también fue el punto de vista unánimemente aceptado cuando los ingleses tuvieron que restaurar la Cámara de nuevo tras su destrucción por las bombas alemanas al concluirse la última guerra. En consecuencia, se concluyó que Charles Barry aceptase el asesoramiento de un experto en los detalles góticos: A. W. Pugin (1812-1852), uno de los pioneros en Inglaterra del renacer gótico. La colaboración consistió en que Barry decidiría la estructura y ordenamiento del edificio, mientras que Pugin se cuidaría de la decoración de la fachada y del interior. El resultado fue mejor de lo que cabía esperar y el edificio, como sede de una compleja máquina gubernamental y, al mismo tiempo, como centro focal del sentimiento patriótico, ofrece al espectador cierta dignidad y una extraña mezcla porque la simetría del cuerpo principal contrasta graciosamente con la irregularidad «pintoresca» de su silueta.

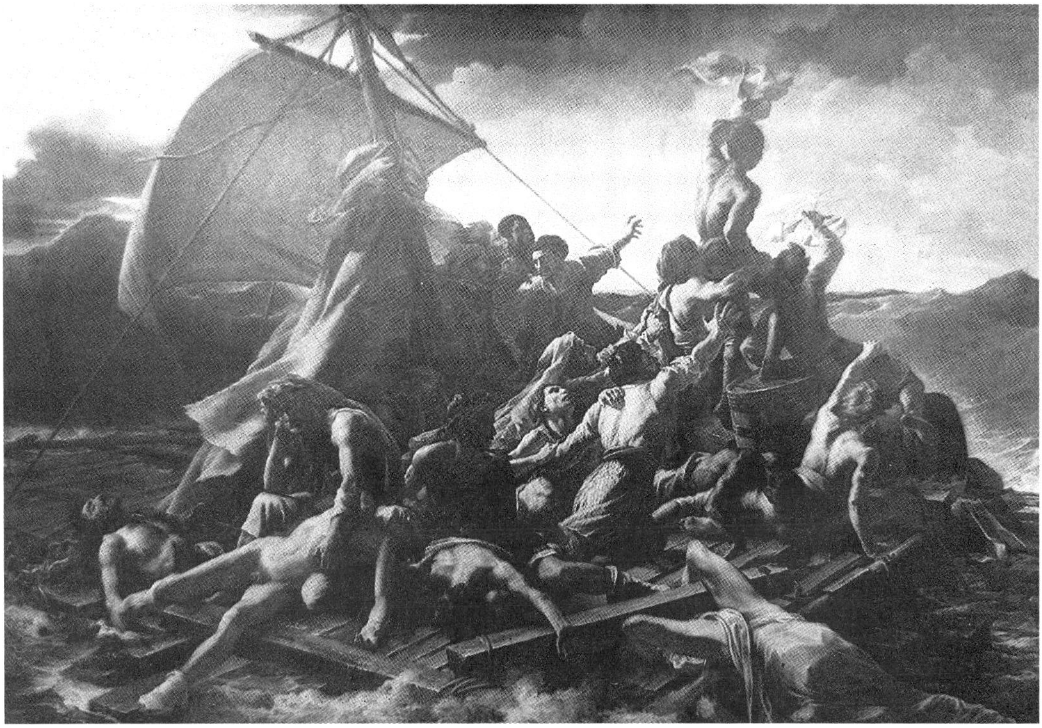

Géricault, *La Balsa de la Medusa*

La Balsa de la Medusa de 1819 es la obra maestra de Géricault y la primera manifestación plenamente romántica de la pintura francesa. De hecho, en ella se aplica por primera vez la escala heroica, el gran tamaño reservado hasta entonces para los temas grandiosos, a la representación de los sufrimientos del hombre corriente. La historia representada fue la siguiente: La Medusa, un barco del Estado, había zozobrado frente a la costa del Africa Occidental con centenares de personas a bordo de las cuales sólo unas pocas se salvaron después de pasar muchos días en una balsa improvisada. El acontecimiento llamó la atención de Géricault porque fue al mismo tiempo un escándalo político (al igual que otros muchos liberales franceses el pintor era contrario a la monarquía conservadora restaurada tras Napoleón) y una épica tragedia contemporánea en la que los hombres no aparecían como héroes en ninguno de los tradicionales sentidos de la palabra. Desechando cualquier concepto de «ideal» clásico, el pintor hizo todo lo que pudo por lograr un máximo de autenticidad: interrogó a supervivientes, mandó construir un modelo de balsa e incluso estudió cadáveres en la Morgue. El cuadro tiene detalles poderosamente realistas y demuestra ese gusto por lo excepcional y por lo horrible que Géricault también plasmó en sus retratos de locos o en sus estudios de cabezas guillotinadas, pero todos los preparativos quedaron subordinados al espíritu dramático que domina la tela. El pintor describe el momento culminante en que los náufragos descubren el barco salvador y, desde los cuerpos en el primer plano, la composición llega a su culminación en el grupo que, sosteniendo al negro en alto, agita frenéticamente la tela, con lo cual la oleada de supervivientes que se proyecta hacia adelante responde al movimiento de la propia balsa.

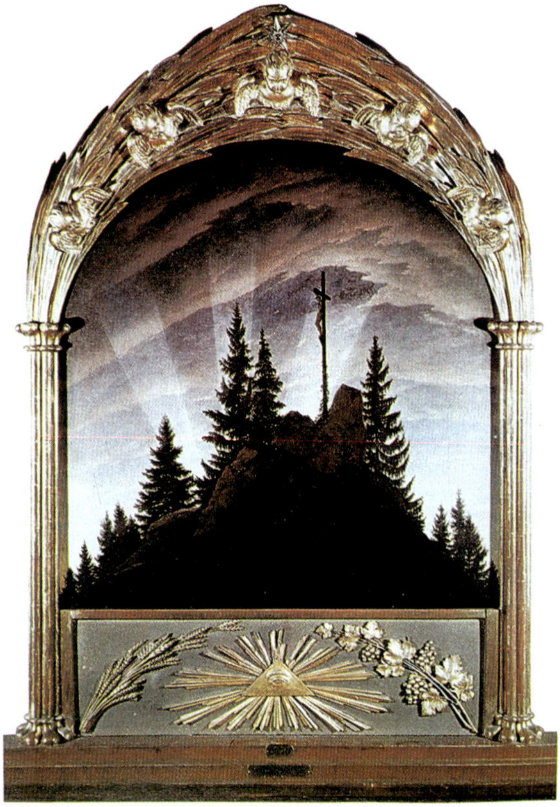

Friedrich, *La cruz de las montañas*

Friedrich fue, sin duda, el más sobresaliente de todos los artistas románticos alemanes y con él la espiritualización del paisaje llegó a sus cotas más altas. El sentía y representaba el paisaje de un modo religioso (pensaba que Dios estaba en la naturaleza o, quizás, que era la Naturaleza misma), y por eso en sus obras nunca pinta un lugar determinado geográficamente, sino un estado poético algo indeterminado pero sentido en forma de paisaje. Estas ideas supusieron una revolución en su tiempo. De hecho, *La cruz de las montañas*, ejecutada hacia 1807-1808, podía confundirse a primera vista con un simple paisaje «sublime» de los que se venían haciendo desde el siglo XVIII pero, con su meticulosa fidelidad a la naturaleza, el cuadro transmite una tranquilidad sobrenatural casi alucinante. Devoto protestante, Friedrich lo pintó como retablo para una capilla privada en el castillo de Tetschen y es radicalmente distinto a cualquier otra imagen piadosa anterior o posterior. De hecho, cuando la obra se expuso por primera vez levantó un gran escándalo porque la mayoría de las personas no consideraban apropiado expresar las ideas religiosas por medio de un género todavía inferior como era el paisaje. Pero es que además Friedrich rompió toda la estructura paisajística tradicional porque su pintura carece de primer plano y el panorama se presenta como si el espectador estuviera suspendido en el aire. Innovación tras innovación el cuadro se convierte así en una pista para la interpretación de una trascendental idea espiritual que Friedrich parecía sólo capaz de formular mediante la pintura.

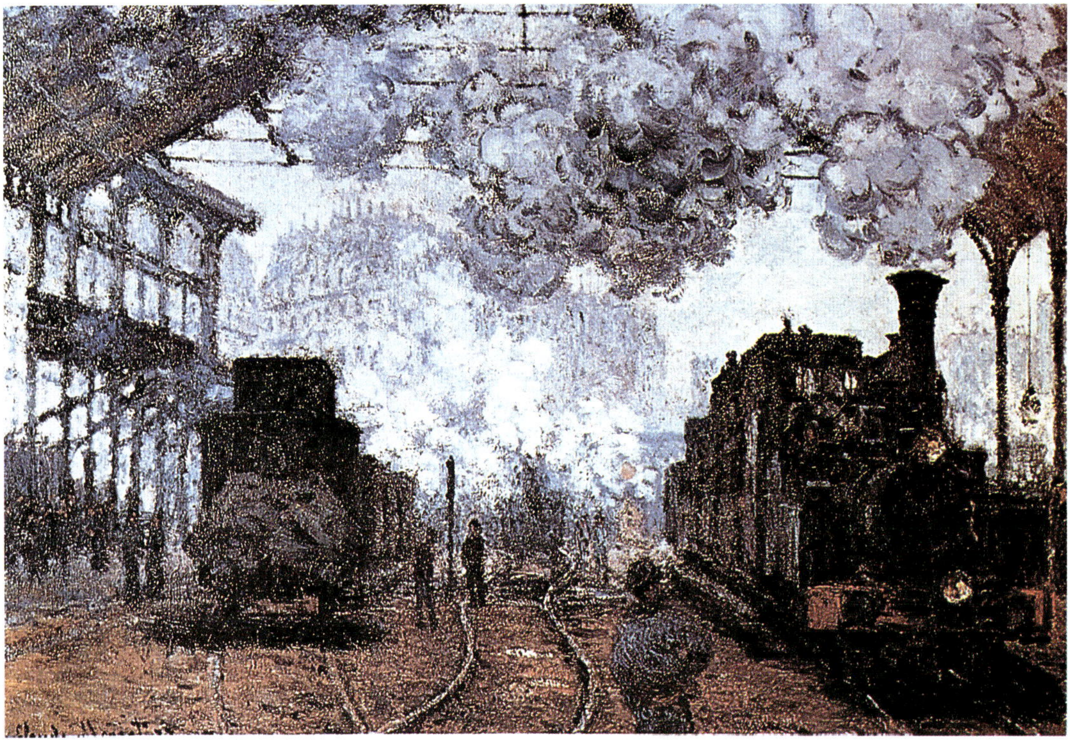

Monet, *La estación de St. Lazare en París*

Desde el principio de su carrera el tema de Monet es el tema real de la pintura impresionista y su obra, por la que llegaron a acusarle de ser «simplemente un ojo», el mejor ejemplo de las aspiraciones y logros de este grupo. No podemos olvidar que fue un cuadro suyo titulado *Impresión. Amanecer* el que dio nombre al grupo cuando un crítico lo llamó peyorativamente «impresionista» en la primera exposición que hicieron juntos en el taller de Nadar. Por eso la luz, como elemento de la vida, y la atmósfera, como medio de la misma, serán las piedras claves de todos sus cuadros y, con la convicción de que los efectos de la luz y el aire importaban más que el tema del cuadro, el pintor se enfrenta, por ejemplo, a esta estación de ferrocarril en 1877 (actualmente en el Museo de Orsay), como una auténtica «impresión» de la vida cotidiana y en absoluto le interesa de ella el hecho de que sea un lugar donde los seres humanos se encuentran o se despiden, un lugar en el que ocurren cosas. Lo que realmente le fascina son los efectos de la luz filtrándose a través del techo de cristal sobre las nubes de vapor y las formas de las máquinas y vagones surgiendo de la confusión. Pero como los efectos de la luz cambian continuamente y el pintor se impone, sistemáticamente, el deber de pintar siempre frente al motivo, Monet pintó siete lienzos de la estación formando así un precedente de lo que serían sus famosas «series». A pesar de todo (de su manera de aplicar los colores directamente sobre el lienzo, de su pincelada rápida, del aparente «movimiento» no controlado de la pintura), no hay nada descuidado o fortuito en la obra finalizada y Monet consiguió armonizar los tonos y los colores tan esmeradamente como lo hubiera hecho un paisajista del pasado.

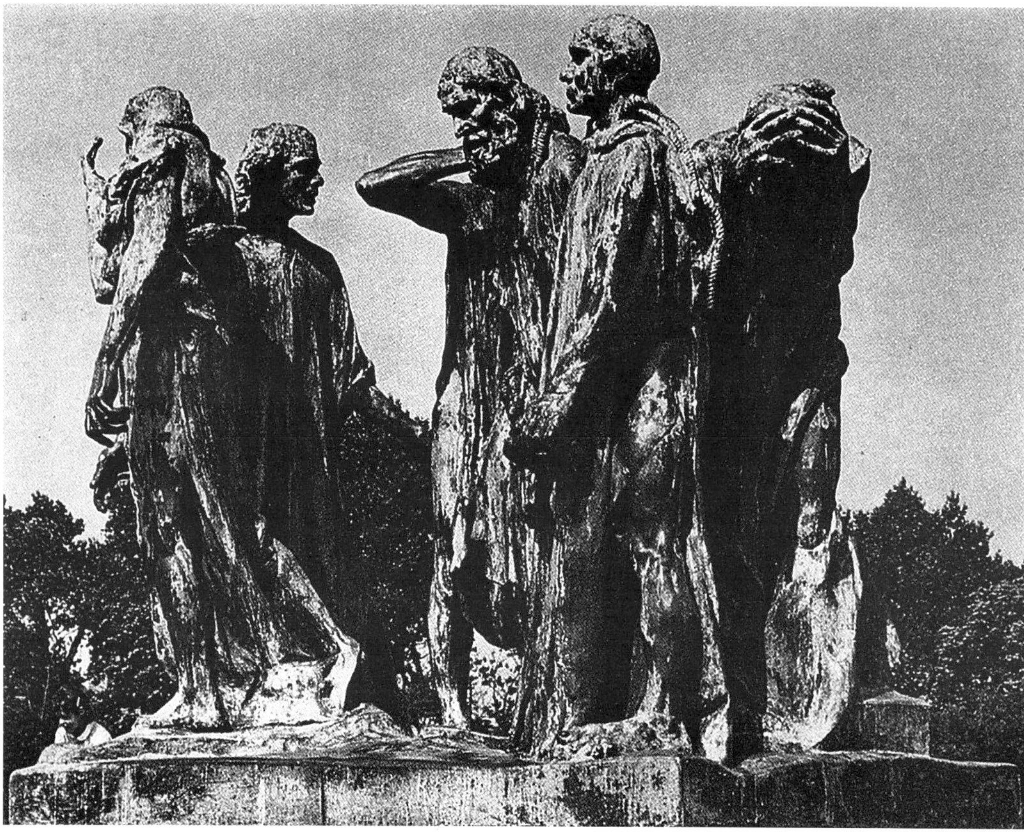

Rodin, Los burgueses de Calais

En 1884 Rodin conoció el interés de la ciudad de Calais por erigir un monumento a seis importantes ciudadanos que se entregaron, bajo duras condiciones, como rehenes al rey inglés Eduardo III para que levantara el sitio que había impuesto a la ciudad en el año 1347. Lo que realmente atrajo al escultor de este proyecto fue la inusual tarea de crear un monumento que conmemorara a un grupo y no a una persona determinada. La primera maqueta de Rodin, bastante convencional, muestra a los seis burgueses avanzando desafiantes sobre una base alta que sugiere claramente un arco de triunfo. Los problemas comenzaron cuando el escultor pensó que este diseño resultaba poco convincente y lo desechó después de haberse comprometido con las autoridades de la ciudad. A partir de este momento Rodin prefirió concentrarse en la reacción individual de cada miembro del grupo y los burgueses de Calais ya no aparecen como una falange, sino cada uno por su lado, a ras de suelo. Lo único que les une es su triste condición de rehenes. Como era de esperar, los ciudadanos de Calais lo consideraron un fracaso total. Lo que el escultor les ofrecía para la tardía inauguración de 1895, después de años de discusiones y tanteos, ya no representaba un acontecimiento concreto y explícito que se pudiera identificar fácilmente con un acto de sacrificio ejemplar. Es, más bien, un monumento a las dificultades humanas y a sus distintas reacciones, que son profundamente conmovedoras por su complejidad emocional, aunque por esa misma razón es un monumento privado y no público.

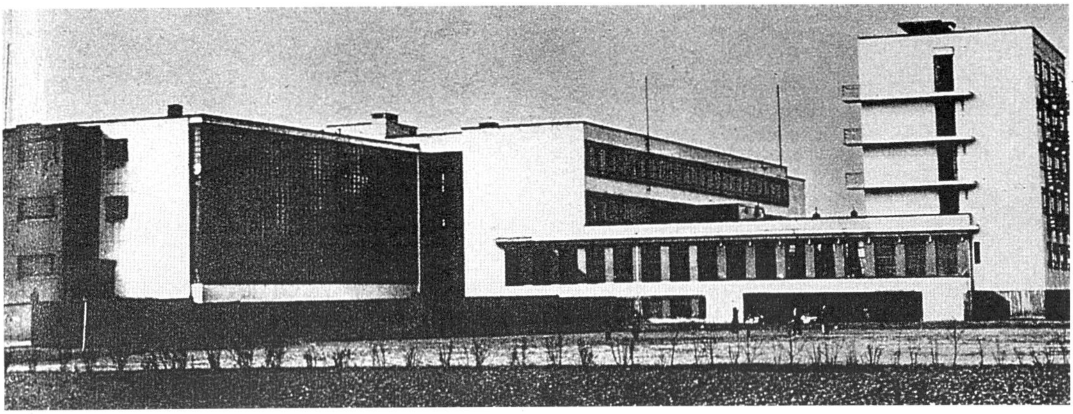

Edificio de la Bauhaus (Dessau)

Proyectado por Walter Gropius en 1923, es uno de los primeros edificios experimentales y pronto se convirtió en un agitado centro de propaganda para toda la arquitectura moderna. Se trata de una construcción compleja, como compleja es la vida (toda la enseñanza de la Bauhaus) que debe desarrollarse dentro: comprende un cuerpo para la escuela y otro para los laboratorios, unidos por un puente suspendido donde se hallan las oficinas administrativas, un cuerpo bajo con grandes espacios para la vida comunitaria y un ala con cinco pisos reservados a las habitaciones-estudio de los estudiantes. En todo momento, Gropius, después de haber liberado a su arquitectura de toda decoración y de todo el sistema de órdenes «ficticios», desarrollado desde la época de Brunelleschi, evita acentar la individualidad de los elementos constructivos con un tratamiento que haga resaltar su consistencia física y, de hecho, emplea sólo dos materiales: el vidrio en los espacios vacíos, enmarcado en metal, y el revoque blanco para las paredes que pone de manifiesto los valores geométricos. La «nueva unidad» entre arte y técnica que Gropius enseña en su escuela se verifica en el edificio de la Bauhaus hasta un punto difícilmente superable. Gropius realizó una consrucción representativa sin alejarse lo más mínimo de la escala humana y adaptándola rigurosamente a las necesidades utilitarias.

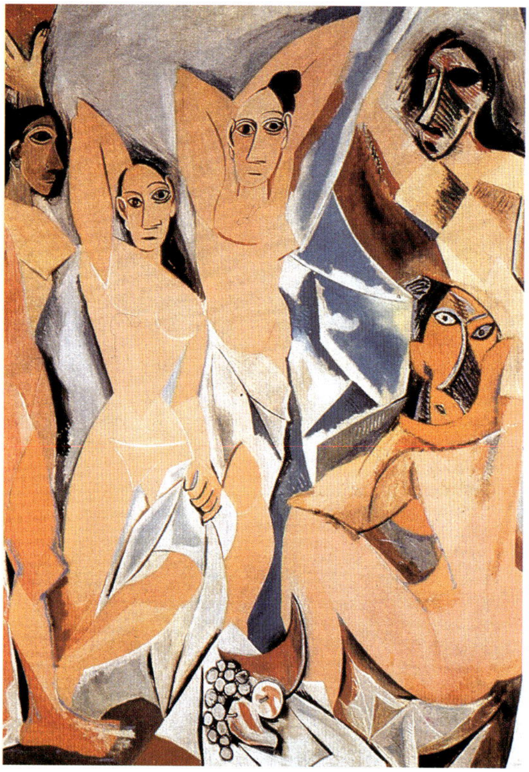

Picasso, *Las señoritas de Avignon*

Este cuadro es el origen de toda la pintura cubista y la primera obra de arte verdaderamente contemporánea. Las innovaciones comienzan con el tratamiento de las figuras, despersonalizadas, sin pormenorizar, con máscaras en vez de caras, que no sólo responden al canon clásico, sino que ni siquiera respetan la tradicional distinción entre lo bello y lo feo. La mujer de la izquierda tiene la actitud de las figuras del antiguo Egipto, las dos siguientes recuerdan figuras del primitivo arte ibérico y las dos de la derecha presentan muecas de máscaras africanas. Picasso utilizó el arte exótico porque era un modelo que le permitía alejarse con más facilidad de los métodos tradicionales de representar un tema. Porque, lo que es más importante, las innovaciones afectaron también a la relación de las figuras con el espacio circundante. Las figuras parecen estar compuestas de varias facetas del cuerpo femenino, pero captadas desde ángulos distintos, mostrando lo que sabemos que hay y no lo que vemos a primera vista. Las distorsionadas mujeres han quedado así aplanadas casi del todo, y al haber poco espacio detrás o enfrente de ellas son empujadas hacia delante sin que exista entre nosotros y ellas una distancia prudente. Si observamos el fondo azul de la derecha, podemos ver que Picasso estaba decidido a mantenerlo todo en la superficie del cuadro, a acabar con la perspectiva del Renacimiento. Este color normalmente retrocedería, pero el pintor al perfilarlo en blanco lo ha hecho avanzar marcadamente. En resumen, *Las señoritas de Avignon* incorporan así un lenguaje completamente nuevo que rompe con todo lo anterior: la perspectiva, el color, el modelado o la composición heredados del Renacimiento, y da origen a todo el lenguaje pictórico del siglo XX.

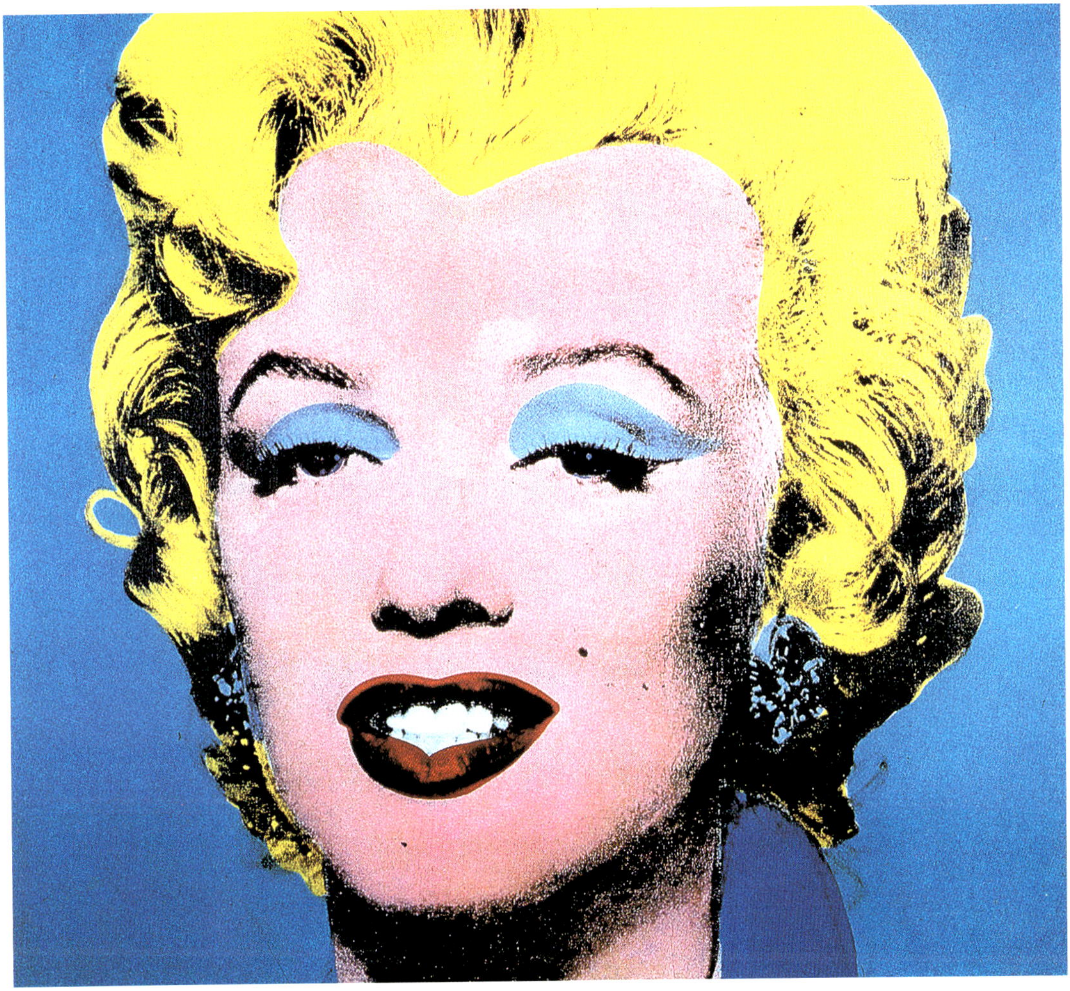

Warhol, *Marilyn Monroe*

Pintura pop americana. Años sesenta. Como reacción a la radical abstracción que se estaba imponiendo, los artistas pop se empeñaron, con una vuelta a la figuración con imágenes muy asequibles, en presentar en sus obras cosas cotidianas. Para ello Andy Warhol no dudó en utilizar las técnicas gráficas. Tomaba sus temas del arte «comercial» popular y transformaba este material en arte preservando siempre su carácter «kitsch». Cogía una persona, en este caso Marilyn Monroe, o un objeto familiar y lo multiplicaba en hileras con ligeras diferencias en la impresión. Lo que el espectador tiene que hacer es seguir las líneas de repetición y captar las distorsiones. Así, Marilyn Monroe se nos puede presentar en hileras distorsionada, manipulada o destruida según el artista quiera. En este sentido, desde luego, el arte pop cuenta una historia, tanto respecto al tema y a sus conexiones, como a los cambios que experimentan los procesos gráficos. Warhol se oponía al concepto de obra de arte como pieza de artesanía hecha a mano para el experto conocedor y expresando así a través suyo la personalidad del artista.

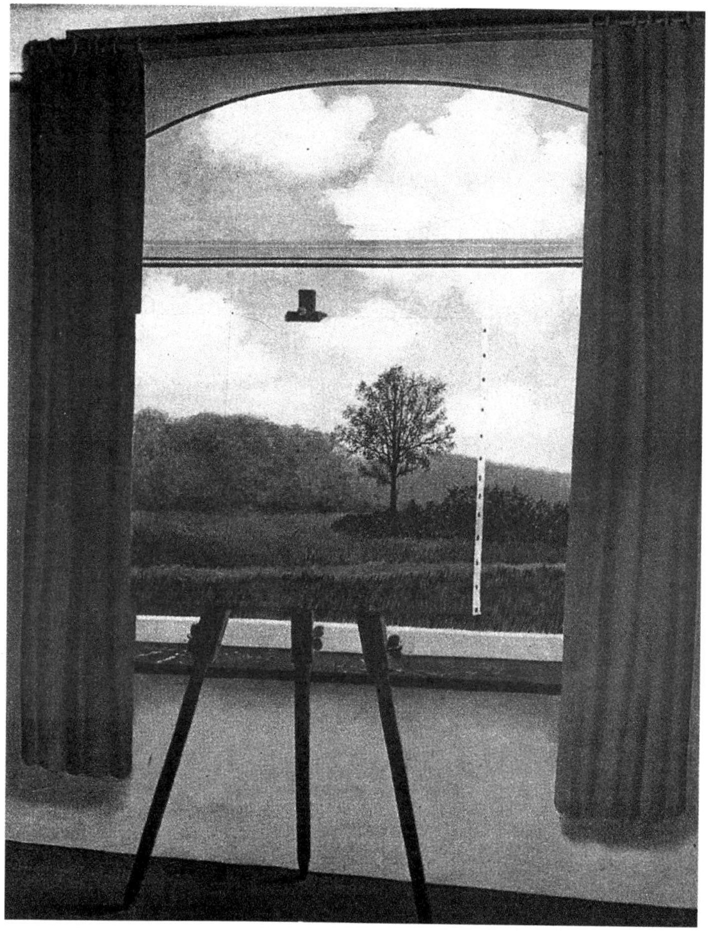

Magritte, ***La condición humana***

Pintura surrealista, Magritte es uno de los pintores más intresantes dentro de la línea que podrámos llamar «figurativa» de la pintura surrealista. Siempre pintó en un estilo sumamente realista, con una defición pormenorizada y precisa de los motivos y un acabado riguroso. Pero en sus telas de precisión fotográfica insiste una y otra vez en evidenciar la diferencia existente entre el objeto, su representación y su denominación. En este caso, como una pintura de *trompe l'oeil,* el espectador contempla un paisaje a través de una ventana que sobre un caballete asemeja un cuadro. Su propósito más claro es la ambigüedad porque en realidad no sabemos qué estamos viendo si el paisaje real o la pintura, con lo que Magritte está cuestionando la naturaleza misma de la representación. Pese a su apariencia vulgar y a sus limitados procedimientos técnicos, Magritte demostró ser un consumado maestro en su realismo casi alucinante, y sus cuadros no son objetos para contemplar, sino instrumentos que obligan a reflexionar, la mayor parte de las veces sobre la misma naturaleza de la pintura. Una vez que encontró su camino, Magritte fue un surrealista natural y espontáneo dotado de un talento excepcional para yuxtaponer incongruencias con un significado obsesivo imposible de formular verbalmente.

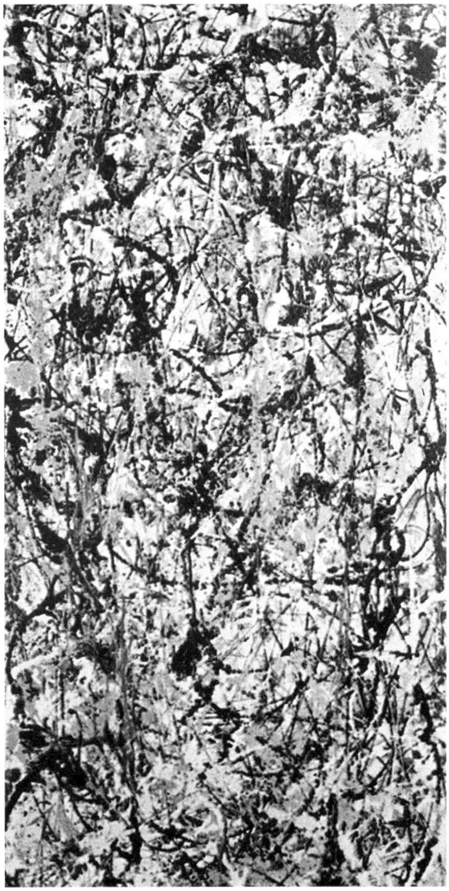

Pollock, *Catedral*

Expresionismo abstracto americano. Años cuarenta. En la búsqueda de Pollock de un arte propio y, al mismo tiempo, de un arte americano diferenciado de la tradición europea, provoca en su obra una exageración de todos los signos puramente pictóricos. Es como si mirásemos a través de rollos de púas o, en las obras más ligeras, a través de una cascada de pintura. Para realizar una obra, siempre de formatos enormes, Pollock ponía el lienzo en el suelo y sobre él iba arrojando pintura bien por medio de un simple goteo, bien por medio de grandes brochazos. Su obra rechaza los puntos de énfasis y abandona la idea tradicional de la composición, entendida ésta como la relación entre las partes. El diseño de su pintura no guardaba relación con la forma y el tamaño del lienzo; de hecho, en la obra final la tela estaba a menudo cercenada o recortada para ajustarse a la imagen. Por ello un cuadro de Pollock puede contemplarse de maneras muy diferentes. Algunas veces se ha denominado a su obra «pintura de confrontación» y en ocasiones sus inmensos lienzos parecen inventar una cierta naturaleza y enfrentarse con ella, una naturaleza nueva y, todo hay que decirlo, no demasiado acogedora. Otras veces sus rollos de pintura blanca sobre amarillo expresan un optimismo algo histérico, casi agresivo; sus lienzos comunican únicamente unas notas sobre la actividad del pintor, como si su propia existencia bastara y bastara así todo lo que él cree con su acción de pintar.